INTELIGENCIA

EMOCIONAL

3 En 1: Transformar tu mente en un oasis de tranquilidad y confianza en solo 21 días. Una poderosa guía para creer en ti, controlar tus emociones y dejar de pensar demasiado.

Por:

Fabian Garcia

Dedica

Dedico este libro a ti, que has sido elegido por las fuerzas del universo para leer estas palabras. Estás destinado a grandes cosas, y este libro te ayudará a descubrir tu verdadero potencial. Te prometo que éste no será uno de esos libros aburridos y melancólicos sobre la confianza en uno mismo. No te diré que eres una persona maravillosa, que eres especial, que puedes hacer todo lo que te propongas. No, este libro es diferente. Te diré la verdad, aunque a veces te resulte incómoda. Te diré que sí, habrán momentos difíciles. Habrá momentos en los que quieras rendirte. Pero también te diré que eres más fuerte de lo que crees. ¿Estás dispuesto a descubrir de lo que eres capaz? ¡Ponte manos a la obra!

Si quieres dejar tu opinión y obtener un bonus, abre este QR Code o entra directamente en este enlace:

WWW.FABIANGARCIAINFO.COM

Sígueme en Instagram/tik tok

Fabian Garcia (@fabiangarcia)

ÍNDICE

EL PODER DE CREER EN TI

CÓMO DEJAR DE PENSAR DEMASIADO

inteligencia emocional

EL PODER DE

CREER EN TI

¡Desata las barreras mentales desde hoy!
21 días para derrotar tus Inseguridades, aumentar tu confianza,
identificar tus cualidades y catapultar tu vida hacia el éxito.

Si quieres dejar tu opinión y obtener un bonus, abre este
QR Code o entra directamente en este enlace:

WWW.FABIANGARCIAINFO.COM

Sígueme en Instagram/tik tok

Fabian Garcia (@fabiangarcia)

¿QUÉ ESPERAR DE ESTA LECTURA?

¿Sabes que hay un poder enorme en tu interior? El poder de lograr lo que te propongas, de destacar en lo que quieras, de superar cualquier problema...

Probablemente si te has interesado en la lectura de este escrito, seas ajeno o ajena a la existencia de ese poder del que hablo, el poder de creer en ti, pero, como psicólogo terapista enfocado en ayudar a las personas a mejorar su calidad de vida, puedo afirmar por experiencia, que, la autoestima y la autoconfianza transforman. Y, precisamente el poder de creer en ti mismo radica en tu nivel de autoestima y en cuánto confíes en ti mismo. Tú en este momento, estás mirando tu vida y concibiéndote como persona, como si usaras lentes empañados.

No puedes ver la realidad porque la baja autoestima y la falta de confianza nublan tu visión, pero, el que no seas capaz de ver cuán capaz y competente eres, cuán maravilloso/a eres... No quiere decir que seas incapaz o incompetente ni mucho menos, algo menos que maravilloso/a. Estás convencido/a de que no eres especial, maravilloso/a, capaz...

Pero, puedes convencerte de lo contrario, descubrir tu potencial, cuánto eres capaz de lograr, cuánto mereces todo lo que quieres para tu vida, éxito, amor... cómo si puedes con todo problema que se te presente, con cada obstáculo, cómo puedes hacerte camino hacia tus sueños o hacia tu mejor versión... Cómo puedes vivir la felicidad...

Una autoestima sana y autoconfianza son para todo lo anterior: CLAVE. Basta una buena dosis de autoestima y autoconfianza para que alguien que nunca se había atrevido jamás a luchar por sus sueños, decida encaminarse a ellos, lo que aumenta en 1000% las probabilidades de que lo logre porque, desde la falta de acción no se logra nada, pero intentándolo la posibilidad está allí.

Basta una buena dosis de autoestima y autoconfianza para que alguien tímido, deje de temer lo que otros piensen de su persona y comience a mostrarse tal cuál es, lo cual trae consigo un cambio grandísimo, basta una buena dosis de autoestima y autoconfianza para que alguien pésimo socializando, venza su temor al rechazo y comience a abrirse camino para hacer amigos...

Es mucho, muchísimo lo que se puede lograr con una buena dosis de autoestima y autoconfianza.

Cuando sanas tu autoestima dejas de concebirte con anteojos empañados y te haces consciente de tú realidad, de tu verdadero potencial, de aquello de lo que eres capaz, que es de prácticamente cualquier cosa que te propongas... Dejas atrás toda negatividad, aprendes que te mereces todo lo bueno del mundo y a partir de allí, nadie puede detenerte en tu búsqueda de alcanzarlo o conquistarlo. Te conviertes en un conquistador o conquistadora, en el conquistador o conquistadora de tu propio bienestar.

Viviendo con un nivel de autoestima pobre y falta de confianza siempre te estarás limitando, siempre habrá de qué arrepentirse porque, la gente suele arrepentirse más de lo que no hace que de lo que hace, y, se hace poco cuando hay falta de autoestima y autoconfianza porque, sencillamente bajo la creencia de que no somos capaces, nos excusamos para no actuar. Y, no actuar es perder antes de comenzar...

No vas a conquistar tus metas si no vas a por ellas ¿Verdad?, no te vas a convertir en un mejor orador si no te atreves a ponerte de pie en un escenario y, hablar a un público... Siempre habrá personas que sobrepasen esos límites que, por falta de confianza no te atrevas a hacer valer...

¿Cómo te van a valorar si no te valoras?

A menos que quieras conformarte en esta vida, y, vivirla en la negatividad necesitas: AUTOESTIMA Y AUTOCONFIANZA. Ser capaz de creer en ti sin importar las circunstancias o, el tamaño del obstáculo que tengas delante, sin importar lo que otros piensen de ti.

El ser humano suele darle tantísima importancia a la opinión ajena siendo que, en lo importante, es la opinión propia la que vale.

Creo que, conoces que la falta de autoestima y autoconfianza te limitan y lastiman y que, eres consciente de que adquirir autoestima y autoconfianza te pueden liberar.

Hay un camino a recorrer para sanar la autoestima y que puedas desarrollar autoconfianza, ambos valores de forma inquebrantable. Uno que me he propuesto mostrarte a ti y a todo el que necesite descubrir su poder interior, uno que la experiencia y hasta la ciencia me ha ayudado a descubrir y que quiero revelar en este escrito que he redactado con verdadera disposición de ayudar y hacer el mundo de mis lectores/as, mejor, colmado de bienestar...

¿Es lo que buscas de esta escritura cierto?

En lo que a ese camino respecta, en lo que a desarrollar confianza y autoestima respecta, esta lectura será un viaje, uno que te llevará a derrotar tus miedos, aumentar tu confianza, identificar y potenciar tus cualidades, creando una autoestima inquebrantable para que puedas vivir una vida exitosa y feliz ¿Qué más podrías pedir?

Antes de comenzar con este viaje de conocimiento y aprendizaje necesito hacerte una advertencia, no obstante: Puedes esperar de esta lectura información veraz y, herramientas prácticas para desarrollar tu autoestima y ganar autoconfianza, información y herramientas que te ayuden a descubrir tu potencial, potenciar cualidades, vencer miedos, alcanzar todos tus propósitos... No obstante, estas letras no son fórmulas mágicas ni hechizos... Con solo leer este escrito, no desarrollarás autoestima y autoconfianza inquebrantables...

¿Qué necesitarás entonces?

Poner en práctica lo que aquí aprendas, porque, si solo te quedas con el conocimiento en tu mente, se desperdiciará... NECESITARÁS COMPROMISO... Y esto también tiene una razón de ser: Eres dueño de tu mente por lo que yo, y, cualquier profesional al que pudieses acudir, solo podemos guiarte, más, al final, eres tú el que puede decidir si cambiar o no.

Yo voy a guiarte, voy a brindarte las herramientas que te ayudarán, pero, no puedo emplearlas por ti. Al final solo tú mismo o tú misma podrás acceder a tu poder interior, al final solo tú mismo o tú misma podrás desarrollar la autoestima y autoconfianza que necesitas.

En ese sentido TU COMPROMISO SERÁ VITAL PARA QUE ESTE LIBRO EN VERDAD PUEDA AYUDARTE. Y lo será porque reitero, ni mis palabras, ni la acción de nadie te van a ayudar, debes hacerlo por tu cuenta, debes comprometerte y ser determinado con este proceso transformador porque nadie va a poder dominar tu mente, más que tú.

Comprométete a seguir los consejos y ejercicios que te presentaré en este libro, comprométete a ser constante con los 21 días de ejercicios que te presentaré, comprométete contigo mismo/a, con tu transformación... Si eres constante, lograrás lo que has venido a buscar a través de estas líneas. Solo así.

¿Y si antes de comenzar la lectura pronuncias estas palabras que sellen ese compromiso contigo mismo hacia una vida de bienestar, llena de autoestima y autoconfianza inquebrantables?

Sé que eres consciente de lo mucho que sanar tu autoestima y adquirir autoconfianza sumará a tu vida así que, con sincero compromiso de transformar tu vida para siempre pronuncia las siguientes palabras:

"Me comprometo a poner en práctica toda información y conocimientos que adquiera en este escrito porque merezco convertirme en una persona segura, con una autoestima sana, que se ame, respete sus necesidades y pueda lograr lo que se proponga en la vida... Porque merezco una vida de bienestar"...

Precisado esto y sin más preámbulos, comenzaré con el contenido a continuación. Iniciemos este viaje, será un honor acompañarte:

INTRODUCCIÓN

A modo de introducción quiero develar qué me impulsó a escribir este libro. Y, lo cierto es que han sido las horas, días, meses, años de terapia en las que, como profesional, pero, también como persona he conocido a tantos pacientes...

Personas maravillosas que no son capaces de verse como son y que se sienten menos, cuando son tanto... Personas con una gran capacidad que no pueden dejar de sufrir porque no pueden dejar de subestimarse, de infravalorarse, de ver virtudes en los demás, anhelándolas para sí mismas mientras ignoran sus virtudes propias...

Diamantes que se creen meras rocas...

Orugas que no tienen ni un poquito de fe en que algún día podrían ser mariposas, si tan solo, dejaran de odiarse o de envidiar lo bueno del otro para hacerse conscientes de su propia persona y de lo bueno de sí mismas, de todo lo que tienen para ofrecer... Podrían darse cuenta, pero no es fácil. Y por supuesto que no he conocido esto solo en terapia... Los afortunados son los que buscan ayuda, pero ¿Los que no? Y son demasiados, puedo asegurarlo...

Esto terminó por causarme cierta frustración porque, algo está pasando que cada vez hay menos autoestima, menos salud mental... El aumento de la depresión y las tasas de suicidios en el mundo son de esto, una señal (Basta una revisión de cifras de la Organización Mundial de la salud para notar que se trata de un aumento acelerado)... Y hay tanto bienestar en una sana autoestima y autoconfianza que, quise contribuir con este escrito a aliviar la vida de alguien, que espero, sea la vida de muchos.

Aunque significara menos trabajo para nosotros los psicólogos, yo de corazón desearía que se le diera a la salud mental más relevancia en las escuelas, en los centros de aprendizaje... En el mundo...

Demasiadas personas van por el mundo creyéndose asteroides cuando son en realidad brillantes estrellas, demasiadas personas se conforman con una vida que no quieren para sí mismas, por falta de autoestima y de confianza, por creer que la vida que sí desean, es inalcanzable para ellas ¿Qué nos trae eso cómo sociedad? Más y más personas hastiadas y frustradas, menos felicidad... Porque, es un error pensar que la falta de autoestima y de confianza solo perjudica a la persona que tiene esos problemas, no. Se ve reflejado en cómo estás personas aportan a la sociedad y por eso, afecta a la sociedad.

Demasiado énfasis se hace a ciertos estereotipos de personas exitosas y "perfectas", entonces los que no encajan en esos estereotipos se suelen convencer que no pueden alcanzar el éxito porque no tienen las características de X persona, porque no nacieron con las características adecuadas, porque no son perfectas... No son tan bonitas, ni tan carismáticas, ni tan inteligentes, ni tan nada... Esta era moderna es la era de los falsos estereotipos. Basta con que entres a una red social y serás bombardeado con muchísimos, imágenes de personas con cuerpo perfecto, que parecen llevar una vida perfecta, y, los que tienen baja autoestima y nada de confianza, consumen este contenido y se dejan engañar, porque no son capaces sencillamente de apreciar su valor, menos de darse cuenta de que en internet la mayoría de las fotos son retocadas, la vida de ensueño de ese que comparte mil cosas por internet podría ser falsa... Y aunque no lo sea, lo que hay que dejar es de compararse y de sufrir para hacer algo, para avanzar...

Te voy a revelar una de las claves para que logres despertar el poder de creer en ti, desde ya mismo, el inicio: DEJAR DE CREER QUE HAY PERSONAS PERFECTAS. La perfección y el ser humano no son compatibles... Puedes convertirte en la mejor versión de ti mismo, pero nunca en alguien perfecto porque eso no existe. Ni la persona que más admiras y crees perfecta, es realmente perfecta, sucederá solo que la has idealizado, que las redes sociales te han confundido, pero, no, no existe y espero que no esperes convertirte en alguien perfecto al finalizar este libro, porque lo siento, no lo serás, no es eso lo que pretendo, pero, sí que serás consciente de lo increíble que eres, te amarás y podrás luchar por cualquier meta hasta alcanzarla ¿No es suficiente? Es eso lo que te debe bastar porque repito: NO EXISTE LA GENTE PERFECTA.

Si te interesaste en la lectura de este escrito sin lugar a dudas te interesa mejorar tu autoestima y desarrollar confianza. Conoces que tienes un problema y deseas afrontarlo y te felicito porque estás dando un paso hacia tu bienestar. No muchos se atreven a dar el paso de buscar ayuda, de buscar solución y solo se resignan. No tú que aquí estás y que a través de esta lectura estás iniciando tu proceso de cambio y eso es de enaltecer y felicitar.

Quiero aclarar que cuando hablo de transformación o cambio no hablo de que te convertirás en alguien completamente nuevo desde la perspectiva de que dejarás de ser tú, cambiarás, te transformarás, pero, seguirás teniendo tu misma esencia, solo que aprenderás a apreciarla, a apreciarte con tus virtudes y defectos porque de ese se trata, no de ser perfecto, de saberse imperfecto y aun así ser consciente de que puedes brillar y lograr lo que sea, de conocer tu verdadero potencial de forma realista y aún, conociendo que no tienes todas las habilidades y virtudes del mundo, saberte capaz de lo que sea usando ese potencial que tienes, recurriendo a tus propias fortalezas que en este escrito también te enseñaré a potenciar.

Todo lo que deseas ser, está a tu alcance, lo que deseas lograr está a tu alcance si despiertas tu poder interior y, a partir de las líneas siguientes comenzaremos a despertarlo:

AUTOESTIMA Y AUTOCONFIANZA, LOS PILA-RES DEL BIENESTAR

Allí estaba yo, escuchando atentamente a esa paciente muy joven a quien atendí en consulta por videollamada, la observaba en silencio llorar a mares mientras repetía que la vida había sido injusta con ella por no haberle dado belleza, por haber nacido con una mancha oscura que cubría gran parte de su mejilla izquierda... No dije nada al respecto, pero lo que me pareció injusto a mí fue el hecho de que llorara tanto y sufriera siendo una joven realmente bonita que, no tenía que estar sufriendo por un mero complejo.

La joven, a quien llamaré Eleonora, pero, haciendo la salvedad de que por ética profesional no revelaré en este escrito ningún nombre real de ningún paciente, era un talento a pulir, poseía una voz dotada y, había soñado con alcanzar la fama a través de la plataforma Youtube, como, lo han logrado tanto otros. Con eso en mente abrió su canal Youtube, grabó un par de videos de ella cantando y lo compartió con el público... Siendo que de entre las primeras vistas obtuvo dos comentarios negativos sobre su apariencia, eliminó todo contenido y se lamentó tanto por su mancha de nacimiento que acabó por deprimirse. Había perdido todo rastro de autoestima y autoconfianza...

La historia tuvo un final feliz ya que, al ser Eleonora una adolescente, hija de padres abnegados y preocupados, buscaron para ella ayuda profesional. Lo cual, tras un constante recorrido culminó con una Eleonora con autoestima sana, con una Eleonora segura de sí misma, con una Eleonora que conoce hoy por hoy su valor y su belleza única, que no se deja opacar por opiniones insanas y comentarios malintencionados.

Eleonora siguió el camino de la música, y, aunque no es Youtuber profesional, como se había propuesto en su adolescencia, forma parte de un grupo musical de éxito y brilla como siempre estuvo destinada a brillar.

La mancha sigue ahí porque nació con ella, porque es parte de su cuerpo y de su identidad, pero, no hay lamentaciones, ni dolor. Ya no hay gente malintencionada que pueda llevarla a la depresión por un comentario sencillamente porque ella se valora lo suficiente como para no dejarse afectar.

Esta es una anécdota que refleja muy bien cómo la autoestima y la autoconfianza pueden traer consigo máximo bienestar ¿Verdad? Es una historia inspiradora que refleja un antes y un después de adquirir autoestima y autoconfianza...

También está Manuel (Nombre ficticio), aquel paciente que, tras ser humillado en público cuando intentó declarar su amor a la mujer que le gustaba, quedó teniendo una nula autoestima y autoconfianza, al punto de que, a sus casi 40 años, jamás había tenido una pareja. Y, no lo había hecho porque no se daba la oportunidad, huía de cualquier posible relación que pudiese darse, temiendo ser humillado de nuevo. A todas luces era un buen partido, acomplejado por su físico, quizás, pero, hacía ejercicio y tenía por ende un buen físico, un buen trabajo, casa propia... Pero, no se permitía conocer a nadie, el miedo era demasiado.

Mientras acudía a terapia empezó a aprender a quererse y a confiar un poco más en sí mismo. Aún tiene que superar ciertos miedos, pero, se atrevió a declarársele a una compañera de trabajo por quien desarrolló sentimientos y, hoy por hoy están saliendo. No sé si esa relación vaya a perdurar en el tiempo, pero, de lo que sí estoy seguro es de que Manuel ahora tiene más autoestima y confianza, y de que, de aquí en adelante, podrá seguir dándose oportunidades y de ser necesario, abrirse a otras relaciones... Ahora se sabe digno, merecedor...

Hablaré ahora de una figura pública porque las personas tienden a creer con demasiada frecuencia que a quienes admiran jamás han tenido problemas de autoestima y no son más que perfectos (Ya he mencionado antes que la perfección es cualquier cosa, menos inherente al ser humano).

¿Conoces a Emma Watson? La aclamada actriz que se catapultó a la fama por su personaje protagónico de la adaptación en películas de los libros de "Harry Potter", quien, ha seguido su brillante carrera demostrándole al mundo una y otra vez que nació para actuar...

Pues bien, Emma es indudablemente hermosa, talentosa, inteligente... Lo que ha demostrado una y otra vez, sin embargo, ella misma en cierta entrevista reveló que llegó a tener problemas de autoestima, sintiéndose en ese sentido incómoda con su cuerpo y personalidad. Tal fue su inseguridad que se negó la oportunidad de trabajar en algunos papeles que le ofrecieron, así como en campañas publicitarias. Sencillamente se limitaba porque no creía que fuese agradar al público. Sentía rechazo por las fotografías, no quería ser fotografiada porque no se sentía nada atractiva...

«Yo, a los 21 años, estaba plagada de inseguridad y autocrítica. Me di cuenta de que no me gustaba que mis amigos me tomaran fotos cuando no estaba trabajando y de hecho discutí con ellos por este tema. Ni siquiera podía reconciliarme con mi propia imagen», Fue lo que ella reveló mientras era entrevistada.

Por fortuna, se dio cuenta de su valía y, ha dejado atrás estos complejos que en su momento solo le hicieron daño y, perder valiosas oportunidades. Ya ha actuado, tenido protagónicos y el público la ama en cada película, en cada campaña... Me parece difícil que alguien pueda decir que ella no es atractiva, pero más importante que eso, ella ahora se siente así.

Creo que todas han sido anécdotas que revelan el antes y el después de la autoestima y la autoconfianza. El cambio es grandísimo y notable cuando se desarrolla autoestima y autoconfianza, y eso que el cambio se da solo en el interior, la persona aprende a creer en sí misma, aprende a valorarse, a darse valor, a amarse, y eso, cambia sus circunstancias, su mundo exterior...

Bajo la sombra de la baja autoestima o la falta de confianza, Eleonor, no hubiese vuelto a cantar, bajo la sombra de la autoestima o la falta de confianza, Manuel seguiría sin darse la oportunidad de tener una pareja y Emma Watsom habría seguido perdiendo oportunidades laborales... En cambio, desarrollar autoestima y autoconfianza los condujo a mejorías sin igual, a dejar atrás toda limitante y negatividad...

¿Cuánto te está afectando a ti tu falta de autoestima y autoconfianza? Creo que debes ser consciente de ello, pero, mientras más te esté afectando, mejor será la transformación, ya lo verás. No te preocupes, hay una salida...

A todas estas ¿Qué es la autoestima y la autoconfianza?... No podrás desarrollar ninguna si no entiendes de qué se trata a plenitud.

Empezaré por explicar la autoestima; misma que puede entenderse como la percepción que una persona tiene de sí misma, su valoración, su opinión hacia su propia persona, que puede ser positiva o negativa, por lo cual, se habla de autoestima baja o autoestima sana o alta.

Visto como un autoconcepto, es entendible que cuando es negativo (Autoestima baja) la persona no se ama o valora, la persona no se siente merecedora o suficiente, lo cual le trae problemas de confianza y gran variedad de negatividad, es desde la baja autoestima que las personas desarrollan problemas como el apego o la dependencia emocional que les trae dificultades para alejarse de relaciones tóxicas (No entienden que se merecen algo mejor, porque, no se conciben merecedoras de algo mejor), es desde la baja autoestima, o, una pobre concepción de sí misma que una persona desarrolla dificultad para fijar límites en los demás y vive para otros en lugar de para sí misma porque teme al rechazo, y lo teme porque se rechaza a sí misma...

Es desde una baja autoestima que una persona no puede dejar de compararse con los otros, aunque duela y merme cada vez más su nivel de autoestima, es desde una baja autoestima que una persona recurre a la autocrítica inclemente, y no puede concebir un error como una oportunidad de aprendizaje sino que lo ve como algo garrafal, se castiga con la crítica, se lastima, se hace daño...Y realmente podría extenderme en este punto, pero, lo importante es que quede claro que nada bueno viene de una auto-estima baja. Y esto no quiere decir que una persona con autoestima baja se sienta constantemente mal, pero, su estado de ánimo va a depender de algo externo siempre.

En ese sentido una persona con baja autoestima puede sentirse bien, ro-deada de personas a quienes considere inferiores, o, con carencias que ella no posee, pero, ese "bienestar" desparecerá rápidamente entre personas respecto a las que se sienta inferior... También puede suceder que una per-sona con baja autoestima se sienta confiada con alguna habilidad, y, bas-taría recibir una crítica negativa para que toda esa confianza se derrumbe.

La autoconfianza de una persona con baja autoestima jamás es sólida.

Cuando el autoconcepto es positivo se habla de autoestima sana, y, eso im-plica que la persona se ama a sí misma, se respeta, se valora, se siente me-recedora de todo lo bueno del mundo y de todo cuanto desee para sí misma...

En ese sentido, una persona con un buen autoconcepto o, con una sana autoestima no se permite permanecer cerca de personas tóxicas porque se sabe merecedora de un trato mejor, sabe fijar límites a los demás, porque, entiende que no puede ser feliz delegando su bienestar a las acciones de otros o, por el bien de otros, se trata de personas que creen en sí mismas. Y todo esto, sabiéndose imperfectas, porque, si hablamos de alguien que se ama por sobre todo, creyéndose perfecta ya eso no sería autoestima, se-ría narcisismo, pero, amarse, respetarse, valorarse, creer en sí mismo, sa-biéndose merecedor, a pesar de los defectos, o, de cualquier error come-tido, eso es autoestima SANA. El nivel de autoestima que necesitas desa-rrollar para que tu bienestar, para que tu estado de ánimo, tu felicidad, no dependan de lo externo jamás.

Cuando el autoestima es sana se pueden recibir las críticas malintenciona-das que sean, eso no afectará porque lo importante siempre será la opinión propia, si tú te amas y valoras las acciones de nadie, te harán amarte y valorarte menos... Es por eso que te conviertes en alguien inquebrantable.

Precisado esto explicaré los componentes de la autoestima, porque, enten-derlos implica entender también cómo se puede desarrollar una sana au-toestima, en qué se basa una sana autoestima. En tal sentido los compo-nentes de la autoestima son los siguientes:

Autoconcepto:

Tu nivel de autoestima está influenciado por el concepto que tienes de ti mismo/a, tu autoconcepto, que, no es otra cosa que aquello que piensas sobre ti, lo que determina cuánto te aceptas a ti mismo. Es por esto que el autoconcepto es uno de los primeros componentes de la autoestima. Según pienses u opines sobre ti, tu autoestima será baja, o alta porque, según pienses sobre ti, te aceptarás, o no.

¿Qué piensas sobre ti?

¿Te consideras agradable? ¿Te consideras bien parecido/a?, ¿Te consideras inteligente? Estas características hablan de una buena autoestima.

Si se trata de lo contrario y tu autoconcepto es negativo: "Te consideras poco agradable, poco atractivo/o, poco inteligente, etc". Tu nivel de autoestima será bajo porque, es difícil que te valores y ames teniendo un pobre autoconcepto de tu propia persona, opinando mal de tu propia persona...

Debes saber que tu autoconcepto favorecerá tu autoestima solo si conoces la realidad de ti mismo/a y, te aceptas a pesar de tus virtudes y defectos, a pesar de tus cualidades o defectos... Por ende, deberías seguir un camino de autoconocimiento, descubrir tus verdaderas virtudes, fortalezas, limitaciones, defectos, y, entender de esa forma quien eres realmente, y así mismo aprender a aceptarte y a amarte con todo.

Autoimagen:

Este componente es muy parecido al autoconcepto, pero, tiene que ver con la imagen mental que tienes de ti mismo/a y, con cuánto te gustas a raíz de la misma, con la opinión de ti, según tu imagen, según cuando te miras en el espejo o sencillamente piensas en tu persona, qué tan agradable te sientes, que tan agradable crees que es tu imagen, tu físico...

Se diferencia del autoconcepto porque no trata de una opinión general de ti, sino que se basa en lo externo específicamente, tu físico, tu cuerpo...

Tu autoimagen abarca cómo crees que eres desde el contexto físico: Las características de tu cabello, las características de tu piel, tu contextura, tu altura...

Puede suceder que tengas un cabello hermosamente rizado, pero lo odies porque desearías tener tu cabello liso, no tiene nada que ver con la realidad de tu cabello, sino con tu percepción, con tu autoimagen, tú estás convencido/a de que tu cabello no es bonito porque es rizado y no liso... Lo mismo con tu color de piel y cualquier característica que te defina.

¿Qué autoimagen tienes de ti mismo/a? Descúbrelo describiéndote.

¿Te sientes guapo/a, agradable y bien contigo misma/a? Tu autoimagen es buena y eso influye de forma positiva en tu personalidad; todo lo contrario, si tu autoimagen es negativa. Lo bueno es que como tu autoimagen no es más que algo que crees, puedes cambiar tu forma de percibirte y mejorar tu autoimagen para mejorar tu autoestima...

Autoreforzamiento:

¿Cuándo alguien te halaga, eres de los que aceptan los halagos o de los que los hacen inferiores? ¿Cuándo logras alguna meta o haces bien algo te felicitas? ¿Te das gustos de vez en cuando solo porque sí, porque te los mereces?

A la acción de halagarse, aceptar halagos, auto felicitarse y darse gustos se le llama auto reforzamiento porque todas esas son actitudes que influyen de forma positiva en el autoestima, por eso el auto reforzamiento es uno de los componentes del autoestima.

Cuando tú aceptas un halago te estás sintiendo merecedor de él, cuándo te auto felicitas te estás valorando, cuándo te das gustos estás cuidando de ti y demostrándote amor, así alimentas tu autoestima, contribuyes a que tu autoestima esté sana, pero, si niegas los elogios, no valoras tus logros y solo estás al pendiente de lo que haces mal o de lo que no logras, comparándote todo el tiempo con los demás, autocastigándote con la autocrítica, cuando no te das gustos, no te mimas, no te cuidas... Debilitas tu autoestima, te amas y valoras cada vez menos...

Autoeficacia:

El último componente del autoestima es este que tiene que ver con cuánto crees en ti mismo ¿Te crees capaz? ¿Crees tener las habilidades o competencias suficientes para afrontar los retos de tu vida?

He de decir que creer en uno mismo brinda una gran motivación para lograr lo que uno se propone y aumenta las probabilidades de lograr lo que uno se propone, todo lo contrario, no creerse capaz, porque, cuando uno no se cree capaz actúa cegado por el miedo...

Por otro lado, si te crees capaz, puede decirse que tu autoestima es sana y todo lo contrario si te juzgas de incompetente o incapaz...

Ahora que conoces los componentes del autoestima, explicaré sus pilares, trabajando en ellos, podrás mejorar tu autoestima.

Según el autor Branden, existen 6 pilares de la autoestima:

Vivir conscientemente:

Este es un pilar del autoestima que permite a la persona que lo pone en práctica conocerse mejor, entenderse, hacerse consciente de lo que piensa, de lo que siente, de lo que busca, de quien es y a donde va...

Tiene que ver con hacerse uno consciente de la realidad de uno mismo, que no es lo que está en nuestra mente, ni lo que sucedió en el pasado, ni lo que nos espera en el futuro... Ni tampoco lo que nos negamos (Sabrás que muchas veces tratamos de escapar de la realidad haciéndonos ciegos a ella)

Se dice que vivir en el presente es vivir al máximo y es cierto que es necesario, porque, si vivimos concentrados en el pasado, o, en el futuro, en lo que ya pasó y, en lo que puede pasar, ignoramos nuestro presente y prácticamente, no vivimos. A veces ni cuenta nos damos de lo que sentimos porque, solo estamos centrados o en el pasado o en el futuro. Y eso merma la autoestima porque, te hace cada vez más ajeno a cómo te sientes y a tu verdadera realidad...

Vivir conscientemente implicará vivir tu presente, no sumergido en el pasado, en tus fracasos, en el error que cometiste, algo que ya pasó y es ajeno a ti, ni tan enfrascado en tu futuro porque al futuro deseado solo se llega trabajando desde el presente. Y, significa también que te entiendas en tu presente entonces.

Es importante entenderte en el ahora porque, si conoces cómo te sientes, algo con lo que no te sientas cómodo/a, podrás trabajar en mejorarlo. Imposible hacer esto mismo si no eres consciente de que estas sintiendo.

Las personas podemos cambiar con el tiempo, por lo que no eres necesariamente hoy tu yo del pasado, y, el yo de tu fututo aún no existe, además. Por ende, si no te propones conocerte en tu presente, tal vez no eres consciente de ti mismo en el ahora, y, si no te conoces en realidad, con tus virtudes y debilidades, no podrás aceptarte porque la aceptación y el amor propio vienen de uno conocerse a profundidad y aceptarse como se es.

A lo que le debes dar importancia es a quién eres y qué sientes hoy, y a lo que puedes hacer ahora para lograr aquello que quieres lograr, para lograr convertirte en quien quieres ser... Se puede dar un vistazo al pasado, pero no para recrearse en él con culpa y perder el tiempo, sino para aprender de él, y en el futuro para ser conscientes de lo que queremos lograr, y para fijarnos propósitos desde el presente para alcanzar ese futuro, pero no olvidándonos del presente.

Vivir conscientemente implicará que seamos conscientes de nuestras fortalezas y debilidades, de que podemos cometer errores, también, pero, el ideal para una autoestima sana es aprender a ver los errores como oportunidades de aprendizaje y, corregirlos, aprender a ver las debilidades como algo normal, proponerse fortalecerlas y vencerlas pero siempre desde la consciencia de que ningún humano es perfecto. Aceptar los errores, aceptar las debilidades sin que signifique conformarse, siempre deseando aprender y mejorar, pero no anhelando una perfección que nos será ajena la vida entera porque nunca la podremos alcanzar.

¿Cómo puedes poner en práctica este pilar?

Concéntrate cada vez más en tu presente y menos en tu pasado y en tu ansiedad por el futuro. Detente incluso de leer en este momento, cierra los ojos y piensa en cómo te sientes en este momento.

Durante el día deberías hacer pausas así para hacerte consciente de cómo te sientes recurrentemente y, de tus pensamientos recurrentes.

Toda la información que recolectes con esa práctica te hará ser cada vez más consciente de ti, y, toda esa información que reúnas de ti mismo te puede ayudar a desarrollar tu autoestima, a valorarte a ti, por como eres. Puede que descubras con esta práctica características de ti que desconocías y, el autoconocimiento nunca se desperdicia.

Otra forma de poner en práctica este pilar es, empezando desde ya, a encaminarte al futuro que desees, pero, con acciones concretas que te encaminen a ello desde tu presente. Te hará sentir orgullo y te ayudará a aumentar tu autoestima, encaminarte a lo que desees.

Aceptación:

Si pones en práctica el pilar anterior, te harás cada vez más consciente de ti mismo/a: Debilidades, fortalezas, virtudes, defectos, limitaciones y habilidades... Si te haces cada vez más consciente de lo que sientes, cómo piensas, cómo actúas en tu presente, etc, así será. En esto cobra vital importancia el siguiente pilar de la autoestima: La aceptación, aprender a aceptarte tal cuál eres con todo e imperfecciones, con todo lo que no te guste de ti en todo aspecto, el físico, tu forma de ser, etc.

Si no aprendes a aceptarte, no te amarás, nunca gozarás de una sana autoestima...

Hay aspectos de ti que no te gusten que podrás mejorar, sobre todo los que se relacionen con tu conducta y hasta aspectos físicos, aunque puedas cambiar lo que no te guste, nunca es buena idea hacerlo desde una mala autoestima.

En todo momento, bajo cualquier circunstancia, puedas cambiar lo que no te guste de ti o no, necesitas aceptarte porque solo así podrás amarte, porque solo así será sano que desees cambiar, además.

¿Sabías que la bella Beyoncé reveló en cierta ocasión que le desagradaban sus pies? Si conoces a esta gran artista seguramente puedes afirmar que es una mujer segura de sí y con autoestima... Claro que no puedo decirlo con propiedad porque no la conozco personalmente, pero, es algo que se nota en su actuar así que sí, apuesto porque es una mujer segura de si y con gran autoestima, a pesar de que hay características de ella que no le gustan... De eso se trata.

Si esperas a ser perfecto/a, nunca tendrás una autoestima sana porque perfecto, no serás jamás (Y lo reiteraré las veces que hagan faltan para que te convenzas). La autoestima se trata sencillamente de que te valores, estimes, ames y sientas merecedor a pesar de cualquier debilidad, defecto, limitación...

ACÉPTATE.

¿Cómo poner en práctica este pilar?

☐ Hazte consciente de tus logros. Cuando hay baja autoestima es fácil centrarse solo en lo malo. Que no te suceda, piensa en cada cosa que has logrado y ten presentes esos logros.

☐ Deja de juzgarte por cualquier debilidad o por un error que cometas. No centres tu atención en ello, no te autocastigues con críticas, pasa la página, sigue adelante y mejora. Usa ese error que cometas como lección para ayudarte a mejorar, pero, nada de cuestionarte duramente... Trabaja en fortalecer esa debilidad si lo quieres, pero, NO TE REPROCHES.

☐ Deja de compararte con los demás, eres una persona única, tienes tus propias virtudes y debilidades. No necesitas competir con nadie, acepta cuán perfecto/a eres como eres; acepta que no necesitas ser nadie más... Ni necesitando mejorar en cualquier aspecto necesitas ser alguien más que quien eres.

Si te vas a comparar con alguien que sea con una versión tuya del pasado con la intención de mejorar, pero, nunca con los demás.

☐ Consiéntete: Cada vez que te cuides y consientas estarás convenciéndote de que eres merecedor y eso aumentará tu nivel de aceptación.

Asumir la responsabilidad:

Otro de los pilares del autoestima es asumir la responsabilidad ¿La responsabilidad de qué? De nuestra vida, de cómo nos sentimos, de cómo pensamos, de cómo nos relacionamos con los demás, de las decisiones que tomamos, de la forma en la que actuamos, de lo que hacemos posible y de lo que no, de nuestras circunstancias, de nuestra felicidad...

Cuando vamos por la vida sin asumir nuestra responsabilidad no nos damos más opción que ser víctimas, porque, sin asumir la responsabilidad, asumimos que no tenemos el control de nada de lo que nos sucede, de cómo nos sentimos, de cómo nos relacionamos, etc, y entonces empezamos a buscar culpables: ¿Qué culpable? X persona que me lastimó, mis padres que no me dieron la oportunidad de hacer X cosa, el karma, la mala suerte, cualquier elemento externo...

Vivir como una víctima es vivir en la negatividad. No asumir ningún tipo de responsabilidad es conformarse con lo que suceda... Así es imposible desarrollar una sana autoestima.

Hace falta tener cierto control para poder sentirnos capaces de vivir y de ser merecedores de nuestra felicidad, para que no nos resignemos a conformarnos y, procuremos nuestro verdadero bienestar.

Por supuesto que no tendremos control de todo, la vida es impredecible y muchas veces injusta, nos ocurrirán todo tipo de situaciones imprevistas, muchas de las cuales serán negativas, pero, tendremos control de lo importante si lo asumimos, si asumimos nuestra responsabilidad, y este será el control de nuestro mundo interno, de nuestras emociones y por ende, de nuestro bienestar. Si controlamos nuestro mundo interno, si no dejamos que las emociones negativas nublen nuestra mente tomaremos mejores decisiones que nos traigan máximo bienestar.

Tienes control sobre si una situación te afecta o no, puedes decidir hasta qué punto te afecta una situación, si te destruye o no. Puedes decidir rendirte o seguir adelante. Por supuesto que solo puedes esperar nuevas oportunidades, y, cosas buenas si sigues adelante. Puedes decidir si perdonar, soltar y avanzar o si seguir cargando el odio por siempre, haciéndote daño. Puedes decidir si rendirte o, si tomar las riendas de tu vida de nuevo, volver a intentar eso en lo que fracasaste, hasta que lo logres...

En lo importante TÚ TIENES EL CONTROL SI TAN SOLO DECIDES ASUMIRLO.

Nadie va a conquistar tus sueños por ti, solo tú puedes hacerlo, nadie puede ayudarte a sentirte mejor si tú no te propones vencer esa emoción negativa que te está afectando, solo tú, nadie va a encaminarte al futuro que deseas si tú no lo haces...

Jamás serás feliz si depositas tu felicidad en alguien más que en ti, en algo externo... Jamás alcanzarás ese sueño si crees que es solo cuestión de suerte (La vida nos ha enseñado lo suficiente que las personas pueden labrarse su camino. Alguna historia inspiradora conocerás de una persona que nació en la carencia y luchó hasta alcanzar una gran fortuna y éxito, esa es la prueba) ...

¿Sabes de qué otra cosa eres responsable? DE TU NIVEL DE AUTOESTIMA...

Si hasta este momento vivías sin asumir tu responsabilidad... Entenderás en este punto porqué es importante que la asumas de una vez por todas. Todo papel de víctima que quede atrás...

Autoafirmación:

Este pilar se relaciona con la libertad de uno ser uno mismo, de ser auténtico, de no esconder quienes somos, lo que pensamos, nuestros valores, nuestras necesidades...

Nadie puede gozar de una sana autoestima si no se permite la libertad de ser quien es. Cada vez que una persona oculta una opinión, uno de sus valores, una necesidad... Por aparentar para agradar a otros, merma su autoestima, experimenta un poco menos de aceptación hacia sí misma, porque, lo que está comunicando es que lo que le gusta, lo que opina, lo que siente, lo que quiere, no es importante. Al menos es lo que le está diciendo a su cerebro con esa acción, es de lo que se sigue convenciendo...

Para desarrollar una sana autoestima entonces, necesario es permitirnos ser quienes somos, sin importar el qué dirán... No le agradaremos a todo el mundo como somos ¿Y qué? Nadie le agrada a todo el mundo. Más importante que eso es agradarte tú a ti mismo/a, sentirte bien contigo. Y no lo serás si siempre estás menospreciando quién eres, ocultando quién eres, o, prefiriendo el bienestar de los demás por sobre ti mismo/a, prefiriendo no contrariar a nadie por no entrar en un conflicto...

Cada quien tiene derecho a opinar lo que desee, a que le guste lo que desee. En ese sentido puede haber opiniones muy diferentes y está bien...

Puedo afirmar con total seguridad que si te sientes incómodo/a de mostrarte como eres ante las personas que te rodean, esas no son las personas correctas para ti, no lo serán si no te aceptan, pero, atreviéndote a mostrarte como eres podrás atraer a las personas correctas, a las que les agrades de verdad... Así que no vale la pena que sigas ocultándote más...

¿Cómo poner en práctica este pilar?

1. Repítete hasta convencerte que quien eres importa, que lo que piensas importa, que lo que sueñas importa. TÚ IMPORTAS. Por eso no te menosprecies ni ocultes más.

2. Vence el temor al qué dirán, atrévete a ser tú mismo/a sin que importe esto. La gente suele estar ocupada como para estar al pendiente en exceso de la vida de los demás, así que puede que no digan nada, pero si lo hacen ¿Qué importa? La gente que se mete en la vida de los demás y da una opinión, aunque nadie se la pregunte suele hablar así uno haga o no haga. No te prives de tu autenticidad porque ellos igual se darán el gusto de decir cualquier cosa, así son...

Integridad personal:

Todo iba bien en la vida de Marta, una joven modelo con, cada vez más seguidores en sus redes sociales, y, por ende, con cada vez más reconocimiento y éxito. Empezaron a llegarle propuestas de trabajo que aceptaba gustosa, que modelara para campañas de publicidad o, que recomendara productos o servicios... Ella, a cambio de dinero, hacía lo que le pedían y su fortuna creció. Fue hasta que aceptó por contrato, recomendar a sus seguidores que siguiesen cierto tipo de dieta, que, comenzó a venirse en picada su estado de ánimo. A la misma Marta aquella dieta no le parecía saludable de seguir. Y no es que tuviese especiales conocimientos en nutrición, ella había estudiado periodismo, nada que ver con nutrición o medicina, sucede que el sentido común le decía que aquello que, sus clientes llamaban y vendían como dieta milagro, podría ser preludio de algún trastorno alimentario o de un mal de salud.

La paga era buena, demasiado... Así que Marta siguió con su trabajo y recomendaciones, haciendo creer a sus seguidores que estaba siguiendo la dieta milagro, aunque esa no era la realidad, ella temía seguir esa dieta ¿El resultado?

Terminó padeciendo 2 ataques de ansiedad que la terminaron por convencer que requería ayuda psicológica y, terminó en consulta con mi persona.

¿Qué ocurría con Marta?

Le estaba dando la espalda al pilar de la integridad de la autoestima en su vida, estaba viviendo de forma incongruente con sus valores y, eso repercute de forma importante en el nivel de autoestima que uno tiene. Así ella lo vivió y es lo que ocurre en esos casos. Por eso la integridad es precisamente, un pilar de la autoestima.

¿Cómo aceptarte a ti mismo si no eres integro? No lo harás sencillamente, siempre habrá una parte de ti, decepcionada de ti, la única forma de combatir la negatividad producto de haber estado viviendo sin honestidad, es, con integridad, empezando a vivir en integridad.

Vivir con integridad, con honestidad, siendo congruente con tus valores, cumpliendo tus promesas... Te traerá satisfacción con tu propia persona, te hará concebirte como alguien digno y por eso, no debes ser, por ende, incongruente con tus valores ni deshonesto en la vida. Te terminas haciendo daño tú con esas actitudes.

Cuánto bienestar y autoestima te traerá cumplir tus promesas, dar lo mejor de ti en tu trabajo, siempre procurar enaltecer tus valores y no darles la espalda por ningún interés...

Practica la integridad siempre en aras de una autoestima sana que te acompañe siempre.

Vivir con un propósito:

Vivir con un propósito es otro de los pilares del autoestima, porque, no hay ser humano en bienestar, que viva sin un rumbo o propósito de vida. Sí que hay personas que viven sin propósito, pero, no es algo de lo que se sientan orgullosas y termina por afectar su autoestima y llenarles de negatividad en general porque, la vida les estará llevando al azar y se tendrán que conformar con lo que obtengan... Ya que, no hay forma de lograr algo por lo que uno no actúe, no hay forma de que logres lo que quieres si no te planteas lo que quieres y vas a por ello. De ti ha de depender, es tu responsabilidad, tu vida lo es, y, cuando te fijas un propósito de vida estás tomando en cuenta esa responsabilidad y asumiendo que en tus manos está, lo que te dará motivación para luchar por eso que quieres, para avanzar hacia lo que quieres...

¿Sin un propósito predefinido cómo alcanzarás lo que quieres? Vivir sin propósito es como lanzarte al río y dejar que te arrastre la corriente.

No hay nada más improductivo en la vida que vivir sin un propósito, además... que vagar sin rumbo fijo... En contraposición está el hecho de plantearse un propósito de vida, un sueño a alcanzar, un futuro a hacer realidad, y, encaminarse hacia el mismo por medio de propósitos más pequeños... Así uno puede experimentar satisfacción y orgullo propio, y gran bienestar. Siempre siendo firmes o determinados hacia ese propósito a alcanzar.

Importante, además de vivir con un propósito es, definir ese propósito que vibre realmente con nosotros, un propósito personal, porque, también hay muchas personas en el mundo intentando alcanzar el propósito que alguien más les planteó, o un propósito basado en expectativas ajenas... En este punto según todo lo que se ha planteado en líneas anteriores sabrás que, eso solo afectará tu autoestima.

Sólo tú podrías descubrir y plantearte un propósito que te haga verdaderamente feliz y que te proporcione verdadero orgullo o bienestar pues, nadie puede sentir por ti. Los propósitos de vida personales se relacionan con valores propios, con deseos propios, con pasión. Y, a ti puede que no te apasione, ni tengas iguales valores que tu familia, aquel mentor, etc. Por eso nadie, puede decirte qué propósito seguir.

Descubre tu camino, descubre qué quieres en la vida y siempre tenlo presente en tu existencia, toma la responsabilidad de descubrir qué es lo que quieres en verdad, sin que empañe tu decisión, la opinión de alguien más. Ese es el verdadero pilar de una autoestima sana.

El amor propio:

Todos los pilares mencionados, el que te aceptes como eres, el que asumas que eres responsable de tu vida, decisiones, emociones, el que vivas de forma congruente con los valores que te importan, con un propósito... El camino al que te lleva todo eso es al amor propio. A amarte y respetarte por encima de todo lo demás, sin importar lo que digan los demás u opinen los demás y, sin importar fallos o errores que puedas cometer en esta vida.

El amor propio te hará sentirte siempre merecedor y confiable a pesar de cualquier cosa, siempre digno de amor a pesar de cualquier cosa. Cuando desarrollas verdadero amor propio este no va a fluctuar según la situación. Y es lo que realmente te dará bienestar en esta vida, es lo que te ayudará también a desarrollar confianza porque, si no te amas no puedes confiar en ti.

Para acceder por completo al poder de creer en ti, y, a todo lo que vas a poder lograr una vez que a él accedas: Vivir a plenitud, dirigirte hacia donde te quieras dirigir sin limitaciones y miedos, por, sentirte merecedor o merecedora de ello, una transformación que has de estar necesitando, necesitas amarte, y el camino a amarte es la autoestima.

En el apartado siguiente hablaré de algunas acciones sencillas que puedes llevar a cabo en tu día a día para sanar tu autoestima, sin embargo, antes de ello considero necesario definir también la autoconfianza, siendo que no me extenderé tanto porque lo más importante a comprender de ella es que viene de la mano con tu nivel de autoestima.

¿Qué vendría siendo la autoconfianza? Precisamente el poder de creer en ti, sentirte competente y capaz, sin importar si te equivocas o fallas, saberte capaz de mejorar si lo sigues intentando, aprender de los errores, ver los errores como oportunidades de aprendizaje y no con un matiz de negatividad...

La fuente de toda productividad en tu vida será tu nivel de autoconfianza, el que puedas o no lograr aquello que te propongas, dependerá de tu nivel de creer en ti...

Para convencerte de ello hablaré de un ejemplo usual en todo tema de superación personal: El caso de Thomas Edison, el inventor de la bombilla incandescente. Por si nunca habías escuchado de la historia de este personaje, resulta que pasó a la historia por inventar la bombilla, pero más que ello, por revelar que fueron 999 intentos fallidos los que lo condujeron a crear la bombilla funcional.

Esto no habría sido posible si Edison no hubiese confiado en sí mismo, en su capacidad de desarrollar ese invento... De no creer en sí mismo se habría rendido en el intento 5, el 20, el 30, el 999. Pero no fue así, insistió y lo logró porque pudo ser determinado, porque pudo seguir sin frustrarse porque sabía que, si continuaba, podría lograrlo.

Lo que más me gusta de este personaje es la forma que asumió con humor todo este tema de los fallos, lo que revela, además, su nivel de autoconfianza porque, con las siguientes palabras dejó claro que vio cada error, como una oportunidad de aprendizaje: *"Descubrí 999 maneras de NO inventar una bombilla incandescente"*.

Sé cómo Edison, desarrolla una autoconfianza inquebrantable y verás cuán lejos llegarás (Todo lo lejos que quieras llegar por supuesto).

ACCIONES CLAVES Y FÁCILES DE AUTOESTIMA

Ahora que sabes que necesitas mejorar tu autoestima para también, desarrollar autoconfianza, a continuación, estaré detallando acciones que te permitirán mejorar tu autoestima, tan sencillas que podrás emplear en tu día a día sin excusas. Y el hecho es que, necesitarás emplearlas en tu día a día para poder realmente desarrollar una buena autoestima ya que eso solo es posible por intermedio de la constancia.

Halágate:

John Gottman es un reconocido psicólogo, miembro electo de la Asociación Americana de Psicología, autor de variedad de libros de psicología y autoauyuda, que, ha recibido variedad de premios por sus aportes y estudios. Su especialidad es la terapia de pareja, siendo que se ha dedicado por décadas al estudio de todo elemento que pueda contribuir a que una pareja se mantenga a lo largo del tiempo unida y feliz. Ese no es el tema de este escrito, pero, uno de los estudios de Gottman hizo un aporte general al área de la psicología que es interesante que conozcas.

El hecho de que los halagos influyen en la autoestima es bien conocido en la psicología. Si en la crianza un niño recibe el refuerzo de los halagos por sus logros y comportamiento, influirá de forma positiva en su autoestima (Siempre y cuando no se halague tanto al niño al nivel de hacerle desarrollar narcisismo. Siempre hay que ser realistas, los halagos han de venir de la mano con los logros y buen comportamiento del niño, y también, hay que resaltar lo que no está bien cuando su comportamiento no sea adecuado). Por otro lado, un niño que constantemente es criticado de forma negativa y no recibe halagos, verá afectada su autoestima en consecuencia. Su nivel de autoestima será muy bajo.

Gottman, en sus estudios a parejas descubrió por su parte que se necesita una media de 5 comentarios positivos para que el efecto de una crítica que fue tomada duramente por una persona, los efectos de una crítica que a una persona le afectó, mermen...

Los halagos han de superar por 5, una crítica mal gestionada, para que la mente se calme.

Esto tiene sentido porque, lo malo solemos resaltarlo más en nuestra mente, que lo bueno.

A lo que quiero llegar es a que, es un hecho comprobado que los halagos influyen en la autoestima de manera positiva y, por tanto, pueden ayudarte a mejorarla.

Desde nuestra niñez a lo largo de toda nuestra existencia los halagos pueden ayudarnos a mejorar nuestro nivel de autoestima. La buena noticia es que no necesitas esperar a que otros te halaguen para que tu autoestima mejore. Halágate tú mismo/a cada vez que logres lo que te propusiste, cada vez que puedas hacer uso de tu fuerza de voluntad para tener disciplina, y, CADA DÍA SOLO PORQUE SÍ, PORQUE TE LO MERECES.

Una excelente idea de hecho, es que comiences tu día halagándote. Mirándote al espejo y hablando bien de tu imagen y de ti. Esta acción tan sencilla que apenas y te quitará tiempo en tus mañanas, contribuirá de forma importante a sanar y mantener tu autoestima.

Por otro lado, teniendo en cuenta lo positivos que son los halagos en tu autoestima, acepta los halagos que te hagan, cuando te los hagan. Muérdete la lengua si es necesario, en caso de que sientas la tentación de disminuir el halago que te están haciendo con un comentario como, "no fue nada", o peor aún, si estás a punto de rechazar ese halago.

Rechazar un halago es no sentirte merecedor/ra de él. Por ti, por tu autoestima, por desarrollar el poder de creer en ti para poder alcanzar cuanto desees en esta vida y vivir en bienestar: No te conviene rechazar los halagos. Recíbelos, siéntete merecedor/ra de ellos. Es incluso más fácil aceptar los halagos que rechazarlos pues, para aceptarlos tan solo tienes que sonreír y decir "Gracias", no hace falta nada más.

Háblate bien de ti mismo/a:

Si tu diálogo interno es constantemente negativo, si constantemente te juzgas y recriminas, si constantemente hablas mal de ti ¿Cómo vas a mejorar tu autoestima?

No importa cuánto te esfuerces o qué medidas apliques en tu vida para mejorar tu autoestima. Nada funcionará si tu diálogo interno no cambia, si no cambias lo que te dices constantemente, lo que piensas en negativo constantemente de ti.

Te pongo un ejemplo sencillo y lo hago haciéndote una pregunta ¿Es lo mismo que te digas: "Estoy gordo/a", a que te digas "Tengo que bajar de peso"? La esencia es la misma, pero, la forma en que te estás transmitiendo el mensaje, cambia mucho el contexto y el efecto que lo que te dices, puede tener en tu autoestima.

Si te dices "Estoy gordo/a", estás hablando de ti de forma despectiva, pero, si te dices "Debo bajar de peso", estás enviándole a tu cerebro una señal más positiva. No te estarás reprochando nada, ni refiriéndote de ti de forma negativa, sencillamente estarás señalando un hecho y eso no afectará tu autoestima como decirte: "Estoy gordo/a".

Difícilmente te dirijas a otros de forma despectiva por respeto, lo mismo para ti, te mereces tu respeto. Respétate.

Proponte descubrir qué te dices constantemente y, si se trata de algo negativo, por tu bienestar y autoestima, cambia ese diálogo interno por uno favorecedor, por uno colmado de amabilidad y respeto.

Háblate bien de ti mismo/a, si no empiezas tú con ello ¿Quién lo hará? Y, aún cuando haya personas a tu alrededor que digan cosas bonitas de ti, no tendrán efecto si no cambias tu diálogo interno.

Cambia tus: "Soy tan torpe", por: "Soy capaz, puedo hacerlo", tus "No sabes hacer nada bien", por "Me estoy esforzando y lo estoy haciendo cada vez mejor", tus "No soy agradable", por "Soy agradable".

Cambia tu diálogo interior según sea necesario, no te permitas seguirte perjudicando.

Cuida tu imagen:

No importa si luces como la gente asegura que lucía Cleopatra, cual diosa, o, como el actor Henry Cavil que le da vida a Superman en una de sus tantas adaptaciones (Creo que muchas mujeres lo consideran especialmente guapo) ... El hecho es que, si tu autoestima es pobre, la imagen mental que tendrás de ti será negativa, así esté lejos de la realidad y si tu posees una imagen pobre de ti, esta será la imagen que transmitirás de ti a los demás... Siempre te verás menos atractivo/a cuando te contemples en el espejo o, te mires en aquella fotografía sin filtros de retoque, pero, por eso mismo debes cuidar tu imagen corporal para, cuidar tu autoestima o ayudarte a sanarla.

Cuando hay baja autoestima hay pocos ánimos para arreglarse, lucha contra ello. Sentirte bien con tu cuerpo y apariencia, mejora tu autoestima y estado de ánimo. Así que vale el esfuerzo diario. Y, es algo que ha sido comprobado y que es avalado por estudios. Por ejemplo, una investigación patrocinada por la Sociedad Española de Senología y Patología Mamaria titulada: "Bienestar emocional, imagen corporal, autoestima y sexualidad en mujeres con cáncer de mama", hace alusión a un estudio cuya conclusión determinó que 69% de las mujeres que se habían realizado la mastectomía por cáncer mamario y, no se habían reconstruido los pechos sufrían ansiedad, pero, aquellas que se realizaron una cirugía de reconstrucción estética, no presentaban esos cuadros de ansiedad, pues, se sentían ya a gusto con su cuerpo.

Trae bienestar sentirse a gusto con el cuerpo, con nuestras características físicas... Por supuesto necesitas aceptarte porque, hay muchos aspectos físicos que no podrías cambiar y que no sería sano que intentaras cambiar, como tu color de piel, por ejemplo.

Tampoco sería sano que, si tienes la posibilidad, comiences a hacerte cirugías estéticas sin miramientos, esos son cambios que, si se hacen sin autoestima, pueden no tener final porque la persona que se somete a cirugías y cirugías para cambiar su cuerpo sin autoestima, jamás se siente tan perfecta como quería y no tiene nunca suficiente, lo que puede ser muy perjudicial...

De lo que hablo cuando me refiero al cuidado de tu imagen para mejorar tu autoestima no es de esos cambios, es del simple hecho de arreglarte según te haga sentir a gusto con tu imagen: Hacerte ese peinado, pintarte el cabello del color que quieras, lucir esa ropa que te gusta (No tratar de cubrirte con tu ropa como si tu cuerpo no fuese digno), tomarte el tiempo de elegir un atuendo que te guste, hacerte ese corte, afeitarte, maquillarte...

Hacerte visualmente, más atractivo según tus estándares, en tu reflejo, cuando te mires en el espejo. Y hago alusión a, según tus estándares, porque, sentirte a gusto con tu imagen no debería tener nada que ver con verte como la sociedad dicte que debes verte, según X moda, parecido a X artista. No... Lo importante es tu gusto personal, como tú, te sientas bien con tu imagen, y si eso es opuesto a lo que dicta la sociedad, pues bien.

Por tu bajo nivel de autoestima encontrarás resistencia cuando intentes empezar a cuidar más tu imagen o, lucir según te sientas a gusto. Algo así como una vocecita en tu mente te dirá: ¿Para qué tomarse la molestia? Haz la prueba y nota la diferencia instantánea, así te despejarás de dudas y la resistencia disminuirá.

El hecho de arreglarte a tu gusto te hará sentir mejor con tu reflejo y eso aporta dosis de autoestima instantánea. Y esto no es lo único que debes hacer respecto a tu cuerpo para mejorar tu autoestima: Cuida también tu peso, haz ejercicio, come sanamente, baja de peso si este es demasiado para tu salud, proponte subir de peso también con el ejercicio para aumentar músculos, y, con dieta si lo que necesitas es aumentar tu peso (Te recomiendo acudir a un nutricionista profesional en ese caso). CUÍDATE, y hazlo sanamente.

Por supuesto todo lo relacionado con la higiene personal entra en este apartado también. Date el gusto de comprar ese perfume, esa crema corporal para que sientas tu piel más suave...

Mientras más acciones como estas hagas, mejor te sentirás con tu cuerpo y apariencia, y, como mencioné ya, esto repercutirá de forma importante en tu autoestima.

Creo que toda persona en el mundo conoce tan siquiera de vista a alguien que, no se arreglaba ni cuidaba su cuerpo y que comenzó a hacerlo. Aquella chica que lucía ropa demasiado holgada cubriendo su cuerpo que, comenzó a lucir ropa más favorecedora, la chica que siempre tenía el cabello recogido y ahora se lo suelta y se hace peinados, una chica que empezó a maquillarse, el chico que bajó de peso y luce ahora la ropa que le gusta...

Si has sido testigo de estos cambios habrás notado cambios en la actitud también. Y esto se debe al beneficio que estas personas obtuvieron en su autoestima solo con decidir, cuidar más de su imagen. No se necesita nada demasiado radical como una cirugía estética, bastan pequeños cambios o nuevos hábitos que te hagan sentir a gusto cuando te mires al espejo, que te hagan mejorar tu imagen física y así, la imagen mental que tienes de tu propia persona.

Nada de compararte:

La tendencia a compararse es una tendencia humana. Es decir, todo ser humano se ve tentado a ello. Hasta yo he pasado por eso en el transcurso de mi vida. Sucede que, debes dejar las comparaciones atrás pues, si te has habituado a ellas debes saber que lo único que hacen es lastimarte y alejarte de la realidad, porque si te vas a comparar con alguien, que sea entonces con la persona que eras ayer.

Lo que en realidad sucede con las comparaciones y la autoestima, es que esta última fluctúa según la naturaleza de las comparaciones a las que te sometas. Por ejemplo, si te comparas con alguien a quien crees inferior a ti por carecer de alguna cualidad o habilidad que posees, entonces te sentirás bien contigo mismo/a en ese momento, pero, si sucede lo contrario, si aparece alguien respecto a quien te sientas inferior, entonces al compararte tu nivel de autoestima decaerá. Por eso tu autoestima no puede depender de las comparaciones jamás, no te lo puedes permitir entorno a tu máximo bienestar...

Mientras te sigas comparando, no podrás desarrollar una autoestima inquebrantable y favorecedora. Por eso debes proponerte dejar las comparaciones atrás, aunque, no te resulte sencillo porque, además de ser una tendencia humana como lo comenté antes, es difícil no vivir bombardeados de contenido que nos hace querer compararnos. Por ejemplo, abres una red social cualquiera y el contenido que te aparece son montones de fotografías o publicidades que te tientan a compararte de distintas formas: Con el físico de X artista o persona, con la vida que lleva X persona, etc. Pero, por difícil que resulte combatir la tendencia a compararse, una vez que la venzas, no sentirás ya esa necesidad pues, cuando hayas desarrollado una autoestima inquebrantable sabrás que, no hay necesidad de comparación, que eres genial, maravilloso/a como eres...

Te dejo a continuación una serie de recomendaciones que pueden ayudarte en tu día a día, a dejar de compararte:

Ten presente el daño que te hace y, cómo obstaculizará tu propósito de desarrollar una autoestima sana y, una confianza inquebrantable:

Siempre que te adviertas comparándote, recuérdate por qué no debes hacerlo, cuánto daño te hace eso, te hace dejar tu autoestima al azar... Solo tendrás un nivel un poco alto de autoestima cuando te compares con alguien sobre quien te sientas superior... Y, por el hecho mismo de tener una autoestima poco sana, te toparás más con personas sobre las que te sientas inferior en algún aspecto, anhelarás las cualidades de los demás, siendo que tu baja autoestima te hará difícil ver y apreciar tus propias cualidades. Vivirás así, constantemente en el malestar.

Compararte en ese sentido te limitará, te dificultará tu crecimiento personal, acceder al poder que hay en tu interior... Te hará vivir en negatividad constante.

¿Vale la pena seguir haciéndote daño y limitándote solo por una acción tan vana como compararte? No te ayuda en nada, así que decídete, dejar esa actitud atrás. Una actitud que solo hará que te sientas cada vez más mal e imperfecto/a.

¿Cómo podrías desarrollar una autoestima sana de ese modo?

¿Te digo qué es lo que considero peor? Que las personas con las que te comparas, seas estas quienes sean, tampoco son perfectas porque nadie lo es, ni nadie lleva una vida perfecta. Y, por otro lado, con seguridad, tú posees cualidades y virtudes que otros anhelarían tener, sucede que ni les prestas atención, distraído/a por las cualidades o lo que poseen los otros de lo que tú careces.

Hay algo cierto en el hecho de que, compararnos con alguien a quien admiramos, o, de quien nos sintamos muy inferiores, puede motivarnos a esforzarnos por crecer, por lograr algo similar a lo que haya hecho dicha persona, a obtener el éxito en un propósito grande, por ejemplo, pero, es contraproducente porque, te estarás idealizando como esa persona, desearás convertirte en ella, de hecho, y es algo que no lograrás ni te conviene. No te conviene ser nadie más que tú, no necesitas ser nadie más que tú para lograr lo que desees.

Entonces, mejor es tener presente que compararte te limita y estanca, te impide aceptarte, te impide conocer tus cualidades, tu potencial, te hace estar juzgándote y pensando mal de ti con regularidad...

Con eso muy presente más sencillo se te hará, combatir el hábito de compararte. Acepta el daño que te hace y decídete a evitarlo.

Date un descanso de aquello que te haga compararte usualmente:

El que te propongas dejar atrás el hábito de compararte ayudará, pero, no será un camino tan sencillo. Lo mejor que puedes hacer para facilitarte el proceso es darte un descanso de aquello que te tiente a compararte. Probablemente se trate de las redes sociales, aunque, tú sabrás que es eso que te hace compararte con demasiada frecuencia, tal vez sea una persona con la que pases mucho tiempo, o un lugar donde siempre te sientas incómodo/a.

No necesariamente tendrías que renunciar a las redes sociales, a esa persona de quien te suelas comparar o a X cosa que te tiente a compararte para siempre, pero, lo ideal es que te alejes mientras desarrollas autoestima, y, vences el hábito de siempre estarte comparando, la necesidad de compararte...

Distrae tu atención en otra cosa siempre que estés por compararte o, cuando te adviertas comparándote:

No solo sentirás tentación o necesidad de compararte en tu proceso de vencer ese hábito, en ocasiones no podrás evitar compararte.

¿Qué hacer en esos momentos?

No alientes y refuerces la comparación realizada. Lo mejor es que enfoques tu atención en cualquier otra cosa, menos en que te has comparado, o, en seguir comparándote. Tampoco ayudará que te sientas culpable y te recrimines. Tú solo, céntrate en cualquier otra actividad, en tu presente... Enfoca toda tu atención en cualquier actividad que estés realizando o que puedas realizar en ese momento: Leer, dar un paseo, lavar los trastes, lo que sea.

Céntrate en tus sentidos mientras realizas cualquier actividad: En lo que puedas ver, oler, sentir, escuchar... De esta forma restarás importancia a que te estabas comparando antes y el efecto de haberte comparado no te será tan perjudicial, pues, no habrás reforzado la negatividad.

Con esta técnica también podrás evitar compararte cuando te sientas tentado/a a ello.

Pide a tus seres cercanos que te hagan ver cuando estés por compararte sin darte cuenta:

Si es una costumbre compararte, no siempre notarás que lo estás haciendo, por ende, un excelente recurso para ayudarte a vencer el mal hábito de compararte es, decirles a tus personas más cercanas, sobre tu intensión de dejar las comparaciones atrás, y, pedirles que te hagan ver que te estás comparando en caso de que lo hagas sin notarlo. Así podrás evitarlo o, no alentar la comparación.

Te ayudará a vencer este mal hábito.

No compitas:

La vida no es una competencia, no te la tomes como tal y tu necesidad de compararte disminuirá.

Lo importante es que avances hacia tus metas, que siempre procures aprender y expandirte, pero, todo eso a tu ritmo, no tiene nada que ver con el ritmo con el que vayan los demás. Deja de competir sin sentido, solo mermas más tu autoestima y te alejas más de poder desarrollar autoconfianza.

Reconoce que no necesitas compararte porque no necesitas ser nadie más que quien eres:

Quizás la acción que más puede conducirte a que dejes de compararte es que entiendas que, no necesitas ser nadie más que tú, para lograr lo que desees o tener la vida que desees, y que, tú eres especial con tus características y cualidades propias o particulares. Para entender esto y practicarlo necesario sería que sanaras tu autoestima, pero, en el camino de desarrollarla es importante que vayas haciéndote a la idea de que eres increíble cómo eres: Hazte consciente de tus cualidades, de tus logros... De que eres especial.

Muchas de tus cualidades y logros, otros los añorarían, otros los quisieran...

Cuida tu postura:

Realmente creo que es de conocimiento general la existencia del lenguaje no verbal, del lenguaje del cuerpo, del hecho de que los seres humanos, no necesitamos palabras para expresar cómo nos sentimos y que incluso, a veces cuando deseamos mentir, u, ocultar algo, con nuestro cuerpo lo revelamos y nos delatamos.

Existen infinidad de gestos universales con las cuales, con nuestro cuerpo revelamos lo que estamos sintiendo: Alegría, enfado, miedo, vergüenza y más... Hay formas de persuadir con el cuerpo, de mostrar intensiones con el cuerpo, por lo que este es un tema que suele captar mucho el interés de las personas porque, con el cuerpo se puede descubrir también si tenemos interés genuino o no, si estamos mintiendo o no, convencer, etc.

También existen posturas, y, el estudio del lenguaje corporal en ese sentido, ha revelado que, las personas inseguras y, con baja autoestima tienen posturas más cabizbajas o cerradas, menos relajadas y, encorvadas, en comparación con aquellos que son seguros de sí mismos y tienen mejor autoestima.

Si sueles caminar encorvado/a y con la cabeza baja, tu cuerpo estará revelando inseguridad, lo contrario que, si caminas con una postura erguida, con la cabeza levantada, por mencionar un ejemplo.

La explicación de esto es que hay una conexión cuerpo-mente. Como nos sentimos, lo revelamos con nuestra postura y gestos corporales debido a esa conexión.

Lo que no todo el mundo sabe es que, adoptando ciertas posturas se puede influir en el estado de ánimo. Puedes adoptar conscientemente ciertas posturas para sentirte más seguro/a de ti y eso, influye de forma positiva en la autoestima también.

Se han realizado estudios sobre este tema, en niños en edad escolar entre los que instaron a algunos a adoptar ciertas posturas de confianza según el lenguaje no verbal, se concluyó que, los que adoptaron posturas de poder aumentaron temporalmente sus niveles de confianza y, autoestima. Un estudio de jóvenes en edad universitaria a los que se les instó a tomar ciertas posturas mientras compilaban un cuestionario, reveló que, entre los que adoptaban posturas de poder, posturas más erguidas y que reflejan confianza, tenían temporalmente una mayor capacidad para alejar de su mente pensamientos negativos.

Lotte Veenstra y otros estudiosos, en un ensayo al que titularon: "Regulación corporal del estado de ánimo: el impacto de la postura corporal en la recuperación del estado de ánimo, los pensamientos negativos y el recuerdo congruente con el estado de ánimo", por su parte, concluyeron que las posturas encorvadas (Contrarias a las posturas de poder o de confianza), indujeron a una menor recuperación del estado de ánimo entre los sujetos de prueba que, previamente habían manifestado tener un estado de ánimo negativo, y, a un estado de ánimo más negativo en la condición de estado de ánimo neutro. Además, la postura encorvada provocó más pensamientos negativos en general en comparación con las posturas rectas o de control o poder.

La psicóloga social y profesora de Harvard Bussiness Shool, Cuddy, quien ha realizado variedad de estudios relacionados con las emociones y el lenguaje no verbal, con los resultados obtenidos demostró que adoptar una postura corporal de poder, de fuerza, de confianza... libera hormonas que reducen los niveles de estrés en el cuerpo, lo que evidentemente influye en mejoras en el estado de ánimo y en la seguridad en uno mismo (Mientras mejor te sientas, más seguro/a o confiado puedes llegar a ser).

Debido a todo esto otra forma de ayudarte a mejorar tu autoestima en tu día a día, en pro de desarrollar también confianza, es adoptar conscientemente posturas de poder: Mejora a conciencia tu postura a sabiendas de que, te beneficiará, te ayudará a sentir más seguridad, y así, a aumentar tu autoestima.

Independientemente de si estás de pie, sentado/a o caminando, cuidado con encorvarte. Adopta una postura erguida. La postura erguida es la postura de confianza por excelencia. Al principio puede que te salga algo rígida, pero, cuando te adaptes, así no será.

No trates de reducirte en el espacio donde te sientes o te pongas de pie, abre un poco más las piernas porque esa es la postura de la seguridad.

Envíale a tu cerebro la señal de que te sientes seguro/a de ti con tu postura.

Dedícate tiempo:

Indudablemente le dedicas tiempo a todo cuanto es importante para ti ¿No? Tu trabajo es importante, así que le dedicas tiempo, tu familia es importante así que tratas de dedicarle tiempo. Si no le dedicas tiempo a esos exámenes, no aprobarás, y un largo etcétera. Siempre estás dedicándole tiempo a lo que te importa.

¿Y a ti cuánto tiempo te dedicas?

Dedicarte tiempo es darte el valor que te mereces, es decirle a tu mente que eres importante y que, por ende, requieres de tu tiempo. Dedicarte tiempo te ayudará a sanar tu autoestima.

Puede que pienses que el día no te alcanza entre tantas responsabilidades para dedicarte tiempo, pero, si te planificas y administras tu tiempo, siempre podrás disponer tan si quiera una hora para tu relajación, disfrute o aprendizaje.

No dedicarte tiempo solo merma tu autoestima así que, empieza desde hoy a apartar tiempo diario para ti: Para esa lectura que tanto deseas hacer, para trabajar en ese proyecto personal, para aprender eso que tanto deseas, o, simplemente para recrearte o cuidar de ti. Para lo que gustes.

Termina lo que empieces:

Cuando terminas lo que empiezas te sientes capaz y bien contigo mismo, por eso terminar lo que empieces se puede convertir en una fórmula diaria para mejorar tu autoestima y mantenerla. Por el contrario, no terminar lo que empezaste o procrastinar, puede traerte gran malestar, hacerte sentir decepcionado/a de tu persona...

Si no sueles terminar lo que empiezas o sueles procrastinar, es momento que dejes eso atrás en pro de tu máximo bienestar y de poder desarrollar autoconfianza y autoestima.

La clave para que puedas lograrlo siempre será la gestión de tu tiempo. Es un excelente hábito planificar el día desde la noche anterior. No siempre podrás seguir tu día de la forma en que planificaste, pero, la mayoría de las veces ayudará. Si haces esto la mayoría de las veces podrás terminar lo que te hayas propuesto hacer en tu día, y, eso te traerá bastante bienestar.

Otra clave para que puedas terminar aquello que empieces es que disminuyas los distractores, aquellos elementos que suelen quitarte valioso tiempo y que no tienen mucha relevancia, como navegar por redes sociales.

Lo que sucede normalmente es que la gente se propone revisar sus redes sociales por 3 o 5 minutos y, terminan siendo 20 minutos o media hora que, podrían haber sido útiles para actividades más relevantes.

Así como las redes sociales seguro hay otros distractores que te quitan tiempo, descúbrelos y, contrólalos en pro de poder terminar lo que empieces.

Antes de dormir, reconoce tus logros del día:

Reconocer tus logros es una forma de aumentar tu autoestima porque, cuando no hay autoestima sana nuestra mente ignora nuestros logros para resaltar fallos y defectos.

Una buena idea es realizar un listado de todo cuanto hayas logrado en tu vida, y, tenerlo a mano para cuando necesites un recordatorio, en, aquellos días en donde tu autoestima pueda mermar porque estés pasando por una situación difícil, por ejemplo. Pero, mejor será que hagas de reconocer tus logros, un proceso diario. Esto yo mismo lo aplico en mi vida diaria. Se trata de un proceso reflexivo, no necesitas llevar un registro a menos que así lo desees, basta con que reflexiones tus logros del día.

¿Qué lograste en tu día? Pregúntatelo cada noche antes de ir a dormir.

¿Terminaste lo que empezaste? ¿Aprendiste una nueva habilidad? ¿Mejoraste una de tus habilidades? ¿Te liberaste de un rencor? ¿Aprobaste el examen de tu curso? Hacerte consciente de cada pequeño, mediano, y gran logro que alcances, te hará ser consciente de tu capacidad, y, la influencia que esto tendrá en tu autoestima será favorecedora.

¿CÓMO ENTENDER LAS EMOCIONES?

Armando no podía comprender por qué todo estaba saliendo mal con sus negocios de meses atrás en adelante. Estaba bien preparado para gestionar sus empresas. Sus decisiones y asertividad lo habían conducido a convertirse en un empresario de renombre, pero, ahora no solo se sentía algo hastiado, sino que, cada decisión que tomaba parecía no ser la correcta, y, varios de sus proyectos habían fracasado.

Al final lo que descubrió fue una inmensa frustración en su interior producto de que había luchado toda su vida y, logrado todo cuánto logró con el objetivo de generar suficientes ingresos para darle a su familia, esposa, hijos, una buena vida, pero, no tenía ni esposa ni hijos. Viviendo en aquella gran casa donde podría estar siendo feliz con esa familia que idealizó, pero, sin tal familia, su frustración creció y, ya no podía actuar como un buen empresario, dominado por una emoción que no lo dejaba tomar decisiones racionales.

Otro ejemplo la historia de Malena, que había experimentado una gran variedad de situaciones muy trágicas a lo largo de su vida y, vivió por mucho tiempo con ira reprimida, hasta qué, no pudo ya controlarse más y comenzó a actuar de forma muy violenta, perdiendo amistades y dañando sus relaciones en el proceso.

Emociones básicas como la alegría, la sorpresa, la tristeza, el miedo, el enojo, la aversión o la vergüenza. Y, otro tipo de emociones como la curiosidad, la admiración, la calma, la confusión, la esperanza, el anhelo...

Somos seres humanos precisamente porque somos capaces de experimentar muchísimas emociones, más allá de las básicas mencionadas al principio.

¿Eres consciente siempre de cómo te sientes? ¿Entiendes tus emociones? ¿Entiendes o conoces la forma en que estás te hacen reaccionar o cómo influyen en tu vida?

Debes saber que entender tus emociones puede beneficiarte muchísimo. Por ejemplo, puede ayudarte a entenderte y aceptarte, mejorar tu autoestima y autoconfianza...

Muchas veces actuamos o tomamos decisiones por el impulso de una emoción que estamos experimentando, y, si no somos conscientes de tal emoción entonces, no podemos comprender nuestro actuar o la decisión tomada. A veces eso puede afectar la autoestima porque, por el impulso de una emoción lo más probable es que tomes decisiones que no te convengan o que no te gusten. Y, eso lo más probable es que te conduzca a juzgarte duramente. Al menos si no logras comprender por qué actuaste o decidiste de esa forma, qué te llevó a ello... Entendiendo porqué lo hiciste será más sencillo para ti lidiar con ello sin juzgarte con dureza.

Entenderás de este modo que, comprender tus emociones te puede conducir a tomar mejores decisiones porque, a sabiendas de que estarías actuando por impulso puedes decidir postergar una decisión hasta el momento en que no te domine una emoción. Así que este es otro beneficio de entender tus emociones.

Entender tus emociones puede ayudarte también a dominarlas, gestionándolas mejor. No puedes pretender gestionar tus emociones o controlarlas si no las entiendes, si no sabes cómo te sientes. Y, podría parecer ilógico no saber cómo uno se siente, pero, es probable que te ocurra.

A lo largo de mi carrera profesional he tratado con muchísimos pacientes que se dejaban dominar por sus emociones, y el problema de la mayoría era que no las comprendían. Y esto sucede porque la sociedad nos envía mensajes erróneos constantes que, convencen a muchos de que sentir, es de débiles, de que hay que dar mayor fuerza a la razón, al raciocinio... Y esto ha llevado a una tendencia en aumento de desconexión emocional.

A la gente no le gusta indagar en lo que siente y siempre trata de estar al tanto solo de su razón, nada que ver con su mundo interno, pero, el problema es que nuestro mundo interno influye en el externo, lo que sentimos influye en nuestro actuar o decisiones como lo he mencionado ya. Y lo hace porque influye en nuestro estado de ánimo y hasta en los pensamientos que rondan con más fuerza en nuestra memoria.

La función de las emociones es informarnos sobre algo, algunas nos informan sobre una necesidad, otras nos instan a actuar ante un peligro o posible peligro... Nos producen una reacción: La risa, una expresión facial, cambios físicos como sudoración excesiva o aumento del ritmo cardíaco...

Cuando se desencadena en nosotros una emoción se activan zonas determinadas en nuestro cerebro que nos hacen decir, pensar o actuar de cierta forma. Si somos conscientes de eso, de nuestras reacciones ante determinadas emociones, podemos trabajar en irlas mejorando. Y esto mejora la calidad de vida y hasta de las relaciones, porque, muchas veces actuar por impulso de nuestras emociones sin poder controlarlas daña nuestras relaciones. Un ejemplo de ello sería no controlar la ira y actuar excesivamente violentos ante alguien que nos enojó. Las personas se irán alejando de nosotros eventualmente si no somos capaces de dominar la ira y las lastimamos.

Por otro lado, entender emociones propias ayuda a ser más empáticos y entender las emociones de los demás, lo cual genera relaciones más sanas.

Si hay alguna desventaja de entender las emociones creo que puede ser el hecho de que, dificulta un poco más la toma de decisiones, pero, como ayuda a tomar decisiones más acertadas creo que es una desventaja mínima con respecto a todo lo bueno que trae consigo.

Empezaré por revelarte una sencillísima técnica para que empieces a comprender más tus emociones.

Debo decir en primer lugar que para entender tus emociones necesitarás analizarte, reflexionar sobre cómo te sientes a lo largo de tus días, y para ello una técnica que puede ayudarte muchísimo es llevar un registro en un diario. Puedes comprar cualquier cuaderno para llevar tu registro, lo importante es que al final del día, no necesariamente antes de ir a dormir, pero sí preferiblemente al anochecer, dispongas un poco de tu tiempo para analizar qué sentiste a lo largo de tu día y, cuál fue tu reacción, qué desencadenó en ti esa emoción o sentimiento experimentado.

Primero identifica el suceso que te hizo experimentar una emoción. Luego la emoción que experimentaste, luego la conducta que tuviste en consecuencia.

Solo llevar el registro puede no ayudarte, pero, al finalizar el paso anterior conviene reflexionar sobre tu reacción y pensar en si pudiste haber reaccionado mejor. Este será un camino para aprender a gestionar tus emociones, porque, la próxima vez que experimentes esa emoción particular producto de la misma situación o similar puedes analizar si mejoró tu reacción con las soluciones que antes te habías planteado. La idea es precisamente eso, que vayas entendiendo tus emociones, cómo te hacen reaccionar, y que vayas procurando siempre una mejor reacción en consecuencia.

Para mayor comprensión ilustraré todo esto con un ejemplo:

Supongamos que una de las situaciones que desencadenó una fuerte emoción en tu día fue discutir con tu hijo o hija adolescente.

Supongamos que la discusión inició porque tu hijo o hija no ordenó su habitación, tal y como se lo pediste. En tu diario debes escribir: Situación desencadenante: Discusión con mi hijo/a.

¿Cómo te sentiste? Enfadado/a, decepcionado/a, frustrado/a, etc. Anota tu emoción en tu registro.

¿Cómo actuaste? Gritaste, le dijiste cosas hirientes a tu ser querido, rompiste algo contra la pared. Anótalo en tu registro.

La idea luego de ello es que reflexiones sobre tu emoción y tú actuar.

En el caso del ejemplo hipotético de antes:

¿Ayudó tu reacción en algo? Posiblemente no. Cuando reaccionamos violentamente hacemos la situación más complicada. Probablemente hubo más gritos en respuesta y la situación se salió de control.

¿Qué podrías haber hecho mejor? En lugar de gritar, romper cosas y decir palabras hirientes pudiste solo castigar a tu hijo/a quitándole algo de valor como el acceso a internet hasta que ordenara su habitación.

¿Eso habría sido mejor?

Se habrían evitado una discusión terrible que solo dificultará la relación con tu pariente.

Se trataría de seguir este procedimiento con cada situación y emoción experimentada a lo largo de tus días, teniendo en cuenta que siempre podrás verificar registros pasados para analizar tus mejorías.

Venciendo la culpa, el miedo y la ansiedad

En los sentimientos de culpa y ansiedad, y, la emoción del miedo, se halla normalmente la mayor negatividad interna en los seres humanos. Si eres presa de la culpa, el miedo, o la ansiedad no funcional, entonces, necesitas librarte de ello porque te estás impidiendo crecer mientras estés encadenado a ellos.

Ni autoestima, ni autoconfianza, ni bienestar, estarán de tu lado mientras seas esclavo de la culpa, el miedo o la ansiedad no funcionales.

¿Y por qué hablo de no funcionales?

Porque existe la culpa, el miedo y la ansiedad funcionales. Cuando estos sentimientos o emoción tienen una razón lógica de ser y no están solo en nuestras creencias o imaginación pueden ayudarnos mucho ¿Lo sabías?

Es posible que no porque siempre que se habla de la culpa, el miedo o la ansiedad se hace desde una connotación meramente negativa y no es el caso.

Explicaré a detalle cada uno para que puedas comprender mejor con qué estarás lidiando, y por supuesto, siendo que este escrito ha sido desarrollado con la intensión de que te sirva de apoyo, encontrarás a continuación también consejos para liberarte de la culpa, el miedo o la ansiedad tóxicas.

La culpa tóxica:

Jaime terminó en consulta conmigo después de reiterados ataques de ansiedad sin aparente razón de ser pues, en su vida todo parecía estar muy bien. Felizmente casado, sin hijos, trabajando en una clínica médica ejerciendo su profesión de vocación y, viajando de vez en cuando por disfrute con su esposa... No concebía qué podía estar mal.

Fue cuando me habló de que tenía un convenio con el hospital local, que, empecé a ver las raíces de su ansiedad. Un sentimiento de culpabilidad que él, no podía entender.

Resulta que le daban un generoso pago extra cada vez que refería a sus clientes al hospital y por eso, muchas veces enviaba referidos que no necesitaban la intervención del hospital realmente. Aquello no le parecía del todo bien, pero, tampoco le parecía para tanto.

"No le hago daño a nadie ¿No?", dijo al respecto.

Pero no le parecía poca cosa, cuando lo razonaba lógicamente, de algún modo se las arreglaba para pensar que era así, o quizás razonaba así solo para no sentirse tan culpable, pero, internamente sí que se sentía culpable y esto le estaba afectando.

Ya no podía disfrutar su vida, sus viajes, los momentos con su esposa... Se aferraba a que no le estaba haciendo daño a nadie y a que ese no era el origen de su problema, sin embargo, después de un largo proceso aceptó mi sugerencia de referir al hospital solo a los pacientes que lo ameritaban y, por el tiempo en que en verdad lo ameritaran, y, la ansiedad, como esperaba, mermó. La raíz de todo indudablemente, era que se sentía culpable por su actuar.

También recuerdo el caso de Jaqueline, cuya culpa por una infidelidad con su marido de hacía 20 años (Un par de citas con otra persona a las que ella consideró una infidelidad imperdonable), le quitó hasta el apetito y el sueño. No podía dejar de reprocharse, la culpa invadía sus pensamientos día y noche...

Todos hemos experimentado culpa en algún momento de nuestra vida.

Desde temprana edad se nos induce a la culpa cada vez que nos reprochan por habernos comportado de X forma, que, nuestros padres consideran que no está bien, o, que realmente no está moralmente bien.

Si no le prestamos el crayón a X compañero nos reprochan de egoístas y eso nos hace sentir culpables, si olvidamos X responsabilidad, nos la señalan y nos hacen sentir culpables. Y, de ahí en adelante, mientras vamos aprendiendo las reglas de la sociedad, lo moralmente correcto y hasta religiosamente correcto, vamos experimentando culpa por algunas de nuestras acciones u omisiones.

La culpa es un sentimiento desagradable o negativo que surge cuando hemos causado algún tipo de daño, cuando no nos hemos comportado adecuadamente o como creemos que deberíamos habernos comportado... Cuando una de nuestras acciones u omisiones nos llevó a cometer un error...

Es la culpa, funcional cuando, nos ayuda a rectificar nuestros errores, aprender de ellos y avanzar. La culpa funcional nos ayuda a crecer como personas. Esa debería de ser la razón de ser de la culpa: Nos equivocamos, aprendemos, rectificamos y seguimos adelante... Ahora bien, como mencioné en un principio existe también la culpa no funcional, esta es a la que no debes darle cabida en tu vida.

La culpa NO es funcional cuando es desmedida al punto de causar ansiedad y, afectar la calidad de vida, cuando hay tendencia a culpabilizarse por todo, cuando su razón de ser es una creencia errónea como por ejemplo: "Debo dar mayor importancia a los deseos de los demás así signifique dejar de lado mis necesidades" (A muchísimos les inculcaron ese tipo de pensamientos).

¿Cómo lidias tú con la culpa? Si crees que la culpa no funcional es un problema en tu vida continúa leyendo.

Los orígenes de la culpa tóxica o no funcional:

La culpa tóxica o no funcional tiene indudablemente una razón de ser y, parte de lograr deshacerte de la misma tendrá que ver con descubrir el por qué, está presente en tu vida.

Los orígenes más comunes de la culpa no funcional son:

La crianza: En la crianza se desarrollan la mayoría de las tendencias de culpabilidad no funcional en el ser humano.

Si en el entorno familiar se tratan los errores de manera degradante, exagerada con el nivel de la transgresión, y, comúnmente de forma hostil, el niño o niña, crecerá en la culpa desmedida porque a edad temprana absorbemos lo que nuestra familia nos dice como lo que es, lo aceptamos sin más... Entonces, esa actitud de padres o figuras de autoridad de crítica, de despertar remordimiento en el niño, le hace desarrollar esa tendencia a culpabilizarse de más por sus errores, a no poder avanzar tras, haber cometido un hecho u omisión que despierte en él (O ella) la culpa.

Por otra parte, es en la crianza donde suelen surgir la mayoría de las creencias limitantes que hacen a una persona vivir en la culpa desmedida.

El origen de la culpa en la crianza no necesariamente deviene de lo comentado al principio, de una mala gestión y reacción ante los errores de los niños, haciéndolos sentir en exceso culpables. En la crianza la culpa desmedida también puede devenir de inculcar en la mente del niño creencias como: "Debería ayudar o apoyar siempre a todos los que me rodean", "Debería buscar siempre hacer felices a los demás, aunque represente autosacrificio porque eso es agradable ante Dios o porque ese es el deber ser", "Enfadarme es malo, no debería enfadarme por nada de lo que me hagan los demás, la mejor actitud en ese sentido es poner la otra mejilla".

Situación particular negativa en el entorno familiar:

Con Antonia el camino a su superación fue difícil. Se trataba de una mujer de 30 años cuyo nivel de autoconfianza era casi nulo, y, su tendencia a la culpabilidad era tal que, por poco y pedía disculpas por respirar. Siempre pedía disculpas por todo: "Perdón por molestarte con mi pregunta", "Perdón por molestarte con mis problemas"... Si la tropezaban en la calle era ella la que pedía disculpas. Y, precisamente la razón de ser de su tendencia a la culpabilidad desmedida recaía en el hecho de que cuando sus padres se separaron se sintió culpable por el hecho, ya que su madre descubrió una infidelidad de su papá a raíz de un comentario de una muy pequeña Antonia.

Situaciones como estas, sobre todo a temprana edad, pueden desencadenar la tendencia a la culpabilidad tóxica.

Baja autoestima (Miedo a decepcionar a los demás):

Detrás de la culpa no funcional suele haber otros elementos como la baja autoestima.

Quienes tienen baja autoestima son proclives a sentirse culpables continuamente por sus acciones u omisiones y, esto lo hacen inconscientemente como un mecanismo para seguir reforzando la mala imagen u opinión que tienen de sí mismos.

Tendencia al perfeccionismo:

Las personas perfeccionistas se sienten a menudo culpables por no poder alcanzar los estándares de perfección que se han autoimpuesto. Siendo que, de no vencer su tendencia al perfeccionismo siempre se van a sentir culpables porque la perfección no es algo que un ser humano pueda alcanzar.

Ser diferente:

Ser muy diferente en cualquier sentido suele requerir de un nivel alto de autoestima y autoconfianza porque, implica muchas veces tener que lidiar con falta de comprensión o tolerancia.

Cuando no se tiene ni un nivel sano de autoestima ni confianza, discrepar con la opinión de los demás o de la mayoría puede traer mucha culpa y remordimiento.

Rodrigo llegó a mi consultorio convertido en un mar de culpa y remordimiento porque ya no podía soportar tener que ocultar su preferencia sexual de su padre, con tendencias machistas y homofóbicas. Ser diferente, y, saber que con eso no cumpliría con las expectativas de su padre y familia en general lo habían sumido en una culpa desmedida.

Religión:

Muchas veces la culpa tóxica viene de creencias fervientes entorno a una religión, de querer vivir según los estándares rígidos de una religión que, implican que la gente trate de alcanzar un nivel de perfección incongruente con la naturaleza de ser humano y equivocarse.

¿Has descubierto el origen de tu culpa tóxica?

Es importante para que comprendas un poco más de dónde viene tu tendencia, pero, no puedes quedarte con esa información y ya, lo que te conviene es dejar la culpa desmedida atrás.

Mis consejos al respecto a continuación:

Acciones claves para dejar la culpa atrás:

1 Tener presente cuánto te daña:

Mientras más presente tengas cuánto te daña la culpa tóxica o no funcional, con seguridad, más motivación tendrás para dejarla atrás porque entenderás cuanto resta a tu vida, que es muchísimo:

- Entorno a tu autoestima, merma más el nivel de esta, es decir, te hace sentirte peor contigo, tener una imagen mental de ti, peor, lo que te dificultará en todo momento, sanar tu autoestima en pro de tu bienestar mayor.

- Te hace vulnerable ante personas manipuladoras. Quienes viven en la culpa tóxica son vulnerables a raíz de la misma, pueden desarrollar dependencia emocional y eso perjudica su oportunidad de tener relaciones sanas.

- Acentúa el estrés. Vivir sumido en la culpa tóxica es vivir en un estrés constante que puede ser preludio de enfermedades emocionales variadas como la depresión o trastornos de ansiedad.

- Suele traer consigo pensamientos rumiantes. Te hace vivir internamente en la negatividad, y, cuando tus pensamientos son constantemente negativos eso perjudica la realidad, la vida diaria, el entorno familiar, el laboral...

Es difícil centrarse en lo importante con la mente colmada de pensamientos constantes y negativos.

- Te limita: Vivir en la culpa te obstaculizará muchas veces hacer aquello que en verdad quieras hacer, por querer satisfacer la necesidades de los otros, más que las tuyas, por considerarlas más importantes que las tuyas (Falso, tus necesidades son extra importantes)

En general, vivir en la culpa te roba el bienestar en tu vida.

Lo que te espera después de superar la culpa tóxica son:

- Mejores relaciones personales o sociales

- Paz mental

- La posibilidad de sanar tu autoestima y de desarrollar autoconfianza

- La posibilidad de ir a por lo que desees, sin el obstáculo de sentirte culpable a sabiendas de que tus deseos y necesidades son importantes y de que no debes sentir culpa por procurarlos.

Trata de grabarte esto en tu memoria: Una vida mucho mejor te espera más allá de la culpa. Eso es suficiente para que te propongas a superarla.

2 No dejar pasar la oportunidad de crecer con la situación:

Una de las claves para vencer el sentimiento de culpa en general, no solo la culpa desmedida y tóxica sino la culpa ya sea funcional o no, es enmendar la situación de una u otra manera (En caso de que verdaderamente esa acción u omisión que efectuaste, haya dañado a alguien por supuesto).

¿Cómo podrías enmendarte y crecer en base al error cometido?

Reparando el daño hecho:

Una de las mejores maneras de mermar la culpa es reparando el daño causado, lo cual dependerá de la situación que te haya hecho sentir culpable.

Si has dañado a alguien emocionalmente el primer paso para repararlo sería admitir tu responsabilidad por el daño ocasionado y pedir disculpas. En el mejor de los casos esto traerá una reconciliación y, si esta no es posible de todas formas pedir disculpas sinceras se sentirá como quitarte un peso de tu espalda, te hará sentir mucho mejor... Te liberará de las cadenas de la culpa.

En estos casos no basta con una mera disculpa vana. Tus disculpas han de venir de la mano con el compromiso sincero de no repetir el error y de no volver a dañar de la misma forma a esa persona. Si te disculpas, pero, no procuras enmendarte ni tienes esa intensión, la culpa continuará haciendo estragos contigo.

Enmendarte tras una disculpa implicará con acciones, demostrarle a esa persona o a esas personas que dañaste, que estás dispuesto/a a no repetir el mismo error y, con acciones, con cariño, con compromiso, hacer que esa persona reconozca tu sincero compromiso y no tema que le dañes otra vez (En caso de la anhelada reconciliación, por supuesto).

Enmendarte te ayudará a cerrar el ciclo y a seguir adelante. Así que vale enteramente la pena. Si en adelante eres una persona íntegra, entonces no habrá forma de que la culpa te dañe, y eso será así hasta cuando no te perdonen el daño causado tras tu disculpa.

Por otro lado, enmendarte podría implicar cualquier reparación del daño causado: Monetaria, arreglar lo que dañaste, en caso de que se tratara de un elemento físico, y más... Según lo que hayas hecho, seguramente sabrás o podrás idearte qué puedes hacer para disminuir el daño, siendo que el daño emocional es de los más difíciles de reparar y debes ser consciente de eso. Te tomará tiempo y compromiso si ese es tu caso, como ya lo comenté.

¿Y si te sientes culpable por dañarte o decepcionarte a ti mismo/a? Puede suceder. La solución será la misma: Reparar el daño ocasionado y comprometerte a no comportarte más de la misma forma, cumpliendo en adelante tus promesas hacia ti mismo/a.

Por ejemplo, si te sientes culpable y decepcionado/a de ti por romper tu dieta después de que te propusiste no hacerlo más para por fin alcanzar tu peso ideal. No te bastará con pedirte disculpas ¿Cierto? No será así si sigues comportándote igual una y otra vez y te alejas cada vez más así de tu meta. Pero, mermará la culpa que, en adelante, cumplas con lo que te has propuesto y, no vuelvas a romper tu dieta hasta alcanzar tu peso ideal.

3 Sigue adelante:

Tal vez por una u otra causa, no sea posible que repares literalmente el daño que ocasionaste o que te disculpes ¿Deberás vivir en la culpa desmedida para siempre entonces? No veo en qué puede resultar conveniente eso y sabes que no es conveniente.

Para esos casos lo que recomiendo es que sigas adelante. Lo que hiciste, el error que sea que cometiste y que te hace sentir tanta culpa sucedió en el pasado, y, si no puedes hacer nada por enmendarlo en tu presente al menos no dejes que te impida tener un futuro de bienestar. Proponte seguir adelante y hazlo siendo una persona íntegra, no perfecta, jamás podría recomendar a nadie que aspire la perfección a sabiendas de que no hay ni un ser humano perfecto, pero sí, una persona honesta y de buenas intenciones. Procura no ir en contra de tus valores y cumple lo que prometas, tanto lo que prometas a otros como, las promesas que te hagas.

4 Vence cualquier creencia limitante que te haga sentir culpable:

Si tu culpa desmedida tiene su origen en una creencia como las que he mencionado anteriormente: "Debería ayudar o apoyar siempre a todos los que me rodean", "Debería buscar siempre hacer felices a los demás aunque represente autosacrificio porque eso es agradable ante Dios o porque ese es el deber ser", "Enfadarme es malo, no debería enfadarme por nada de lo que me hagan los demás, la mejor actitud en ese sentido es poner la otra mejilla", o cualquier otra, no te serán de ayuda las otras recomendaciones para que dejes la culpa atrás hasta que, venzas esas creencias limitantes.

Lo primero que tendrías que hacer es identificar las creencias limitantes que te hacen vivir en la culpa desmedida. Lo más probable es que puedas descubrirlas cuando la culpa invada tu mente en forma de pensamientos.

¿Qué piensas recurrentemente cuando te sumes en la culpa?

Con bastante probabilidad, lo que piensas en esos momentos encierra o esconde tus creencias limitantes. Aquellas creencias que te inculcaron en tu crianza, por religión o que, por alguna experiencia o de alguna forma hiciste tuyas, y, que te sumergen en la culpa.

Piensa en este sentido que la realidad es relativa. Lo es porque no siempre percibimos el mundo tal cual es. Un claro ejemplo lo he destacado en este escrito varias veces: La errónea autoimagen que pueden tener las personas con baja autoestima de sí mismas, solo porque su nivel de autoestima es bajo.

Una persona con una imagen distorsionada de sí misma, puede empezar a verse con otros ojos sin cambiar ni un poco, con un poco de autoestima, y eso solo por sanar su autoestima y poder verse como en realidad es, no con la lógica empañada de baja autoestima.

Pero si quieres un ejemplo aún más radical optaré por algunos miedos irracionales. Una persona puede llegar a padecer Xantofobia ¿Qué es esto? Un miedo profundo al color amarillo.

Si tú no padeces Xantofobia temer a un girasol o a un sweater amarillo te ha de parecer lo más ilógico del mundo, pero esa es tu realidad, no la que la persona que padece este miedo, experimenta.

¿Y qué decir de las ilusiones ópticas? Te habrás topado en tu vida con variadas. A lo que quiero llegar es a lo que mencionaba al principio, la realidad puede ser muy relativa. Entonces, siempre es conveniente cuestionársela. NO TODO LO QUE CREES, ES COMO LO CREES.

¿Cuántas ideas poco racionales no te estarán en este momento impidiendo ver la realidad como es? Si nunca te lo has planteado pueden ser muchas.

¿Realmente es tu deber hacer felices a todos a costa de tus necesidades? ¿Realmente es tu deber no enfadarte hagan lo que hagan? ¿Debes realmente poner la otra mejilla si alguien te da una bofetada? ¿Es realmente tú responsabilidad cómo se siente X persona? Tal vez solo te está haciendo creer que es tu responsabilidad para manipularte, hay casos como esos...

Cuestiónate tus creencias limitantes entorno a la culpa y descubrirás que muchas de ellas no tienen que ver con la realidad.

No porque te lo hayan enseñado o inculcado es verídico 1000 por 1000.

Entonces si adviertes una o varias creencias no racionales que además, te estén perjudicando y sumiendo en la culpa lo que deberías hacer es transformarlas.

En el título de este apartado mencioné la palabra vencer, pero, las creencias limitantes se vencen a través de la transformación, porque, intentar luchar contra ellas, reprocharlas cuando aparecen en tu mente, es darles fuerza, no se pueden cambiar de ese modo.

La forma de cambiar una idea limitante, es, convenciendo a tu cerebro de otra cosa, convenciendo a tu cerebro de la realidad de una creencia que contradiga tu creencia limitante y te ayude a dejar esa atrás. Por ejemplo: "Debería hacer felices a todos por sobre mis necesidades", es una creencia que podrías cambiar con un pensamiento que la contradiga como: "Mis necesidades son importantes, necesito, por respeto a mi propia persona, darles prioridad".

¿Cómo podrías convencer a tu cerebro de esta otra creencia, de la creencia que transforme tu creencia limitante y con ella, la forma en que percibes tu realidad?

El condicionamiento mental es la clave, y parte de lograrlo es la repetición.

Elige el pensamiento que quieres inculcarle a tu mente y repítetelo. Repítetelo mentalmente o en voz alta cada vez que un pensamiento sobre tu creencia limitante venga a tu mente, y, todos los días al levantarte e irte a dormir.

¿Por qué este método funciona?

Por la forma en que nuestro cerebro funciona anatómicamente.

La parte subconsciente de nuestro cerebro según la ciencia, tiene la particularidad de no descartar la información que recibe, como sí puede hacerlo la parte lógica.

Por ejemplo, si te dices: Soy un pony rosa, probablemente te dé risa porque tu mente lógica sabe que eres un humano y no un pony rosa, por lógica, por sus características racionales, puede hacer un descarte, pero lo que le dices a tu mente subconsciente, con convencimiento y de forma repetitiva, este no tiene forma de descartarlo y lo concibe como real.

Ya sabes porqué funciona la repetición con tu mente. Repite todos esos buenos pensamientos con los que quieres transformar tu mentalidad, y, esto ayudará a que esa transformación se vuelva una realidad porque, sembrará en tu mente subconsciente ese pensamiento que deseas tener y esto convencerá a tu mente consciente también.

Libérate de la culpa con esta técnica, no la desaproveches.

El miedo tóxico:

Antonio había recibido la oportunidad de su vida. La empresa donde laboraba lo escogió para que realizara un viaje al extranjero a cerrar un importante negocio. Era la oportunidad que estaba esperando no solo por el viaje en sí, ya que siempre quiso conocer Rusia. Sino también porque de cerrar el trato y todo salir bien obtendría un ascenso por el que había estado compitiendo por años.

¿El problema?

Sí, sé que sabías que algo había empañado la buena oportunidad de Antonio y no fue otra cosa que su miedo a volar en avión. Un miedo tan desmedido, que, le provocó un desmayo antes de abordar porque, sí, a sabiendas de todo cuanto tenía por ganar lo intentó, trató de hacerle frente a su miedo, pero, sin herramientas adecuadas no le fue muy bien y al final, no pudo lidiar con ello, hasta una adecuada terapia.

El mayor deseo de Fabiola desde hacía muchos años era formar una familia, casarse, tener un bebé, pero, había desarrollado un miedo patológico que se lo impedía, el miedo a sufrir de nuevo una decepción amorosa después de haber sido abandonada el día de su boda, ya vestida de blanco esperando en el altar... Tal miedo le había impedido por espacio de 7 años, aceptar tan siquiera una cita, sin importar si el que se la proponía le llamara la atención o no.

¿El resultado?

Una enorme frustración que se convirtió en depresión, por lo que tuvo que asistir a terapia.

El factor común en este ejemplo no es otro que el miedo.

Sabes qué es el miedo. Aprendiste a temer a una temprana edad. Al principio no temías a nada. De bebé todo lo que te llamara la atención, lo tocabas o buscabas llevártelo a la boca, aunque se tratara de veneno o, de una serpiente... En su afán por cuidarte, tus padres y adultos a tu alrededor te mostraron qué temer.

"Cuidado con caerte por las escaleras, no bajes corriendo", "Bájate de ahí, vas a caerte", "Si tocas la llama de esa vela te vas a quemar" ¿Te suenan advertencias cómo estás? Así aprendiste a tener miedo.

Creo que estarás de acuerdo con el hecho de que el miedo tiene una fama muy negativa: "Temer es de cobardes o de débiles" "Temer es limitante" ¿Es así siempre? ¿Es el miedo tan negativo?

NO.

Al igual que como sucede con la culpa existe el miedo funcional y, el miedo no funcional.

Cuando el miedo es funcional es positivo porque, su función es la de protegernos (NUESTRA SUPERVIVENCIA).

El ser humano existe y pudo evolucionar gracias al miedo, de lo contrario el hombre primitivo no se habría podido defender de los animales salvajes y los peligros que lo acechaban y nosotros, no existiríamos. Nos habríamos extinguido en algún punto en la prehistoria, como los dodos.

El miedo es una emoción natural, una desagradable, que experimentamos ante un peligro, ya sea real o imaginario. Ante algo que nos parece amenazante...

Ante un peligro real es muy útil porque, activa mecanismos en el cuerpo que nos ayudan a sobrevivir porque nos incitan y facilitan huir o luchar.

Claro que muchos se quedan paralizados por el miedo, pero, lo que intenta tu cerebro despertando en ti el miedo es que huyas o que te defiendas lo mejor posible para que puedas sobrevivir al riesgo o amenaza que se avecina.

De allí el porqué de los signos físicos del miedo como, por ejemplo: Los ojos que se expanden: La razón de ser de ese gesto, inherente al miedo es que, de esa forma podemos ver mejor el elemento amenazante y, así podríamos defendernos mejor de él.

El ritmo acelerado del corazón, la sudoración... Esos son signos de que se ha activado en nuestro organismo la adrenalina, y esta lo que busca es que podamos defendernos mejor o huir más efectivamente... Por eso se disparan dosis de adrenalina en nuestro cuerpo cuando estamos asustados.

Si alguien te está atacando o te está acechando un animal salvaje, tu miedo puede ayudarte a sobrevivir... Ante todo peligro real tu miedo puede ayudarte a sobrevivir.

También ayuda a tu supervivencia cuando te ayuda a pensar con lógica por qué no debes lanzarte a ese río infestado de cocodrilos, por mencionar otro ejemplo. Con seguridad, has experimentado el miedo, lo conoces, sabes lo que sucede en tu cuerpo cuando tienes miedo:

Empiezas a sudar de más, tu corazón late aceleradamente, tu respiración se vuelve más rápida, quieres huir... Y, lo cierto es que todos tenemos miedo a algo y no tiene necesariamente que suponer un problema, pero, cuando el miedo no es funcional y afecta la calidad de vida, sí supone un problema.

¿Cuándo el miedo no es favorable ni funcional?

☐ Cuando no hay un peligro real e inminente, pero aun así se presenta un miedo incapacitante o paralizante

☐ Cuando es recurrente (Está presente aunque uno no esté expuesto al causante de ese miedo)

☐ Cuando es ilógico o desproporcionado con el daño que nos podría causar el elemento al que tememos (Temer a una ardilla como si pudiese matarnos, no pudiendo ir al parque por temor a encontrarnos con una ardilla, evitar el contacto humano por temor a los gérmenes)

☐ Cuando afecta nuestra calidad de vida de cualquier manera (Cuando nos privamos de hacer algo que deseamos por miedo, cuando perdemos oportunidades a causa del miedo)...

El miedo no funcional a menudo se transforma en una enorme fobia incapacitante.

Conociendo esto ahora te pregunto ¿Es el miedo no funcional forma parte de tu vida?

Si es así en líneas subsiguientes explicaré como podrías combatirlo, porque, mientras estés sumido/a en el miedo difícilmente puedas desarrollar el poder de confiar en ti y vivir una vida de bienestar. Sigue leyendo:

Los orígenes del miedo tóxico o no funcional:

El miedo no funcional suele devenir o de una creencia limitante que hace que la persona se imagine lo peor ante aquello que considera un gran peligro, o, de un suceso negativo o traumático que se experimentó con el objeto del miedo que se experimenta.

En todo caso si ese miedo nos afecta y limita hay que erradicarlo de nuestra vida.

Acciones claves para dejar el miedo no funcional, atrás:

¿Estás preparado/a para vencer tu miedo no funcional? A continuación, algunas claves muy útiles al respecto:

Acepta tu miedo:

Acepta que tienes miedo y, reconoce exactamente a qué le temes, tómate unos minutos de tu tiempo en analizar tu miedo. Hecho esto reconoce que tu miedo es un problema, que no te suma y que debes erradicar de tu vida.

Es sumamente importante que reconozcas a qué le temes exactamente porque, a sabiendas de a qué le temes podrás hacerle frente. Desconociendo a qué le tienes miedo difícilmente puedas afrontarlo de manera eficaz.

Para ilustrar estas palabras traigo de nuevo a colación el caso del paciente Antonio ¿Recuerdas su historia al principio de este apartado? ¿El hecho de que se perdió una oportunidad laboral muy importante por su temor a volar en aviones?

El caso es que Antonio no temía a los aviones simplemente o, a volar en un avión. Su temor era morir en un avión, que le faltara el combustible o un ala explotara y que el avión se precipitara a tierra a toda velocidad. Es diferente a solo temer al avión o a volar en él ¿Cierto? Analiza a profundidad tu miedo o, cada uno de tus miedos, si es que son varios.

¿Cuánto daño te hace tu miedo?

La motivación será esencial para que logres hacerle frente y combatir tu o tus miedos y poder erradicarlos de tu vida y ¿Qué mejor motivación que ser plenamente consciente del daño que ese o esos miedos particulares te hacen constantemente?

☐ ¿Qué quisieras hacer, pero, no puedes porque ese miedo particular te paraliza y te lo impide?

☐ ¿Emocionalmente cuánto te daña ese miedo particular, qué tanta negatividad te trae, cuánto estrés y ansiedad, cuántos sentimientos negativos?

☐ ¿Qué cosas positivas traería a tu vida el que vencieras ese miedo particular?

Respondiendo estas preguntas encontrarás la motivación necesaria para enfrentarte a tus miedos.

Cuando el miedo es irracional:

Un temor irracional y desproporcionado viene de una idea irracional y desproporcionada que debes asumir con más lógica, lo que disminuirá tu miedo.

Temes porque estás convencido/a de que puede pasarte algo terrible debido al objeto de tu miedo, aunque no sea cierto.

Para la mayoría de las personas una ardilla es tierna, pero, si tú estás convencido/a de que puede atacarte y roerte con sus dientes hasta hacerte muchísimo daño, le temerás.

Convéncete de lo contrario usando tu lógica para contradecir tu miedo. Y no solo tu lógica, investiga, busca pruebas científicas o referencias que refuten tu miedo. Por ejemplo, en el caso de la ardilla investiga cuántas muertes hay registradas en el mundo por el ataque de una ardilla. Pregúntate ¿A cuántas personas has visto ser atacadas por una ardilla? ¿Hay pruebas científicas que expliquen por qué una ardilla podría atacar a una persona? Pregúntate qué tanta posibilidad tendría de matarte un animal tan pequeño.

Por supuesto este es solo un ejemplo. Para tu miedo particular hazte preguntas similares a las anteriores e investiga, busca pruebas sobre tu miedo irracional, con qué frecuencia se presenta si es que lo hace y plantéate ¿Qué tan lógico es temerle a lo que le temes? ¿Realmente eso a lo que le temes es tan dañino?

Haz también una comparación entre lo que temes y lo que te afecta temerle ¿Qué te termina afectando más? Seguramente será tu miedo, que te privará de muchas experiencias y bienestar.

Ante lo peor que pueda pasar ¿Qué podrías hacer al respecto?

Querer evitar las situaciones que te producen un miedo paralizante es natural a sabiendas de lo que experimentas cuando estás ante tales situaciones. No es para nada agradable la sensación, la angustia, el corazón latiendo acelerado, a veces la respiración se torna difícil... Pero, pensar en cómo podrías actuar convenientemente si estuvieses encarando tu miedo puede ayudarte a disminuirlo.

Quizás esta técnica no funcione para todo tipo de miedo pues, si a lo que temes es a que mientras estés volando en un avión este se precipite a tierra, no habría mucho qué podrías hacer en ese momento salvo mantener la calma y esperar a que el piloto y el personal, puedan resolver la situación, pero, para muchos miedos específicos si funcionaría.

Te estarías preparando de antemano para afrontar la situación y eso puede ayudar mucho o, quizás, cuando te plantees el peor escenario posible ante tu miedo para pensar en cómo podrías actuar, descubras que no es nada lógico que suceda y así, tu miedo también mermará.

Por mencionar algunos ejemplos, supongamos que te causa un temor paralizante hablar en público y, que entre tu escenario más catastrófico en esa situación está el hecho de que se te olvide lo que tenías que decir y quedarte en silencio ¿Qué podrías hacer?

Habría medidas que podrías tomar para evitar que ese escenario ocurriera, como practicar muchísimo, hasta estar seguro/a de que el discurso te salga natural y de que sería prácticamente imposible que lo olvidaras, pero, también podrías tomar medidas por si acaso, como, usar material de apoyo para que, puedas apoyarte lo más disimuladamente posible leyéndolo en caso de que se te olvide algo y te quedes paralizado/a.

Si tu temor paralizante es a la oscuridad y el peor escenario, quedarte completamente a oscuras en casa y con el celular descargado en la noche, podrías comprar lámparas de pila y tenerlas a mano mientras, vences esa fobia paralizante. Así, ante el peor escenario de tu miedo estarías preparado/a.

Solo son ejemplos. Lo que debes hacer con tu miedo particular es, plantearte los peores escenarios que podrías vivir con tu miedo y, alternativas para actuar ante los mismos o evitarlos.

Si es posible plantéate más de una alternativa. Podrías incluso involucrar a tus seres queridos para que te den ideas. Mientras más alternativas tengas, más confiado/a te sentirás y el miedo se hará más pequeño.

La acción. Haz lo que te da miedo (Empieza poco a poco):

La reacción más humana ante el miedo es querer evitarlo, pero, sucede con los miedos lo mismo que con los problemas en general. Evitarlos no los soluciona, e incluso, suele hacerlos más grandes. Por eso otra de las formas efectivas de vencer el miedo (Y no es opcional), es que actúes, que hagas lo que te da miedo, a pesar del miedo, que te enfrentes a tu miedo...

¿Suena aterrador cierto?

Pero, exponerte a tu miedo es la forma más efectiva de darte cuenta que no hay nada que temer o de que al menos, lo que temes es realmente desproporcionado. Además de que, solo el hecho de actuar nos brinda un poco más de valentía, solo con actuar el miedo cede un poco y lo digo por experiencia propia y, porque he sido testigo de eso innumerables veces con mis pacientes. El miedo va cediendo más en el transcurso del tiempo, mientras más te expongas a tu miedo porque, esta es una técnica gradual. Será contraproducente si tratas de enfrentarte con tu peor escenario de buenas a primeras y, no funcionará para tu propósito de vencer el miedo.

La forma correcta de llevar a cabo esta técnica para vencer el miedo es empezar pequeño y, gradualmente aumentar el grado de intensidad con la experiencia.

Supongamos que tu temor paralizante es morir por atropellamiento y que, tal miedo te impide salir a la calle. Exponerte a tu temor ayudará, pero, posiblemente no lo haga si intentas como primera prueba de exposición hacia tu miedo caminar por una carretera muy transitada.

Forzándote demasiado no me sorprendería que hasta sufrieras un desmayo. Lo correcto sería comenzar caminando por una calle donde el tránsito sea nulo, para luego hacerlo por un lugar un poco más transitado y la prueba final si podría tratarse de una carretera muy transitada.

Plantéate formas de exponerte a tu o tus miedos particulares gradualmente y, llévalas a cabo.

Advertencia:

He de advertirte que es difícil exponerse a los miedos, por lo que, si no te concibes para nada capaz no debes frustrarte. Normalmente se requiere de un acompañamiento profesional para llevar a feliz término esta técnica, pero, si te atreves y lo logras, créeme que mucho ayudará.

Si tu miedo recae en la ignorancia, combátela:

Muchas veces tememos porque ignoramos. Si descubres que es tu caso contra la ignorancia: Aprende.

Pregúntate ¿Qué tendría que saber para que mi miedo se haga más pequeño? Y, procura investigar todas tus dudas. Hoy por hoy el internet es una herramienta muy útil que puede ayudarte a descubrir y aprender lo que quieras y, si esto ayuda a mermar tu miedo, no puedes desaprovecharlo ¿Cierto?

La visualización. Una técnica poderosísima:

Tan efectiva es la técnica de la visualización que estoy seguro de que, hablaré en más de una ocasión sobre ella en el desarrollo de este escrito.

¿Cómo puede ayudarte a superar tus miedos?

Lo que tendrías que hacer es imaginar que, actúas de forma asertiva y, que todo te va bien mientras te enfrentas o experimentas una situación que te da miedo. La idea es que te visualices enfrentando tu miedo como si no tuvieras miedo.

Me explico con un ejemplo: Supongamos que temes hablar en público. Aplicando esta técnica lo que tendrías que hacer es visualizarte dando el mejor de los discursos, actuando como el mejor o la mejor oradora, dando un discurso fluido, respondiendo las preguntas que te haga tu público, recibiendo aplausos y ovaciones...

¿Por qué funcionaría esto? ¿Por qué te ayudaría a mermar tu miedo?

Sucede que el cerebro, en su parte subconsciente no es capaz de diferenciar aquello que te imaginas o visualizas de, lo que es real, por lo que concebirá o interpretará como real, lo que te imagines (Esto ha sido avalado por la ciencia en variedad de ocasiones).

En ese sentido, trasladándonos al ejemplo anterior, disminuirá o desaparecerá tu miedo a dar un discurso si te visualizas actuando como un gran orador/a y, el mejor de los escenarios de tu persona, porque tu cerebro se convencerá de que puedes hacerlo bien, de hecho, se convencerá de que ya has hecho tu discurso y salió bien, entonces se concebirá capaz de que lo vuelvas a hacer y así, cuando vayas a enfrentarte a tu miedo realmente, a dar tu discurso, sentirás mucha más confianza y así, sin estar cegado/a o limitado/a por el miedo, darás tu discurso de forma más fluida con seguridad, sin tantos nervios o sin nervios ni miedo. De este modo será con todos los miedos que combatas por intermedio de esta técnica.

Realmente es poderosa, puedes convencer a tu mente de cualquier cosa con ella al punto de que en Harvard comprobaron que, solo con visualizarse tocando el piano en lugar de practicar con el piano, los sujetos de prueba de un estudio se aprendieron una melodía tan efectivamente como si la hubiesen practicado a diario.

Aplica esta poderosa técnica contra tus miedos, es muy sencilla de llevar a cabo, tan solo necesitarías disponer de unos minutos al día (Cada día, hay que ser constante) para ejecutarla en un lugar apartado y tranquilo donde puedas cerrar los ojos y empezar a controlar tu respiración para estar lo más relajado/a posible.

Cuando te sientas relajado/a puedes darle rienda suelta a tu imaginación. Trata de visualizarte ante uno de tus miedos, sin tener miedo, sonriendo, desenvolviéndote maravillosamente, de la forma más vívida posible. Sumérgete en tu imaginación en ese sentido al punto de experimentar emociones. Deberías sentirte tranquilo/a y hasta feliz mientras te visualizas sin tu miedo paralizante.

Si logras convencer a tu cerebro habrás ganado la batalla.

La ansiedad no funcional:

Carlos me hablaba de su angustia perenne. A continuación, mencionaré sus palabras, aunque puede que no sean literalmente las que él utilizó pues estoy apelando solo a mis recuerdos: *"Me siento angustiado todos los días y sin una razón aparente. Duermo pocas horas y me despierto a mitad de la noche con el corazón acelerado, me concentro muy poco, si quiero leer una revista, el periódico, etc, a tan solo unas líneas mi mente empieza a enfocarse en pensamientos negativos. Ya no sé qué hacer, no sé qué está mal"*.

Otro ejemplo la historia de Sofía, que comenzó terapia después de un episodio de ansiedad. Según su historia ella iba de regreso al edificio donde trabajaba como ingeniera en sistemas, después de salir un momento para comprar un café. Estaba tranquila, en su mente, mientras caminaba, pensaba en el trabajo que tenía que terminar ese día. No era algo que le angustiara particularmente, se trataba de su trabajo habitual. Pero, de pronto se cruzó con una joven que llevaba del brazo a un anciano que evidentemente tenía problemas para andar. Entonces recordó a su abuelo, quien la crió, el que hacía un año no veía después de que se mudó a la capital por su trabajo. No recuerda si sintió culpa en ese instante, solo que empezó a tener problemas para respirar y que su visión se tornó borrosa. El ritmo de su corazón se aceleró y un dolor en el pecho le alarmó pues, estaba segura de que tendría un infarto. Recuerda que transeúntes la rodearon, y nada más hasta despertar en una camilla de hospital.

Los dos casos anteriores reflejan las caras de la ansiedad.

Después de hablar de la culpa y el miedo, por último, tenemos la ansiedad. Al igual que como la culpa y como el miedo, como creo que supondrás, existe la ansiedad funcional y la no funcional.

¿Cuándo es funcional?

En este sentido hay que comprender que la ansiedad es muy parecida al miedo y lo puede acompañar incluso, porque, la ansiedad forma parte de los mecanismos de defensa de nuestro organismo para procurar nuestra supervivencia. Si tienes miedo, se activará la ansiedad en tu cuerpo, si estás ante un peligro inminente, también lo hará, y todo con la intensión de que puedas prevenir el peligro, o bien, huir o luchar. <u>Usualmente trata de que prevengas, de que evites una situación futura que te pueda causar un daño.</u>

Sabes que tienes ansiedad por los síntomas que se despiertan en tu cuerpo cuando la experimentas: Angustia, ritmo cardíaco acelerado, sudoración excesiva, ojos que se expanden... Al igual que como el miedo, todos estos signos aparecen para ayudarte a sobrevivir. Ante un peligro real y próximo son muy efectivos. Sucede que la ansiedad no es funcional cuando no hay un peligro inminente o real, pero aun así, se activa este mecanismo de defensa cuya característica principal es hacer que la persona que la experimenta, viva una angustia constante, pues, la ansiedad hace que la persona se enfoque y preocupe por un evento futuro que le angustia tener que experimentar.

Con frecuencia la ansiedad desencadena un ataque de ansiedad, un episodio en el que la ansiedad es tal que el cuerpo colapsa ante sus signos. Siendo tan terrible esto que muchos de los que lo experimentan creen que están por sufrir un ataque al corazón.

Indudablemente vivir en la ansiedad no funcional es vivir en la negatividad y el miedo constantes, en el estrés constante. Con una preocupación que no parece tener fin pero que crece en momentos de estrés. Nadie puede tener calidad de vida si vive angustiado todo el tiempo.

¿La ansiedad no funcional es un problema en tu vida? Probablemente lo has descubierto tras leer sus características. Y es que, hoy en día es un problema bastante común vivir en ansiedad.

En breve te hablaré sobre formas en las que podrá combatirla.

<u>Los orígenes de la ansiedad no funcional:</u>

La ansiedad no funcional puede desencadenarse en una persona por alguna experiencia negativa y traumática vivida, por creencias limitantes, por vivir en demasiado estrés, y hasta por razones genéticas pues, la ansiedad no funcional puede adquirir la forma de un trastorno de ansiedad, que, puede ser hereditario. Pero, independientemente de donde surgió, el hecho es que la ansiedad no funcional se origina por la forma en que se entienden y gestionan las emociones.

Una persona que vive en ansiedad no funcional, en una preocupación constante, no sabe gestionar o controlar correctamente sus emociones, y, en ese sentido permite que las emociones negativas se apoderen de su mente y de su vida. Es por eso que parte del camino para liberarse de la ansiedad no funcional es aprender a tomar el control y no cedérselo a las emociones negativas.

Acciones claves para dejar la ansiedad atrás:

Disminuye o erradica tu ansiedad con estas preguntas que te ayudarán a pensar de forma más lógica la situación:

La ansiedad no funcional te hace tener una percepción catastrófica de tu futuro, preocuparte por eventos catastróficos irracionales, es decir, que tienen poca probabilidad de suceder, o, en el caso de que sucedan, no serán tan terribles como en tu mente porque, todo es más terrible en nuestra imaginación cuando le damos rienda suelta hacia lo negativo.

Responderte preguntas como las siguientes te ayudará a pensar en tu futuro, en lo que podría pasar, en lo que te causa angustia, de manera más lógica y racional, y en el proceso, muy probablemente te convenzas de que, no hay nada que temer, de que no hay nada por lo que angustiarse en exceso y, la ansiedad disminuirá o desaparecerá.

Las preguntas:

¿Qué es lo peor que puede pasar?

Esta pregunta probablemente te sea sencilla de responder porque, en tu ansiedad no pararás de pensar en lo peor que podría suceder. Para cada escenario catastrófico que te plantees, responde las preguntas siguientes.

¿Es lógico eso que piensas que puede pasar?

En la mayoría de las ocasiones, el o los escenarios más terribles que nos planteamos que podrían suceder, son ilógicos o poco probables.

Supongamos que te aterra hablar en público y, una de las razones, uno de los escenarios más terribles que te planteas es que se suelte la hebilla de tu correa y se te bajen los pantalones o la falda delante de toda esa gente... Un bochorno que difícilmente olvidarás...

¿Es lógico que suceda?

Podrías suceder, no lo niego, pero es muy poco probable. Solo tendrías que cuidarte de no usar ropa demasiado holgada y listo, las probabilidades de que te suceda lo que temes serán de 0%.

Para responderte esta pregunta puedes apoyarte en la investigación: Busca pruebas científicas o referencias que avalen la probabilidad de que lo que temes que pase, suceda. En la mayoría de los casos descubrirás que tu temor es desproporcionado.

¿Importará del presente a 5 años?

Supongamos que eso terrible que temías que sucediera, pasó. Supongamos que hablando en público se te soltó la hebilla de la correa, se te bajó por un instante el pantalón o la falda y todos se rieron, o bien, supongamos que por fin trataste de socializar y te fue terrible, que no pudiste en ningún momento, seguir en hilo de una conversación, o bien, supongamos que lo intentaste y fallaste.

¿Las consecuencias de ese suceso terrible seguirán siendo terribles en 5 años? Es poco probable.

Analiza cuán probable es y estoy seguro de que no importará ya. Aquellas personas con las que fuiste terrible socializando no lo recordarán o a ti ya no te afectará, los que presenciaron tu desastre en el discurso, lo recordarán probablemente, pero, por el paso del tiempo su mente no estará enfocada en eso, seguro ya tienen otras cosas a las que prestarle atención... Tu fallo de hacía 5 años no puede ser tan importante si seguiste con tu vida, luchando otras batallas y adquiriendo otros logros pues, la vida es eso, fallar, caer, levantarse, seguir, lograrlo...

¿Por qué preocuparse en exceso por algo que en 5 años no tendrá mucha importancia? Piénsalo.

¿Qué aprenderías si no salieran las cosas como esperas?

Siendo que la mejor actitud ante la vida es concebir los problemas o lo negativo como una oportunidad de aprendizaje plantéate ¿Qué aprenderías si eso que te angustia sucede, si no salen las cosas bien?

El aprendizaje valioso que obtienes de una situación negativa te acompaña toda la vida y, te ayuda a afrontar mejor, otras situaciones en el futuro. Por eso lo negativo nunca es 100% negativo y es importante que lo tengas presente.

Si pudiste aprender algo positivo de eso, ya no puedes concebirlo tan negativo.

¿Cuál es el mejor escenario de lo que puede ocurrir?

Ahora dale la vuelta a lo que te preocupa y trata de imaginar no el peor escenario que podría suceder cuando te enfrentes a la situación que te angustia, sino el mejor...

¿Qué pasaría si das un discurso tan maravilloso que te catapulta a convertirte en un orador u oradora reconocido/a? ¿No sería increíble? ¿Y si en lugar de ser terrible socializando, socializas tan bien que conoces amigos para toda la vida o hasta la pareja que habías estado esperando? ¿Y si en lugar de fallar, lo logras?

Pensar en esto te ayudará a motivarte a enfrentarte a eso que tanto temes.

Enfócate en el presente para disminuir el nivel de ansiedad:

La ansiedad no funcional hace que quien la padece, no pueda concentrarse plenamente en el presente, distraído en un futuro terrible que podría suceder, o no. Por eso enfocarse en el presente es una estrategia efectiva para mermar el poder de la ansiedad, te ayudará a alejarla de tu mente y así, sus efectos en tu cuerpo también desaparecerán.

A continuación, algunos consejos para que puedas concentrarte en tu presente cuando algún pensamiento angustiante, aparezca:

En primer lugar: NO TRATES DE LUCHAR CONTRA ESE PENSAMIENTO. Lo que debes hacer es como comenté, poner el foco de tu atención en otra cosa, en algo de tu presente.

Elige rápidamente algo qué hacer: Desde ordenar tu habitación, darte un baño o hasta dar un paseo. Proponte centrar tu atención en eso que decidiste hacer y en nada más.

Busca elementos que puedas percibir con tus sentidos mientras te concentras. Si eliges tomar un baño, cierra los ojos y siente el agua acariciar tu cuerpo, piensa en la sensación, en el frío o en el calor. Aplícate shampo y concéntrate en el olor, en el tacto de la espuma...

Si te distraes solo regresa tu concentración en lo que estés haciendo...

Con bastante probabilidad, cuando termines la actividad que decidiste hacer, tu ansiedad se habrá calmado.

Esta técnica funciona también con el miedo porque recuerda que el miedo y la ansiedad, no son lo mismo, pero, tienen el mismo propósito y van de la mano.

Respiración controlada:

A mis pacientes que sufren ataques de ansiedad siempre les recomiendo lo mismo: La respiración controlada.

Hiperventilar es de los signos más básicos de la aparición de la ansiedad. Cuando se activa la alerta de peligro en tu organismo, cuando se activa la ansiedad, tu respiración se vuelve más rápida, como he comentado ya. Eso aumenta el nerviosismo, por eso, respirar controlada y pausadamente ayuda a que el cuerpo y luego la mente, se relajen.

Cuando hiperventilas se acelera el ritmo de tu corazón, controlar la respiración normalizará tu pulso. Te tranquilizará...

Estoy seguro que has experimentado los efectos tranquilizantes de controlar la respiración alguna vez. Al estar nervioso/a por alguna situación y, tomar una bocanada de aire profunda te calmas un poco, la tensión merma un poco... Si nunca has experimentado que esto sucede es hora de que lo hagas para controlar tu ansiedad. Haz la prueba la siguiente vez que sientas nervios y sentirás el alivio, aunque, para calmar tu ansiedad en seguida explicaré como debes proceder.

Ante la aparición de la ansiedad, ya sea por una angustia constante o por un ataque de ansiedad en regla procede de la forma siguiente:

Toma una bocanada de aire profunda, inhalando por la nariz. Retén el aire mientras cuentas hasta 5 mentalmente para después, soltar el aire retenido por la boca lentamente, contar hasta 5 y repetir.

No hay un número específico de respiraciones de este tipo que debas hacer, tan solo repite el proceso hasta sentirte en calma.

Puede parecer algo muy sencillo, pero, la ciencia ha avalado la técnica de la respiración profunda como un mecanismo útil contra el estrés y, en psicología y psicoterapia esta es una técnica muy recomendada y aplicada. Encarecidamente te la recomiendo.

Muy interesante me pareció un estudio publicado por la revista Frontiers in Psychology, en el cual se demostró que tras sesiones de respiración profunda (20 sesiones en total se realizaron), los sujetos de prueba del estudio mostraron signos más bajos de cortisol en su organismo. De allí, un claro porqué de la efectividad de la técnica de la respiración controlada.

Para quienes no conocen qué es el cortisol, aunque es algo que dudo porque se trata de un tema de conocimiento general. Es una hormona conocida comúnmente como la hormona del estrés, pues, no solo se presenta cuando hay niveles de estrés en el cuerpo, sino que es responsable precisamente de experimentar el malestar del estrés. A bajos signos de esta hormona = Mayor bienestar.

La cuenta regresiva:

Durante un ataque de ansiedad en regla es difícil concentrarse o calmarse. Da miedo, pero, puedes tomar el control, debes tomar el control... Una de las formas es con la respiración controlada que expliqué en el apartado anterior, pero también puedes apoyarte de esta simple técnica. Cierra los ojos e inicia una cuenta regresiva. Tan solo cuenta de 30 en retroceso, de 40 en retroceso... Desde el número tope que prefieras, hasta 0. Hazlo mentalmente o en voz alta, como desees, pero, concéntrate en ese instante solo en contar. Al culminar tu ansiedad habrá disminuido.

Esta es una técnica que funciona porque ayuda a quitar el foco de atención en el ataque que se está sufriendo y, porque los números no los asociarás con nada negativo mientras cuentas hacia atrás con la intensión de recuperar tu calma.

La técnica de la visualización:

Ya bien comentaba en líneas anteriores que la técnica de la visualización la mencionaría en varias ocasiones durante este escrito porque se trata de una técnica muy versátil, que, funciona para variedad de propósitos de superación personal. Pues, así como funciona para disminuir en miedo, esta técnica es útil para disminuir la ansiedad.

Lo que yo te recomiendo es que contradigas ese escenario catastrófico que te estés imaginando, con el cual tu angustia esté creciendo, imaginando o creando imágenes mentales en tu mente sobre el mejor de los escenarios de eso que te angustia.

Como tu mente se cree real lo que imaginas, al crearte imágenes mentales del mejor escenario que puede suceder, en lugar del peor, entonces las alarmas de la ansiedad se apagarán y volverás a estar en calma.

Practica actividades relajantes diariamente:

Justo lo contrario de la ansiedad es la relajación. Por eso, para ayudarte a liberarte de la ansiedad debes a diario practicar actividades relajantes. Son muchas las que puedes escoger y, no importa cual escojas siempre y cuando te tomes unos minutos diarios para liberarte de la tensión y el estrés.

A continuación algunas recomendaciones de actividades relajantes que podrías elegir:

- El ejercicio (No necesitas ejercitarte en exceso, basta con ejercicio moderado)

- La meditación

- Paseos al aire libre

- Disciplinas como el yoga o el pilates

- Musicoterapia

- Pintar

EL TORMENTO DEL PENSAMIENTO EXCESIVO, ¿CÓMO CONTROLARLO?

"**Y**a ni siquiera duermo", me decía desesperada mi paciente Fátima, víctima del pensamiento excesivo. No podía evitar por las noches pensar en lo terrible que podría ser para ella el día siguiente, en lo peor que podría pasar...

Un nivel bajo de autoestima, pobre autoconfianza, estar sumidos en la culpa, la ansiedad o la negatividad general, como consecuencia suele traer un tormento más, el tormento del pensamiento excesivo.

Se convierte en un tormento pensar demasiado cuando es imposible centrarse en el presente, o, ser un poco optimistas siquiera porque a la mente llegan un sinfín de pensamientos negativos o fatalistas y, no quieren abandonarla.

El pensamiento excesivo implica ser invadidos por pensamientos que no queremos, por pensamientos que nos hacen preocuparnos, que activan nuestros mecanismos de defensa, el miedo, la ansiedad, intentar combatir esos pensamientos y fallar.

Trae consigo el pensamiento excesivo, insomnio, signos de ansiedad, limita a las personas a la hora de realizar sus actividades o de atreverse a ir a por una meta... Es un verdadero obstáculo a enfrentar.

Si no aprendes a hacerle frente al pensamiento excesivo, no podrás centrarte en tu propósito de desarrollar el poder de creer en ti.

¿Qué hacer?

Conviértete en portero/a de tu mente:

Es el mejor consejo que al respecto, te puedo otorgar.

Aunque si no haces nada al respecto le cedes el control de ti mismo/a a tu mente, el hecho es que solo tú eres responsable de lo que crece en ella. Al final tú tienes el control. Toma ese control a tu favor.

Piensa en tus pensamientos como una semilla y ahora piensa que en tu mente hay dos tipos de semillas, la de los buenos pensamientos y la de los pensamientos negativos. Visto de esta forma, considero que es sencillo entender que germinará y crecerá la semilla de tu mente a la que le brindes más atención y cuidados.

Si no haces nada por frenar pensamientos negativos serán estos los que invadan tu mente, alentarán la semilla de pensamientos negativos y crecerá una planta de negatividad difícil de combatir.

Para evitar esto debes actuar como el portero o la portera de tu mente: SOLO DALE PERMISO DE PASAR Y PERMANECER EN TU MENTE A PENSAMIENTOS POSITIVOS.

El hecho es que los pensamientos negativos invadirán tu mente por una causa u otra. Es imposible que un pensamiento negativo no se nos pase por la mente de vez en cuando, a las personas optimistas, pensamientos negativos llegan a su mente también, lo que sucede es que no les dan el permiso de permanecer. Solo le dan ese permiso a los pensamientos positivos y optimistas que las caracterizan.

Cuando un pensamiento negativo llegue a tu mente tú lo que no debes es de alentarlo, prestarle atención, y así, ese pensamiento acabará por perderse. Lo contrario con pensamientos positivos. A esos sí aliéntalos tanto como desees para que en tu mente permanezcan y te colmen de autoestima, optimismo y una mejor actitud.

¿Qué es difícil solo decidir no prestarle atención a un pensamiento?

Tú enfócate en tu presente, disponte a realizar cualquier actividad que te distraiga cada vez que un pensamiento negativo invada tu mente, si ya estás en cama, dispuesto/a a dormir, levántate y prepárate un te, lee algo, lo que sea... No te permitas darle vuelta al pensamiento que invade tu mente, si te quedas en cama sin distraerte con nada lo harás, y, así lo fortalecerás que es precisamente lo que debes evitar.

Mientras menos atención le prestes a un tipo de pensamiento, este se hará más débil hasta desaparecer, así que sé constante. No le des poder a ningún pensamiento negativo, siempre combátelo centrando tu atención en otra cosa.

DEJANDO ATRÁS LA NEGATIVIDAD

S i preguntabas a Hugo cómo había amanecido, cualquier día de su vida, te contestaba: "Más o menos", si le llegabas con una noticia positiva, por ejemplo, "Mi hija se graduó de periodista", te felicitaba, pero luego te advertía sobre lo negativo de ejercer tal profesión, si le señalabas que el día estaba precioso comenzaba a hablar de la inflación, de la delincuencia, de la guerra en el mundo, del fin del mundo según la Biblia, en fin...

El mundo de Hugo era oscuro y negativo, peligroso, triste, desesperanzador... Fue cuando perdió hasta las ganas de vivir que decidió probar con terapia, y, a pasos cortos, logró tener una visión más positiva de la vida, aunque aún le cuesta.

Ni autoestima, ni autoconfianza, ni bienestar en ningún sentido, ni metas... Todas las puertas estarán cerradas a lo positivo en tu vida mientras estés sumergido/a en la negatividad, mientras alientes los pensamientos negativos que lleguen a tu mente y los dejes que te hundan en emociones negativas, en angustia, en miedo, en pesimismo, en frustración, mientras vivas quejándote, mientras tu percepción de la realidad no mejore tan siquiera un poco, mientras no puedas ver que a pesar de lo malo o lo injusto, hay que agradecer la vida, hay mucho por lo que disfrutar de la vida, motivos para reír...

Por todo esto me pareció necesario un apartado en este escrito destinado a apoyarte en alejar de tu vida toda negatividad, a continuación, algunas técnicas y recomendaciones:

Las personas negativas
están mejor en la distancia:

Lo que está verdaderamente mal con las personas negativas es que no solo llenan su mundo de negatividad, sino también, el de los demás, y, esto pasa porque la negatividad es contagiosa (Existe lo que se llama el contagio emocional negativo, y, los seres humanos lo experimentamos, es decir, si alguien cercano experimenta emociones negativas nosotros también las experimentaremos con bastante probabilidad), el pesimismo es contagioso... Si pasas tu tiempo entre personas pesimistas, empiezas tú también a contagiarte de todo su pesimismo y su visión fatalista de la vida y, por eso es que mientras pases tiempo con personas pesimistas estarás atrapado en su mundo de oscuridad.

Mi recomendación al respecto es que te alejes de las personas negativas y pesimistas, sobre todo mientras trabajas en mejorar tu autoestima, en gestionar mejor tus emociones, en controlar mejor los pensamientos que llegan a tu mente para impedirte darle cabida a los pensamientos más negativos... Hasta fortalecerte internamente al menos porque, sin herramientas para combatir la negatividad que estás personas te arrojen con sus opiniones, con sus comentarios... Entonces te sumirás en sus sentimientos negativos, en su estado de ánimo, en su pesimismo y negatividad.

Lo mejor sería compartir el menor tiempo posible con personas muy negativas. No sería necesario alejarlas en su totalidad, sacarlas de tu vida, pero al menos eso, pasar el menor tiempo posible con ellas y, de ser posible elegir pasar tiempo con personas positivas, optimistas, alegres, porque todo ese entusiasmo y optimismo también se contagian afortunadamente.

De quejarte, solo lo justo:

Recuerdo haber leído cierta vez una historia de reflexión sobre una mujer que no paraba de quejarse con su esposo por lo terrible que la nueva vecina lavaba. Desde la vitrina de su ventana la observaba tender sábanas blancas que quedaban de un color amarillento debido al mal lavado. Y el esposo la escuchaba quejarse y quejarse de eso hasta que un día ella sorprendida le dijo, "Al fin la vecina aprendió a lavar, las sábanas están blanquísimas", y resultó que el marido se había levantado más temprano para limpiar los vidrios de su ventana.

Aquellas sábanas nunca estuvieron mal lavadas, sucede que la mujer las veía desde una ventana empañada.

Yo creo que esta historia representa muy bien el hecho de que las quejas solo desvían nuestra atención de lo que verdaderamente es importante, aunque, quejarse no es del todo negativo porque, yo mismo he sentido su poder liberador en alguna que otra ocasión.

Cierto que quejarse brinda un poco de satisfacción, permite cierto desahogo en situaciones específicas que nos producen malestar. Después de haber tenido que soportar el trato grosero de tu suegra, quejarte con algún amigo te puede hacer sentir mejor, o, luego de haber tenido que soportar esa tediosa reunión de trabajo de 4 horas donde no te ofrecieron ni un vaso de agua, es bastante razonable, pero, no ganas nada cuando quejarse se vuelve un hábito o, casi un estilo de vida, absolutamente nada ganas con la actitud de quejarte por todo y sí, pierdes muchísimo.

¿Por qué pierdes? Por toda esa negatividad que esta actitud trae en tu vida. Cuando te quejas estás decidiendo abrazar la negatividad, te anclas a ella.

¿No te has dado cuenta de que cuando te quejas posteriormente sientes la necesidad de seguirte quejando?

El mal hábito de quejarse surge porque después de una queja el cerebro se prepara para seguir actuando de la misma forma así que, te prepara para seguirte quejando. Y es cierto que si buscamos motivos para quejarnos encontraremos muchísimos y así nunca podremos parar, pero, mientras lo hacemos, mientras solo encontramos motivos para quejarnos y quejarnos nos perdemos la oportunidad de disfrutar de buenos momentos o de buscar soluciones.

Por mencionar un ejemplo, imagina que planificaste con tus hijos y pareja un hermoso día de picnic, solo para despertar el día esperado y darte cuenta de que está lloviendo a cántaros.

¿Habrá motivos para quejarte de ello? Muchísimos, pero, ninguna de tus quejas cambiará el curso del clima.

Ante este tipo de situaciones tendrás dos opciones, quejarte y colmarte de negatividad, o, aceptar la situación y tratar de encontrar algo positivo de ella o bien, una solución en caso de que se trate de algo distinto al clima y que se pueda controlar. ENCARECIDAMENTE TE RECOMIENDO LA SEGUNDA OPCIÓN POR SUPUESTO.

En el caso hipotético que planteé antes, cierto que ya tu día de picnic estaría arruinado, pero ¿Por qué no jugar con la lluvia junto a tus hijos? O ¿Qué tal si aprovechan el día para ver películas acurrucados juntos tomando chocolate caliente? No tendrías porqué opacar el día porque las cosas no salieron como esperabas, pero, lo harás si prefieres quejarte y tomar una actitud de víctima en lugar de buscar una solución o, un lado positivo.

Quejándote das cabida a que pensamientos negativos te invadan y que a raíz de ello, emociones negativas te invadan, las quejas aumentan el nivel de cortisol o la hormona del estrés en el organismo.

¿Vas a preferir vivir estresado?

Yo creo que no, que entiendes ahora por qué no te conviene quejarte. Entonces deja de quejarte por todo, proponte dejar de quejarte por todo, respira ante situaciones que te estresen y te hagan querer quejarte, muérdete la lengua si es necesario, cuando estés a punto de quejarte y, en su lugar, usa todo el tiempo que perderías con tus quejas para buscar soluciones o idea algo positivo.

Poco a poco si tomas esta actitud irás dejando el hábito de quejarte atrás.

Afirmaciones positivas:

Las afirmaciones positivas constituyen una conveniente técnica de condicionamiento mental como algunas otras, por ejemplo la visualización.

TU MENTE ES CAPAZ DE LLENARSE DE POSITIVISMO POR MEDIO DE AFIRMACIONES POSITIVAS PORQUE LAS CONCIBE COMO REALES. No puede separarlas de algo ficticio, al menos no tu mente subconsciente, entonces, todo lo positivo que afirmes, en tu memoria será concebido como que es la realidad y así, puedes ayudarte a mejorar tu estado de ánimo, autoestima, confianza y llenarte de toda la positividad que quieras. A convencer a tu mente de todo cuanto te convenga.

Mi recomendación es que escribas una lista de afirmaciones positivas, y, que las repitas a diario en la mañana, cuando te mires al espejo después de levantarte, y, en la noche antes de ir a dormir. Si haces de este un hábito difícilmente caerás ante la negatividad.

Ejemplo de afirmaciones a las que puedes recurrir:

- Soy una persona bendecida

- Soy una persona maravillosa

- Solo me deparan cosas buenas en este día

- Todo saldrá maravilloso el día de hoy.

- Soy del tamaño de cualquier situación que se me presente

Ríe. La vida es muy corta para no tomársela con humor:

Si lo contrario del pesimismo y lo negativo es la alegría, es entendible que una forma de combatir la negatividad de la vida sea precisamente la risa, la risoterapia.

¿Qué es la risoterapia?

Que dediques horas de tu vida a reír, que te olvides unos minutos de tus días, de cualquier problema, de cualquier angustia, con la risa, con el humor...

Mientras te haga reír, cualquier actividad puede servirte de risoterapia: Un maratón de películas de comedia, una reunión con tus amistades más ocurrentes y graciosas, escuchar chistes, ver videos de caídas...

Necesitamos nuestra risa, procura la tuya en pro de tu bienestar y de alejar toda negatividad... La vida nunca es sombría cuando nos estamos riendo.

Descansa de las noticias matutinas que te colman de negatividad

Estar informado es importante, lo sé, pero créelo, MÁS IMPORTANTE ES TU SALUD MENTAL. Conozco personas que empiezan su día viendo o leyendo noticias y así, empiezan ya su día en negatividad porque colman su mente de tantas situaciones tristes y catastróficas: Guerra, pobreza, delincuencia, muertes... Todo eso está sucediendo en el mundo, pero, no es algo que por tu cuenta puedas controlar, además que si te sumerges en la negatividad, en la angustia... Entenderás que te conviene más dejar de informarte de estas noticias por un tiempo, que, seguir informándote hasta deprimirte quizás.

Así como comenté en el caso de alejarte de las personas negativas, no se trataría de nunca más leer o ver las noticias, pero, hazlo al menos cuando cuentes con las herramientas suficientes para gestionar tus emociones y, no dejar que lo negativo de esas noticias que veas o leas, te perjudique.

¿LA GRATITUD PUEDE MEJORAR TU ESTADO DE ÁNIMO?

Anabela había desarrollado depresión. Su autoestima era muy baja y su nivel de satisfacción por la vida, según sus propias palabras, era inexistente... Odiaba su trabajo, no tenía casi amigos, no estaba conforme con lo que había logrado, de lo que estaba siempre consciente porque vivía comparándose con sus compañeros de secundaria, de quienes estaba informada por redes sociales.

Estaba criando a sus hijos muy pequeños, sola, su madre sufría una enfermedad terminal y ella estaba atravesando por la difícil situación de acompañarla por ese camino doloroso, había tenido una infancia y una adolescencia difícil, y así, solo se centraba en lo negativo...

Al escucharla hablar y quejarse de experiencias pasadas poco afortunadas y, de su presente poco agradable cualquiera habría pensado que tenía razón en quejarse, que no tenía nada por lo qué agradecerle a la vida, pero, los profesionales en psicología y áreas afines sabemos que SIEMPRE hay motivos por los cuales sentir gratitud.

En el caso de Anabela, parte de esa gratitud podía recaer en sus hijos pequeños, que llegué a conocer y que la miraban con tanto amor... En los momentos en que su madre se sentía mejor y podían compartir sonrisas, en las oportunidades que aún podía explorar, en pequeñas cosas que podía disfrutar...

Hacia el camino de la gratitud la conduje en nuestras terapias y afortunadamente hoy es una mujer feliz, una mujer que sabe gestionar sus emociones y que aprendió a agradecer los pequeños milagros de la vida, así como las grandes satisfacciones. Es una mujer con autoestima y autoconfianza que se permite disfrutar de su vida, a pesar de lo negativo o lo injusto.

Otro ejemplo la historia de Román, que llegó a mi consultorio convertido en un mar de angustia y de culpa después de que atropellara a una mujer por ir distraído con su celular mientras conducía. Se metió en muchos problemas, sí, y lastimó la pierna de aquella mujer, pero, el hecho es que pudo ser peor y así se lo planteé en nuestra primera terapia.

Tiempo después, un ya muy repuesto Román, quien por fin pudo seguir adelante y dejar atrás toda esa negatividad que sentía me hizo saber qué, el yo plantearle que esa situación que vivió pudo ser peor, lo hizo pensar mal de mí como profesional, y, querer abandonar la terapia, pero, el "Pudo ser peor" rondó y rondó por su mente varios días y noches hasta que terminó reflexionando y convenciéndose de que realmente pudo ser peor, reflexión que trajo consigo un agradecimiento profundo hacia el hecho de que no fue así, de que no había lastimado más a aquella mujer, de que ella pudo recuperarse por completo, y, ese agradecimiento fue preludio de que pudiera seguir adelante.

Poderosísimo es el poder de la gratitud, lo mucho que esta puede hacer por ti...

Hacer de la gratitud un estilo de vida es una excelente forma de traer bienestar a tu vida entera.

Variados han sido los estudios que se han efectuado sobre el poder de la gratitud y hoy por hoy se sabe, gracias a ello, de sus múltiples beneficios. En el título hago alusión al beneficio mayor de la gratitud: MEJORA EL ESTADO DE ÁNIMO. Pero, ese es solo uno de sus beneficios porque la gratitud se ha asociado con mayor optimismo y felicidad, con mayor satisfacción en la vida desde diferentes contextos: Mayor satisfacción laboral, mayor satisfacción por la familia, mayor satisfacción por la vida misma, MAYOR AUTOESTIMA.

¿Y esto por qué?

Porque experimentar gratitud es incongruente con emociones negativas y, por el contrario, trae la experiencia de emociones positivas como la alegría o el optimismo, la satisfacción, la esperanza...

Hago alusión nuevamente a que todo esto lo avala la ciencia. Un estudio que realmente captó mi atención, fue el de algunos psicólogos de la Universidad de California y de la Universidad de Miami: Dr Robert A Emmons, Dr Michael McCullought y otros en donde se pidió a un grupo de personas que fueron separadas en 3 grupos más, escribir durante 10 semanas.

Al primer grupo se le pidió escribir las razones por las que se habían sentido agradecidos al final de cada semana, al segundo se le pidió escribir cada cosa que les había disgustado durante el final de cada semana, y al tercer grupo se les pidió escribir todo cuánto les hubiese afectado de alguna forma al final de la semana, ya sea positivo o negativo.

El resultado de tal estudio corroboró que todos los participantes del grupo que escribió sobre aquello por lo que se sentían agradecidos mejoró en estado de ánimo, que todos se volvieron más optimistas y se sintieron mejor respecto a sus vidas.

No subestimes el poder de la gratitud.

¿Eres consciente de todo cuánto tienes por agradecer en tu vida?

Si no es el caso es momento de que te propongas a hacer de la gratitud uno de tus hábitos.

Hay mucho por lo que puedes sentirte agradecido/a, lo sé. A veces nos hacemos ciegos a ello por la cantidad de situaciones negativas o injustas que atravesamos, porque claro que sé que la vida no es color de rosas y que está colmada de problemas y de negatividad, pero, SIEMPRE HAY RAZONES POR LAS CUALES SENTIR GRATITUD Y ESO NO ES CUESTIONABLE: **SIEMPRE.**

Por supuesto no puedo enumerar todas las razones por las que tú particularmente, deberías sentir gratitud, porque, es algo que solo tú podrías descubrir, pero, estoy seguro de que una de esas razones es precisamente estar leyendo estas líneas en este momento. Y lo es, estar leyendo estas líneas es motivo de agradecimiento porque no solo a través de estas líneas estás descubriendo cómo transformar tu vida y alejar la negatividad para acceder a tu poder interior, el poder de creer en ti y poder vivir la vida que te mereces, lograr lo que desees...

NO, no solo por eso, lo es, es un motivo de gratitud porque si estás leyendo esto significa que estás vivo, que respiras... Y esa es la mayor bendición de todas porque mientras sigas con vida las puertas estarán abiertas para cualquier oportunidad que desees, puedes aprender lo que quieras, disfrutar como quieras... Tienes valioso tiempo.

Pero, el estar vivo/a no es por lo único por lo que deberías estar agradecido, lo sé. Reflexiona:

¿Tienes una familia que te adora y a la que adoras? ¿Tienes amigos que consideras como tu familia, porque sabes que puedes contar con ellos en cualquier momento? ¿Acaso el tener una familia que se preocupa por ti, que te llama, que se alegra cuándo llegas a casa, no es una bendición enorme?

¿Tienes un techo dónde dormir? Mucha gente vive en la incertidumbre de no saber dónde dormirá siquiera y por eso, tener un techo en el que dormir es una bendición por la cual estar agradecidos.

¿Gozas de salud? Eres extra bendecido/a porque en este preciso instante mientras lees, muchos están batallando por su vida o con el dolor.

¿Si amas ver los atardeceres o amaneceres, no es una bendición que puedas seguirlo haciendo? Si es tu caso te invito a que hoy mismo te permitas mirar un lindo atardecer o el amanecer, para que puedas experimentar gratitud por poderlo hacer.

Practica la gratitud y sé testigo del cambio positivo que traerá a tu vida.

¿Cómo practicar la gratitud?

Recomiendo que te tomes un tiempo en elaborar una lista de gratitud en la que tomes nota de todo por lo que te sientes agradecido/a en tu vida, desde lo más pequeño, aunque parezca insignificante, algo así como dormir con sábanas limpias o degustar tu helado favorito, a elementos más importantes, como tu familia, ese viaje que tuviste el gusto de hacer y en el que viviste momentos increíbles e inolvidables, tus logros, educación, tu casa, etc...

Al finalizar tu listado sentirás gratitud instantánea, emociones positivas te habrán embargado, pero, lo más importante de esto es que conserves el listado y que lo leas o bien a diario, o bien, semanalmente para que puedas siempre tener presentes todas esas razones por las cuales expresar gratitud.

Al final de cada semana o siempre que te ocurra algo de lo que te sientas agradecido/a puedes agregar contenido a tu listado y agrandarlo.

También podrías de vez en cuando escribir una carta o cartas de gratitud a las personas especiales de tu vida. Si se las entregas serán emotivo y positivo para ambos, y, esta es otra forma en la que podrás expresar gratitud en tu vida para mejorar tu estado de ánimo, tu autoestima y colmarte de todo lo positivo que este hábito traerá para ti.

ESTABLECIENDO Y ALCANZANDO TUS PROPÓSITOS Y OBJETIVOS

Como profesional y por experiencia puedo asegurar que, afecta la autoestima, el nivel de confianza en uno mismo y el estado de ánimo ir por la vida sin un objetivo bien definido a seguir, y, que se trate de un objetivo que nos llene de orgullo y satisfacción, que se trate de algo que verdaderamente queremos para nosotros. Porque, mucha gente cae en la trampa de seguir objetivos persiguiendo las expectativas de los demás: De su familia, de una pareja, etc, en lugar de objetivos propios y eso es un error porque: LA CONCEPCIÓN DEL ÉXITO ES PERSONAL.

¿Qué quiero decir con esto? Que lo que tú consideres éxito no tiene que significar lo mismo para mí.

Si tu sueño, tu pasión, lo que verdaderamente te gusta y consideras éxito personal tiene que ver con la costura, si tu sueño es ser diseñador o diseñadora de modas y es lo que tú consideras éxito, no sentirías real satisfacción por ejercer de terapeuta porque no es algo que vibre contigo, que consideres éxito personal.

Si el éxito para ti radica en los negocios no considerarías un éxito ganar un partido de futbol, pero, para quien su sueño y meta radica en convertirse en un profesional en el futbol, ganar un partido puede ser un gran logro.

Un ejemplo la historia de Rodrigo, él era un buen médico especialista. Dedicó muchísimos años de su vida a su carrera y la ejercía con ética y profesionalismo, pero, la depresión lo embargó. No había un motivo aparente por el cual se justificará la depresión repentina de Rodrigo y cierto hastío por la vida. Todo en su vida parecía ir bien y definitivamente era una persona exitosa. Hasta que descubrí que era una persona exitosa pero no, para los ojos del mismo Rodrigo, quien, solo estudió medicina porque en su familia todos eran buenos médicos y no quería decepcionar a nadie.

En el apartado siguiente explicaré una serie de pasos para impulsarte a que logres el éxito personal y profesional, incluyendo descubrir qué es el éxito para ti, qué significa. Esto te ayudará a evitarte una situación como la que Rodrigo tuvo que atravesar, todo ese innecesario malestar de ir por la vida siguiendo un rumbo ajeno o peor, sin rumbo.

PASOS PARA ALCANZAR EL ÉXITO

Personal:

Descubre lo que da sentido a tu vida (Qué te motiva, tu pasión):

Definitivamente tu concepción de éxito está ligada a las actividades que disfrutas y te apasionan, porque, ese es un patrón inquebrantable en el ser humano. Es en lo que disfrutamos y nos apasiona que sentimos bienestar y satisfacción. Por eso es importante descubrir tu pasión, lo que le da sentido a tu vida, porque, eso es lo que debes aspirar para alcanzar el éxito personal.

Estoy seguro de que hay temas específicos de los que puedes hablar por horas y horas sin cansarte y por mero gusto, actividades que harías hasta sin obtener beneficio económico solo porque te proporcionan gran satisfacción, gusto... En ese tipo de actividades se halla tu pasión y es en la pasión donde se halla la motivación más inagotable de todas, la verdadera. Por eso los que logran grandes cosas son personas que siguen el camino de su éxito personal: Lo que ellos consideraron que es el éxito y no lo que opinó su papá, el vecino, la sociedad...

¿Qué es el éxito para ti? Respóndete con sinceridad. Olvídate de las opiniones ajenas, de lo que se vende hoy como éxito en redes sociales o la T.V. Responde con tú opinión SINCERA.

¿Qué quisieras lograr en la vida por plena satisfacción personal?

¿Qué te haría sentir pleno orgullo lograr?

Cuando tengas 80 años ¿De qué te sentirías más orgulloso/a de haber logrado?

Te recomiendo que te imagines tu vida soñada ¿A qué te dedicarías en tu futuro soñado? Te pido eso sí, que seas realista al usar tu imaginación. NO QUE SUEÑES PEQUEÑO O QUE ASPIRES DE FORMA MEDIOCRE, NO. Mereces aspirar los logros más grandes, lo que tú desees, pero, seguiré pidiéndote que te asegures de que se trate de algo alcanzable, aunque resulte difícil, porque, duele perseguir metas inalcanzables tanto como no plantearse metas o seguir metas ajenas. Siempre hay formas de uno dedicarse a lo que le apasiona, de formas alcanzables.

Supongamos que lo que amas es el ballet, pero, nunca lo practicaste y ya tu cuerpo tiene poquísima probabilidad de volverse flexible. Podrías dirigir un estudio de ballet, aunque no te dediques a bailar propiamente. A esto me refiero con alternativas. También sería una forma de alcanzar el éxito en tu pasión, tu éxito personal.

De cualquier forma lo más importante será descubrir qué objetivo perseguir, cuál objetivo trazarte que verdaderamente te conduzca al éxito personal.

Si se te dificulta hallar la actividad que te apasiona, esa que te traería verdadera satisfacción si te dedicaras a ello, te recomiendo que elabores un listado de todas las actividades que te guste hacer y que reflexiones cómo te sentirías dedicándote a esas actividades.

¿Podrían convertirse en un propósito de vida?

Imagínate un futuro dedicándote a esas actividades específicas.

Si después de hacer esto verdaderamente no estás seguro/a de qué actividades te apasionan lo mejor que puedo recomendarte es que experimentes cosas nuevas. Todos tenemos actividades que nos apasionan, tal vez nunca has descubierto la tuya y podrás descubrirla experimentando con seguridad.

Sigue el siguiente paso solo cuando identifiques tu pasión y puedas fijarte un objetivo de vida para perseguir.

Identifica tus valores fundamentales:

Daña el autoestima actuar en contra de nuestros valores, por eso IMPORTANTÍSIMO es que definas tus valores personales para que puedas analizar si estos son o no congruentes con el objetivo de vida o de éxito personal que te plantees alcanzar.

Sea cual sea tu objetivo de éxito personal, no te producirá satisfacción alcanzarlo si no es congruente con lo que te importa, valores que no puedas contradecir sin sentir decepción. Esos serían tus valores fundamentales.

Sabes que existen numerosos valores: La familia, el amor, el trabajo, el respeto, la libertad, la compasión...

Sucede que no todos le damos el mismo nivel de prioridad a los valores y por eso debes descubrir qué valores son los que verdaderamente te importan, para, vivir en virtud de ellos, de forma congruente a ellos.

Supongamos que amas la naturaleza y el respeto por la naturaleza es uno de tus valores fundamentales. Si te planteas un objetivo que dañe de alguna forma la naturaleza, no podrás sentirte orgulloso/a de ti y tu autoestima y autoconfianza se verán perjudicadas. Es por eso que este paso es importante a la hora de fijarte objetivos de éxito personal a perseguir.

Todo cuanto hagas en adelante, en pro de tu objetivo de éxito personal, ha de ser congruente con tus valores.

Ubica una lista de valores por internet, y, anota los que son importantes para ti. Piensa cuales son realmente importantes, cuáles te haría mal contradecir. Ten presentes estos valores para que en ningún momento los contradigas en tu camino al éxito.

Objetivos a corto, mediano y largo plazo:

La planificación es esencial para lograr cualquier objetivo.

Los objetivos se alcanzan cuando se tiene un rumbo a seguir para alcanzarlos. Si no te planificas es posible que ni siquiera te encamines jamás hacia tus objetivos, por eso importante es la planificación.

En el primer paso de este apartado habrás descubierto un objetivo de vida o personal importante, ese vendría siendo tu objetivo general a alcanzar, pero, necesitas plantearte cómo llegar a él.

Los distintos pasos para llegar a tu objetivo general deberán convertirse en objetivos a corto, mediano y largo paso para el logro de tus propósitos.

Imposible que te pueda recomendar qué objetivos plantearte, porque, dependerá de tu propósito por cumplir. Debes descubrirlo por tu cuenta: Investiga, pregunta a personas que han seguido un camino similar al que quieres recorrer, asesórate, escribe una lluvia de ideas sobre los posibles pasos que puedes dar para lograr tu objetivo general de éxito personal.

Elabora entonces un listado de actividades que pueden encaminarte a tu objetivo principal y convierte esas actividades en tus metas.

Debe tratarse de propósitos posibles por supuesto, y, necesitarás establecer fechas límites para su cumplimiento porque, cuando uno no le pone fecha a sus objetivos, normalmente lo deja para después, corriendo el riesgo de procrastinar para siempre.

Determina los recursos que requerirás para alcanzar los objetivos:

¿Qué necesitarías para alcanzar tus objetivos a corto, mediano y largo plazo rumbo hacia tu objetivo principal?

¿Una suma de dinero? ¿Socios? ¿X habilidad?

Es importante que te hagas consciente de lo que necesitarás para lograr tus propósitos.

Trabaja en hacerte con, o, en obtener los recursos necesarios para lograr tu objetivo:

Determinados los recursos que necesitarás para lograr tus objetivos plantéate como paso siguiente, cómo hacerte con los recursos que te hacen falta.

En obtener tales recursos se debe centrar tu atención: Ahorrar X cantidad de dinero por tantos meses, encontrar X número de patrocinantes, aprender X habilidad...

Analiza el papel de tus seres queridos:

Lo que muchos obvian a la hora de plantearse un plan para seguir su éxito personal es determinar qué papel tendrán sus seres queridos mientras buscan ese éxito que anhelan. Y, muchas veces sucede que hay que sacrificar tiempo familiar o con seres queridos, para, cumplir objetivos, hay objetivos que requieren viajar por ejemplo, o mudarse, alejarse... Y, esa clase de objetivos no son para todos, fáciles de conseguir porque hay personas cuyo valor fundamental principal es su familia y seres queridos y para ellas, objetivos que los hagan sentir que dejan de lado a quienes aman no les satisfacen.

Por eso siempre debes de estar al tanto del papel de tus seres queridos en la consecución de tus objetivos, debes tenerlo claro desde un principio para que a mitad de camino no te autosabotees por culpa.

No digo que, si tu valor fundamental es la familia dejes de lado tus sueños y propósitos importantes, pero en ese caso puedes buscar alternativas.

He de decir que, las personas que en verdad te valoran entenderían si necesitas un tiempo para cumplir tus metas u objetivos, porque se trata de tu realización personal que al final es prácticamente tu felicidad.

Descubre qué te limita a la hora de perseguir y lograr tu objetivo:

Seguidos los pasos anteriores estarás preparado/a para encaminarte a tu objetivo teóricamente, pero si te da demasiado miedo, si adviertes que la inseguridad no te deja comenzar, deberías tomarte un tiempo en analizar qué te limita.

¿A qué le tienes miedo? ¿Cuál es tu mayor inseguridad?

¿No te sientes lo suficientemente preparado/a? Entonces, fórmate, prepárate, busca asesoría, un coachs, inscríbete en un curso. Hoy por hoy la educación está al alcance de un clic.

¿Una creencia limitante te detiene? Trabaja en vencerla. Dependerá de lo que necesites, pero, trabaja cualquier limitación y, luego, a por tu objetivo.

Formación continua:

Todo lo que aprendas que se relacione con tu objetivo, tarde o temprano te será de real utilidad. Que tu formación sea continua.

Profesional

Para lograr cualquier objetivo profesional, los pasos anteriores te serán de igual utilidad. Lo que necesitarás será tener claro tu objetivo principal y, plantearte objetivos a corto, mediano o largo plazo para cumplirlos, ayudándote de la asesoría, de la investigación, de consejos y lluvias de ideas sobre cómo podrías alcanzar tu objetivo principal.

Planteados tus objetivos a corto, mediano y largo plazo deberás evaluar qué recursos necesitas para llevarlos a cabo y, aquellos recursos de los que no dispongas deberán volverse tu prioridad.

¿Cómo podría conseguirlos? Es la pregunta que te deberás hacer y en ello deberás trabajar.

Una vez que tengas los recursos a tu disposición podrás comenzar a encaminarte a tu objetivo.

Constancia:

Me parece necesario hacer la salvedad de que, tanto para el logro de tus objetivos personales como para el logro de los profesionales, la constancia será necesaria. Sigue adelante, si fallas en algo sigue adelante, si te equivocas en algo sigue adelante... Tu plan de acción no puede ser rígido, tal vez en el camino descubras que tienes que cambiar algunos objetivos. Entonces hazlo, nunca perdiendo de vista tu meta. Pero no desistas por eso ni por nada, si eres determinado/a, si sigues adelante es que lo conseguirás. La clave en la determinación y constancia siempre está.

LA IMPORTANCIA DE RECONOCER TUS PUNTOS FUERTES Y DÉBILES

La mejor forma de lograr cualquier objetivo, personal o profesional es reconocer nuestro potencial de forma realista, así como nuestras debilidades.

Supongamos que en tu trabajo deben cumplir un objetivo grupal, donde es necesaria la organización, la realización de un inventario y, trabajo de atención al público y, que eres bueno/a realizando inventarios porque tienes experiencia, pero no se te da bien hablar con público porque te vencen los nervios. Preferirías dejarle esa labor a un compañero y tú, centrarte en el inventario donde realmente puedes ayudar ¿Cierto?

Lo mismo en cualquier circunstancia. Cierto que tus debilidades puedes trabajarlas, y así, vencerlas o mejorarlas, pero, ningún ser humano puede ser bueno en todo ¿No? Ya he hecho referencia previamente a que la perfección no es compatible con ningún ser humano así que habrá situaciones en las que podrás por ejemplo delegar en otra persona la realización de algo en donde no eres muy bueno/a y tú, centrarte en eso en lo que así destacas y estará bien.

Delegar algunas veces también puede ser tu mejor opción.

En todo caso siempre debes ser consciente de tu verdadero potencial, cualidades y debilidades.

Se suele identificar fácilmente la falta de confianza cuando la persona no es capaz de ver sus fortalezas, pero, si NO está al tanto de sus debilidades no posee una autoestima sana tampoco, sino egocentrismo. Estar al tanto de fortalezas, y creerse que no se tiene ninguna debilidad no es saludable. Al final esta actitud trae más frustración. Debes ser consiente de tu potencial real, ni subestimarte ni sobreevalorarte, es lo que verdaderamente puede ayudarte a alcanzar el éxito en lo que te propongas.

¿Cómo descubres tus puntos fuertes?

Responderte las siguientes preguntas ayudará:

☐ ¿En qué soy bueno/a?

☐ ¿En qué destaco?

☐ ¿Qué sé hacer muy bien?

Lo mismo con tus puntos débiles, para descubrirlos pregúntate:

☐ ¿Qué se me da terrible?

Recuerda que siempre puedes potenciar tus puntos fuertes, y si lo deseas, trabajar los débiles para que dejen de consistir en una debilidad para ti.

Para trabajar tus puntos fuertes practícalos. Analiza en qué actividades puedes usar tus habilidades, y, ponlas en práctica con más frecuencia.

Ten en cuenta que las habilidades deben ser trabajadas como los músculos, porque, si no las repites, si no las usas, entonces, tal vez las olvides.

Enseñar es una forma excelente de potenciar habilidades. Una excelente idea sería esa, que te dedicaras a enseñar a otros, eso donde tanto destacas. Así ese conocimiento o habilidad que posees, crecerá.

Por otro lado, para trabajar tus debilidades todo dependería del tipo de debilidad a trabajar. Por ejemplo, si se trata de una habilidad o conocimiento del que careces bastaría con formarte, inscribirte en un curso, recurrir a la educación autodidacta o un tutor, si tu debilidad a trabajar es un mal hábito tendrías que centrarte en desaprenderlo, y, adquirir un hábito más favorecedor (En líneas subsiguientes profundizo sobre este tema), si tu debilidad es por ejemplo, un defecto como la pereza, tendrías que idear formas de trabajar en él: Mermar tu tiempo en redes sociales para dejar de procrastinar, empezar de una vez por todas esa actividad pendiente, gestionar tu tiempo...

Mi recomendación al respecto sería que te tomaras un tiempo en investigar e idear formas de mejorar tu debilidad específica o particular. Tal vez puedas leer libros de autoayuda al respecto, acudir a un coachs o profesional... Lo importante es que, si decides trabajar tu debilidad, te pongas manos a la obra.

La técnica de la lluvia de ideas puede ser muy útil en este caso.

RESISTENCIA AL CAMBIO ¿CÓMO VENCERLA Y, CAMBIAR?

Lucas era rígido e inflexible. Como militar aprendió hábitos que se arraigaron en él, pero, que le daban problemas con su familia. Por ejemplo, tenía que ordenar sus medias (O calcetines) de cierta forma específica, y, si su esposa o alguno de sus hijos las desordenaba o no las guardaba igual, venían los conflictos. La esposa de Lucas ya no lo soportaba más y terminaron en terapia. Hoy por hoy Lucas sigue siendo menos que espontáneo, pero, se ha abierto a cosas nuevas, y, está mejorando su vida y relación.

Cuando hablo de resistencia al cambio hablo de que cuando estamos acostumbrados a algo, a una forma de hacer las cosas, una creencia, o un hábito, abandonarlo es una tarea difícil porque nosotros mismos nos saboteamos si lo intentamos, nuestro cerebro nos hace sabotearnos, y, no es que él esté en nuestra contra, sino que, si no le damos cabida a la llamada neuroplasticidad o, plasticidad cerebral, el cerebro se hace extra resistente a cualquier cambio.

Cobra importancia en este sentido entender lo que es la neuroplasticidad. Esta forma parte del funcionamiento del cerebro y es una de sus capacidades. Específicamente tiene que ver con la capacidad del cerebro de adaptarse a lo nuevo según las experiencias vividas o su interacción con el medio, y, esta capacidad resulta posible por las redes neuronales según lo que ha descubierto la ciencia.

Imagina tu cerebro compuesto por muchísimos hilitos parecidos a las telas de araña, que unen a un grupo de neuronas con otras que se comunican entre sí, algo así serían las redes neuronales, redes que permiten a las neuronas comunicarse porque esa es su específica función.

Se forman redes neuronales cuando aprendemos algo nuevo de una nueva experiencia, pero, si siempre hacemos lo mismo, si nos negamos a lo novedoso, el cerebro se hará resistente a la formación de esos nuevos grupos de redes, y, en consecuencia, se resistirá al cambio.

Interesante es que la plasticidad cerebral indica que el cerebro puede mutar. Eso es lo que nos ayuda a aprender cosas nuevas. Si tu cerebro no mutara no podrías adaptarte ante nuevas experiencias.

No es tan fácil de entender, pero, intento explicarlo lo más sencillo posible, imagina a tus neuronas como un grupo de señoras chismosas que cuando aprenden algo se lo quieren comunicar a otro grupo de señoras chismosas. Así funcionan las redes neuronales. Las neuronas que aprenden algo lo comunican a las demás, y, mientras más experiencias nuevas o cosas nuevas aprendas, mayor flexibilidad en tu cerebro habrá. Cuando por el contrario te arraigas a lo mismo, o peor, a lo negativo, tus redes neurales se adaptan a eso porque es lo que siempre se comunican y entonces es lo que fortalecen. Se convierte eso en un patrón repetitivo que tu cerebro intentará por todos los medios no cambiar porque se habrá adaptado así.

Me llamó la atención un estudio efectuado en el año 2000 por parte de un equipo de investigación del Instituto de neurología del London College, en el cual, como sujetos de prueba se escogieron a varios taxistas de Londres, un grupo de experimentados, y, un grupo de novicios. Resulta que al analizar el cerebro de los sujetos de estudio se descubrió que los taxistas experimentados contaban con una zona cerebral destinada a la memoria especial, de mayor tamaño que los novicios. Esto demuestra lo poderoso que es fomentar la plasticidad cerebral. Misma que los taxistas experimentados tuvieron que fomentar a diario para aprenderse las numerosas rutas del territorio londinense.

Para vencer entonces la resistencia al cambio, lo cual te será necesario para desarrollar una mejor autoestima y autoconfianza, vencer tus miedos y lograr lo que te propongas (Lo que no lograrás si siempre haces las cosas igual), lo que debes hacer es alentar la neuroplasticidad de tu cerebro.

¿Cómo?

Es más sencillo de lo que crees, solo debes atreverte a hacer las cosas distintas, ir a nuevos lugares, tomar otros caminos, comer o cocinar algo que jamás hayas probado o cocinado, o bien, abrirte a cosas nuevas, aprender una nueva habilidad, un nuevo idioma. Lo que prefieras.

Haz de lo novedoso, un hábito en tu vida.

Las personas que interactúan con cambios constantes gozan de una mayor plasticidad cerebral, procúrala.

Eres lo que haces. El poder de los hábitos

A pocos días de llegar a mi consulta Isaac había batallado con un preinfarto. Su sobrepeso y sus malos hábitos estaban acortando su vida y sus médicos le dieron como ultimátum que cambiara sus hábitos porque de lo contrario su corazón no lo soportaría más. A lo que Isaac estaba habituado era al sedentarismo, a la comida rápida y a fumar al menos dos cajas de cigarrillos diarias... Fui consiente de inmediato de que sería un caso sumamente complicado porque, nadie sabe tanto como los profesionales en psicología y carreras afines que, los hábitos son sumamente difíciles de abandonar o cambiar.

No me equivoqué al respecto, fue duro, hubo mucha resistencia al cambio por parte de Isaac, pero, así como estaba habituado a sus hábitos estaba deseoso de vivir más y, había entendido que si seguía igual, su vida se acortaría. Entonces poco a poco y con las consultas como catapulta para lograr su meta, venció. Hoy por hoy ya no sufre de sobrepeso y, sale a correr todas las tardes con su hija mayor, come saludablemente y su salud mejoró, así como su autoestima, su estado de ánimo. La última vez que conversé con él me dijo que está siendo más feliz que nunca. Su vida dio un gran giro, cambió porque él cambió sus hábitos.

Otro ejemplo, la historia de Jessica, que llegó a terapia odiándose porque había intentado por todos los medios posibles, dejar de procrastinar, pero, nunca terminaba lo que empezaba y eso ya había afectado demasiado su autoestima y nivel de autoconfianza, se sentía una fracasada y ya no sabía que más hacer. Se había convencido de que jamás se podría graduar y recibir su anhelado título como profesional. Afortunadamente con tiempo y trabajo, adquirió el buen hábito de administrar su tiempo y, su tendencia a la procrastinación quedó atrás. Actualmente es una mujer que goza de gran autoestima y que ejerce su profesión con orgullo.

¿Tus hábitos son de los que te benefician o de los que te perjudican?

Primero explicaré qué es un hábito para que quede este tema tan importante, sumamente claro.

Como su nombre lo indica un hábito es una acción o una conducta a la que te haz habituado. Forma parte de tu rutina, pero, se trata de algo que haces en automático. Esa es la característica principal de un hábito, que se hace automático. Tú la mayoría de las veces ni notas que lo haces.

Puede tratarse de cualquier cosa: De quitarte los zapatos antes de entrar a casa, de cepillarte los dientes como la primera acción que realizas en el día después de levantarte, de comer saludablemente o no, de almorzar a tal hora, orar a tal hora, de llamar a tus seres queridos X día a la semana...

El hecho es que la naturaleza de nuestros hábitos nos puede afectar o beneficiar. Por eso en el título decía que eres lo que haces, que eres tus hábitos porque tus hábitos te terminan definiendo.

Si estás habituado/a a una vida sedentaria y a comer comida chatarra, entonces serás proclive a enfermedades y malestar, tendrás pocas energías... Todo lo contrario a si te habitúas al ejercicio y la comida saludable, entonces tendrás más energía, un mejor estado de ánimo y tu cuerpo estará en mejor forma y estado por lo que no serás tan propenso/a a enfermar...

Si estás habituado/a a dormir muy pocas horas en el día probablemente la energía te faltará, no podrás rendir demasiado en tus días, todo lo contrario a si descansas lo suficiente.

Si tienes el hábito de leer entonces tus conocimientos serán amplios y variados, pero, si no lees, si no te informas, no se puede esperar que tus conocimientos crezcan.

Si investigas la vida de alguna persona exitosa que admires, ese gran artista, ese gran deportista o empresario, probablemente este mencione sus hábitos y el hecho de que sus logros fueron posibles gracias a ellos. La mayoría de los exitosos aseguran que ciertos hábitos los condujeron a triunfar, y es cierto.

Un deportista jamás podrá estar en condición para ejercer su deporte si no se habitúa a su disciplina, y, come saludablemente para poder tener energía. Un empresario que alcanzó el éxito desde 0, desde una pequeña idea que luego dio frutos, con seguridad es alguien que administraba bien su tiempo y tenía otros hábitos que le ayudaron a triunfar. Difícilmente habrían logrado el éxito dedicándole muchas horas de su vida solo a mirar la T.V, por mencionar un ejemplo.

Entonces lo que quieras para tu vida: Salud, bienestar, prosperidad, el éxito en X meta... Todo dependerá de tus hábitos.

¿Son tus hábitos los adecuados para que logres la vida que quieres, te están conduciendo a esa meta que deseas lograr? ¿Son los adecuados para que mantengas tu autoestima en un nivel saludable? ¿Son los adecuados para que te mantengas saludable física y emocionalmente? ¿Suman a tu vida?

Para responder estas preguntas primero debes hacerte consciente de tus hábitos ¿Cuáles son?

¿Te comparas todo el tiempo con los demás? ¿Te hablas bien de ti mismo/a? ¿Practicas meditación? ¿Bebes en exceso? ¿Administras tu tiempo? ¿Sueles gastar muchas horas de tu tiempo en redes sociales? ¿Haces ejercicio? ¿Pasas demasiadas horas sentado? ¿Comes demasiados dulces o comida chatarra? ¿Sigues una dieta muy estricta? ¿Te levantas muy tarde? ¿Te levantas muy temprano? ¿Planificas tus días o no lo haces?

Detecta todos y cada uno de tus hábitos. Es importante que los tengas presentes por insignificantes que te parezcan.

Luego de detectados proponte detectar las ventajas y desventajas de todas y cada una de esas actividades de rutina.

Ejemplo 1:

Hábito: Veo 5 horas de T.V todos los días.

Ventajas: Disfruto de esta actividad y me relaja

Desventajas: Me hace dedicarle menos tiempo a mis responsabilidades.

Ejemplo 2:

Hábito: Me levanto muy temprano

Ventajas: Tengo más tiempo para prepararme por las mañanas, me sobra el tiempo para terminar las actividades que planifico para mi día

Desventajas: Me da sueño temprano

Siguiendo este procedimiento con todos tus hábitos te harás consciente de cuáles hábitos te convienen en tu vida y, de cuáles deberías dejar atrás. Todo hábito que reste a tu vida, que te quite tiempo para actividades importantes, que te enferme, que te perjudique o te genere algún tipo de malestar... Debes combatirlo, te conviene.

Para aquellos hábitos que mejor sería que dejaras atrás te presento a continuación una serie de recomendaciones:

No te centres en cambiar ese mal hábito sino en adquirir un buen hábito que contrarreste sus efectos:

Si te enfocas demasiado en cambiar ese mal hábito que resta en tu vida o te perjudica, encontrarás demasiada resistencia porque, al ser una acción que haces en automático porque tu cerebro se habituó a ello, continuará tu cerebro instándote a realizar tal acción y a veces la harás sin darte cuenta. Entonces, intentar dejar ese mal hábito o hábito perjudicial se convertirá en una lucha constante con tu mente que solo te cansará y que al final, te hará sentir frustración cuando sea la programación de tu cerebro la que salga victoriosa y no, tu deseo. Por eso yo no recomiendo intentar dejar un hábito, yo no recomiendo a nadie que viva intentando luchar con su cerebro arduamente día a día, contradiciéndolo, lo que recomiendo es centrar toda la atención y esfuerzos por adquirir un nuevo hábito que por sí mismo, ayude a dejar el hábito que se desea dejar atrás.

Por ejemplo, en lugar de intentar dejar el hábito de comer comida chatarra a diario, plantéate como objetivo, añadir más frutas, verduras y hortalizas a tus comidas diarias o, en lugar de plantearte dejar de gastar tanto dinero en cosas que no necesitas, puedes plantearte ahorrar X cantidad de dinero a la semana o al mes. Al final será lo mismo, pero, te lo estarás planteando de una forma que chocará menos con tu programación mental y por ende, encontrarás un poco menos de resistencia.

Lo anterior tiene su explicación en el hecho de que a nuestro cerebro no le gusta perder nada y, plantearse perder algo activa su modo resistencia. Por ejemplo: "Dejar de comer comida chatarra", eso es plantearse perder algo, pero "añadir más frutas, verduras u hortalizas a la dieta" no es plantearse perder nada, tu cerebro no lo concebirá como una pérdida. Lo mismo con el otro ejemplo que utilicé, plantearte dejar de gastar dinero en X cosa es quitarte algo, pero plantearte el objetivo de ahorrar, no será concebido como perder algo por tu mente. Y así con cualquier hábito que desees dejar atrás. Piensa en cómo lo podrías transformar, en qué hábitos te ayudarían a dejar atrás ese hábito que quieres dejar y plantéate entonces adquirir ese nuevo hábito, que ese sea tu objetivo y no "Dejar de hacer X cosa".

Querer es poder. Ten presentes las razones por las que te conviene dejar ese mal hábito atrás o adquirir ese hábito favorecedor:

Como con cualquier objetivo que desees alcanzar, para vencer un mal hábito o adquirir un hábito nuevo necesitarás motivación, y esta ha de ser realmente fuerte porque con lo que estarás combatiendo es con tu rutina, con acciones que haces sin pensar, en automático... Si tu motivación no es poderosa, ganará tu programación mental, no tendrás la suficiente fortaleza para cambiar y, seguirás con lo habitual.

¿En qué puede radicar que adquieras una motivación poderosa?

Plantéate las razones por las que ese mal hábito resta en tu vida, y, lo que estás perdiendo por estar habituado a ese hábito particular. Por ejemplo tratándose del hábito de fumar ¿Vale la pena cuándo lo que solo puede aportar a tu vida es un momento de satisfacción mientras que resta a tu vida salud, te hace más propenso/a a desarrollar cáncer, te resta energía, te hace gastar más dinero del necesario, el que podrías destinar a otras cosas que deseas?

Plantéate preguntas como estas con cualquier mal hábito que desees dejar atrás.

También puedes adquirir motivación poderosa teniendo en cuenta lo que aportará a tu vida el hábito transformador que desees incorporar en ella, si tienes presente algunas referencias de exitosos a los que tal hábito les permitió lograr sus objetivos, tu motivación será aún más poderosa.

Se pregona en redes sociales, libros de autoayuda, conferencias y demás, que, adquirir los hábitos de los exitosos nos convierte en exitosos, que los hábitos de los millonarios nos pueden conducir a convertirnos en millonarios ¿Qué mejor motivación que esa? ¿Qué estar consciente de que nuestros hábitos nos pueden conducir a la transformación que deseamos en nuestra vida?

Consciente del aporte de los hábitos que deseas adquirir y, de lo perjudicial de los hábitos que tienes, que quieres y te conviene dejar atrás lo que necesitarás será compromiso de allí en adelante.

Plantéate objetivos claros a alcanzar:

Tanto para dejar atrás cualquier hábito como para adquirir un hábito transformador necesitarás un plan a seguir, un plan que te sirva de camino por recorrer y, que te conduzca a tu objetivo. Sin un plan, no podrás lograr tu propósito ni de vencer un mal hábito ni de adquirir uno nuevo. En ese sentido plantéate objetivos a corto, mediano y largo plazo que te conduzcan a tu meta final, el objetivo por adquirir...

Debe tratarse de objetivos claros porque, los objetivos muy generales te serán imposibles de alcanzar.

No es lo mismo que te plantees, por ejemplo: Bajar de peso, a que te plantees bajar 2 kilos de peso en 2 semanas, 4 kilogramos en 4 semanas, hasta bajar 10 kilos y llegar a tu peso ideal, y no es lo mismo porque, al no plantearte qué significaría para ti bajar de peso o en cuanto tiempo, lo más probable es que procrastines, o, que, no termines alcanzando tu objetivo, porque no tienes una meta a la cual llegar.

Ponle fecha límite a tu hábito por adquirir:

Ningún objetivo que te plantees en general, deberías planteártelo sin una fecha límite porque, tener una fecha límite por cumplir te motivará a ser constante y, no plantearte una fecha límite, todo lo contrario.

Si te cuesta habituarte divide tus objetivos en fases pequeñas:

Al poner en práctica tu plan para dejar ese hábito atrás o para adquirir X hábito beneficioso tal vez adviertas que hay acciones que te resultan más difíciles que otras. Esas acciones en las que encuentres mayor resistencia divídelas en pequeñas acciones que te conduzcan a tu objetivo final, para que te resulte más sencillo poder cumplir con lo que te propongas.

Por ejemplo, si te has propuesto leer 20 minutos diarios, pero, te cuesta mantener la atención durante 20 minutos, podrías dividir esa actividad en 5 minutos de lectura cada media hora hasta completar los 20 minutos diarios que te habías propuesto.

Idea cómo incorporar ese nuevo hábito que deseas adquirir a tu rutina diaria:

La forma más sencilla de adquirir un nuevo hábito es incorporándolo en la rutina diaria de forma tal que no resulte extraño para tu programación mental, de forma tal que puedas normalizarlo con prontitud...

Si puedes incorporar ese hábito a tu rutina diaria podrás habituarte a él con mayor prontitud y menos resistencia.

Por ejemplo, si te has propuesto beber más agua para hidratarte más y mejorar la salud de tu piel, etc, puedes proponerte beber un vaso de agua antes de cada comida, o, de beberte esa taza de café en tus mañanas y tardes. Eso te resultaría más normal que proponerte beber ese vaso de agua a mitad de mañana teniendo que dejar de hacer cualquier cosa que estabas haciendo, interrumpiendo tu rutina por ir a por ese vaso de agua, lo que te resultaría más extraño y por ende, te resistirías más a hacerlo.

Repite. La constancia es primordial, es la base de la adquisición de cualquier hábito:

No hay forma de habituarse, de desarrollar un hábito, sin la constancia.

Nos habituamos a algo porque somos constantes en ello, porque lo practicamos a diario, porque lo repetimos...

Al principio tendrás que poner todo de ti para ser constante con esa acción a la que te quieras habituar, pero, si lo logras, si eres constante, antes de darte cuenta, te habrás habituado, y, lo que implicará eso es que realizarás esa actividad en automático. Habrás entonces, ganado.

Prémiate cada vez que
logres lo que te propusiste:

El refuerzo positivo favorece la adquisición de nuevos hábitos.

¿Qué implica?

Que te premies cada vez que logres aquello que te propusiste hacer, cada vez que realices la acción que te hayas propuesto realizar con tal de adquirir ese hábito que deseas desarrollar o que lo lleves a feliz término.

Premiarte por tu acción y esfuerzo te motivará a seguirlo haciendo bien.

¿Cómo premiarte?

Puede tratarse de cualquier cosa. Por ejemplo, con el tiempo que te sobre de haber planificado tu día la noche anterior y de haberte adherido a tal planificación sin distractores, puedes realizar una actividad que consideres gratificante: Darte un baño de burbujas, ir a cenar fuera de casa con tu pareja, leer esa novela que habías estado dejando para después, bailar... O, cada vez que te bebas ese vaso de agua que te habías propuesto beber luego podrías beber té, café o cualquier bebida que te parezca más gratificante o que te guste más.

¿Cómo ganar confianza en tu propia persona y no limitar tus posibilidades?

No hay nada que no se pueda lograr cuando se tiene confianza. Todo es alcanzable con confianza, un simple cambio de actitud que puede transformarlo todo, transformar tu realidad, por eso, una actitud confiada debería de convertirse en tu día a día, en un hábito arraigado a ti...

Cuando falta confianza es uno mismo el que se cierra la puerta a las posibilidades por miedo, se convierte uno en el propio enemigo del éxito, se limita, pero, no más para ti. Ve a por tus propósitos, atrévete, adquiere la confianza necesaria...

Trabajando tu autoestima y, siguiendo todas las recomendaciones de líneas previas de este escrito, tu nivel de confianza mejorará, pero, sigue también estas recomendaciones que siempre resultan útiles a la hora de trabajar la autoconfianza. Yo siempre hago tales recomendaciones a mis pacientes:

Corre riesgos. Empieza por lo pequeño y aumenta luego el nivel de tus retos:

Una forma de mejorar tu nivel de confianza es tomando riesgos. Al principio pequeños, porque, será muy complicado combatir tu necesidad de seguridad, tomando riesgos muy grandes, pero, a medida que se te haga más sencillo tomar riesgos, podrás retarte más alto.

Existe una frase que leí hace mucho tiempo y dice: Vivir es arriesgarse a morir.

Pienso que al analizarlo a fondo, la vida misma es un riesgo ¿No? Es la seguridad la que es una ilusión, los riesgos deben formar parte de nuestra existencia.

Elabora un listado de actividades que te saquen de tu zona de confort: Desde inscribirte en ese curso de idiomas que habías estado postergando, o, levantar la mano y opinar en clase, hasta iniciar tu idea de negocios. Y, rétate, ve tomando esos riesgos. Repito: Empieza con algo totalmente inofensivo como hablarle a un desconocido, te irás sintiendo mejor a medida que vayas tomando más riesgos y te des cuenta de que no es tan terrible como lo imaginabas, entonces, podrás aumentar el nivel de los riesgos que te propongas superar.

Toma decisiones y, pasa a la siguiente decisión:

Tomar decisiones te ayudará a mejorar tu nivel de confianza.

Precisamente una de las características de las personas inseguras es su dificultad para tomar decisiones. Combate esto decidiendo.

Probablemente después lleguen a tu mente numerosos pensamientos que te hagan dudar de tu decisión, tú concéntrate en tu presente, combate esos pensamientos no dándoles cabida ni alentándolos sino distrayéndote en otra cosa y, los pensamientos negativos se irán, ya estarás listo/a entonces hasta para tomar otra decisión.

Si se te complica practica tomar decisiones seguras en principio, toma en principio decisiones un tanto insignificantes como decidir en qué lugar se reunirá tu familia en la próxima reunión familiar o qué harán, o, decidir de qué color pintarás tu cocina. Te irás adaptando y posteriormente se te dificultará menos tomar decisiones de más relevancia.

El primer paso siempre será el más difícil

Mucha gente cree que tener confianza implica no tener miedo y, se equivocan. El miedo es natural, como he comentado en líneas previas y, por ende, siempre lo vas a experimentar.

Las personas seguras de sí mismas y valientes también tienen miedo, pero se atreven. Es lo que debes hacer, dar ese paso que quieres dar y que te asusta. AUNQUE ASUSTE.

Toda meta empieza por un paso y es el más difícil de dar. Tú dalo aunque tengas miedo. El miedo cederá cuando actúes y, tendrás la probabilidad de lograr lo que deseabas.

¿Sabes cómo nunca lo vas a lograr?

Si no das ni siquiera ese primer paso. Combate tus pensamientos negativos, usa técnicas para sosegar tus preocupaciones y gestionar tus emociones negativas en general (Ya he hablado sobre ellas en el transcurso del escrito), y entonces, tendrás menos resistencia de parte de tu mente a que des ese primer paso, vale la pena porque, intentándolo tendrás un 50 por ciento de probabilidades de lograrlo. No intentándolo en cambio, habrás fallado incluso sin hacer nada.

Ensaya mentalmente:

Siempre ensaya mentalmente, usando la técnica de la visualización, antes de realizar actividades que te causen inseguridad. Podrás mejorar tu nivel de confianza si convences a tu mente que eres capaz, y, no hay como la imaginación para convencer a la mente de cualquier cosa. ENSAYA EL ESCENARIO IDEAL DE ESO QUE QUIERES HACER PERO QUE TE CAUSA INSEGURIDAD, TE SENTIRÁS MÁS CONFIADO/A AL TERMINAR. Y, a mayor seguridad, más probabilidades de que te atrevas a hacer eso que deseas.

No te aísles:

Mientras menos se atreve una persona a socializar y más se aísla, más insegura se vuelve. No te permitas aislarte porque eso repercutirá negativamente en tu autoestima, te impedirá desarrollar autoconfianza...

Asiste a lugares donde puedas compartir con otras personas, invita a tus viejos amigos un café, no te aísles.

Rodéate de personas que te hagan sentir bien:

Aléjate de personas que mermen tu nivel de confianza, implique lo que implique, aunque implique algo tan importante como renunciar al trabajo que tengas por un jefe con tendencia a humillar.

Mientras te rodees de personas que te hagan sentir incapaz e inseguro/a, no podrás desarrollar tu nivel de autoconfianza. Todo lo contrario con personas que te hagan sentir seguro/a, a lo cual se llama el efecto Pigmalión.

Si te rodeas de personas que despierten confianza en ti mismo/a porque te hacen sentir que confían en ti, te dan palabras de aliento, te inspiran, tus resultados en lo que sea que te propongas lograr mejorarán, porque, tu nivel de confianza lo hará y creer es poder.

Por supuesto todo esto ha sido probado también científicamente y, brevemente haré referencia al estudio más importante que demostró la existencia del efecto Pigmalión, un estudio en aulas de clase en la que se dijo a los profesores que, algunos alumnos tenían un coeficiente intelectual más alto que otros y otros, un coeficiente intelectual más bajo que el común.

Eso era falso. En realidad, los alumnos con un coeficiente intelectual alto y, los que supuestamente tenían deficiencias fueron escogidos al azar. Sin embargo, al finalizar el estudio se comprobó que los estudiantes que, supuestamente eran una promesa por su inteligencia obtuvieron los mejores resultados, y, los que supuestamente tenían un nivel de coeficiencia intelectual bajo obtuvieron los peores resultados.

La explicación de ello no fue otra que la influencia de los profesores. Predispuestos por la información falsa que se les había otorgado de sus alumnos, los profesores trataban diferente y esperaban más de los estudiantes que supuestamente tenían el mejor coeficiente intelectual, y menos de los que tenían deficiencias. En consecuencia, influyeron en el nivel de confianza de sus estudiantes para bien o para mal y así, en su realidad.

Así de positivo o negativo puede ser rodearse de personas. Lo que te conviene es rodearte de las personas correctas, las que no mermen tu autoestima y al contrario, te ayuden a desarrollar esta y, confianza en ti. De personas que te impulsen a crecer.

SUPERA EL PASADO Y CONCÉNTRATE EN EL PRESENTE

Mereces felicidad plena, disfrutar de una autoestima sana, mereces convertirte en quien desees y disfrutarlo, pero, nada de eso te será posible en tu presente o futuro si, sigues estancado/a a tu pasado, a ese pasado doloroso, a esa situación que ya pasó y que difícilmente puedas volver a revivir, por más que lo desees, a ese error que cometiste, a esa persona que te hizo daño y por quien hoy te sigues victimizando...

Para un presente que te conduzca a un futuro transformador necesitas soltar tu pasado, para liberarte de cualquier emoción negativa que vengas arrastrando debido a una experiencia que viviste, necesitas soltar tu pasado, para dejar de ser la víctima de esa persona que te dañó debes dejar el pasado atrás y perdonar...

Un ejemplo la historia de Anahí, una de mis queridas pacientes a quien aún trato, sufrió de un nivel de autoestima tan pobre que, terminó en una relación tormentosa de la que le costó desprenderse debido a un alto nivel de apego emocional. Su novio la humilló de distintas maneras, contribuyó a que su autoestima se redujera cada día más, hizo que se alejara de amigos y familiares y la dejó prácticamente sola, dependiendo de él incluso en lo laboral, porque, también le impidió trabajar y ella dependía del dinero que este le diera.

Anahí, cuando por fin pudo liberarse de ese hombre físicamente, se dio cuenta de que había dejado huella en ella, ya no se conocía sin él, había muchas cosas que no podía hacer por la inseguridad que le creó su relación con él, y, aunque le falta aún camino por recorrer puedo decir que ha avanzado mucho porque logró perdonar, no enfocarse tanto en el pasado y, está avanzando a pasos agigantados hacia un mejor presente y futuro.

Paulo fracasó en su idea de negocios, para la cual invirtió demasiado dinero. El peso de ese fracaso lo acompañó por años, en los cuales no se atrevió a volver a emprender, aunque era su deseo. Fue cuando aceptó el pasado y se reconcilió con él que, decidió aprender de lo que pasó y siguió adelante, pudo volver a emprender y, le va bien.

Realmente es importante que dejes el pasado donde debe estar, en el pasado, y que no te recrees en él a diario para victimizarte, culparte, revivir el dolor, o, añorar algo que ya no volverá. Es importante porque, eso te limita en tu presente y obstaculiza para ti un futuro de bienestar.

A continuación, una serie de recomendaciones para que puedas dejar tu pasado atrás:

¿Puedes volver al pasado?

Muchas veces es doloroso plantearse esta pregunta, pero, el hecho es que no se puede cambiar el pasado, no se puede volver al pasado y actuar de otra forma, defenderte cuando debiste hacerlo, evitar tomar esa mala decisión, evitarte fallar...

Cuando te recreas en tu pasado solo para reprocharte porque hiciste esto, o, no hiciste esto otro, estás perdiendo tu tiempo y sumergiéndote al fondo de la oscuridad, por nada, porque, por más que te reproches o lamentes, lo que pasó, pasó, y, no hay una máquina del tiempo que te vaya a ayudar a regresar y cambiar lo pasado, pero, con esa actitud sí estarás empañando tu presente, impidiéndote avanzar hacia un futuro mejor solo por no poder mirar adelante sin reprocharte lo que sucedió tiempo atrás, sin cargar con culpas, miedos, lamentaciones pasadas...

Entonces: Encarecidamente te recomiendo que te recrees en el pasado solo para aprender la lección y, una vez aprendida, sigue adelante sin necesidad de recrearte en ese pasado nunca más.

También puede suceder que te recrees en tu pasado por nostalgia, recordando esos "viejos tiempos" en los que te sentiste más a gusto o feliz. Rememorar el pasado no es una acción negativa en sí misma, pero, evítalo cuando lo haces porque no te sientes bien en tu presente porque, aplica lo mismo que he estado comentando: NO PUEDES VOLVER AL PASADO Y REVIVIR ESOS VIEJOS TIEMPOS.

Lo que sí podrías hacer es crear muchos bellos momentos en tu presente, trabajar en ti en tu presente, liberarte de cualquier emoción negativa para que te sientas como en esos viejos tiempos en tu actualidad, para que puedas experimentar ese bienestar en tu presente.

Cuidado entonces con rememorar el pasado si lo haces para compararlo con tu presente y te haces daño. En ese caso mejor será distraer tu atención en otra cosa y, ahorrarte la negatividad y el dolor.

Perdona a quién te ha hecho daño:

Todo lo que no perdonas lo cargas a cuestas indefinidamente, hasta, decidirte a perdonar...

Esa o esas personas te dañaron, no lo niego, no hay ser humano que no haya experimentado una traición, un trato injusto o, sufrido otra clase de situaciones negativas y muchas veces lamentables, a causa de otros. No trato de hacer más pequeño el daño que te hicieron porque tal vez fue muchísimo, pero aun así debes perdonar porque, fuiste víctima antes, cuando te hicieron el daño, pero, lo sigues siendo ahora, si no perdonas, por decisión propia, y lo seguirás siendo en tu futuro, si no perdonas.

¿Cuánto más vas a cargar con ese dolor? Porque, solo perdonando vas a poder dejarlo en tu pasado.

Si no perdonas seguirás sufriendo por siempre por eso que ya pasó, pero si perdonas, estarás dándote la oportunidad de seguir adelante, y, superarlo. Entonces te abrirás paso a nuevas oportunidades que, presa del dolor y, del deseo de que no te dañen de la misma forma nunca más, te habrás estado negando.

PERDONA, DECÍDETE A PERDONAR. No necesitas una disculpa o, arrepentimiento por parte de quien te dañó, menos volver a tener cercanía con esa persona. Si te dañó muchísimo lo mejor que puedes hacer es mantenerla lejos... No hay necesidad de reestablecer un vínculo con perdonar, lo que necesitas es soltar el dolor, perdonar de corazón.

Para esto basta tu deseo de dejar eso que pasó atrás y, un simple ejercicio como el siguiente te puede ayudar:

Hacerte con una almohada, un peluche o fotografía y colocarlo en una silla frente a ti. Esa almohada, peluche, fotografía o lo que elijas, tomara el papel de la persona que te hizo daño (Usa tu imaginación). En ese sentido, imagina que estás frente a frente con la persona que te dañó y que están por tener una conversación, entonces, comienza por decirle todo cuanto siempre habías querido decirle y no hiciste, desahógate, háblale de cómo te hizo sentir, de cuánto daño, hasta insúltale si te sale del alma, llora... Lo importante de todo esto es que no te guardes nada.

Al finalizar de hablar y desahogarte di: "Te perdono".

Es un ejercicio sencillo, pero, tras llevarlo a cabo sentirás que un gran peso se ha ido de tu vida.

Si no deseas ejecutar este ejercicio también podrías escribir una carta con el mismo fin, desahogarte, contar a esa persona todo lo que opinas de lo que hizo y cómo te hizo sentir. No necesitarás entregar tal carta, solo escribirla te ayudará a desahogarte y, luego puedes quemarla, pero, no olvides el propósito del ejercicio, quémala la carta si quieres pero solo después de perdonar. Dí, por todo esto "Te perdono".

Permítete liberarte.

No te mereces seguir cargando con ese peso, la persona que te dañó tal vez está viviendo su vida feliz sin recordarte y tú, llevándolo contigo a todas partes, no te mereces eso.

Perdónate:

Aún más importante que te liberes del rencor que sientes hacia las personas que te han hecho daño para poder avanzar, es que, TE PERDONES A TI MISMO/A.

¿Te equivocaste? bien, quedó en el pasado, y, no es algo por lo que debes torturarte por siempre, en la naturaleza humana está la imperfección, el errar...

¿No cumpliste X promesa? También quedó en el pasado, céntrate en cumplir lo que prometas en tu presente.

¿Te decepcionaste? Aún puedes seguir adelante, entonces hazlo en vez de seguir estancado/a en lo que pasó.

¿Pasaste vergüenza? ¿Y qué? Sigues sintiéndote mal por eso solo porque le das fuerza, pero, si decidieras soltarlo y perdonarte, te sentirías mejor.

Realmente necesitas perdonarte para poder avanzar. Lo que hayas hecho que no te gustó, que te atormenta, puedes enmendarlo en tu presente, creciendo como persona, actuando mejor, enmendándote con la persona que dañaste si es que es posible, siendo honesto/a... Las oportunidades del cambio estarán abiertas para ti si te perdonas, pero, no lo estarán si decides seguir cargando con la culpa y autotorturándote por el pasado porque, mientras sigas en eso tu autoestima seguirá siendo baja, tu confianza seguirá siendo pobre, tu bienestar será muy pequeño o casi inexistente, no te permitirás avanzar ni la posibilidad de ser feliz...

NO PUEDES CAMBIAR LO QUE PASÓ, PERO SÍ PUEDES HACER ALGO EN TU PRESENTE, NO DEJES QUE ESTAR ESTANCADO/A EN TU PASADO TE LO IMPIDA.

Mereces tu perdón, mereces tú compasión como nadie más se lo puede merecer.

A veces somos mucho más compasivos con los otros que con nosotros mismos, pero ese no es el deber ser: TE MERECES TU PERDÓN, OTÓRGATELO HOY Y SIEMPRE.

Ejercicio para perdonarte: Sigue el mismo paso que en el caso anterior, pero, mirándote en el espejo. Mírate al espejo y háblate de cómo te sientes por la forma en la que actuaste, háblate de tu culpa, de tu arrepentimiento, de tu decepción, llora, grita, desahógate...

Cuando hayas dejado salir toda tu frustración di en voz alta: Me perdono, pero, hazlo con el compromiso de perdonarte sinceramente, hazlo de corazón, y así, deja ir eso que te atormenta y que no te deja avanzar... Estarás preparado/a en ese mismo momento para superarte, ya lo verás.

Desahógate para poder librarte
de lo que llevas por dentro:

He conocido a muchas personas que viven sufriendo, pero en silencio, en la soledad... Lloran cuando nadie las ve... Nadie se imagina lo que cargan por dentro hasta que se quiebran... Generalmente entonces y solo entonces, terminan en terapia (Si cargas a cuestas tu dolor y sufrimiento y no procuras desahogarte de alguna manera colapsarás, ya sea con un ataque de pánico o alguna enfermedad, pero, lo harás porque tu cuerpo y mente buscarán la forma de librarte del sufrimiento de alguna manera, de que drenes toda esa negatividad).

Desahógate para poder librarte de lo que llevas por dentro. Es sano hablar de lo que te hace mal, de tu dolor, de tu sufrimiento... Porque hacerlo es un paso para dejarlo ir, para librarte de él...

No asumas la actitud de víctima, no vayas por todos lados quejándote de lo que te pasó para que los otros sientan compasión de ti y tú sentirte con ello, mejor... No se trata de eso, se trata de hablar para liberarte del peso de lo que sientes, de reunirte con una o algunas personas de confianza y contar como te sientes respecto a lo que te ocurrió, como lo estás manejando... Todo con la firme idea y decisión, de, dejar ir el dolor, de dejarlo en el pasado para avanzar y mejorar.

Si no hablas de lo que sientes y lo dejas salir lo cargarás contigo, pero dejándolo salir una vez, estarás preparado para liberarte.

 Escoge cuidadosamente con quien desahogarte, debo hacer esa salvedad. Lo que necesitas es que alguien te escuche. Ni siquiera necesitarás un consejo o palabra de aliento, solo que te escuchen. Procura desahogarte con alguien capaz de escucharte, con alguien que no te juzgue, con quien te sientas a salvo. Solo eso necesitarás.

Fíjate metas:

Si cargas a cuestas con un fallo de tu pasado, y, te cuesta dejarlo atrás entonces fíjate metas por cumplir como una forma de librarte de eso que ya pasó. Sé valiente. Debes seguir adelante. No te cierres a lograr otras cosas.

Si te fijas un objetivo por cumplir, una nueva meta a alcanzar y te comprometes a alcanzarla, tendrás algo importante en lo que enfocar tu atención y podrás alejarla de todos esos pensamientos que te regresan a tu pasado y te hacen sufrir.

Usa cualquier aprendizaje de tu fallo pasado, para hacerlo mejor con tu siguiente meta, sé constante, lucha por ella, hasta lograrla...

Piensa en Thomas Edisom, el inventor de la bombilla incandescente, al que le tomó 999 intentos inventar la bombilla funcional. Él no lo haría logrado de haberse rendido. Es lo que tú debes hacer.

Por supuesto has de proponerte una meta alcanzable (No pequeña, pero sí alcanzable), y que se trate de algo que verdaderamente quieras lograr, que se trate de tu pasión, de tus sueños, porque, en perseguir metas que verdaderamente deseamos alcanzar se halla la motivación más poderosa.

Experimenta, crea nuevos recuerdos:

Crea recuerdos positivos de situaciones negativas que hayas vivido y que te cuesta dejar atrás. Date la oportunidad de crear en tu presente, mejores recuerdos, lo que te ayudará a superar el pasado. Por ejemplo, supongamos que tienes un terrible recuerdo de una situación que te pasó en un gimnasio. Prueba inscribirte en otro gimnasio, asistir en compañía de familiares o amigos... Demuéstrate que la situación que viviste no tiene porqué repetirse, y si se repite, seguro dispondrás de otras herramientas para afrontarlo, pero, muy probablemente no volverá a pasar lo mismo.

Atrévete.

¿CÓMO TRANSFORMAR UN PENSAMIENTO EN REALIDAD?

Tus pensamientos pueden afectar tu realidad, no hay duda...

Pensar que no puedes hacer algo te impulsará a no intentarlo, entonces eso afectará tu realidad porque, quizás si lo intentabas, lo lograbas, y, se abría a ti una oportunidad, pero, no intentarlo te habrá cerrado esas puertas.

Pensar que eres bueno socializando te hará socializar sin menos miedo, sin limitarte, y entonces, socializarás bien, o más efectivamente, pero, si intentas socializar pensando desde un principio que se te dará mal, el miedo te limitará y difícilmente puedas hacerlo bien.

Supongamos que estás convencido de que eres pésimo/a en matemáticas. Te sorprendería lo mucho que eso cambiaría si tan solo te convencieras de que sí puedes lidiar con los números.

Convencido/a de que no puedes ni multiplicar. Habrá resistencia por parte de tu cerebro a que aprendas matemáticas porque sentirás rechazo apenas veas números, emociones negativas y dudas te embargarán, pero, solo convencerte de que puedes mejorar en matemáticas derribaría los muros de tus propias creencias, y, podrías comenzar a entender.

Existe el llamado efecto placebo. Hay pacientes que presentan síntomas de enfermedades que en realidad no tienen, pero, se han convencido de que las tienen. Para esos casos un placebo ha demostrado ser verdaderamente efectivo.

¿Qué es un placebo?

Un elemento que la persona se convence que puede curarle. Por ejemplo, una pastilla de azúcar.

Una pastilla de azúcar no tiene ni un solo componente capaz de mermar el dolor, pero, una persona adolorida podría sentir menos dolor si consume el placebo pensando que se trata de un poderoso medicamento.

El placebo es avalado por la ciencia, que ha demostrado su poder una y otra y otra vez.

Entonces, tus creencias tienen poder.

¿Cómo favorecerte de ellas o de tus pensamientos?

Las técnicas más poderosas son la meditación y, la visualización.

Por un lado la meditación te ayuda a concentrarte en tu momento presente. Algo que favorece la técnica de la visualización que, nunca podrías llevar a cabo sumido/a en el miedo, en la negatividad, en pensamientos rumiantes... Por otro lado, la visualización es una técnica que puede condicionar tu mente, convencerla de cualquier cosa. Ya lo he mencionado antes: TU MENTE NO SEPARA LO REAL DE LO QUE IMAGINAS. Por eso lo que imagines lo sentirás real y, si eres constante entonces convencerás a tu mente de lo que te convenga en pro de lograr lo que te propongas: Mejorar tu autoestima, vencer un miedo, adquirir más confianza.

Imaginando con ayuda de la técnica de la visualización tu día ideal, iniciarás ese día convencido/a de que tendrás un día excelente, entonces, tu día lo iniciarás y desarrollarás con la mejor de las actitudes, que, colaborará con que tengas un día excelente.

Colmado/a de bienestar, convencido/a de que todo irá bien, difícilmente te dejes llevar por emociones negativas de ningún tipo y así verdaderamente tendrás un día excelente.

Si te imaginaras socializando tranquilamente en un evento, podrías convencer a tu mente de que se te dará bien socializar y así, a la hora de hacerlo, te sentirás más tranquilo/a, más espontáneo o espontánea, no te limitarás por el miedo, y, podrás socializar con normalidad...

La visualización y la meditación son necesarias en todo proceso transformador. En el apartado de los ejercicios explicaré a detalle cómo llevar a cabo ambas técnicas. Sigue leyendo.

Reconecta contigo mismo y permítete vivir en paz (Meditación)

Los efectos de la meditación han sido ampliamente probados por la ciencia y por eso se trata de una técnica cuyos efectos con aval científico, la hacen indispensable dentro de cualquier proceso transformador y, dotador de bienestar.

La meditación y el bienestar podrían ser hasta sinónimos.

Espera de la meditación:

☐ Menos estrés y ansiedad

☐ Más felicidad

☐ Más autoestima y confianza en ti.

¿Conoces el nombre Mattieu Ricard?

Pues, se le adjudicó el título del hombre más feliz del mundo.

Científicos de la Universidad de Wisconsin, EE.UU, estudiaron las características del cerebro de Mattieu, quien fue asesor personal del Dalái Lama, un monje budista francés y doctor en biología molecular, hoy en día ampliamente reconocido por los resultados de la investigación a la que aludo.

Resultó que, el cerebro de Mattieu sobrepasó las expectativas medibles que los científicos estaban usando para analizar el nivel de alegría y bienestar del monje. Él mismo aseguró que su secreto tenía que ver con la meditación así que, analizaron las características de su cerebro cuando meditaba y, descubrieron que en su corteza cerebral pre-frontal izquierda se desarrollaba una actividad por encima de lo normal cuando lo hacía. Y, lo que eso indicó a los estudiosos es que, mientras meditaba Mattieu en su cerebro había una mayor predisposición a las emociones positivas en general.

Precisamente se conoce que meditar reduce los niveles de cortisol en el organismo, por lo que trae una poderosísima sensación de paz que puede combatir cualquier angustia o miedo, que puede liberarnos de la tensión de cualquier preocupación... Pero, además, meditar te ayuda a conectar contigo mismo, porque, mientras meditas puedes enfocarte en tu mundo interior y así analizarlo.

Mientras meditas pueden venir a tu mente pensamientos que te ayuden a descubrir miedos o debilidades por combatir y erradicar, pueden sobrevenir en tu cuerpo emociones presentes en ti que, de otro modo quizás no notarías, pero, meditando podrás notarlas y entenderlas.

Meditar te ayudará a trabajar en tu autoestima y autoconfianza, ayudándote a entenderte, para que puedas trabajar en lo que está mal, y, alejando de ti toda negatividad trayéndote paz mental y haciendo de tu mente, un lugar predispuesto a las emociones positivas y no a lo negativo.

Haz de la meditación un hábito en tu vida y contribuirá a que tu autoestima y autoconfianza sean inquebrantables, no te dejará sumirte en la negatividad.

Práctica la meditación de forma constante. Personalmente medito varias veces a la semana y puedo asegurar por experiencia que se trata de una técnica poderosa de salud mental.

En el apartado de los ejercicios explicaré los pasos para una meditación poderosa.

Cuida de ti (Cuerpo y mente)

Para finalizar con el contenido de este escrito, antes de recomendarte un proceso de 21 días para tu cambio transformador considero necesaria una última recomendación.

Tu autoestima mejorará y se mantendrá inquebrantable, así como tu autoconfianza en la medida en que CUIDES DE TU MENTE Y CUERPO, así que CUIDA DE TI. SIEMPRE, NUNCA DEJES PARA DESPUÉS TUS NECESIDADES, TU SALUD FÍSICA Y MENTAL...

La mente y el cuerpo están conectados. Por eso nuestras emociones pueden afectarnos físicamente ¿O cómo explicas que hay personas que han muerto de un ataque al corazón después de recibir una noticia dolorosa, o, tras un arranque de rabia? ¿O ese dolor de cabeza que sobreviene cuando algo nos estresa o preocupa demasiado?

Importantísimo por eso es cuidar de lo uno y de lo otro porque tu cuerpo no estará bien si tu mente no lo está y viceversa.

Cuidar de ti debe ser un hábito a desarrollar, dedicarte tiempo debe ser parte de tu rutina diaria.

Hay muchísimas maneras en las que puedes cuidar de tu salud física y mental: El ejercicio, risoterapia, jardinería, pintar o cualquier actividad que te relaje, cuidar de tu aspecto físico, darte prioridad cuando lo necesites, pasar tiempo a solas si lo necesitas...

¿POR QUÉ 21 DÍAS?

Desde los años 50 se tiene conocimiento de que 21 días son suficientes para un cambio. En esa época un cirujano plástico estadounidense llamado Maxwell Maltz, propuso su teoría basándose en el descubrimiento de que un paciente al que le había hecho una reconstrucción facial necesitó 21 días para adaptarse a su nuevo rostro. Entonces empezó a observar a más pacientes y notó que se repetía el patrón de 21 días.

Hasta probarlo él en él mismo y convencerse de que había razón en su teoría. De que, el cerebro asimila los cambios gradualmente y que, para culminar de asimilarlos bastan 21 días siempre y cuando uno repita el mismo gesto o rutina, encaminándose hacia esa asimilación, induciendo al cerebro a aceptar un nuevo hábito, a almacenarlo...

Épocas posteriores el filósofo y psicólogo William James publicó un ensayo que se tituló "Principios de la psicología", y, hablaba, entre otros temas de la plasticidad cerebral, la capacidad del cerebro para aprender y adaptarse a cambios según su interacción o experiencias con el medio. En dicho ensayo hizo referencia también al proceso de crear un hábito, especificando que sus estudios le habían hecho darse cuenta de que 21 días de repetición constante de una conducta eran suficientes para acostumbrarse y crear un hábito.

Desde entonces numerosos estudios avalan que 21 días son suficientes para un cambio, por supuesto siempre y cuando la persona sea constante y comprometida en esos 21 días, porque, se necesita disciplina, no postergar, trabajar en el hábito o el cambio que se desea alcanzar.

También hay teorías que rechazan los 21 días para un cambio y señalan que se necesitan muchos más días. Sin embargo, por experiencia, de lo que he observado también en mis pacientes, y, de experiencias propias desarrollando mejores hábitos y conductas, me he convencido de que el mínimo de 21 días sí es posible. Aunque el número de días puede variar si el compromiso no es fuerte, y, la persona sucumbe a alguna tentación o procrastina en los ejercicios o acciones que debe realizar para procurar su cambio.

Creo que te has comprometido lo suficiente con tu cambio si has leído hasta aquí así que, a continuación te presentaré 21 días de ejercicios, que, si llevas a cabo con constancia te ayudarán a desarrollar esa autoestima y autoconfianza inquebrantables que anhelas en poco tiempo:

21 DÍAS DE EJERCICIOS

Estás listo/a para encaminarte a tu cambio? Los siguientes serán ejercicios que te ayudarán a aumentar tu autoestima y autoconfianza en 21 días, no obstante, para que esa autoestima y autoconfianza se vuelvan inquebrantables recomiendo que nunca dejes de realizar ejercicios como estos, que potenciar tu autoestima y autoconfianza se convierta en un hábito eterno en tu vida.

Recomiendo además que adquieras una libreta que puedas dividir en varias secciones, o, si lo prefieres varias libretas porque muchos de los ejercicios supondrán, escribir o llevar un registro.

.- Día 1:

Mañana:

Diálogo positivo:

Inicia tu día hablándote bien de ti mismo/a y potenciando con ello tu autoestima. Después de levantarte, mírate al espejo y dí frases como las siguientes:

.- "Me amo"

.- "Soy increíble"

.- "Soy maravilloso/a tal cual soy"

.- "Soy capaz"

.- "Hoy haré bien todo cuánto haga"

.- Soy digno/a y merecedor de amor.

Noche:

Poniendo en práctica la gratitud:

No necesariamente antes de ir a dormir, pero, en un momento en el que no tengas ya responsabilidades de las qué preocuparte disponte a elaborar un listado de gratitud. Reflexiona sobre todo aquello que te ha hecho experimentar gratitud a lo largo de tu vida y, sobre lo que sientes gratitud en tu presente: Tu familia, tus mascotas, tener un techo en el cuál dormir, sábanas limpias en las que acostarte, haber conocido a X persona. Puede tratarse de cualquier cosa, grande o pequeña, siempre y cuando sientas gratitud por ello, puedes añadirlo a tu lista.

Léela una vez que la hayas terminado.

.- Día 2:

Mañana:

Iniciando el día de forma positiva gracias al poder de la gratitud:

Inicia tu día dando las gracias por ese nuevo día, por la oportunidad de vivir un día más, por la oportunidad de seguir disfrutando tu existencia. A continuación, hazte con el listado de gratitud que elaboraste la noche anterior y léelo, no importa si mentalmente o en voz alta, lo importante será que seas plenamente consciente desde el inicio de tu día, de todo cuanto tienes qué agradecer, imprégnate de las emociones positivas que esta acción consigo traerá.

Tarde/noche:

Conociéndote un poco más:

Cuando dispongas de un poco de tu tiempo para sentarte a reflexionar sin interrupciones (De hecho, recomiendo que mermes distractores en el momento en que te dispongas a realizar este o cualquiera de los ejercicios de este apartado: Apaga o pon en silencio tu celular, pide a tus personas cercanas que te den unos minutos, lo que necesites...) proponte elaborar un listado de tus cualidades y, debilidades, o lo que es lo mismo, de tus virtudes y defectos.

Escribe al menos 3 virtudes y 3 defectos.

No dejes que tu baja autoestima te engañe haciéndote creer que no tienes virtudes, todos las tenemos y allí están, identifícalas.

Para ayudarte a identificarlas piensa en las cosas que normalmente se te da bien hacer, en las cosas por las que la gente te halaga normalmente, en las razones por las cuales has logrado algunas metas propuestas o sencillamente en lo que te gusta de ti.

Recomendé al menos 3 virtudes y 3 defectos, pero, puedes escribir cuántos logres identificar.

Para tus defectos no te hago ninguna recomendación a la hora de identificarlos pues, normalmente los tenemos más presentes que nuestras virtudes.

.- Día 3:

Mañana:

Proyecta un excelente día y potencia tu nivel de confianza con la técnica de la visualización:

Ponte cómodo/a, ya sea acostado/a o sentado/a, cierra los ojos y comienza a controlar tu respiración. Inhala por la nariz, cuenta hasta 5 mentalmente, exhala por la boca y repite.

¿Cuántas repeticiones? Las que sean necesarias para que tu mente esté en calma.

Cuando consideres que te has relajado lo suficiente usa tu imaginación y, recrea con tu mente tu día ideal. Lo que imagines dependerá de lo que tengas planeado hacer en tu día. Supongamos que tienes un examen, imagínate respondiendo todas las preguntas con confianza, siendo halagado/a por tu profesor al finalizar, obteniendo la más alta de las calificaciones... Supongamos que tienes una conferencia en tu trabajo, entonces imagínate dando los mejores argumentos de forma fluida, siendo aplaudido/a al final de la conferencia, supongamos que tienes que asistir a un evento social, imagínate o visualízate socializando maravillosamente, haciendo nuevos amigos...

Visualiza el mejor de los escenarios para tu día.

Cuando te dispongas a finalizar el ejercicio vuelve a concentrarte en tu respiración y abre luego los ojos.

Estarás ya preparado/a para un día excelente, con la mejor de las actitudes.

 Importante es que no seas interrumpido/a mientras realizas este ejercicio. No te olvides de mermar distractores antes de empezar.

En el transcurso del día:

Pregunta a personas cercanas, a las que les tengas confianza y que te respeten, sobre tus cualidades y defectos:

Como forma de complementar el ejercicio de autoconocimiento que comenzaste el día anterior, en el transcurso del día pídele a personas cercanas que te conozcan mucho, que te hablen o comenten sobre lo que ellos consideran, son tus virtudes y defectos.

A veces los demás son capaces de ver en nosotros lo que ignoramos y por eso esta es otra forma de adquirir autoconocimiento valioso.

Noche:

Reflexiona cómo puedes potenciar tus cualidades y, trabajar en mejorar tus defectos:

Con el conocimiento de tus cualidades y defectos plantéate qué puedes hacer para seguir potenciando esas cualidades que te definen, o, para mejorar tus defectos y crecer como persona.

Escribe una lluvia de ideas respecto a cada cualidad o defecto que tengas.

Supongamos que uno de tus defectos es procrastinar, dejar para después o para última hora tus responsabilidades. Entonces, formas de mejorar ese defecto podrían ser:

.- Planificar tu tiempo para realizar X actividad que has estado postergando

.- Empezar al día siguiente de una vez por todas, con esa tarea que habías estado postergando. Dedicarle 15 minutos diarios hasta culminarla.

.- Inscribirte en ese curso que has estado dejando para después...

O, supongamos que quieres mejorar tus habilidades sociales, entonces, una lluvia de ideas para hacerlo podría ser:

.- Asistir a X evento social

.- Hablar con un desconocido

.- Llamar a X persona...

Todo dependerá de cuáles cualidades quieres potenciar y, cuales defectos mejorar.

Al finalizar dale prioridad a una cualidad o un defecto de tu preferencia que será el que trabajarás primero.

.- Día 4:

Mañana:

Empieza tu día expresando gratitud:

Antes de dedicarte a realizar cualquier actividad que tenías planeada, escribe un mensaje de gratitud a una persona respecto a la cual sientas gran agradecimiento por ser un pilar en tu vida, por cómo te hace sentir, por haberte hecho X favor o haberte enseñado algo... No tiene que ser un mensaje muy largo, con expresar tu gratitud, funcionará para colmarte de emociones positivas desde el inicio de tu día.

A lo largo del día:

Pon en práctica alguna de las actividades que ideaste para potenciar alguna de tus virtudes, o, trabajar en mejorar uno de tus defectos.

Noche:

La cajita de premios:

Tómate un tiempo antes de ir a dormir para elaborar un listado de actividades destinadas al mero hecho de complacerte y cuidar de ti. Puede tratarse de cualquier cosa: Un baño de burbujas, un masaje relajante, una visita al barbero o a la peluquería, ir a comer helado, ver esa película que habías pospuesto ver, cualquier actividad que para ti represente un gusto.

Deja suficiente espacio entre una actividad u otra porque al finalizar tu listado la idea es que recortes y hagas bolitas con cada actividad y las coloques dentro de una cajita.

Toma al azar una de las bolitas de papel arrugadas y listo: Habrás dado con la actividad de tu gusto con la que te consentirás al día siguiente. Esta cajita la usarás a lo largo de tus semanas para premiarte o, decidir cómo disponer un tiempo para ti, solo porque te lo mereces muchísimo.

.- Día 5:

Mañana:

.- Afirmaciones positivas mañaneras:

Inicia tu día cargado/a de emociones positivas con ayuda de las afirmaciones positivas de tu preferencia, como por ejemplo:

"Soy especial"

"Soy increíble"

"Soy maravilloso/a"

"Me acepto"

"Gozo de una autoestima sana"

"Me quiero"

"Me respeto"

Recuerda que afirmar es una forma de convencer a tu cerebro de lo que quieras.

.- A lo largo del día:

Tiempo para ti:

Consiéntete con la actividad que hayas elegido de la cajita de premios que elaboraste el día anterior.

.- Día 6:

Mañana:

nicia el día agradeciendo:

Inicia tu día dando las gracias por ese nuevo día, porque estás con vida, porque tienes la oportunidad de seguir disfrutando de tu existencia, de tus seres queridos, de luchar por tus sueños, porque descansaste bien la noche anterior, porque te sientes saludable, por todo por cuanto sientas agradecimiento en tu mañana.

A continuación, hazte con el listado de gratitud que elaboraste días previos y, léelo. Recuérdate los muchos motivos que tienes para sentir agradecimiento.

A lo largo del día:

Pon en práctica alguna de las actividades que ideaste para potenciar alguna de tus virtudes, o, trabajar en mejorar uno de tus defectos en ejercicios previos.

.- Día 7:

Mañana:

Rétate:

Empieza tu mañana desafiándote a realizar una actividad sencilla que te saque de tu zona de confort, como por ejemplo hablar con un desconocido, ir caminando al trabajo o tomar una ruta distinta, llamar a esa persona con la que tienes mucho tiempo sin hablar... Lo que prefieras... Potencia con esta sencilla acción tu confianza y pon en práctica la neuroplasticidad para combatir la resistencia al cambio en tu mente y vida.

Tarde o Noche:

Registro semanal de tus logros:

A la hora de tu preferencia, siempre y cuando no tengas que hacerlo apresurado/a por alguna actividad que te preocupe dispón unos minutos para reflexionar tus logros de la semana y, escríbelos en una libreta para llevar un registro.

Haber seguido todos los ejercicios que previamente te he recomendado es un gran logro, haber terminado aquello que comenzaste, todo cuenta...

.- Día 8:

Mañana:

Aceptando tu cuerpo:

Mírate al espejo, detalla tu cara, tu cabello, tus brazos, tu cuerpo... Si te es posible realizar este ejercicio frente a un espejo de cuerpo entero, mejor...

Acaricia tu cabello y di en voz alta: "Me acepto", siente tu cabello, decídete aceptarlo como es, es maravilloso como es... Algunas personas no tienen cabello, tú tienes el tuyo, valóralo, ámalo con todas sus características.

Haz un círculo alrededor de tus ojos y di: "Acepto mis ojos, agradezco mis ojos", y agradece de corazón porque te permiten ver, porque te permiten contemplar colores, amaneceres, sonrisas... Algunas personas no pueden ver, tú si, es algo por lo que sentir gratitud.

Entrelaza tus dedos, mira tus manos, agradece por ellas, dí: "Agradezco mis manos que me permiten hacer todo tipo de labores". Son maravillosas tus manos que te permiten cocinar, escribir, crear... Algunas personas no las tienen, tú sí, agradécelo de corazón.

Y continúa agradeciendo por tu cuerpo entero. Ese que alberga tu alma, que te ayuda a tener una imagen de ti, que te ayuda a proyectar una imagen a los demás...

Eres afortunado/a por tenerlo, siente esa fortuna, experimenta la gratitud. Encamínate con ello un paso más cerca de la aceptación.

Durante el transcurso del día:

Listado de logros:

Dispón de unos minutos de tu día para pensar en tus logros, todo cuanto te has propuesto hacer y has tenido éxito... Desde tus logros más pequeños, hasta los más grandes, desde tu infancia hasta tu presente.

Este ejercicio tendrá un efecto similar al que experimentaste con tu listado de gratitud elaborado en días anteriores, pero, te ayudará a hacerte consciente de lo que eres capaz, será preludio de la potenciación de tu autoconfianza.

.- Día 9:

Durante el transcurso del día:

Aparta a la hora del día de tu preferencia entre 15 a 20 minutos para meditar.

Escoge un lugar tranquilo, tu jardín o tu habitación, por ejemplo. Merma distractores. Apaga el teléfono celular. Te recomiendo que coloques música clásica y un incienso. Haz del ambiente, lo más agradable que puedas.

Entonces ponte cómodo/a. No necesitas adoptar la conocida postura de la meditación, con que estés cómodo/a, bastará.

Cierra los ojos y céntrate en tu respiración. Contrólala. Aspira por la nariz, retén el aire, suelta el aire lentamente por tu boca, sin prisa, con calma... Repite este proceso durante todo el ejercicio, solo céntrate en tu respiración.

Se habla mucho de dejar la mente en blanco durante la meditación, pero lo cierto es que puede resultar imposible. No lo fuerces. Si llega un pensamiento a tu mente solo no lo alientes, vuelve a concentrarte en tu respiración. En ese momento todo tu mundo será inspirar, retener el aire y exhalar. No hay lugar para juzgarte ni ninguna negatividad en esta acción. No te la permitas juzgándote ni frustrándote.

Exhala lentamente una última vez antes de acabar el ejercicio y di en voz alta: Yo me amo y me merezco mi amor.

Si nunca has meditado estoy seguro de que la paz que te traerá te inspirará a hacerlo más seguido.

Ten a la mano donde escribir cuando termines de meditar para que puedas anotar cualquier pensamiento que haya llegado a ti mientras meditabas. Esto te puede ayudar a entender tus emociones o a descubrir si hay pensamientos negativos recurrentes en tu mente que te convendrá dejar ir, transformar...

.- Día 10:

Mañana:

Empieza tu día leyendo la lista de logros que has elaborado previamente, deja que el recuerdo de cuánto has logrado te impregne de buena actitud. Aplaúdete y valórate, el solo hecho de ya no estar donde empezaste es todo un logro para ti. ¡Sigue asi!

Noche:

Dispón de unos minutos antes de ir a dormir para reflexionar sobre lo que te sucedió en tu día, cómo te sentiste con las distintas situaciones que viste, y, cómo reaccionaste a ellas. Empieza con este ejercicio a procurar entender mejor tus emociones. Lleva un registro, anota, para que después puedas analizar con más precisión cada situación y emoción.

.- Día 11:

Mañana:

Empieza el día agradeciendo:

Lee tu lista de gratitud o sencillamente, da las gracias por un nuevo día y por todo lo que te espera durante el mismo en voz alta, acompaña este ejercicio con la visualización, imagina que todo va a salirte tan bien como lo mereces.

Durante el transcurso del día:

Descubriendo lo que le da sentido a tu vida, y, planteándote una meta a seguir:

Dispón de unos minutos de tu tiempo para analizar lo que estás haciendo con tu vida.

Para responderte ¿Cuáles son las metas u objetivos que estoy persiguiendo? Y si esas metas u objetivos te están llevando al futuro que quieres para ti, a tu vida soñada...

Si no tienes metas u objetivos será momento de planteártelos. En el caso de que estés persiguiendo metas concretas evalúa si se trata de algo que en verdad quieres, y, que no estás siguiendo ese objetivo para complacer a nadie.

Lo ideal, lo que te conviene, lo que favorecerá tu autoestima y autoconfianza es que tus metas importantes, tu meta de vida, se relacione con algo que verdaderamente amarías lograr.

Tómate un tiempo para reflexionar sobre todo esto. La idea es que al terminar el ejercicio puedas fijarte una meta de vida que perseguir, un rumbo a seguir...

Noche:

Dispón de unos minutos antes de ir a dormir para reflexionar sobre lo que te sucedió en tu día, cómo te sentiste con las distintas situaciones que viste, y, cómo reaccionaste a ellas. Empieza con este ejercicio a procurar entender mejor tus emociones. Lleva un registro, anota.

.- Día 12:

Mañana:

Visualiza tu día ideal antes de levantarte:

Proyéctate hacia un día excelente en tu imaginación, y, tendrás un día excelente con bastante probabilidad, gracias a la actitud positiva que este ejercicio te ayudará a tener a lo largo de tu día. Si en algún momento llega a tu mente un pensamiento negativo, reemplázalo con uno positivo, no permitas que la negatividad se apodere de ti, eres tu quien tiene el control.

En el transcurso del día:

Planificando cómo alcanzar tu meta de vida:

Idea cómo podrías alcanzar tu meta de vida. Lee, investiga, pide la opinión de tus personas cercanas... No podrás planificarte en un par de horas, te tomará más tiempo probablemente, pero, el solo realizar este ejercicio y, saber que estás haciendo algo por alcanzar lo que quieres, tan siquiera empezando con planificarte, te ayudará a sentirte muy bien y orgulloso/a de ti.

Noche:

Noche de reflexión:

Dispón de unos minutos antes de ir a dormir para reflexionar sobre lo que te sucedió en tu día, cómo te sentiste con las distintas situaciones que viviste, y, cómo reaccionaste a ellas. Empieza con este ejercicio a procurar entender mejor tus emociones. Lleva un registro, anota.

.- Día 13:

Mañana:

Recuérdate tus logros:

Empieza tu día leyendo la lista de logros que elaboraste días anteriores. Empieza el día de esta forma, potenciando tu autoestima y autoconfianza. Reconoce tus avances, si es posible escríbelos para hacerlos mas notorios, y cuando sea necesario vuélvelos a leer.

Durante el transcurso del día:

Entendiendo tus emociones:

En distintas horas del día detén tus actividades para centrarte en lo que estés sintiendo. Trata de descubrir con ayuda de este ejercicio, cuáles son las emociones que más experimentas durante el día, y, si se trata de emociones negativas será momento de planificarte cómo gestionarlas. Trata de llegar a la raíz de estas emociones y así poder tratarlas.

.- Día 14:

Mañana:

Diálogo positivo:

Mírate al espejo mientras te repites cosas positivas sobre tu persona, cualidades, halaga tu cuerpo... Empieza el día con numerosos halagos que te levanten el ánimo. Reconócete como el ser maravilloso que eres, reconoce tus acciones, tus aptitudes, tu valor.

Tarde o Noche:

Registro semanal de tus logros:

Reflexiona sobre tus logros semanales y lleva un registro de ello. Anótalos. Revísalos cada vez que sientas que es necesario, evalúa como va tu proceso, piensa que podrías mejorar para alcanzar tus objetivos.

.- Día 15:

Mañana:

Aplica la técnica de la visualización:

Visualiza tu día ideal antes de levantarte. Concéntrate en imaginar las mejores situaciones que podrían sucederte en tu día, a ti, viviendo tu día con la mejor de las actitudes. Iniciarás tu día entonces, con gran bienestar gracias a ello.

Durante el transcurso del día:

Pon en práctica alguna de las actividades que ideaste días previos para potenciar alguna de tus virtudes, o, trabajar en mejorar uno de tus defectos.

.- Día 16:

Mañana:

La risoterapia:

Inicia tu día con humor. Elige la actividad que desees: Leer chistes, ver videos graciosos por internet, llamar a esa amiga extra espontánea que siempre te hace reír o invitarle un café. Todo vale mientras te saque una sonrisa.

En el transcurso del día:

Rétate:

Proponte realizar cualquier actividad que te saque de tu zona de confort, hablar con un desconocido, asistir a X evento o a X lugar, busca la receta de un platillo que jamás hayas cocinado y prepáralo. Lo que quieras, siempre y cuando se trate de algo nuevo que te ayude a combatir la resistencia al cambio en tu mente y vida.

Noche:

Afirmaciones positivas:

Culmina tu día repitiéndote frases positivas, halagándote, potenciando tu autoestima y autoconfianza:

"Yo soy maravilloso/a"

"Yo soy importante"

"Me merezco todo lo bueno"

"Soy una persona muy capaz"

Usa las afirmaciones que desees.

.- Día 17:

En el transcurso del día:

Consiéntete:

Hazte con la cajita de premios que elaboraste días previos, y, saca un papelito de la misma. Lee la actividad que te tocó. Esa será la actividad con la que deberás consentirte este día. CUIDA DE TI.

.- Día 18:

Mañana:

Potenciando tu autoaceptación:

Mírate al espejo y háblate bien de tu cuerpo, de tu cabello, de tus ojos, de tu piel.

Di en voz alta: "Me gusta mucho como me veo", "Me gusto mucho", "Soy bien parecido/a", "Me gustan mis manos" y así, con el resto de tu cuerpo.

En el transcurso del día:

Disponte a liberarte del peso del rencor:

Usa una almohada en representación de esa persona que te ha hecho daño y que no has podido perdonar. Entonces desahógate, háblale del daño que te hizo, de lo injusto, de todo cuanto necesites como si estuviese allí frente a ti. Y, al final del ejercicio decide perdonar de corazón. Pronuncia las palabras, te perdono. Te sentirás mucho mejor y vivirás mejor tu vida, libre de ese odio, de esa negatividad.

Noche:

La lista de logros:

Lee el listado de tus logros que has elaborado en días previos. Ve a dormir recordándote lo capaz que eres.

.- Día 19:

Mañana:

La gratitud:

Inicia el día agradeciendo por tu nuevo despertar, y luego, da las gracias por todo por cuanto sientas gratitud de tener en tu vida. Tu familia, tu trabajo, tu casa, tu mascota, tus amigos...

A cualquier hora del día:

Prepárate para una relajante sesión de meditación. Sigue las recomendaciones que planteé en líneas previas.

Noche:

Risoterapia:

Ve a dormir con buen humor. Elige una actividad que te haga reír antes de ir a la cama. Puede tratarse de cualquier cosa, lo importante es que sea algo que logre este estimulo en ti y te recargue de toda la energía que necesitas.

.- Día 20:

A cualquier hora del día:

Consiéntete: Hazte con la cajita de premios que elaboraste días previos, y, saca un papelito de la misma. Lee la actividad que te tocó. Esa será la actividad con la que deberás consentirte este día. Disfruta.

.- Día 21:

A cualquier hora del día:

Otórgate tu perdón, deja atrás el pasado:

Disponte a escribir una carta dirigida a tu versión anterior, a tu yo del pasado... Sí, a ese que se equivocó aquella vez, a ese que no tomó la mejor decisión tiempo atrás, a ese que lastimó a otra persona, a ese que se decepcionó a sí mismo. A ese que ya no forma parte de tu presente.

Libérate de todo lo que forme parte de tu pasado y te atormente, de la culpa, del miedo de la decepción... Escribe esta carta desahogándote, habla de tus sentimientos, y, perdónate con las propias palabras de la carta. Sé compasivo/a contigo, háblate de entendimiento y, perdónate de corazón.

Es todo lo que te hará falta para seguir avanzando hacia esa autoestima y confianza inquebrantables que te mereces.

Tarde o Noche:

Registro semanal de tus logros:

Reflexiona sobre tus logros semanales y lleva un registro de ello. Anótalos.

CÓMO DEJAR DE PENSAR DEMASIADO

9 Pasos para eliminar la inquietud, el pensamiento excesivo y los conflictos mentales. Técnicas prácticas para aliviar la ansiedad y alcanzar el equilibrio mental.

Si quieres dejar tu opinión y obtener un bonus, abre este QR Code o entra directamente en este enlace:

WWW.FABIANGARCIAINFO.COM

Sígueme en Instagram/tik tok

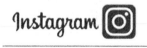

Fabian Garcia (@fabiangarcia)

INTRODUCCIÓN

¿ Qué te transmite tu mente con mayor constancia? Si te has interesado por la lectura de este escrito probablemente sea sólo negatividad, pensamientos preocupantes, miedo...

¿Es así?

¿Tu diálogo interno normalmente es negativo y alienta tus preocupaciones?

¿Reflexionas demasiado sobre los problemas que se te presentan? ¿Continuamente estás pensando, dándole vueltas al pasado o a algún problema, o, previendo el futuro y no te puedes detener, aunque lo intentes? ¿Antes de tomar una decisión piensas y piensas, lo que termina haciendo que procrastines la toma de dicha decisión? ¿Por las noches te cuesta dormir porque permaneces mucho tiempo mirando el techo indagando en pensamientos negativos de clases diversas? ¿Podría decirse que tu mente te controla en lugar de tú controlar a tu mente? ¿No puedes apagar tu mente, aunque lo intentes? ¿Está afectando tu día a día pensar en exceso, te está impidiendo disfrutar tu presente o, se está convirtiendo en un obstáculo para que realices las actividades que quieres?

De eso se trata el pensamiento excesivo...

¿Necesitas que pare?, con total seguridad, es algo que anhelas.

Me atrevo a decir que no hay persona adulta en el mundo que no haya experimentado algún día de su vida lo que es rumiar con la mente, pensar en exceso, darle vueltas a uno o varios pensamientos negativos una y otra y otra vez o, a un pensamiento repetitivo y limitante una y otra vez... Por eso toda persona adulta conoce la sensación de no poder controlar pensamientos automáticos que llegan a la mente con la aparente única razón de preocupar o atormentar.

¿A qué ser humano le agradan los problemas? A ninguno por supuesto, por lo que lo más humano ante su presencia es pensar en una solución. La clave es poder detenerse de pensar en el problema, aunque no se halle tal solución a pesar de haber pensado en una, pero, si es imposible sacar el problema de la mente y esta lo revive a cada hora al punto de quitar el sueño o de afectar el día a día, entonces se vuelve una situación angustiante. En lugar de obtener la ansiada calma por hallar la solución del conflicto se experimenta más confusión y angustia... Un gran malestar, ansiedad...

Cuando el pensamiento se vuelve demasiado repetitivo y angustiante ya no es positivo para la solución del problema. No nos es posible pensar en una buena solución para un conflicto estando preocupados o temerosos, el pensar en exceso no tiene una buena razón de ser...

Lo común cuando se va a tomar una decisión importante es pensar en los pros y contras de las opciones que se tengan, pero, si se vuelve recurrente el pensamiento al punto de impedir tomar la decisión en lugar de ayudar a tomarla, entonces es algo que genera malestar y que perjudica.

Todos conocen a una persona de baja autoestima o, algunos han sido esa persona de baja autoestima que asume lo peor.

Supongamos que es el cumpleaños de tu hermana (La persona que conoces con baja autoestima), son las 6:00 de la tarde y no ha recibido un mensaje de felicitaciones, una llamada o ningún detalle de su novio y ésta comienza a pensar lo peor ¿Será que le ocurrió algo? ¿Y si le enojé y no me di cuenta? ¿Y si no me quiere? ¿Y si me dejó por otra?, y te encuentras con que tu hermana no puede parar de preguntarse todas esas cosas a pesar de que tratas de consolarla diciéndole que seguramente sigue en clases donde le prohíben usar teléfono celular, resultando en que al final era esa la verdad.

Muy probablemente tú eres o has sido esa persona que no para de plantearse situaciones terribles ante una situación y, con bastante probabilidad, algunas de las veces en que estuviste inmerso en la preocupación, resultó ser innecesario pues, nada terrible estaba pasando, todo estaba en tu mente.

Estos son ejemplos claros de lo que implica pensar demasiado. Del día a día de una persona que piensa en exceso, estos representan un patrón. Pensar en negativo, darle vueltas a un pensamiento preocupante, no poder actuar por pensar demasiado...

Se le ha inculcado a la sociedad la idea de que pensar mucho es buena señal, una característica positiva, signo de ser racional, pero, esa no siempre es la verdad porque también existen los pensamientos irracionales, pensamientos basados sólo en creencias, en miedos, que no tienen una base real o del todo racional.

El pensamiento excesivo que este escrito presenta es el pensamiento tóxico, el no poder parar de pensar en todo hasta que los pensamientos se vuelven angustiantes, implica no poder parar de pensar, vivir situaciones como las de los ejemplos anteriores, todos los días. Un día a día lleno de pensamientos negativos y angustiantes, no poder detener a la mente de pensar en negativo, vivir en angustia o miedo a causa de pensamientos que no dejan de surgir... Tiene que ver con pensamientos que evocan emociones negativas, que nada aportan, que nada suman.

Este patrón de comportamiento debe haberlo experimentado cualquier persona bien sea ante un conflicto o bien en vísperas de tener que enfrentar una situación que le asuste, que le aleje de su zona de confort, una situación estresante... Hay tendencia en el ser humano a pensar mucho, se le ha inculcado que debe pensar dos veces las cosas.

La actitud más natural ante una situación que nos causa nervios es pensar en lo peor que puede pasar porque eso es consecuencia del miedo, aunque los que gozan de más seguridad o confianza no suelen tener que enfrentarse a ese problema tanto; la actitud natural ante la toma de una decisión importante es pensar en ella, pero, si ante cualquier situación no se puede dejar de pensar, o, es imposible no concebir mentalmente lo peor y, pensar y pensar en ello una y otra vez, eso se convierte en sobrepensamiento, en una forma de pensar recurrente y negativa que invade la mente y acrecienta el miedo o limita. NO CONVIENE, ES PERJUDICIAL. Complica verdaderamente la vida e impide disfrutarla pensar y pensar en negativo.

¿Y si se me olvida lo que tengo que decir en el discurso? ¿Y si se me suelta el cinturón en pleno discurso y se me baja el pantalón? ¿Y si todos se burlan? ¿Y si me sale mal? ¿Y si me quedo solo? ¿Y sí...?...

Existe dificultad para vivir el presente y disfrutar la vida por sobrepensar en un futuro que probablemente nunca se materialice, en una situación que, probablemente de darse como la pensamos no sea tan terrible como la imaginamos (Casi nada es tan terrible como imaginamos, la verdad es que la imaginación magnifica las consecuencias de los problemas o las situaciones no deseadas).

Podemos hablar de pensamiento excesivo como un problema a afrontar cuando hay dificultad para parar, cuando se piensa y se piensa y tantos pensamientos se convierten en un laberinto sin salida o, en un obstáculo para la toma de acciones, en un muro para la realización de actividades, en ansiedad, ataques de pánico...

Si merma esta actitud, si se reducen los pensamientos ante la solución del conflicto que se enfrentaba o, después de haber superado la situación estresante, no se puede hablar de un problema, el problema surge cuando se vuelve un hábito pensar demasiado y de manera negativa, lo que puede afectar hasta la salud y calidad de vida.

¿Es habitual para ti rumiar en tus pensamientos hasta el punto de angustiarte demasiado?

Si para ti se ha convertido en un hábito el pensar en exceso todo el tiempo, aunque trates de no hacerlo, si el pensamiento excesivo te quita hasta el sueño y la motivación, es entendible que estés buscando una solución porque, indudablemente pensar demasiado y con negatividad trae consigo malestar, es básicamente una auto-tortura. Y es porque, los pensamientos influyen en cómo uno se siente. Si piensas en positivo te sentirás positivo y bien, pero, si vives una angustia constante en tu mente te sentirás angustiado, temeroso, malhumorado, mal...

El cerebro segrega químicos cuando pensamos y eso es lo que hace que nuestros pensamientos influyan en cómo nos sentimos. No es posible sentirse bien con la mente llena de pensamientos negativos que desencadenan una angustia perenne, eso conduce al estrés y el estrés puede enfermar también el cuerpo porque, la mente se conecta con lo físico, con el cuerpo. Para nadie es un secreto que el estrés suele ser preludio de enfermedades crónicas de todo tipo. La conexión entre la mente y el cuerpo está avalada por la ciencia, así que, mucha negatividad en tu mente te puede enfermar.

Con total seguridad, no quieres enfermarte a causa de tu mente, con total seguridad si te has interesado por este escrito estás buscando una solución, quieres hallar paz mental, ser capaz de controlar tus pensamientos, de parar de pensar en exceso si así lo decides, quieres transformar tu vida y vivirla sin miedo y con bienestar, y la solución la presenta este escrito en forma de ayudarte a transformar tu mente y vencer el mal hábito de pensar en exceso y la negatividad. Probablemente has intentado solucionarlo por tu cuenta, probablemente has intentado sin éxito, suprimir tus pensamientos indeseados encontrando que no ha resultado efectivo. Y es que no se trata de suprimir esos pensamientos, eso no funciona. Vencer el pensamiento excesivo implica un proceso transformador, una serie de técnicas, cambios, reaprendizaje, adquisición de nuevos hábitos...

Quiero hacerte saber en primer lugar que no estás solo en este problema, el pensamiento excesivo es como el estrés que ha sido bautizado como el mal de la época moderna ya que, son demasiadas personas las que lo experimentan. Lo mismo con el pensamiento excesivo, son muchas las personas que adquieren el patrón de pensar en exceso como un hábito. Es más común de lo que se puede pensar porque todos experimentamos miedo y angustia y, debido a nuestras creencias o experiencias no siempre se puede lidiar con ello de forma efectiva.

Si uno no lucha por tomar el control de la mente la mente acaba por tener el control y, cuando es la mente la que tiene el control suele dar rienda suelta a pensamientos negativos como mecanismo de defensa, activar la ansiedad como forma de afrontar lo que considere que es un peligro inminente, aunque no exista tal peligro... O, angustiarnos... Eso hace la mente cuando la dejamos en automático.

Hay que tomar el control... De eso se trata. Sobrepiensas porque le has dado demasiado control a tu mente, tienes que recuperarlo y, eso no se trata solo de saber que necesitas tener el control, se necesitan cambios y los cambios de este tipo requieren un proceso, como se ha comentado antes. No te frustres si has intentado liberarte del sobrepensamiento sin éxito, no has tenido éxito sencillamente porque te faltaban conocimientos que en este escrito hallarás.

La ajetreada vida moderna puede desencadenar el estrés y puede conducir al pensamiento excesivo si no se aprende a controlar la mente y los pensamientos... También existen otras causas del sobrepensamiento, como la baja autoestima, el pesimismo, la tendencia el perfeccionismo... Sin importar cómo nació el hábito de pensar demasiado en ti, este es un escrito dirigido a ayudarte a superarlo y, a entender profundamente ese problema que te está causando malestar.

El hecho es que necesitas vencer los pensamientos excesivos negativos recurrentes si quieres recuperar tu bienestar y, MERECES RECUPERAR TU BIENESTAR ¿Cierto?, mereces la paz mental, claro que la mereces.

Si el pensamiento excesivo se ha convertido en un hábito para ti y vives estresado no te preocupes más. Este es un escrito que trae consigo sanación. No es una solución mágica la que estas letras alude, he de advertirte, este escrito presenta una solución que requerirá de tu compromiso porque no hay persona que pueda vencer y controlar tu mente, solo tú, pero, si te comprometes plenamente vencerás el pensamiento excesivo de una vez por todas y por tus propios medios, atraerás la positividad y la paz en tu vida, esa que tanto necesitas, esa que te ayudará a vivir tus días con mayor plenitud. Este escrito te servirá de guía para que lo logres.

Puedes vencer el pensamiento negativo excesivo porque este es un hábito y un vicio, y, así como no hay hábito invencible, así como cualquier persona puede lograr dejar atrás el cigarrillo o el alcohol, tú podrás controlar tu mente y vencer el hábito de rumiar con tus pensamientos si te lo propones y sigues los consejos y técnicas que aprenderás a continuación.

Sigue leyendo para adentrarte por el maravilloso camino de conocimientos que te conducirán a tu paz mental. Será un honor para mí acompañarte en este proceso.

Sé lo que se siente, entiendo cómo te sientes porque viví el sobrepensamiento en carne propia, mi negatividad me controló, no hallaba paz, pero, gracias a las técnicas y consejos que iré revelando en este escrito pude transformar mis creencias, liberarme de mis miedos y hallar paz mental; eso me trajo tanta paz y bienestar que no quiero otra cosa más que toda persona que sufra de pensamiento excesivo logre superarse.

Sin más preámbulo, iniciemos juntos este viaje de transformación a continuación:

Compromiso

Antes de comenzar has por favor un sincero compromiso contigo mismo. Recuerda que, en gran medida, los buenos resultados que este proceso transformador traiga consigo dependerán de tu compromiso con seguir los consejos que hallarás en este escrito y, con tu constancia. Ya lo he dicho en líneas previas y lo recalco, como tú eres el único dueño de tu mente, el único que puede controlarla, dependerá de ti lograr dominarla, lograr vencer el pensamiento excesivo. Claro que existen profesionales que pueden ayudarte también a lograrlo pero ellos solo podrán guiarte también, no controlar tu mente por ti.

"Yo, me comprometo a aprender cómo combatir el sobrepensamiento, a no quedarme con los conocimientos adquiridos, a aplicar en mi vida las técnicas descritas en este escrito y a procurar esa paz que tanto merezco y necesito.

Seguiré este camino con fe hasta la transformación de mi propia vida y poder controlar mi mente".

¿QUÉ ES EL PENSAMIENTO EXCESIVO?

Para vencer el pensamiento excesivo primero hay que entender de qué se trata.

Al pensamiento excesivo se le conoce también como sobrepensamiento, precisamente porque implica justo eso, sobrepensar en exceso o, sin control... No poder parar de pensar, darle vueltas a un pensamiento una y otra vez hasta incluso, perder el sueño.

Imagina que en tu mente existe un interruptor que, puedes activar y desactivar a tu antojo siempre que estás pensando. Basado en eso imagina que comienzas a pensar en negativo o en una idea que te cause angustia, accionas el interruptor de apagado cuando quieres parar y no pasa nada, no se apaga y entonces tu mente se llena incontrolablemente de pensamientos pesimistas que te colman de angustia, culpa, estrés... Esto es el pensamiento excesivo, sobrepensar y, no poder parar de hacerlo. Es como si sobrepensar se tratara de un vicio del que no se puede uno desprender sin más.

Pensar es una actividad humana que se relaciona normalmente con el estudio y la inteligencia. Nadie concibe el hecho de pensar como algo negativo hasta que llega el sobrepensamiento negativo, hasta que no se puede parar de pensar, hasta que una voz interna aparece durante todo el día, en los momentos más inesperados, para alentar miedos o suposiciones negativas, para recordarnos que hay un problema que debemos resolver al que no le hemos hallado solución, para hablarnos de un futuro aterrador, para castigarnos por acciones que hicimos en el pasado...

Todo sería distinto si existiera el sobrepensamiento positivo, si nuestra mente no pudiera parar de pensar con optimismo, pero, el sobrepensamiento como problema a afrontar no funciona de esa forma, es precisamente un problema porque es negativo, solo nos sumerge en negatividad, en el pesimismo, en el temor, en el nerviosismo, en el malestar...

El pensamiento excesivo implica sobrepensar en lo peor, crearse escenarios catastróficos, verse envuelto en un laberinto de pensamientos desalentadores y, encontrar dificultad al querer salir de tal laberinto y liberarse. Implica normalmente darle vueltas a una idea o a un grupo de ideas o pensamientos de forma repetitiva y, no poder parar de hacer esto. Es pensar crónicamente.

¿ERES UN PENSADOR CRÓNICO?

A tomar en cuenta: Antes de iniciar el tema considero necesario aclarar que la palabra "crónico se refiera a algo arraigado, a algo que perdura en el tiempo". No debe asociarse con una enfermedad, al menos en lo que a este escrito y al tema a tratar en él respecta.

Si aún tienes dudas respecto al pensamiento excesivo, o, a si el pensamiento excesivo es un problema que deberías afrontar lee las siguientes características. Si te sientes identificado con una o alguna de ellas sin lugar a dudas eres un pensador crónico, el pensamiento excesivo está haciendo de las suyas contigo, está afectando tu día a día, robándote tu paz mental, perjudicándote... Se ha convertido en un hábito arraigado en ti:

- ☐ Te cuesta dormir o te levantas por las noches debido a pensamientos repetitivos que te preocupan o angustian. Esto es algo a lo que te has habituado.
- ☐ Antes de tomar una decisión le das mil vueltas al asunto, lo que a menudo te impide tomar acción.
- ☐ Cuando tienes un pendiente no puedes parar de pensar en cómo hacerlo porque necesitas que salga perfecto, lo que a menudo te conduce a procrastinar (Se te dificulta culminar tus pendientes porque no puedes parar de pensar cómo hacerlos o, de pensar en qué pasaría si los haces mal).
- ☐ Siempre estás creándote escenarios catastróficos mentalmente y, les das vueltas todo el día.
- ☐ Siempre piensas lo peor.
- ☐ Sueles minimizarte y subestimarte: *"No podré", "No soy capaz"* y pensamientos similares rondan a menudo tu mente.
- ☐ Te cuestionas lo que hacen las otras personas como si pudieses leerles la mente y, casi siempre en negativo, lo que hace que te afecte mucho lo que los demás hacen porque te lo tomas personal. Ejemplos de esta tendencia de pensar:

Dos de tus amigos salen a divertirse sin ti, entonces no puedes parar de pensar que probablemente no son tus amigos verdaderos, que ya no quieren estar contigo, que en realidad no les agradas, que lo hicieron específicamente para verte sufrir... Toda una auto-tortura.

- Constantemente cuestionas tus acciones y piensas en qué hubiese ocurrido si hubieses actuado de otra manera (Te sueles juzgar).
- Tu mente se recrea usualmente en acciones pasadas que te siguen haciendo sentir culpable de algo que hiciste o que pasó tiempo atrás.
- Te atormenta demasiado el qué dirán al punto de que te mantienes pensando en ello constantemente.

Identificar el problema es el primer paso para la solución. Si eres un pensador crónico es importante que lo detectes, que seas capaz de ver tu problema y, que lo aceptes porque, es a raíz de esa aceptación que puede nacer el compromiso que necesitas asumir para vencer el mal hábito de sobrepensar en negativo.

En este punto ya podrás responderte con sinceridad: ¿Eres o no eres un pensador crónico? ¿Pensar demasiado es un problema que deberías solucionar?

¿Tienes la respuesta?

Si realmente eres un pensador crónico y quieres hallar una solución continúa leyendo.

¿QUÉ CAUSÓ LOS PENSAMIENTOS EXCESIVOS QUE TE ATORMENTAN DÍA A DÍA?

Antes de tratar este punto considero necesario resaltar una característica de los pensamientos excesivos negativos e irracionales: SON AUTOMÁTICOS. No puedes detener a tu mente de que cree un pensamiento negativo o irracional, lo que implica que NO ES TU CULPA.

Posiblemente algunos lectores al toparse con el título: "Causas de los pensamientos excesivos" estén esperando encontrarse con razones de su culpabilidad, pero eso no es así. Lo que se puede hacer con los pensamientos negativos y preocupantes automáticos es controlarlos. Lo que a ti te falta es aprender a controlarlos. Claro que algunas formas de pensar o hábitos pueden alentar a tu mente a que cree esa clase de pensamientos, pero, nada está mal contigo porque esos pensamientos aparezcan, no pienses de esa forma pues, solo te hará daño. Piensa por el contrario en lo positivo de que estés en este instante, procurando mejorar y transformar tu vida. Es una gran muestra de deseo de superación y amor propio que hay que destacar. Aclarado lo anterior continuemos con las causas...

Todas las personas son distintas, pero, existen detonantes específicos que suelen desencadenar el pensamiento excesivo y, ahondaré en ellos a continuación, ya que es importante que descubras el porqué de tu situación para que puedas abordarla de manera más eficiente en la búsqueda de una solución.

Entender por qué nos pasa lo que nos pasa nunca es una pérdida de tiempo, siempre se puede aprovechar en la búsqueda de soluciones y, de mejorar...

Mala gestión de las emociones

Como inteligencia emocional se conoce la capacidad del ser humano de gestionar correctamente sus emociones, de controlar su ira, su angustia, su miedo... Todas sus emociones negativas, de evitar que estas emociones tomen, por ende, el control...

A falta de inteligencia emocional, de la habilidad para gestionar las emociones, entonces los miedos, las angustias... Se vuelven más grandes de lo que en verdad son, la mente los agranda.

Comúnmente detrás de un problema de pensamiento excesivo hay un miedo que no se ha sabido dominar. Es el miedo lo que hace a las personas idear escenarios catastróficos que muy raras veces suelen suceder en verdad o que, si suceden, no son tan terribles como se pensó, pero, que en la mente hacen daño, causan ansiedad, rigidez, limitan...

El miedo es un mecanismo de defensa de la mente muy importante cuando se activa por las razones correctas, ante un peligro inminente te puede salvar la vida, te puede ayudar a actuar con rapidez para escapar o defenderte del daño que un peligro real te puede causar, pero, cuando el peligro existe solo en la mente, el miedo es negativo, paraliza y limita sin razón alguna.

La reacción natural a tener que afrontar algo que nos aterra es pensar. Para quien no ha adquirido inteligencia emocional supondrá pensar lo peor: *"Si dejo la casa sola por una noche se va a incendiar, si le hablo a aquella persona que quiero conocer se va a burlar, si lo intento voy a fracasar, si lo hago mal seré un perdedor, perderé mi trabajo, etc., etc."*

La falta de gestión de emociones conduce a un laberinto de pensamientos como los anteriores.

¿Concibes el mundo como un lugar aterrador en dónde muchos están dispuestos a dañarte y en donde cualquier cosa terrible puede en cualquier momento suceder? ¿Tu mente difícilmente se halla en el presente y, por el contrario, viaja constantemente a un futuro negativo? Si es el caso, muy probablemente en la falta de gestión de tus emociones se halla el desencadenante de tu problema de pensamiento excesivo.

Para librarte de la cadena que los pensamientos excesivos suponen para ti necesitarás desarrollar inteligencia emocional, sobre todo, alejar la negatividad de tu mente y de tu vida...

Estrés

Si vives tu vida de forma ajetreada, dejando de lado actividades de recreo y relajación y, exigiéndote cada vez más, el desencadenante de tus pensamientos excesivos con gran probabilidad es el estrés producido por una enorme auto-exigencia.

El estrés suele activar respuestas naturales en el organismo, una de las cuales es la ansiedad...

La ansiedad por excesiva presión o una vida muy estresante mantendrá tu mente colmada de pensamientos que te estresarán aún más: *"Tengo* que resolver tal problema", "Necesito terminar esto pronto, si no lo termino pronto tendré problemas", "Debo hacer esto, debo hacer lo otro", "¿Habría sido mejor si hacía tal cosa de tal forma y no de esta otra?, "¿Y si no lo hago bien?".

Cuando tu mente se colma de pensamientos como los de los ejemplos anteriores implica que se está llevando un estilo de vida muy ajetreado, o, que hay sobre-exigencia.

Si el desencadenante de tus pensamientos excesivos no es otro que tu estilo de vida ajetreado deberás, sobre todo, aprender a moderarlo y, dar prioridad a actividades que te calmen o relajen para poder vencer tu problema y liberarte del laberinto de pensamientos que te atormentan de una vez por todas.

Las responsabilidades son importantes, pero, la salud mental también lo es, y, esta se debilita cuando no se da espacio a actividades de recreo y relajación. Tendrás que hacer tiempo para ellas y hacer tiempo para ti, por tu bien.

Necesidad de tener el control

☐ **Tendencia al Perfeccionismo o, perfeccionismo crónico:** Las personas con rasgos de personalidad perfeccionista tienden a desarrollar el hábito de rumiar con la mente, de pensar en exceso... Ello, en la búsqueda de alcanzar sus propios estándares de perfección, prácticamente inalcanzables.

¿Eres una persona perfeccionista? ¿Te cuesta soltar el control porque piensas que si tú no haces todas las cosas que hay que hacer entonces estas no se harán de la forma correcta?

Debes saber que la perfección no es inherente al ser humano, todo lo contrario. Ser humano implica equivocarse a veces y eso está bien porque de las equivocaciones es de donde surge el aprendizaje y desarrollo personal. Si no hay error, no hay aprendizaje, debes tenerlo en cuenta.

Si estás obsesionado con tener el control, con alcanzar la perfección... Entonces tu mente trabajará por ello pensando en exceso, siempre trabajando para hacerte creer que lo peor puede pasar si tu delegas o si no haces algo tan perfecto como puede ser, siempre empujándote a juzgarte duramente, haciéndote sentir culpable si crees que no estás dando de ti lo suficiente, sumergiéndote en estrés... Todo esto innecesariamente, todo esto basado en el miedo que tienes escondido en tu interior, el miedo a fallar, a equivocarte...

No se trata de hacer las cosas por hacerlas, de no buscar la excelencia, la excelencia se puede alcanzar, pero no la perfección. El camino de la excelencia se alcanza aprendiendo, cometiendo errores, rectificando, avanzando... No así, la perfección, misma que, implicaría prácticamente no cometer errores, no permitirse cometerlos...

Las personas perfeccionistas viven en el estrés porque su mente, sus pensamientos dominantes las llevan a imponerse la carga pesadísima de tener que tener todo bajo control, lo que sería semejante a llevar la carga de la bóveda celeste sobre los hombros.

Por supuesto que esta tendencia nació de alguna parte. Normalmente las personas perfeccionistas lo son porque en su infancia les fue exigida la perfección, les es difícil no ponerse estándares a seguir porque en ellos está arraigada la creencia de que deben hacerlo todo perfecto, se volvió un hábito, pero, no hay ni creencia limitante ni mal hábito que no se pueda vencer. Y, si tu problema de pensamiento excesivo se debe a una tendencia inhumana hacia el perfeccionismo, deberás vencer ese mal hábito.

Si te cuesta soltar, delegar... Si crees que si un día no vas al trabajo todo saldrá mal, que si dejas una tarea en manos de otro la arruinará, que si te equivocas algo terrible puede suceder... La necesidad de control, tu tendencia a buscar la perfección te está perjudicando y causando los pensamientos excesivos que quieres alejar de tu vida muy probablemente.

Nadie es perfecto, ni siquiera la persona que más admires y que más perfecta te parezca. Si crees que puedes alcanzar la perfección te habrás de sumir en una búsqueda eterna de algo que sencillamente, ninguna persona puede alcanzar... La perfección que quieres alcanzar solo es de ese modo porque te has convencido de eso, has creado tu propio estándar de perfección basado en tus propias creencias. Para liberarte del pensamiento excesivo surgido por esta causa necesitarás sobre todo aprender a soltar, convertirte en alguien un poco más flexible, liberarte de la necesidad de control, de la creencia limitante y cruel que te hace pensar que necesitas tener siempre el control, que necesitas hacer todo perfecto.

Pesimismo

Difícilmente una persona en exceso negativa no termine sucumbiendo al tormento de los pensamientos excesivos porque, las personas con tendencia al pesimismo siempre están pensando en lo peor, viendo el lado negativo de cada cosa o persona, esperando lo peor de las situaciones que tienen que afrontar... En su mente hay negatividad... Y, en líneas anteriores ya he hecho referencia a que los pensamientos excesivos, como problema, son negativos. No existe auto-tortura o tormento, no existe falta de sueño o malestar por pensar en exceso en positivo, pero sí, por pensar en negativo de manera excesiva.

¿Qué va a pasar si la inflación sigue de este modo?", "¿Cómo voy a subsistir si el precio del dólar se dispara?, "Qué terrible, se acerca un ciclón y puede que las lluvias destruyan mi casa"... No hay tranquilidad en la mente de una persona con tendencia al pesimismo. Todo es pesimismo.

Si eres pesimista y, tus pensamientos excesivos se relacionan con ello deberás, para vencerlos, sobre todo aprender a cambiar de perspectiva y, vencer o alejar un poco la negatividad de tu vida y mentalidad.

Baja autoestima

No es poco usual que el pensamiento excesivo esconda baja autoestima.

Las personas con baja autoestima se centran mucho en el qué dirán, están al pendiente de si son juzgadas o, siempre están pensando lo peor de sí mismas o, el peor de los escenarios...

Su falta de confianza les genera incertidumbre y, esa incertidumbre les conduce a sobrepensar...

"No me saludó en la calle ¿Será que hice algo que le enojara?, "¿Qué va a pensar de mi la gente si se entera de X cosa?, ¿Seré suficiente en X cosa?, "No soy capaz, lo haré mal"...

Si estás atrapado en pensamientos excesivos a causa de una pobre autoestima necesitarás trabajar tu autoestima principalmente, para vencer este problema.

Actitudes negativas de figuras de referencia: Muchas de las causas del pensamiento excesivo antes referidas, como la tendencia al perfeccionismo o al pesimismo surgieron de modelos de referencia.

Posiblemente tu tendencia a la angustia o al pesimismo o, tus elevados estándares de exigencia y perfección se deben a que, en tu familia, tus figuras paternas, sobre todo, tenían tendencia a la negatividad también, o se exigían mucho, o te exigían demasiado y te presionaban al punto de que anhelaras ser perfecto de niño, y con ello creciste.

Con esto me gustaría invitarte a darte cuenta de que, si este es tu caso, esos modelos no te convinieron ni te conviene seguir apegado a ellos. Tienen base en tu crianza, pero no tienen que acompañarte de por vida. Sigue leyendo para que puedas liberarte de cualquier creencia limitante, cualquier tendencia negativa, todo cuanto te mantenga encadenado al pensamiento excesivo. Las creencias que te inculcaron no tienen que ser tu cárcel de por vida. No te permitas que se conviertan en tu cárcel de por vida.

Después de leer este apartado ¿Ya tienes idea de lo que causó tu hábito de pensar demasiado, o, de lo que suele desencadenarlo? Si aún no es así te animo a descubrirlo, autoanalízate. Indaga en la naturaleza de los pensamientos negativos que suelan invadir tu mente y lo descubrirás.

La pesadilla para los que piensan demasiado: La noche

La llegada de la noche representa temor usualmente para los que piensan en exceso porque, pensar en exceso dificulta dormir. Es en el silencio que trae consigo la hora de descanso cuando, los pensadores crónicos se sumen más en sus pensamientos, cuando su mente se encuentra más activa, cuando su voz interior parece querer torturarles más, cuando empiezan a darle más y más vueltas a las cosas, a pensamientos negativos repetitivos una y otra vez...

A algunos les cuesta demasiado dormir, otros se despiertan por la noche varias veces y, tras despertarse no pueden evitar quedar atrapados en una maraña de pensamientos indeseados. Sea como sea, el descanso de esta forma no es profundo, ni placentero.

¿Pensamientos repetitivos negativos suelen rondar por tu mente en la noche, impidiéndote o dificultándote un tranquilo descanso? ¿Te sientes identificado con esta situación?

Dormir debería ser una actived placentera para todo el mundo porque, el descanso trae consigo salud y bienestar. Un sueño reparador ayuda al cuerpo a recuperarse de la pérdida de energía ocurrida durante el día, Mientras dormimos el organismo repara tejidos dañados, el cerebro produce serotonina y melatonina, dos hormonas que contrarrestan a las hormonas que desencadena el estrés, la adrenalina y el cortisol, por tanto, relaja, dormir suficiente aleja los estragos del estrés y de la ansiedad...

Un sueño reparador mejora el sistema inmunológico, otorga claridad mental al día siguiente, favorece la memoria, favorece la calidad de vida... Lo contrario, el insomnio, el cual trae consigo somnolencia diurna y dificultad para la realización de actividades al día siguiente, dificulta la concentración, provoca mal humor, alienta el estrés y la ansiedad... Puede enfermar.

Vencer el hábito de pensar en exceso te ayudará a dormir mejor, con todos los beneficios que ello trae consigo.

Cuando obtengas la serenidad mental que el proceso de vencer el pensamiento excesivo trae consigo, dejarás atrás el temor a la noche, a la hora de descanso, porque, esa hora dejará de ser la hora del tormento y pasará a ser una noche de verdadero descanso reparador.

¿POR QUÉ VENCER EL HÁBITO DE PENSAR EN EXCESO?

Si tienes presente las razones por las cuales deberías de vencer tu problema de pensamiento excesivo cuanto antes, mayor motivación sentirás mientras transitas por el camino de la transformación y sanación que necesitas y, la motivación te será de mucha ayuda, te permitirá perseverar porque este será un camino de perseverancia y determinación que, si no te rindes de transitar, te conducirá al logro de tu anhelado objetivo. En ese sentido:

Pensar en exceso paraliza, al vencerlo te liberarás de tal limitación

Indudablemente te abstienes de mucho a causa de las dudas y ansiedad que el pensamiento excesivo te causa. Pensar demasiado en negativo implica que toleras poco la incertidumbre o que tienes mucho miedo, pero, más allá de todas esas dudas y del miedo tienes tanto por experimentar, no te pierdas de nada más. La vida es bastante corta como para privarnos de sueños y experiencias por miedo.

Esta es una de las razones de más peso para que te propongas vencer tu problema de pensamiento excesivo, para que perseveres hasta que lo logres. Vencer tu problema de pensamiento excesivo implicará que vivas mejor, a más plenitud, que actúes cuando quieras hacerlo, que dejes de procrastinar o, de negarte a hacer cosas que quieres hacer, pero que no haces por dudas y miedo. Implica liberarte de cadenas que te paralizan, dejar atrás las limitaciones en pro de ir a por tus sueños y por las experiencias que quieres vivir, pero, que tu tendencia a la ansiedad no te había permitido.

Paz mental y descanso merecido, venciendo el pensamiento excesivo podrás conquistar ambos

Por demasiado tiempo has estado sufriendo la angustia del pensamiento excesivo ¿No es así?

Lo opuesto a la paz mental es precisamente la angustia, y, el pensamiento excesivo trae angustia consigo, puede desencadenar ansiedad, insomnio, malestar... A todo esto, le puedes decir adiós si hallas paz mental y, en el camino para superar el pensamiento excesivo indudablemente la hallarás pues, una de las formas infalibles para vencer el pensamiento excesivo es precisamente aprender a controlar pensamientos y emociones para traer paz mental a la mente, y serenidad a la vida.

Mereces paz mental, con paz mental podrás disfrutar mejor las situaciones de la vida. Procúrala, vence el pensamiento excesivo para que puedas conquistarla.

¿Qué es lo mejor que traerá consigo la paz mental?

Que podrás vivir en tu presente y, por tanto, vivir al máximo.

Tendrás el control de tu mente, serás su verdadero amo, ya no te manejarán ni el miedo ni ninguna emoción negativa

Al vencer el pensamiento excesivo habrás conquistado tu mente, habrás aprendido cómo mandar en ella y no al contrario, dejarás de dar rienda suelta a la tendencia de la mente cuando le damos el control: Pensar en lo peor, crear escenarios catastróficos, dar rienda suelta a creencias limitantes, fobias, traumas, pensar cegado en todo eso, distorsionando la realidad, con negatividad... Podrás atraer con tu mente lo que desees: Optimismo, confianza, serenidad...

Tu mente no volverá a dominarte a ti, no volverá a influir en cómo te sientes, impidiéndote disfrutar tu momento presente. Controlando tu mente podrás controlar tus emociones también. Difícilmente una emoción negativa vuelva a abrumarte por escenarios no realistas. Te sentirás más libre que nunca, habrás adquirido inteligencia emocional, la capacidad de manejar cualquier situación de forma más racional, sin que te abrumen emociones no favorables.

Calidad de vida y bienestar general

Como vencer el pensamiento excesivo alejará de tu vida la angustia y la negatividad, puedes esperar, una vez que hayas vencido este hábito auto-torturador, más calidad de vida y paz general.

La paz mental que trae consigo vencer el pensamiento excesivo te colmará de salud, de motivación, te conducirá a disfrutar la vida como lo mereces.

Autoestima sana

Vencer el pensamiento excesivo también implicará mejoras en tu autoestima, que dejes de subestimarte, que adquieras confianza.

Conquistar una mejor autoestima te puede conducir al logro de cualquier cosa y vencer el pensamiento excesivo te puede conducir hacia ello.

¿CÓMO LIBERAR TU MENTE Y DESARRO-LLAR ACTITUDES POSITIVAS?

Ante toda la información que has aprendido hasta aquí estarás esperando un cómo.

Si has llegado hasta aquí ya entiendes un poco más el problema del pensamiento excesivo y porqué necesitas liberar tu mente de él, todo lo maravilloso que te espera más allá de ese mal hábito de pensar y pensar en exceso y en negativo. Sabes ya que puedes liberarte, has de estar esperando la solución... Como he comentado en líneas anteriores la sanación en este caso viene de un proceso, mismo que implicará una transformación, cambios en el estilo de vida, el desarrollo de actitudes positivas... Vencer lo negativo para dar paso a lo positivo, proceso que iré detallando a continuación. Prepárate para empezar a sanar y vivir una vida libre de pensamientos excesivos perjudiciales e intrusos.

Antes de empezar a profundizar en las distintas técnicas y actividades que pueden ayudarte a recuperar el control de tu mente y vencer el hábito perjudicial de pensar en exceso tengo que hacer un paréntesis para pedirte que creas en el poder sanador de todo este proceso. Requiere de tu parte, eso. Cuando creemos en algo le damos poder. Si sigues este proceso sin nada de fe difícilmente le imprimas a las técnicas siguientes el compromiso necesario. Repito como he señalado en líneas previas, este no es un proceso milagro que te brindará una solución inmediata, será un paso a paso al cambio, un día a día. Antes de lo que esperes, habrás sanado, pero, tienes que creer que podrás y, seguir los consejos de este escrito con esperanza y determinación.

Hay una salida, pero dependerá de ti poder llegar a ella. Piensa que si no crees que estas técnicas pueden ayudarte difícilmente puedas realizarlas en tu día a día y si no perseveras, no podrás vencer el mal hábito de pensar demasiado porque todo hábito está profundamente arraigado en el ser humano y por eso, encontrarás resistencia. Tu mente se resistirá a cambiar su forma de proceder habitual, el pensamiento excesivo, estarás batallando con ella hasta tú tomar el control, hasta vencer, hasta una sanadora transformación, hasta haber cambiado tu perspectiva y desarrollado hábitos más favorecedores. No obstante, sin fe, no perseverarás, o, difícilmente lo hagas, y, si no perseveras, no podrás ganarle al hábito arraigado en ti.

No obstante, lo más probable es que te cueste tener fe en el proceso al principio, sobre todo antes de comenzar, o, a los pocos días de haber iniciado. Si es tu caso sigue el proceso, los consejos que encontrarás en este escrito, de igual forma. Al ser humano le cuesta tener fe sin resultados, no obtendrás esos resultados de forma tan inmediata, pero, con pequeños cambios, estrategias y nuevos hábitos podrás ir controlando la negatividad y ansiedad que te puedan producir los pensamientos excesivos y sentirte mejor. Esos buenos resultados te ayudarán a ir adquiriendo fe, por lo que, si realmente te cuesta creer lo que tienes que hacer es seguir el proceso de igual forma, aún sin fe.

Dicho esto, sin más preámbulos, a continuación, el paso a paso hacia tu sanación.

CÓMO ELIMINAR LA NEGATIVIDAD

Mientras no puedas librarte de la negatividad, del pesimismo... Difícilmente puedas librarte del pensamiento excesivo, por ello, a continuación, se detallarán una serie de técnicas o actividades que poco a poco te ayudarán a erradicar lo negativo.

Sé el portero de tu propia mente, ciérrale el acceso a los pensamientos negativos, transformándolos. Técnica de condicionamiento mental

No te servirá tratar de suprimir los pensamientos repetitivos negativos en tu mente sin más, así que la solución es que los transformes en pensamientos favorecedores, en pensamientos positivos, en pensamientos que te ayuden a combatir la negatividad de los pensamientos negativos que aparezcan para querer torturarte... Tu tarea en este caso será proponerte ser el portero de tu propia mente. Tu trabajo será ser el que decida a qué pensamientos dar cabida y, cuales pensamientos no te conviene alimentar. A esos pensamientos que no te convienen tendrás que combatirlos mediante otros pensamientos que a consciencia elijas y, que los contrarresten.

Repitiendo constantemente los pensamientos positivos que tengan por objeto contrarrestar los negativos lograrás neutralizar los efectos de los pensamientos negativos. Recuerda que se ha comentado en líneas anteriores que los pensamientos influyen en tus emociones. Contrarrestando los pensamientos negativos que en tu mente aparezcan lograrás alejar las emociones negativas, el miedo, la angustia, que un tipo de pensamiento pueda hacerte experimentar, y, con ello, será menos probable que ese pensamiento siga apareciendo en tu mente, aunque, si lo hace, deberás actuar igual, llevar a cabo esta técnica, ser perseverante en ella hasta lograr condicionar tu mente, convencerla de lo positivo y hacerla renunciar a la idea negativa que recurrentemente viene a tu mente. Y es que esta es una técnica de condicionamiento mental, una muy útil para cambiar de perspectiva. A través de ella se puede vencer cualquier mal hábito, incluyendo el de pensar en exceso.

Es muy sencillo llevar a cabo esta técnica, solo tienes que, cada vez que un pensamiento intrusivo negativo aparezca en tu mente detenerte un momento en analizarlo, y, en buscar un pensamiento positivo que lo pueda contrarrestar. Hecho esto deberás repetir el pensamiento positivo en tu mente o en voz alta hasta acallar el pensamiento negativo que apareció sin permiso solo para hacerte sentir mal o llenarte de negatividad.

Supongamos que los pensamientos intrusivos negativos que aparecen en tu mente son los siguientes: *"En la entrevista de trabajo de mañana me irá muy mal"*, *"Seguramente irán a la entrevista personas más capacitadas que yo y les darán el trabajo"*, *"Iré a pasar vergüenza a la entrevista, ¿y si mejor no voy y me evito el mal rato?"*

Como portero de tu mente, al analizar este hilo de pensamientos no te quedarán dudas de que se trata de pensamientos que no te conviene alentar, que solo te preocupan y te colman de negatividad ¿Cierto? Son pensamientos que no suman en nada y que, en esa situación determinada solo te estarían alentando a perder la oportunidad de encontrar un nuevo empleo.

¿Cómo podrías contrarrestarlos?

Los pensamientos positivos que podrías usar con ese fin podrían ser, en este caso, los siguientes: *"Estoy suficientemente preparado para el cargo que están buscando en esa empresa así que las probabilidades de que me contraten son amplias"*, *"Sé que puedo hacerlo bien en la entrevista de trabajo"*, *"Me irá bien en la entrevista y me darán el empleo"*, *"Estoy capacitado para el cargo que buscan, tengo los conocimientos y habilidades que se requieren"*.

Se advierte del ejemplo anterior que la forma de contrarrestar pensamientos negativos es con pensamientos positivos que por su naturaleza contradigan completamente los pensamientos negativos de un principio, los pensamientos negativos intrusivos... *"Me irá mal en la entrevista"*, se contrarresta y transforma completamente por el pensamiento *"Me irá muy bien, puedo hacerlo"*.

Tendrías que repetir el pensamiento positivo contrarrestante cada vez que aparezca el negativo en tu mente e incluso, varias veces en el día aún, cuando el pensamiento negativo no aparezca por un rato, el que te deje en paz un rato no significa que se ha acallado, no le permitas recobrar fuerzas. Ideal sería que contrarrestaras tu o tu pensamientos negativos al levantarte y antes de ir a dormir, además de siempre que ese o esos pensamientos pasen por tu mente.

¿Por qué esta técnica tan sencilla podría ayudarte?

Es válido hacerse esta pregunta.

El origen del pensamiento negativo que sea que aparezca a torturarte con seguridad es una idea arraigada en tu subconsciente. Es una idea que crees correcta, estás convencido de que ese pensamiento negativo es real, o, de que lo peor ante X situación puede pasar, etc., por ello, si repites un pensamiento positivo que lo contrarreste, calmarás a tu subconsciente y eso acallará tus pensamientos repetitivos, pero, eso no es lo mejor. Lo mejor es que, recurriendo a esta técnica constantemente con el tiempo convencerás a tu subconsciente, transformarás tu creencia negativa en positiva, sea esta cual sea. Y, esto ocurre porque el subconsciente no analiza la información que recibe, la parte subconsciente de tu mente no descarta como real o falso un pensamiento (Es neutral).

Si tú repites que eres pésimo socializando tu mente subconsciente se lo creerá y, en consecuencia, ante un evento en el que tengas que socializar estarás aterrado pensando lo peor, si te convences, por el contrario, que eres capaz de socializar tu subconsciente lo creerá y te evitarás el miedo ante una actividad social, sin la parálisis del miedo lo más probable es que empieces a mejorar tus habilidades sociales...

Por eso esta es una técnica de condicionamiento mental, te puede ayudar a cambiar la perspectiva de tu mente, condicionándola con los pensamientos positivos que tú desees, te puede ayudar a cambiar cualquier creencia limitante o negativa que te haga preocuparte de más y, que sea normalmente la causante de que pienses en exceso, puede ayudarte a librarte de toda negatividad...

Mi recomendación es que escribas los pensamientos negativos que normalmente vienen a tu mente y que, basado en ellos crees una lista de pensamientos positivos con los que los puedas contrarrestar. Así podrás recurrir a tu lista y repetir pensamientos que contrarresten la negatividad en tu mente y que te ayuden a condicionar esta de forma que te favorezca. Aunque, en todo caso, si llegan a tu mente pensamientos negativos que no tengas en tu lista, siempre podrás tomarte un momento en idearte como contrarrestarlos.

De lo que no debes cansarte es de contrarrestar los pensamientos negativos que lleguen a tu mente, bombardeándolos con pensamientos positivos porque, antes de lo que creas, el hecho de repetir pensamientos positivos convencerá a tu mente de lo positivo y alejará lo negativo. Y es que la repetición es una técnica de reestructuración cognitiva, tema que se tratará más adelante.

IDENTIFICANDO TUS PENSAMIENTOS NEGA-
TIVOS

Para llevar bien a cabo la técnica anterior y muchas otras que se irán describiendo durante el desarrollo de este escrito es absolutamente necesario que identifiques tus pensamientos negativos. Puede resultarte sencillo, se tratarán de esos pensamientos que te torturan y te roban la paz, que se pasean una y otra vez por tu mente y te producen angustia... Pero ¿Qué pasa si no te es tan sencillo identificar tus pensamientos negativos recurrentes?

No te preocupes.

Lo que debes hacer en ese caso es disponer de un poco de tu tiempo para analizar lo que te preocupa, o, qué tipo de negatividad ronda por tu mente.

Identifica primero la situación, piensa en el por qué te has angustiado o, te ha invadido alguna otra emoción negativa.

Supongamos que se acerca un examen final en tu universidad muy importante, uno que, puede decidir si repruebas una materia o si no. Esa probablemente es la situación que te angustió o que te hizo sentir mal ¿no lo crees?, sería lo más lógico.

Identificada la situación tendrías que analizar los porqués ¿Por qué tal situación te preocupa, te causa angustia o algún tipo de malestar?

En el caso del ejemplo anterior las razones pueden ser variadas:

☐ Has procrastinado mucho el estudio y te queda muy poco tiempo para prepararte.

☐ Crees que eres realmente malo en esa materia particular.

☐ Por cualquier razón, no te crees capaz de aprobar...

La razón que descubras esconderá el pensamiento negativo al que deberías hacerle frente.

¿Por qué ese pensamiento es negativo?

Puede resultarte útil, además, para comprobar si has descubierto verdaderamente el origen de la negatividad que estás experimentando pregúntate qué emoción ha despertado en ti el pensamiento particular que has descubierto tras analizar la situación que desencadenó tu malestar.

¿Angustia? ¿Frustración? ¿Culpa?

Sea la emoción que sea que despierte en ti un pensamiento particular, te perjudicará si es negativa. Al analizar esto te darás cuenta de lo necesario que es mermar o acallar ese pensamiento en pro de recuperar tu tranquilidad o bienestar. Esto es importante porque, teniendo presente cuánto daño te hace un pensamiento tendrás más motivación para alejarlo o combatirlo.

Siempre que sientas angustia o alguna emoción negativa, autoanalízate, busca el causante, identifica tu pensamiento negativo porque ello te ayudará a poder contrarrestarlo o hacerle frente eficazmente.

Has cosas que te gustan

En dedicar tiempo a actividades que te gustan se halla otra clave para alejar de tu vida y mente, toda negatividad.

Cuánto placer se experimenta cuando uno hace algo por mero gusto ¿No lo crees? ¿Cómo eso no va a ayudarte, motivarte, ayudarte a dispersar lo negativo?

Ejemplo claro de lo positivo que es hacer cosas que nos gustan es el paso del tiempo. Cuando hacemos algo que nos gusta no notamos el paso del tiempo si quiera, nuestra mente está absorta y totalmente motivada en lo que estamos haciendo. No se puede decir lo mismo cuando tenemos que hacer algo que no nos gusta, el tiempo se pasa, a nuestra perspectiva, más lento, no podemos esperar que acabe, sentimos tanta angustia si es algo que verdaderamente nos desagrada.

Los quehaceres y responsabilidades de la vida van haciendo a las personas dejar de lado sus aficiones y entretenimiento. Entre la angustia y el malestar general que produce el pensamiento excesivo seguramente te has olvidado de ti, de las cosas que te gustan, pero, para alejar la negatividad de tu vida debes retomarlas.

Nada como una tarde haciendo algo que ames hacer, para sentirte bien y relajarte y, eso es lo que necesitas, actividades que te produzcan bienestar y que alejen tu mente de la negatividad. Puede tratarse de cualquier cosa, pintar, bailar, salir de viaje, repostería, leer, escribir, inscribirte en ese curso que has estado postergando, un deporte...

¿Qué te gusta hacer que hace tiempo no haces?, es hora de que prepares un poco de tiempo en tu calendario para tu entretenimiento y diversión.

¿Qué actividad disfrutas más que nada en este mundo? Practícala en tu tiempo libre.

Hacer actividades que te gusten será un bálsamo para tus angustias, para tus emociones negativas... Te será provechoso, te ayudará a alejar tu mente de toda negatividad... No te prives de estas actividades, has tiempo para ellas de vez en cuando, tú salud así lo requiere y es algo que mereces.

No se puede hablar de alguien verdaderamente feliz que se prive de lo que le gusta, pero, los que hacen lo que les gusta, son felices.

Pasa tiempo con tus seres queridos

Del mismo modo que en el apartado anterior, entre la angustia, la negatividad y la vida ajetreada se va dejando de lado el tiempo en familia, con amigos, con seres queridos... Y, lo cierto es que pasar tiempo ameno con las personas que aprecias tiene el mismo efecto en la mente que una actividad relajante.

Date tiempo de compartir con los que amas en tu proceso de alejar tu negatividad, permítetelo. Haz una cena e invita a tus familiares, invítalos de paseo, lo que sea, lo que quieras... Verás como algo tan sencillo traerá luz y calma a tu vida.

Practica la Risoterapia

Con cuanta frecuencia las emociones negativas producidas por la tendencia a pensar en exceso hacen que las personas se olviden de sonreír ¿Cuándo fue la última vez que hiciste algo solo por provocar tu risa?

Con tu mente sumida en pensamientos negativos, con total certeza, reír no es de tus prioridades, pero, bastante puede ayudarte.

La risa es contraria a la negatividad, la risa puede liberarte de tensiones, relajarte, alejar emociones perjudiciales (Así como pensamientos que causen esa clase de emociones) ... Por eso parte de tu camino para liberarte del pensamiento excesivo y alejar la negatividad de tu vida debe ser "Reír", participar en actividades que te hagan reír de vez en cuando...

Puede tratarse de cualquier cosa, una tarde de películas de comedia, una salida con amistades extra alegres, cantar, leer chistes, jugar (¿Por qué no? Es positivo consentir a nuestro niño interior de vez en cuando)... Lo que sea siempre y cuando la intensión sea solo reír y pasar un momento agradable.

Es contrario a todo bienestar dejar el entretenimiento y la risa a un lado, no lo hagas.

Practica la gratitud

Hacerse consciente de las innumerables razones que uno tiene para sentirse agradecido es otra forma de alejar la negatividad.

Normalmente las personas más negativas, pesimistas y ansiosas se han olvidado de la gratitud. Comúnmente se centran tanto en lo negativo que se vuelven ciegas a lo positivo que tienen en su vida, todas aquellas cosas por las que deberían de sentir gratitud, por lo que poner en práctica la gratitud en su día a día les ayudará a recordar lo positivo que habían estado ignorando, lo que ayudará a su vez, a que su mente no se centre solo en lo negativo.

La gratitud es poderosa, hacerse consciente de que hay tanto por agradecer puede alejar la negatividad de la vida, hacer que te des cuenta de que la vida es increíble en todos sus matices, de que pase lo que pase hay muchas bendiciones en tu existencia, te permitirá tener una perspectiva más favorable y optimista del mundo y de la vida en sí misma...

Dispón de un poco de tu tiempo para elaborar un listado de todas las cosas que despiertan en ti, gratitud. Escribe todas y cada una: Estar vivo, estar sano, tener una familia que te ama, la existencia de aquello que te apasiona, contar con un hogar que te sirve como refugio, tener trabajo o medio de sustento...

Para librarte de lo negativo es importante que te hagas consciente de cuáles son esas cosas positivas en tu vida que te hacen una persona bendecida. Si piensas que no hay nada, debes indagar más allá, tomarte un tiempo libre para analizar tus bendiciones personales, porque, hay bendiciones en tu vida, aunque, creas en este instante que no. Lo puedo decir con total seguridad porque una de esas bendiciones es nada más y nada menos que te encuentres leyendo esto en este instante, lo que quiere decir que estás vivo y, el simple hecho de estar vivo ya es un milagro porque brinda un sinfín de oportunidades que con la muerte se pierden ¿Cómo no estar agradecido por la vida?

Si estás rodeado de personas que te quieren y que amas, ya eso es algo que te hace una persona bendecida, si gozas de salud eres más bendecido que muchos que no lo hacen, si amas ver el atardecer y, puedes hacerlo de vez en cuando eso es una bendición.

Analiza tus grandes y pequeñas bendiciones, tus logros, los días más especiales que has experimentado, hasta las cosas materiales que te sientas agradecido de tener... Todo vale mientras sientas gratitud.

Leyendo tu listado de gratitud personal todos los días no te olvidarás de ninguna de esas bendiciones que aportan luz a tu vida. Lo importante de todo esto es que todos los días te recuerdes las cosas que te hacen sentir agradecido para poder encaminarte y lograr tu objetivo de vencer la negatividad. Las cosas por las que sientes gratitud te darán motivación para seguir avanzando en tu camino por alejar la negatividad...

En los momentos en que te sientas más desanimado no olvides recurrir a esa lista, será un bálsamo, ya lo verás.

Cada vez que te ocurra algo más que te haga sentirte agradecido agranda tu lista. Mientras más bendiciones tengas presentes, mejor.

Afirmaciones positivas

La técnica de las afirmaciones positivas es muy útil para alejar de la mente lo negativo. Se trata de una técnica que te ayudará a mermar los efectos de cualquier pensamiento negativo o, a alejar la propia negatividad de tu mente.

Tu mente concebirá como real aquello que afirmes con fe porque, el subconsciente recibe toda la información que se le da sin contrariarla, tal y como se ha expuesto en líneas previas (Tema que se profundizará en líneas subsiguientes). En ese sentido, así como pensar que no eres suficiente puede hacerte sentir triste e insuficiente, o, pensar que lo peor puede ocurrir te hará sentir ansioso o preocupado, afirmar en positivo te llenará de emociones positivas. Te ayudará a calmar a tu mente cuando un pensamiento repetitivo o un hilo de pensamientos desfavorecedores la estén atormentando o, sencillamente, a empezar el día a día o, abordar una situación de manera más optimista.

Convertir la técnica de las afirmaciones positivas en un hábito puede ayudar a un pesimista a volverse más optimista, a una persona con tendencia a la angustia a adquirir un nivel de calma, a vencer malos hábitos...

Al comenzar el día y, ante cualquier indicio de negatividad en tus pensamientos, repite las afirmaciones positivas que más te convengan. En caso de que quieras acallar un mal pensamiento como por ejemplo: *"Seguramente me irá terrible"*, tus afirmaciones positivas pueden ser las siguientes: *"Será un día maravilloso, todo me saldrá bien"*... En caso de que tu mente trate de convencerte de que no eres suficiente, puedes usar afirmaciones positivas como las siguientes para convencer a tu mente de lo contrario: *"Soy suficiente"*, *"Puedo con todas mis responsabilidades"*, *"Soy del tamaño del problema que se me presente"*, *"Soy inteligente"*, *"Soy una persona maravillosa"*.

Puedes elaborar un listado de las afirmaciones positivas de las que quieras impregnar tu mente: *"Será un día increíble"*, *"Sabré lidiar con cualquier problema que se me presente"*, *"Soy muy diligente y por eso todo saldrá bien"*, *"Las personas que encontraré serán amables"*, *"Siempre recibo amabilidad de parte de los demás"*.

No son engaños, son afirmaciones que te ayudarán a ver el mundo desde una perspectiva positiva en lugar de con pesimismo, lo cual nunca será favorecedor.

Las afirmaciones positivas se parecen mucho a la técnica explicada anteriormente para contrarrestar tus pensamientos negativos y condicionar tu mente pero, en este caso no estarás luchando por contrarrestar un pensamiento negativo, aunque te pueden servir las afirmaciones para ello, pero, ellas pueden llenarte de emociones y vibras positivas en general por lo que deberías repetirlas al inicio del día, en la tarde, antes de dormir, siempre que quieras y a diario y no solo cuando lo necesites porque un pensamiento esté invadiendo tu mente.

Las afirmaciones positivas son poderosas. Comienza este buen hábito y no lo abandones jamás. Te será muy favorable. Cambiará tu vida, ya lo verás.

La técnica de la visualización

Al igual que con las afirmaciones, lo que visualices en tu mente a consciencia, tu mente lo concebirá real, lo interpretará como real... El subconsciente no puede diferenciar como falsas las imágenes mentales producto de la imaginación, las concibe como reales y, es por eso que puedes convencer a tu mente de lo que quieras por intermedio de esta poderosísima técnica.

¿En qué consiste la técnica de la visualización? Llevarla a cabo es tan sencillo como que cierres los ojos y des rienda suelta a tu imaginación, creando un escenario en tu mente tan positivo como quieras. Es por eso que esta es otra técnica que puede ayudarte a alejar la negatividad. Por supuesto, con tu problema de pensamiento excesivo puede que te cueste concentrarte y llevar a cabo esta técnica, especialmente si nunca has recurrido a ella, pero, si optas por relajarte antes de practicarla sin lugar a dudas, lo lograrás.

No existe una forma correcta o incorrecta de practicar esta técnica, no obstante, recomendaría lo siguiente: Que busques un lugar tranquilo, tu habitación o cualquier lugar donde puedas relajarte por un rato sin sufrir interrupción, en ese lugar tendrías que ponerte cómodo, y, cerrar los ojos. Si puedes recurrir a técnicas de relajación sería excelente, por ejemplo, que coloques música clásica, enciendas un incienso, controles tu respiración, inhales, retengas el aire, exhales y repitas hasta que te sientas relajado. A partir de ese punto podrás empezar a imaginar, a crear imágenes mentales favorecedoras...

¿Qué imágenes puedes crear?

Puedes imaginar lo que sea, siempre que sea positivo. Te conviene ya saber qué imaginar antes de practicar la técnica, por ejemplo, puede tratarse de tu día ideal. Tú levantándote con buenos ánimos, llegando al trabajo, empezando y terminando sin inconvenientes... En caso de que te preocupe algo, por ejemplo, si te preocupa cómo te irá en un discurso podrías visualizarte dando el mejor de los discursos, siendo halagado y aplaudido por los presentes, sonriendo y hablando con seguridad...

¿A qué te ayudará esto?

A convencer a tu mente de que te irá bien, de que puedes hacer algo que normalmente temerías hacer, a acallar pensamientos fatalistas.

Si tu mente había estado dándole vueltas al peor de los escenarios visualiza el mejor. Combate la negatividad imaginando... Toma el poder, convence a tu mente.

Como con otras técnicas de condicionamiento mental si recurres a la visualización a diario podrás convencer a tu mente de lo que sea y colmarte de positividad.

Lo que imagines te colmará de emociones. Así como pensar que todo saldrá mal te llenará de preocupación, imaginar lo contrario te hará sentir más seguro, más optimista, más positivo, mejor.

Esta es otra de las técnicas que puede cambiar tu vida si la conviertes en un hábito. Más adelante se profundizará mucho más sobre esta increíble técnica, por ende.

Has tiempo para técnicas relajantes

Si el estrés y emociones como la ansiedad son las que están contribuyendo a que tu mente y vida se llenen de negatividad debes saber que tienes la opción de recurrir a muchas actividades y técnicas relajantes que pueden alejar esa negatividad y colmarte de paz mental y bienestar.

Cuando en la mente hay paz mental el cuerpo también se siente bien y el bienestar es general. Son necesarias las actividades relajantes más en la vida moderna donde el estrés suele reinar.

Aleja de tu vida la negatividad haciendo un hábito realizar actividades relajantes. Dale prioridad a esto si tu vida es especialmente ajetreada.

¿Cuáles actividades pueden ser?

- ☐ La meditación: En líneas subsiguientes se profundizará este tema, no obstante, debes saber que la meditación es la técnica de relajación por excelencia,

- ☐ Disciplinas como el Yoga o el Pilates (Sus propiedades relajantes han sido avaladas por la ciencia)

- ☐ El contacto con la naturaleza (La serenidad de la naturaleza se transmite a la mente y al cuerpo)

O sencillamente cualquier actividad que te colme de serenidad y paz: Pintar, nadar, bailar, la musicoterapia... Cualquier actividad de entretenimiento o hobbie que te encante te ayudará a relajar tu mente.

Date un descanso de personas negativas

Las personas de las que te rodeas influyen en cómo te sientes y a veces en tu propio comportamiento o actitud.

¿Cómo podrías alejar la negatividad conviviendo todo el tiempo con personas pesimistas y ansiosas que te compliquen ver el lado bueno de las cosas y te contagien su angustia? No podrás.

No se trata de cortar todo lazo, no es necesario, pero, en tu camino hacia la sanación, mientras aún no puedas controlar tus emociones ni hayas vencido el mal hábito de pensar en exceso compartir demasiado con personas con tendencia al pesimismo y a la ansiedad interferirá en tu proceso de transformación.

Supongamos que luego de algunos esfuerzos logras acallar esa voz interna que te hace pensar en exceso y, justo entonces te reúnes con alguien en extremo pesimista que te recuerda aquellas cosas que más temes: *"Escuché que harán recorte de personal, tal vez perdamos el trabajo"*, *"Puede ser que la inflación crezca en los próximos meses"*, *"Creo que lloverá y se nos arruinará el día"* ¿Qué crees que pasaría en ese caso?, lo más probable es que tu voz interior vuelva para atormentarte y, que tus esfuerzos anteriores se vean desperdiciados.

Date un descanso de este tipo de personas mientras vences el mal hábito de pensar en exceso y, si está dentro de tus posibilidades rodéate, en su lugar, de gente que sume a tu vida, de personas alegres y optimistas que te recarguen las pilas, pues, así como unos pueden contagiarte de pesimismo otros pueden contagiarte una perspectiva más alegre de ver el mundo y, esto es lo que te conviene.

Dicen que los exitosos solo se rodean de exitosos, tú en ese caso debes rodearte preferiblemente de optimistas.

Date un descanso de las "noticias matutinas"

Una práctica poco favorecedora tanto para personas negativas y ansiosas como para personas que como tú, desean vencer el pensamiento excesivo es la de ver o leer matutinamente noticias, especialmente las relacionadas con "sucesos" que, tienden a ser desgarradoras y por supuesto, negativas.

Está bien querer estar informado, pero, si las noticias te colman de negatividad o, te provocan pensamientos excesivos que te llenan de angustia, entenderás que no te conviene. Deja de impregnar tu mente de esas cosas desgarradoras que suceden y que, en realidad, tú no puedes cambiar o al menos, date un descanso de este tipo de noticias en pro, de recuperar la positividad en tu mente y vida.

Combate tu tendencia al perfeccionismo

Si el origen de tu hábito de pensar demasiado es la necesidad de perfeccionismo y control te será provechoso y te ayudará a alejar la negatividad, equivocarte adrede o, en su defecto, hacer cosas que sabes que no se te dan muy bien.

¿Por qué no? Inténtalo. Te ayudará a darte cuenta de que no hay nada malo en no ser perfecto, a vencer la rigidez y la necesidad de control si estas te caracterizan y te están perjudicando en tu vida por ser desencadenantes de tu tendencia a pensar demasiado.

Asiste a una bailoterapia, aunque consideres que naciste con dos pies izquierdos, pinta un cuadro, aunque jamás lo hayas hecho y exista una amplia probabilidad de que el resultado deje bastante que desear, envía ese correo con un pequeño error ortográfico oculto, omite tan siquiera un acento en una palabra... Lo que sea, siempre y cuando se trate de algo que te aleje de tu zona de confort y de tu posibilidad de tener todo el control como te gusta.

Planificar las cosas es una opción excelente para que salgan bien, pero, mientras vences tu tendencia al perfeccionismo perjudicial no planifiques hasta el último detalle antes de realizar alguna actividad. Al menos permítete no planificar tan minuciosamente actividades que realmente no requieran un resultado excesivamente esmerado.

También te será de provecho darle a cada cosa que tienes que hacer un nivel de prioridad y, esforzarte al máximo solo en las actividades que así lo requieran, pudiendo delegar o dejar para después actividades que no sean de tanta prioridad.

Tal vez leyendo esto pienses que no puedes hacerlo. Sí puedes soltar si te lo propones, sí puedes delegar, posponer, no planificar tanto y vencer tu tendencia al perfeccionismo si te lo propones, te conviene, inténtalo y verás que sí podrás. Lo importante es que lo intentes, que pases a la acción, aunque te sientas inseguro, pues, muy probablemente de esa forma te sentirás.

Mejora tu autoestima

Es posible que tu tendencia al pensamiento excesivo se deba a falta de autoestima, a una baja tolerancia al rechazo que te induzca a temer al fracaso y a pensar siempre en lo peor.

Si tu concepción sobre ti mismo es pobre constantemente tu voz interior te estará atormentando con pensamientos como *"No soy suficiente"*, *"No podré hacerlo"* ... Y similares, y, eso te llevará a pensar siempre en lo peor, a pensar demás cuando tengas que afrontarte a alguna situación que te preocupa, o, de la que no te creas capaz...

"Seguramente no lo haré bien ¿Qué pasará entonces?", *"Posiblemente me rechacen porque yo no soy agradable, ¿Qué haré?"*, *"¿Y si me*

quedo solo?"... Esos son ejemplos de pensamientos recurrentes negativos que suelen invadir la mente de las personas con baja autoestima. Además, un signo característico de la baja autoestima es sentir que en todo momento todo el mundo está evaluándote como persona ¿Cómo liberarse de la presión de ese modo? ¿Cómo tener paz mental y alejar la negatividad? Difícilmente.

¿Es tu autoestima baja?

Lo es sí:

☐ Te subestimas constantemente. Ante los retos que se te presentan, difícilmente te sientes capaz.

☐ Auto-exigencia elevada: Siempre quieres hacer todo excelente y constantemente te culpas por no lograr hacer las cosas tan perfectas como querías.

☐ Te sientes insuficiente e incompetente.

☐ Te importa en exceso lo que piensen de ti

☐ Te abruman miedos relacionados con tu necesidad de ser aprobado: Miedo al rechazo social, miedo al fracaso...

Si parte de tu problema de pensamiento excesivo deriva en una mala autoestima deberás trabajar en mejorar el concepto que tienes de ti mismo en tu camino a vencer el pensamiento excesivo.

Aprende a quererte. Tu pobre concepción de ti mismo solo se debe a creencias que has dejado adentrarse en tu mente, lo que piensas en negativo de ti no es la realidad. Cambia esa concepción de ti mismo, sé más amable y realista cuando te evalúes a ti mismo y te darás cuenta de la persona maravillosa y capaz que se halla dentro de ti. No hay ser humano que no sea maravilloso y capaz, TÚ NO ERES LA EXCEPCIÓN.

El tema de la autoestima es tan amplio que ahondar en él demasiado requeriría de otro escrito, de un libro totalmente dedicado a dicho tema, pero, a continuación, se resaltarán los métodos básicos para mejorar la autoestima. Sigue estos consejos y lograrás mejorar tu concepción de ti mismo y adquirir la confianza que necesitas para brillar en tu vida, lo que también contribuirá a que dejes atrás el pensamiento excesivo que te atormenta:

Hazte consciente de tus virtudes y logros

Una baja autoestima hará que tengas prácticamente ojos ciegos ante tus virtudes y logros porque lo que resaltará en tu mente y tomarás en cuenta serán tus defectos y fracasos, por eso, una forma de combatir la baja autoestima y, aumentar tu amor propio o estima propia es hacerte consciente de que, tienes también virtudes, y, de que has logrado muchas cosas, es decir, que también eres capaz.

Descubre tus virtudes y logros, deja de cegarte a ellos.

¿Cómo descubrir cuáles son tus virtudes?

Tendrás que transitar por el camino del autoconocimiento. Autoevalúate, tómate un tiempo para pensar en tus virtudes. Busca un listado de ejemplos de virtudes por internet y elije 5 de las virtudes que reconozcas que tienes:

¿Eres amable? ¿Eres generoso? ¿Eres sincero? ¿Eres trabajador? ¿Eres responsable? ¿Eres puntual? ¿Eres leal? ¿Eres paciente?

No hay ser humano en el mundo que no cuente con virtudes, tú también gozas de virtudes, descubre cuáles son.

Para ayudarte a descubrir tus virtudes también puedes preguntarles a tus personas más cercanas. Al tener baja autoestima tú probablemente te hayas vuelto ajeno a las mismas, pero no tus personas más cercanas.

Cuando hayas descubierto tus virtudes, escríbelas.

Por otro lado, has también un listado de los logros de toda tu vida, escríbelos: Cuando te graduaste, cuando aprendiste aquella habilidad, cuando lograste por fin socializar a pesar del miedo que sentiste. Todos tus logros, desde el más pequeño hasta el más grande resáltalo en este listado.

La idea es que lo leas a diario para que no te olvides ni de tus virtudes ni de tus logros.

No dejes a tu mente convencerte de que no eres especial y maravilloso, lo eres.

Vence el hábito de compararte

Si tu autoestima es baja muy probablemente te suelas comparar todo el tiempo con los demás. Tendrás que dejar eso atrás tanto para lograr el propósito de alejar la negatividad de tu vida como para mejorar tu autoestima.

¿Te hace algún bien compararte con otros? Sabes que no ¿Cierto? Muy probablemente cuando lo haces te subestimas. No encontrarás tus propias virtudes y lo capaz que eres en alguien ajeno a ti. Esa persona en la que te comparas puede tal vez ser increíble en X cosa y tú no, tú eres increíble en otras y eso es perfecto.

Todos tenemos nuestras diferencias, habilidades individuales, virtudes individuales... Nadie es perfecto, ni 100% hábil, ni 100% sabio. Esa persona con la que te comparas y que te parece perfecta y te hace preguntarte por qué tú no lo eres o juzgarte, tiene defectos, ha fallado, tiene matices grises puedas verlos o no... No hay ser humano sin defectos como no hay ser humano sin virtudes.

Aprende a valorarte como eres y, si vas a compararte con alguien que sea solo con tu propio yo de ayer, con tu versión pasada, solo con la intensión de ir avanzando y mejorando tu propio ser.

Cada vez que te adviertas comparándote, para, oblígate a detenerte, centra tu mente en otra cosa, en cualquier otro hilo de pensamientos.

Pide a tus seres queridos o personas cercanas que te hagan notar cuando te estés comparando. Si es un hábito para ti posiblemente a veces no lo notarás, pero, con ayuda de tus seres cercanos podrás notar cuando estés por compararte y evitarlo.

Lo importante es que logres dejar de compararte, solo te trae sufrimiento y negatividad, nada aporta para tu desarrollo personal ni para mejorar tu autoestima así que ¿Por qué seguir haciéndolo? Comprométete en dejar de hacerlo.

Solo imponte metas realistas (Evalúa las metas que te has propuesto alcanzar)

Una parte de tu baja autoestima puede deberse a que tengas la costumbre de imponerte metas poco realistas y no alcanzables.

Si te fijas metas poco posibles de cumplir y, hasta humanamente imposibles de cumplir, no podrás cumplirlas obviamente, y, al no hacerlo aumentará tu nivel de baja autoestima porque te juzgarás por no haber podido realizar eso que te habías propuesto.

Si realmente nunca tuviste oportunidad de cumplir esa enorme auto-exigencia ¿Te parece justo ser duro contigo o juzgar tu capacidad en base a esa meta que no podrías cumplir ni esforzándote y dando todo de ti? No es justo, esto es algo que debes evitar y, logrando evitarlo y procurando fijarte metas posibles y realistas no solo evitarás dañar tu autoestima en procura de mejorarla, sino que también alejarás posibles pensamientos negativos que invadan tu mente producto de auto-juzgarte por no cumplir tus objetivos, producto de algún sentimiento de culpabilidad sin razón de ser. Estarás beneficiándote el doble...

Hazte consciente de si las metas que te propones cumplir son alcanzables y posibles. Evalúalas siempre que te las propongas alcanzar. Lo que sucede normalmente es que hay tendencia a fijarse metas sin evaluarlas con detenimiento. Hazlo de ahora en adelante. Siempre que te propongas un nuevo objetivo evalúalo, pregúntate si es posible humanamente y, analiza si cuentas con los recursos para lograr ese objetivo en el tiempo en que te lo hayas propuesto lograr.

Supongamos que una de tus metas es bajar de peso. No sería humanamente posible que te propusieras bajar 20 kilos en una semana, como tampoco sería humanamente posible que te propusieras escalar una gran montaña si no has tenido preparación previa.

Bajar 20 kilos te sería posible, pero, no en un corto período de tiempo, al menos sin recurrir a una cirugía y sin enfermarte. Escalar una gran montaña te sería posible, pero no sin preparación, se requiere entrenamiento, aumento de la resistencia, experimentar con montañas más pequeñas...

Dispón de un tiempo para evaluar tus metas. Se puede soñar en grande, puedes proponerte cualquier meta a alcanzar y seguro la alcanzarás, pero progresivamente. Si tu sueño o meta es muy grande divídelo en metas más pequeñas en lugar de enfrascarte en tratar de lograr algo grande de una vez y terminar frustrándote y juzgándote de incapaz.

Acepta cumplidos

Alguien con baja autoestima difícilmente acepta un cumplido sencillamente porque no cree, ser merecedor de ellos. Si tienes la costumbre de subestimarte o hacer pequeños los cumplidos que te hacen, deja esa actitud atrás. MERECES TODOS Y CADA UNO DE LOS CUMPLIDOS QUE TE HAGAN. Así que, en tu camino por mejorar tu autoestima y alejar de tu vida la negatividad, a partir de ahora siempre que te den un cumplido muerde tu lengua ante la tentación de decir algo como: *"No fue nada"*, y, en su lugar, di "gracias".

Al agradecer los cumplidos que te hagan estarás aceptándolos y, al aceptarlos te estarás concibiendo merecedor de ellos. Ello influirá mucho en tu autoestima, ya te darás cuenta del cambio apenas comiences a aceptar los cumplidos que antes hacías inferiores. Estarás dándote tu valor.

Encontrarás resistencia, a veces no te darás cuenta de que estás rechazando un cumplido, por eso sería conveniente que le hablaras a tus personas más cercanas sobre tu deseo de comenzar a aceptar los cumplidos a partir de ahora. De esa forma tus personas cercanas podrán hacerte ver cuando estés rechazando un cumplido y no te hayas dado cuenta, será un gran apoyo para ti.

Afirmaciones positivas

Decirte y repetirte cosas bonitas sobre ti mismo tendrá un poderoso efecto en tu mente.

Puede que tu baja autoestima no te deje apreciarte. El hecho mismo de que tengas baja autoestima habla de que tu mente está convencida de que tienes poco valor, pero, eso puede cambiar con ayuda de las afirmaciones positivas, poderosa técnica de la que se ha explicado antes.

Afirmando continuamente, usando frases positivas sobre tu persona influirás en las creencias de tu subconsciente, convencerás a tu mente y, te abrirás paso a mejorar tu autoestima de una vez por todas, recuerda que tu mente concibe real aquello que te repites.

Ejemplos de afirmaciones a las que puedes recurrir con el propósito de subir tu autoestima:

"Soy maravilloso", "Soy suficiente", "Soy capaz", "Soy digno", "Merezco amor", "Me amo", "Soy amado", "Soy digno de ser amado".

Regálate tiempo y cariño

Las personas con baja autoestima rara vez se dan muestras de cariño, por eso, empezar a darse cariño y regalarse tiempo mejora la autoestima.

Consiéntete de vez en cuando: Arréglate no para la ocasión ni para nadie más que para ti, como a ti te guste, ve a ese spa, cómprate eso que tanto te gustó y que te has estado negando por considerar que es innecesario, regálate ese chocolate... Demuéstrate dedicándote tiempo y con acciones, que te quieres. TODO EL AMOR QUE TE DEDIQUES LO

MERECES Y TE AYUDARÁ A ALEJAR DE TU VIDA LA NEGATIVI-
DAD.

MAPA INTERIOR DE LA REALIDAD

Probablemente conozcas lo que es el término PNL o te has topado con él leyendo, ya que se trata de un término muy difundido que hace alusión a un área del saber humano que estudia el comportamiento de las personas y sus bases y que, está repleta de respuestas sobre cómo pensar, actuar y sentir de manera sana y efectiva, sobre cómo cambiar patrones de pensamiento perjudiciales, hábitos limitantes, mejorar la comunicación y lograr un desarrollo personal productivo mediante el desarrollo de habilidades cognitivas, inteligencia emocional y más. Es la programación neurolingüística, aplicable hoy en día en la educación, sector empresarial, ventas, desarrollo personal y mucho más con el objeto de mejorar las habilidades comunicativas, cognitivas y de otras índoles que faciliten el logro de objetivos diversos.

El hecho es que muchas técnicas de la Programación neurolingüística te ayudarán a dejar de pensar tanto porque precisamente esta disciplina es eficiente para reprogramar el cerebro y superar toda clase de ansiedad, bloqueos, limitaciones... La PNL te será útil porque te ayudará a tranquilizar tu mente de toda preocupación o miedo que tienda a hacerte darle muchas vueltas a las cosas, o, de cualquier patrón de comportamiento o pensamiento que te perjudique.

Es de la PNL que nació el mapa del interior de la realidad, término que puede ayudarte a solucionar tu problema de pensar demasiado.

¿Y qué es el mapa interior de la realidad?

En PNL a la realidad se le conoce como territorio, lo que quiere decir que tú realidad es tú territorio

¿Por qué?

¿Te has preguntado alguna vez porqué hay personas que ven un vaso con líquido hasta la mitad como medio lleno y otras lo ven como medio vacío? Eso tiene que ver con su percepción de la realidad. Para el que ve el vaso medio lleno, esa es su realidad; para el que lo ve medio vacío, esa es su realidad... Y ambas son realidades verdaderas.

Si le preguntas a alguien cuál es el mejor medio de transporte para trasladarse por la calle y te dice un auto, esa será su realidad, la percepción que tiene esa persona de la realidad es que los autos son mejores medios de transporte que otros como, por ejemplo, un autobús o una motocicleta, pero, otra persona puede opinar que la motocicleta es el mejor medio de transporte, incluso mejor que un auto, y, probablemente tenga buenas razones para pensar así basándose en su propia experiencia. Ambas opiniones estarán motivadas por la percepción de realidad de estas personas, a sus experiencias, creencias, pensamientos.

Una realidad absoluta no suele existir, salvo con hechos comprobados científicamente, de resto, la realidad, la forma en que la gente concibe la realidad en su día a día está condicionada por muchas cosas: Por la educación que le inculcaron, por experiencias vividas, por creencias y hasta por el estado mental.

Ante un despido tú y otra persona pueden actuar completamente distinto y eso, estará basado en su mapa interior de la realidad, en creencias, educación adquirida, experiencias, etc.

Si tú concibes el despido como un fracaso total, como una desgracia... Así será, así lo percibirás, eso será para ti... Sufrirás porque estarás lidiando con la situación según tu propia concepción de la realidad, pero, para otra persona un despido puede ser una oportunidad de cambio y esta persona en lugar de sufrir, puede lidiar con la situación de un modo más optimista porque es capaz de concebir eso que le está pasando, con una perspectiva más optimista, su mapa interior de la realidad la lleva a concebir esa situación con matices distintos a los tuyos, negativos.

Misma situación, reacciones distintas motivadas por la realidad de cada quien, que no es jamás la misma en todas las situaciones entre una persona u otra.

¿A qué podría deberse una concepción enteramente negativa hacia un despido?

Variadas podrían ser las razones por las cuales una persona conciba negativo un despido desde su territorio, desde su mapa interior de la realidad. Tal vez una experiencia pasada lo hizo considerar esa experiencia como un fracaso: Le despidieron y fue una experiencia terrible y negativa de la que le costó trabajo salir, tal vez fue aprendido, su familia le inculcó la idea de que ser despedido es sumamente vergonzoso y terrible... Por otra parte, alguien que lo conciba positivo probablemente tiene una referencia positiva de un despido, a alguien cercano lo despidieron y ante esta persona se abrieron muchas otras oportunidades para mejorar, o, tal vez su familia le inculcó la creencia de que siempre es posible encontrar otro trabajo si se pierde uno, por eso no lo concibe como algo terrible, tal vez no como algo positivo, pero si podrá concebirlo con optimismo.

Alguien podría tener un mapa de su realidad interna similar al tuyo, pero jamás igual porque este mapa se va construyendo durante el transcurso de la vida, y nadie vivirá exactamente la misma vida que otra persona: Mismas experiencias, misma forma de aprendizaje, mismas creencias inculcadas, etc.

¿Cómo podría entender esto ayudarte a superar el perjudicial hábito de pensar en exceso sin control?

Entendiendo que tú construyes tu propia realidad puedes dar paso a un importante cambio en tu mentalidad, liberarte del peso de tantas creencias limitantes como tengas en tu mente, de tantos miedos como hayas creado en tu cabeza... Porque, ellos forman parte de TÚ TERRITORIO, DE TÚ REALIDAD. Si cambias o transformas tu percepción de la realidad, todo de ti puede cambiar: Pensamientos, creencias, hábitos...

Lo que tendrías que hacer propiamente es entender como tú creas tu realidad, cómo lo que te da tanto miedo o tanto te preocupa y te hace pensar y pensar en negativo sin parar no es una realidad absoluta sino, tú realidad, una perspectiva arraigada en ti. Para lograr esto tendrías que cuestionar tu realidad.

Todo lo relacionado con el mapa interior de la realidad, su entendimiento y, la reprogramación posterior de tu mente para que puedas crear otra realidad que sí te favorezca, dejando atrás la que te limita, es un proceso de evolución en el que un experto profesional te acompañará hasta ayudarte a llegar a tu evolución personal, hasta ayudarte a superar tus propias limitaciones... A pesar de ello a continuación explicaré un poco como puedes cuestionar tu realidad para tratar de cambiarla en tu beneficio en procura de acallar todos esos pensamientos que te atormentan porque sí, si tú quieres encontrar una solución ¿Por qué no ayudarte a encaminarte a ella?

Cuestiona tus pensamientos para ayudarte a transformar tu realidad

La siguiente es una técnica muy utilizada por los psicólogos llamada el debate (Es una técnica de reestructuración cognitiva, en líneas subsiguientes se explicará de qué se trata la misma).

En este caso, para llevar a cabo esta técnica tendrás que debatir contigo mismo cuestionándote tus propios pensamientos para entender tu concepción personal de la realidad y, cómo esta te puede estar afectando.

¿Cómo llevar a cabo este debate transformador?

Su aplicación práctica es ante pensamientos poco racionales. Es decir, será efectivo que lo lleves a cabo ante la aparición de esos pensamientos repetitivos recurrentes que tanto te hacen sufrir y que te quitan el sueño.

Cuando apliques este método ante uno de tus pensamientos recurrentes estarás cuestionándolo, cuestionando tú realidad y, eso puede conducirte a que logres transformar esa realidad, a un cambio de percepción de negativo a positivo que te libere de tus pensamientos ansiosos, preocupantes, limitantes... Pues, recuerda que se ha comentado en líneas anteriores que la mayoría de esos pensamientos recurrentes que atacan tu mente y la colman de negatividad no tienen una base real, o al menos no se basan en un peligro real e inminente normalmente. El futuro catastrófico que tu mente te hace creer posiblemente no sea tan catastrófico como esperas, sucede que tú estás convencido de lo peor, pero, cuestionando tu realidad podrás mermar el miedo y la preocupación y, comenzar a pensar racionalmente, sin estar cegado ante ese miedo y preocupación. Será un gran avance para procurar un cambio, para acallar tus pensamientos excesivos.

¿Cómo cuestionar tus pensamientos para cambiar tu realidad?

Las siguientes serán preguntas que deberás hacerte ante la presencia de pensamientos negativos recurrentes:

1. ***¿Es totalmente cierto este pensamiento?:*** Para responderte tendrías que hacerte otra serie de preguntas útiles como las siguientes:

   ☐ ¿En qué me baso para pensar que este pensamiento es cierto?

   ☐ ¿Qué pruebas tengo sobre la veracidad de este pensamiento?

   ☐ ¿Está comprobado científicamente esto que creo?

- ¿Siempre ocurrirá de esta forma como pienso o solo es cuestión de probabilidad?

- ¿Podría existir una explicación distinta a la que creo?

La idea es pensar racionalmente y, descubrir si el pensamiento que invade tu mente tiene una razón de ser coherente y realista o, solo está alentado por miedos y es absurda. Con seguridad descubrirás en el proceso que la mayoría de tus creencias limitantes y miedos solo son gigantes y verídicos en tu imaginación. La mayoría de las ideas que te hacen pensar y pensar en exceso no tienen una razón de ser.

Así por ejemplo si temieses que ante un despido pudieses morir de hambre antes de encontrar otro trabajo o fuente de ingresos tendrías que cuestionarte qué tan racional es pensar de esa forma: ¿Por qué no encontrarías otro trabajo o fuente de ingreso tras tu despido? A muchas personas les ha resultado favorable un despido porque las ha catapultado a un trabajo mejor o, a desarrollar un emprendimiento ¿Por qué tú no tendrías otra oportunidad de ingresos o la posibilidad de generar ingresos desde casa, iniciando un negocio digital o de cualquier otro tipo?

Si tu mayor preocupación fuese no tener ahorros seguramente podrías recurrir a algún préstamo así que ¿Qué tan racional te resulta verdaderamente pensar que morirías de hambre? ¿Qué pruebas tienes de que no encontrarías otro trabajo? Tendrías que buscar trabajo, ir a entrevistas... No necesariamente sería tan sencillo, pero, ¿Morirías de hambre realmente antes de toparte con otra fuente de ingresos? ¿No cuentas con ninguna persona que te colabore tan siquiera con un plato de comida mientras encuentras trabajo? Tu madre, un amigo, un ex compañero de trabajo, hasta sitios de ayuda social podrían colaborarte con ello. Seguramente hallarías al menos qué comer a diario para sobrevivir, podrías vender alguna posesión para comprar comida. Entonces, definitivamente es irracional pensar que tu fin llegaría por perder tu empleo.

Otro ejemplo:

Supongamos que por tu mente ronda la idea "Me van a dejar de querer si pasa X cosa", tendrías que preguntarte qué tan racional es esta forma de pensar ¿En qué te basas para pensar de esa forma? ¿Tienes pruebas? ¿Algún razonamiento científico te hace creer eso o comprueba lo que piensas?, de creer tener pruebas ¿De verdad, todas, absolutamente todas las personas que te quieren te dejarían de querer si sucediese lo X escenario?, es muy poco probable.

IDENTIFICA TU PENSAMIENTO NEGATIVO RECURRENTE Y PERJUDICIAL Y CUESTIÓNALO TANTO COMO TE SEA POSIBLE.

2. ¿Qué tan terribles serán las consecuencias si se materializa lo terrible de mi pensamiento?

Esta es otra de las preguntas que deberás hacerte en tu proceso de debate mental para cuestionar la realidad de tus pensamientos y mermar angustias y miedos.

- ¿Realmente sería tan terrible si sucediera eso que tanto te preocupa?,

- ¿Cuántas áreas de tu vida afectaría?

- ¿Seguiría importando de aquí a 5 años lo que ocurra?

- ¿Alguna persona que conoces ha pasado por algo así y no logró afrontarlo o sí lo logró? ¿Qué tan terrible fue para ella?

Muy probablemente con ayuda de la respuesta a estas preguntas te des cuenta de que lo que piensas que puede suceder, no puede realmente llegar a tener consecuencias tan terribles. Si te despiden no morirás de hambre seguramente, si repruebas una materia no será el fin de tu carrera, si se te olvida el discurso las consecuencias de ello poco probable que te afecten en los próximos 5 años...

Piensa razonablemente tus respuestas.

3.- ¿Qué consecuencias tiene para mí pensar así?

Otra de las preguntas que debes hacerte en tu debate interno y para ayudarte a cambiar tu percepción de la realidad desfavorecedora es esta. Una pregunta que te conducirá a hacerte consciente del daño que cualquiera de tus pensamientos recurrentes te está haciendo.

Para ayudarte a responderte puedes recurrir a otra serie de preguntas como por ejemplo:

☐ ¿Esto que estoy pensando me ayudará en algo, contribuirá a que solucione mis problemas?

☐ ¿Me hace algún bien pensar así?

☐ ¿Me aporta alguna emoción positiva pensar así?

☐ ¿Qué me aporta?

Al menos en la mayoría de las ocasiones descubrirás que tus pensamientos recurrentes solo te lastiman y, que nada aportan en la solución de tus problemas así que ¿Para qué alentarlos? Ser consciente de que tus pensamientos recurrentes no solo te dañan sino de que, además, no aportan la mínima solución contribuirá a motivarte más a vencerlos.

Todo este sencillo proceso pondrá en tela de juicio no tus pensamientos recurrentes por sí mismos, sino lo que te ha hecho pensar así, creencias limitantes e inculcadas, miedos, tu percepción aprendida de la realidad...

Descubrir que lo que atormenta tu mente no tiene una razón o base de ser, que no tienes pruebas de que eso que piensas realmente será o es de esa forma, de que las consecuencias de que algo que temes suceda, no tienen por qué ser tan gigantes como tú las consideras y de que, si sucede lo que temes, probablemente ya no importe en 5 años, y además, tener presente que pensar de la forma como piensas, más irracional que racional, te hace daño, te ayudará muchísimo a calmar tu mente, a mermar miedos y creencias perjudiciales.

Tu mente no para normalmente de darle vueltas y vueltas a pensamientos negativos porque no haces nada por poner en tela de juicio la veracidad de esos pensamientos, la veracidad de la magnitud de las consecuencias a las que crees, tendrás que enfrentarte, todo será más terrible en tu imaginación si le das el control de tu mente a tus emociones negativas. Ante algo que te asuste, si le das rienda suelta a tu imaginación pensarás en un futuro terrible, en consecuencias terribles, y, resulta que las consecuencias de lo que hacemos o de lo que nos pasa no suelen ser tan terribles como la mente las idea, pero, cuestionando esos pensamientos, cuestionando tu realidad, podrás cambiarla porque podrás mermar a lo mínimo tus miedos y preocupaciones. Cuando lo logres verás como esos pensamientos, producto de la concepción que tenías de la realidad, dejan de atormentarte.

A tomar en cuenta: Este es un método que requerirá de tu máxima concentración, por lo que, cuando vayas a debatir un pensamiento o un hilo de pensamientos que te atormenten lo mejor es que no estés apresurado ni permitas que algo te interrumpa. Dispón de un tiempo para esto, no resultará efectivo si practicas este debate interno apresurado. Podrías anotar los pensamientos negativos que descubras, han estado invadiendo tu mente durante el día y, cuestionarlos antes de ir a dormir o cuando dispongas de un tiempo para hacerlo con calma, sin la preocupación de tener que hacer algo luego.

REESTRUCTURACIÓN COGNITIVA: CÓMO SUCEDE Y OBSTÁCULOS QUE SE ENCUEN-TRAN

Para entender de qué se trata la reestructuración cognitiva primero habría que familiarizarse con el término distorsiones cognitivas. Las distorsiones cognitivas no son otra cosa que el nombre que reciben los pensamientos irracionales y automáticos que te están causando pensar en exceso y, profundo malestar.

La reestructuración cognitiva se trata de una técnica psicoterapéutica cuyo objetivo radica en identificar pensamientos irracionales y así poder discutirlos hasta lograr cambiarlos.

Lo que les da tanto poder a los pensamientos irracionales es que rara vez los disputamos o contradecimos, al contrario, los aceptamos y al aceptarlos los estamos considerando reales, aunque no lo sean, les estamos dando poder sobre cómo nos sentimos, sobre nosotros... Sucede que no es tan sencillo solo contradecir un pensamiento cuando lo creemos real, sucede que no es tan sencillo identificar una disfunción cognitiva, replantearse la realidad personal...

Las formas más básicas de pensamientos irracionales están en:

☐ La tendencia de adivinar lo que otros están pensando: "Seguro le caigo muy mal", "Seguro va a pensar que soy torpe", "Seguro actuará de X forma", "Seguro dejó de quererme".

☐ Subestimar la propia capacidad: "No puedo", "No sé", "No soy suficiente".

☐ Catastrofizar: Pensar siempre lo peor.

La reestructuración cognitiva es, por ende, una forma de transformar los pensamientos perjudiciales y limitantes en pensamientos positivos y favorables, una forma de corregir pensamientos irracionales o, distorsiones cognitivas para que dejen de suponer un problema o limitación en pro del máximo bienestar a través de la modificación de patrones mentales, es una técnica que facilita refutar pensamientos irracionales hasta poder darnos cuenta de lo irracionales que son. Conlleva todo un proceso con acompañamiento profesional pues, puede ser realmente complicado identificar un pensamiento irracional y poder disputarlo de manera autónoma, pero, los profesionales poseen la preparación suficiente y conocen de técnicas efectivas para lograr cambiar los pensamientos, para lograr una transformación eficaz por medio de la reestructuración cognitiva, para guiar a sus pacientes hacia una reestructuración cognitiva productiva. No obstante, se hablará a profundidad sobre esta técnica de la que podrás valerte para vencer el pensamiento excesivo de manera autónoma también.

En primer lugar, tendrías que tener presente que tus pensamientos irracionales o distorsiones cognitivas son una forma de pensar tuya subjetiva (Recuerda todo el tema del mapa interior de la realidad). Ya se ha hablado de ello en el apartado del mapa interior de la realidad... El mundo lo percibes en su mayor parte de forma subjetiva, según tu percepción de la realidad inculcada por tu crianza, experiencias, creencias... De hecho, el mapa interior de la realidad es un concepto que puede ayudarte a entender muy bien lo que la reestructuración cognitiva supone.

La base de la reestructuración cognitiva y, la clave para que pueda funcionar es que aceptes que tu realidad no tiene por qué ser la realidad total, que aceptes que tus pensamientos son solo hipótesis, que aceptes que tú realidad se basa en tu mapa interior de la realidad, en la forma subjetiva en que ves el mundo y las circunstancias producto de tus experiencias, creencias, conocimientos inculcados, etc...

¿Ya lo has hecho? Estarás a un paso más cerca de tu transformación.

La reestructuración cognitiva como proceso parte de esas hipótesis (Tus concepciones de la realidad, tus pensamientos) y las discute y refuta hasta que es posible para ti o para la persona que esté en la búsqueda de un cambio, darse cuenta de que verdaderamente su pensamiento no era racional, que no era verdadero o, del todo verdadero como pensaba...

Supongamos que tu pensamiento irracional o distorsión cognitiva tiene que ver con un profundo miedo social. Ante la posibilidad de que tengas que enfrentarte a una situación social entonces vendrían pensamientos irracionales a tu mente, alentados por tu miedo o ansiedad del tipo siguientes: *"Soy tan pésimo para socializar que haré el ridículo, a nadie le voy a caer bien, todos me van a rechazar"*. Con ayuda de un proceso de reestructuración cognitiva, esa clase de pensamientos que solo acrecentaría tu fobia social podrían transformarse en: *"Probablemente pueda entablar alguna conversación con alguien, pero, si eso no pasa no será tan terrible"*, o, supongamos que el pensamiento irracional o distorsión cognitiva que suele atormentarte tenga que ver con un miedo irracional a que tu pareja te abandone: *"Si mi pareja me abandona será terrible, me sentiré tan infeliz y, puede que me quede solo"*. Con ayuda de la reestructuración cognitiva esa hipótesis subjetiva de la realidad que te perjudica podría transformarse en un modo más racional y favorable de pensar: *"Si mi pareja llegase a abandonarme posiblemente no sea tan terrible, me dolerá, pero, podré disfrutar de un tiempo a solas y ser libre hasta encontrarme con una pareja adecuada muy probablemente"*.

Existen muchas técnicas de reestructuración cognitiva y una de ellas se ha tratado en líneas anteriores como lo es el debate interno.

Lo que se busca con la reestructuración cognitiva es cambiar un pensamiento inicial, poniéndolo en tela de juicio, algo que puede hacerse con esa técnica de debate interno antes explicada.

Toda técnica que te lleve a refutar un pensamiento irracional, a analizar objetivamente la veracidad del mismo, a cambiarlo o transformarlo es, una técnica de reestructuración cognitiva.

Se habló del debate interno antes porque es una forma de cuestionar la realidad, pero no se profundizó sobre todo el proceso que conlleva que es este de la reestructuración de tu forma de pensar.

¿Cómo puedes practicar la reestructuración cognitiva?

Variados obstáculos te dificultarán cambiar tus hipótesis, pero, tenerlos en cuenta ayudará. Tendrás que combatir esos obstáculos que sólo dificultará tu proceso de reestructuración cognitiva y, que cumplas tu objetivo de vencer el pensamiento excesivo.

Obstáculo 1: "Yo pienso bien, soy objetivo y no hay más realidad que la que veo"

No podrás cambiar tu forma de pensar si eres rígido para aceptar que puede haber una realidad distinta a lo que crees.

Necesitas flexibilidad, necesitas entender que los pensamientos son hipótesis. Tanto si crees que eres incapaz para hacer tal cosa, como si crees que eres capaz, son solo hipótesis ambos pensamientos o formas de pensar, tanto si crees que te irá bien como si crees que será terrible, son solo hipótesis tus pensamientos. Al menos la mayoría del tiempo, cuando no se trata de algo probado por la ciencia o con alguna base.

Solemos creer que siempre somos objetivos en nuestra forma de pensar, pero ¿Y si no lo estás siendo en un momento dado? No lo sabrás si no cuestionas tus pensamientos, tus hipótesis... No lo serás si no aprendes a ser un poco más flexible.

¿Cómo lograrlo?

Empieza al menos por considerar las opiniones de los demás, aunque sean distintas a las tuyas, por darle una oportunidad a una oportunidad ajena...También dudando de tu perspectiva para ver las cosas, tomándote un tiempo para analizar tu forma de pensar, para verificar en qué te basas para pensar así, las pruebas que tienes para ello...

Obstáculo 2: "No puedo evitar pensar de esa forma y eso me hace sentir muy mal".

Mientras te sientas culpable solo te angustias y te llenarás de negatividad. En nada puede ayudarte la culpa a mejorar, así que, procura dejarla atrás. No tienes la culpa de que pensamientos irracionales vengan a tu mente, pero sí decides cómo afrontarlos. Céntrate solo en ello.

Solo con el hecho de proponerte cambiar tu forma de pensar, de seguir un proceso para transformar tus pensamientos, estarás dando pasos gigantes para tu superación personal, para vencer la negatividad y el pensamiento excesivo. Es lo que tienes que hacer, y, por eso, no hay nada por lo que sentirse culpable, vas vía a tu mejoría, estás haciendo lo que debes hacer, no puedes evitar tus pensamientos y eso no importa, nadie puede evitarlos, solo puedes controlarlos y, estás en proceso de aprender cómo. Felicítate en lugar de dar rienda suelta a pensamientos de culpabilidad que no tienen razón de ser.

Lidiar con la culpa es otro de los obstáculos comunes de un proceso de reestructuración cognitiva, pero, por el bien de dicho proceso, no dejes que esa culpa te limite.

¿Qué puedes hacer si no consigues acallar la culpa?

- Medita

- Practica el Mindfulness

- Contradice esa creencia que te hace sentir culpable y repite mentalmente: *"Mis pensamientos son automáticos, llegan a mí, aunque no quiera, pero no soy mis pensamientos y por eso la culpa que estoy sintiendo no tiene razón de ser ni me pertenece".*

Obstáculo 3: "Entiendo que puedo pensar de otra forma, pero, no creo poder"

En tu camino para transformar tus pensamientos, en tu camino de reestructuración cognitiva cuando te estás replanteando tu visión de la realidad, cuando te estás replanteando tus pensamientos negativos en procura de convencerte de que no son pensamientos reales o racionales encontrarás este obstáculo con mucha probabilidad... Se te dificultará pensar que puedes cambiar tu forma de pensar. Vendrán a tu mente pensamientos dubitativos como: *"Entiendo que podría pensar diferente y que todo puede mejorar si cambio mi perspectiva de ver las cosas, mi propia percepción de la realidad, si lo concibo todo negativo todo será negativo, si concibo las cosas de una forma más positiva probablemente mejore, mi mundo exterior cambiará si cambio mi mundo interior, mis pensamientos irracionales, mis creencias limitantes... es lógico, pero, no creo que me sea posible por cómo me siento, no puedo creer cierta esa forma de resolver mi problema, tal vez no me entienden lo suficiente, si me entendieran pensarían como yo, que no hay solución. Esto de cambiar mis pensamientos solo es engañarme a mí mismo".*

Posiblemente pienses que ya por pensar así todo está perdido, que ya por pensar así no podrás cambiar tus pensamientos, no podrás seguir el proceso sanatorio de una reestructuración cognitiva y hallar tu bienestar, alejar lo negativo, acallar tus pensamientos preocupantes... Pero, en eso sí que te equivocas. Pensar de esa forma no es otra cosa que un obstáculo, y muy común, en el camino del cambio y de la reestructuración cognitiva, y de hecho, que pienses así hasta es buena señal porque lo haces, estás pensando de ese modo porque has estado analizando y aprendiendo sobre el proceso que podría ayudarte, te has interesado tanto en tu propio bienestar que has leído este escrito hasta aquí, de lo contrario, si no tuvieras ningún conocimiento sobre el hecho de que, cambiando tu mundo interior, tu mapa interior de la realidad, tus pensamientos, es como puedes cambiarlo todo, no te estarías planteando todas esas dudas.

Lo que debes hacer es seguir el proceso de sanación y transformación en estas líneas explicado, incorporar a tu día a día hábitos que te alejen de la negatividad, que te permitan poner en tela de juicio tus pensamientos para que seas capaz de controlarlos, que te encaminan por un proceso de reestructuración cognitiva... Las recomendaciones de este escrito, seas capaz de creer en el proceso desde el inicio o no.

La mayoría de las personas que inician un proceso de este tipo tienen innumerables dudas, y, no están del todo seguras de poder obtener el alivio y la mejoría que necesitan, pero, se dan la oportunidad y, empiezan, comienzan a cambiar sus hábitos, a meditar, a poner en tela de juicio sus pensamientos y, el proceso inicia de esa forma, y, los frutos que van obteniendo les ayudan a creer.

Haz justo eso, no te rindas sin haber comenzado, inicia tu proceso, cambia tus hábitos, lleva a cabo las técnicas de reestructuración cognitiva explicadas en este escrito sin darle tantas vueltas al asunto de si te funcionará o no. En el camino irás ganando fe cuando adviertas mejoras, ya lo verás, pero, tienes que ser perseverante.

Formas de llevar a cabo una reestructuración cognitiva

Cualquier técnica que te permita poner en tela de juicio tus pensamientos dominantes negativos, tu percepción de la realidad... Preguntarte y responderte, ¿Qué pasaría si pasara X cosa que temo?, ¿Qué tan terribles pueden ser las consecuencias?, indagar respecto a si tienes pruebas para pensar de X forma, si lo que piensas es algo avalado por la ciencia...

La mayoría de las técnicas desarrolladas en este escrito te llevarán por un proceso de reestructuración cognitiva. Todo cuanto te haga replantearte tu forma de pensar.

NEUROPLASTICIDAD

En la neuroplasticidad se encuentra la explicación de por qué los pensamientos negativos repetitivos llegan a convertirse en un hábito; así como una de las formas de las que podrás valerte para combatir el pensamiento excesivo y alejar de tu vida la negatividad.

Con ayuda de la neuroplasticidad se puede dar una reestructuración cerebral que contribuya con tu transformación positiva, que te ayude a pensar en positivo, dejando atrás la angustia, el pesimismo, el apego al control y toda forma de pensamiento arraigada en ti que haya provocado que los pensamientos excesivos negativos se convirtieran en un problema en tu vida ¿Por qué? Porque a través del proceso de neuroplasticidad el cerebro puede reaprender cualquier cosa.

¿Cómo?

Hay que entender lo que implica la neuroplasticidad y esta no es otra cosa que la capacidad del cerebro para adaptarse a cualquier cambio a partir de su interacción con el medio. En ese sentido, no hay lugar a dudas de que nuestro cerebro es resiliente.

Aprendemos de nuestras experiencias ¿No es así? ¿Cómo lo hacemos? El funcionamiento del cerebro es realmente complejo, pero, una forma sencilla de explicarlo es por intermedio de redes neuronales.

Es de conocimiento general que en nuestro cerebro existen muchos neurotransmisores o neuronas. Las redes neuronales son nuestras neuronas comunicándose.

Cuando aprendes algo nuevo las neuronas que procesan esa información se lo comunican a las demás y así, todo el cerebro se informa también. Cuando hay un patrón repetitivo o, se refuerza un nuevo aprendizaje el grupo de redes neuronales que se comunican respecto a ese patrón se hace más fuerte y se arraiga.

¿Por qué en esto radica la explicación del porqué de los pensamientos repetitivos?

Cuando se le da cabida en la mente a la negatividad, cuando no se hace nada por superar la negatividad y se alientan los pensamientos negativos y angustiantes entonces el cerebro se adapta a eso, no hay espacio para algo nuevo o positivo, el cerebro, que es neutro, termina por creer que realmente todos esos pensamientos negativos y angustiantes son reales y allí sobreviene la angustia, la ansiedad...

Darle cabida en la mente a la negatividad implica reforzar la red neuronal que comunica entre sí esos pensamientos, los refuerza, los hace más sólidos...

No se da la neuroplasticidad favorecedora en la rigidez, en no permitirse vivir ningún tipo de experiencia novedosa.

Lo que conviene es reforzar las redes neuronales para que se comuniquen pensamientos positivos, y estimular la capacidad del cerebro para adaptarse a los cambios.

En este punto, después de haber leído todas las líneas hasta aquí no te quedarán dudas de que lo que necesitas para alejar de tu vida la negatividad y los pensamientos excesivos es precisamente el cambio. Y estimular la neuroplasticidad te ayudará porque hará a tu cerebro cada vez más propenso a esos cambios, menos resistente a ellos porque, cuando la neuroplasticidad no se estimula el cerebro se vuelve muy resistente a los cambios y, es algo difícil con lo que lidiar, una lucha más ardua por mejorar.

Vale la pena tomarse un tiempo para estimular la neuroplasticidad, el cambio...

¿Qué es lo provoca precisamente el miedo y la ansiedad? Limitaciones. Cuando hay miedo o ansiedad y estas no se controlan nos abstenemos de tantas cosas: Probablemente te niegas a conocer gente nueva si sufres miedo o ansiedad ante un posible rechazo, probablemente rechaces cada invitación que te hagan a un evento social por miedo a tener que socializar, dejas de hacer muchas cosas por miedo y ansiedad. Y eso no favorece la neuroplasticidad, hace más difíciles los cambios en tu vida y lo que necesitas es que se te faciliten para poder dejar atrás lo negativo, creencias arraigadas y hábitos que te induzcan a pensar demasiado, por lo positivo, que es transformación, cambio.

Si te mantienes en una zona de confort, apegado a las mismas acciones y rutina de siempre, no habrá cambio para ti tampoco en tu mentalidad. Estarás atrapado externa e internamente en la negatividad. Debes permitirte otras experiencias para que se dé la neuroplasticidad, para que puedas aprovechar toda la capacidad adaptativa de tu cerebro en tu favor.

Tu cerebro se volverá más resiliente ante los cambios, menos rígido si experimentas, si te das permiso de hacer cosas distintas, de vivir experiencias que normalmente rechazas, si actúas más allá del miedo, si sales de tu zona de confort...

Si experimentas lo nuevo de primera mano comprobarás que el mundo no es todo lo terrible que tu mente puede concebir, pero, si no te permites las experiencias, difícilmente te puedas convencer. El mundo será aterrador en tu mente porque no te permites comprobar lo contrario.

¿Cómo saber qué no es tan terrible conocer gente nueva si no te das la oportunidad de hacerlo? ¿O qué equivocarte en tu discurso no es el fin de tu carrera ni del mundo si rehúyes a dar el discurso por miedo? ¿O qué te era posible encontrar un mejor trabajo que ese que te aferras a no dejar, aunque no te guste por miedo a quedarte sin sustento?

Ejercita la neuroplasticidad, permite que tu cerebro experimente cambios a partir de la interacción con el medio, interacciona con el medio, crea nuevas experiencias, persigue la novedad, exponte a tus miedos gradualmente... Vive lo diferente, no te escondas...

Permitiendo entrar a tu vida lo novedoso, empezando, aunque sea con cosas pequeñas, ya estarás estimulando la neuroplasticidad en favor de ese cambio positivo que necesitas.

Probablemente te de mucho miedo lo nuevo, pero, si le das una oportunidad, eso será un gran cambio para la transformación de tu mente y tu máximo bienestar.

No lo olvides, ten muy en cuenta como forma de motivación que, ser renuente a lo nuevo hará a tu mente también renuente a que cambies tu modo de pensar negativo por el modo de pensar que verdaderamente te conviene, por una perspectiva más positiva u optimista del mundo, esa que alejará el pensamiento excesivo de una vez por todas de tu vida.

Con el conocimiento anterior a continuación se presentan algunos consejos para que actives el proceso de neuroplasticidad en tu cerebro y contribuyas a que le sea más sencillo adaptarse a lo novedoso, a los cambios...

La neuroplasticidad en sí es un proceso natural, tú lo que deberás procurar es aceptar el cambio en tu vida, puedes hacerlo en un principio con cosas cotidianas y pequeñas como:

☐ Tomar una ruta diferente para ir al trabajo si te has adaptado a siempre seguir la misma ruta.

☐ Aprender algo nuevo: Para beneficiarte de la neuroplasticidad, nada como aprender una nueva habilidad o adquirir un nuevo conocimiento.

☐ El ser humano jamás deja de tener cosas que aprender: Inscríbete en ese curso que has estado postergando hacer por temor, aprende un nuevo idioma, un nuevo tipo de baile, a tocar un instrumento musical, sobre botánica, astrología, historia antigua, astronomía, lo que quieras...

☐ Atrévete a hablar con desconocidos y conocer gente nueva: Renueva tu círculo social. Si te cuesta hacer amigos o nuevos conocidos pídele a alguien cercano que organice una salida con personas que no conoces y asiste. Seguro se da la oportunidad de que socialices y, sin lugar a dudas te ayudará a estimular la neuroplasticidad.

☐ Di sí a esa invitación que sueles rechazar por temor, o, porque se trata de hacer algo a lo que no estás acostumbrado.

☐ Prueba un nuevo platillo, quizás un plato típico de un país distinto a tu país de origen.

Mientras más cosas nuevas hagas, tu cerebro adquirirá más capacidad para adaptarse a los cambios, lo que resulta verdaderamente favorable para abrirte camino para dejar la ansiedad, el pesimismo y el pensamiento excesivo atrás.

Otras actividades que la ciencia ha avalado también como favorables para estimular la neuroplasticidad son:

☐ La meditación

☐ El ejercicio

☐ La repetición

☐ Realizar con constancia ejercicios de agilidad mental

Donde ponemos nuestra atención se activan las neuronas:

Tus neuronas se activarán ante lo negativo si constantemente centras tu atención en lo negativo. Estarás reforzando tus pensamientos negativos si no descuidas tu atención en ello, obstaculizando el proceso de neuroplasticidad. Por ende:

- [ ] No olvides repetir afirmaciones positivas ante un pensamiento negativo para centrar tu atención en lo positivo y no en esa negatividad arraigada en tu mente.

- [ ] No alientes tus pensamientos negativos permitiéndote que te angustien. Cuando estos aparezcan esfuérzate por centrar tu atención en el momento presente (Práctico para lograrlo es el Mindfulness, disciplina que se desarrollará en apartados siguientes), o, la meditación. Ante un pensamiento negativo podrías proponerte meditar, centrando tu atención solo en tu respiración para alejar ese pensamiento.

SUPERAR LA ANSIEDAD

No controlar la ansiedad te hará sentirte usualmente preocupado, no controlar la ansiedad hará que pienses siempre en lo negativo y en lo peor, te dificultará controlar el miedo y, te hará una víctima de pensamientos negativos recurrentes que sólo acrecentará tu ansiedad y te dificultará salir del laberinto de pensamientos negativos que esta desencadene en tu mente. Entenderás entonces que en tu proceso de transformación hacia una vida libre de negatividad y pensamiento excesivo necesitarás superar la ansiedad. Para ello es conveniente que entiendas cómo la ansiedad funciona. Es difícil lidiar con lo que no se comprende, pero, una vez que hay comprensión el camino a la superación se vuelve al menos un poco más sencillo.

En primer lugar, debes saber que toda persona ha sentido ansiedad alguna vez en la vida porque la ansiedad es, como el miedo, parte del mecanismo de defensa de la mente humana. Se activa de forma fisiológica, se activa, como el miedo, ante una situación que se nos hace amenazante, aunque exista peligro real o no.

El miedo se activa ante un peligro inminente, ante la posibilidad de salir dañados o, de morir en una situación determinada. La ansiedad, puede desencadenarse ante un peligro inminente también, aunque, normalmente se desencadena a causa de nuestros miedos, el miedo futuro a que suceda algo con lo que no deseamos lidiar. Así, la ansiedad se puede desencadenar, por ejemplo, antes de un examen que deseamos superar debido al temor de no ser capaces o, antes de participar en un torneo por los nervios de ser observado, el deseo de ganar y el miedo al fracaso. No tiene que tratarse de una situación que nos pueda hacer un daño real, se trata del temor a que suceda algo que tememos.

Sea lo que sea que desencadena la ansiedad está activa el mecanismo defensivo del cuerpo entero, el mecanismo anatómico que nos permite reaccionar más rápido ante un peligro para poder defendernos o huir y así, lograr sobrevivir. No obstante, lo usual es que la ansiedad tenga un efecto paralizante. Experimentarla paraliza normalmente, nos hace no querer afrontar las situaciones, no poder hacer lo que queramos, limita. Además de que, cuando la ansiedad es demasiada puede producirse el terrible ataque de ansiedad o pánico, un colapso debido a la ansiedad que se experimenta y, que agrava mucho más esta.

La ansiedad puede ser provechosa porque te alerta de una posible consecuencia futura y en base a ello tú podrías estar mejor preparado para afrontarla. Por ejemplo, la ansiedad ante un examen por temor a no aprobarlo puede conducirte a estudiar más para que la consecuencia de no aprobar ese examen no ocurra. Y nunca podrías hacer desaparecer la ansiedad de tu vida por completo porque es parte del funcionamiento de tu cuerpo.

Hasta la persona más segura siente ansiedad ante alguna situación, la clave por ende es controlarla pues, no hacerlo es vivir en la ansiedad y, eso es con lo que tienes que luchar.

Humanamente no es posible vivir en ansiedad, vivir siempre en la angustia, en la preocupación y menos, padeciendo de ataques de pánico, y lidiando con tantos pensamientos preocupantes que la ansiedad puede llegar a crear.

Vivir en la ansiedad es vivir en tensión, no poder relajarse, no poder encontrar paz. A esto puedes decirle adiós, puedes superar la ansiedad si es un problema que te aqueja y, deberás hacerlo de hecho, en tu proceso de liberarte del pensamiento excesivo. Liberarse de la ansiedad en tu proceso de liberarse del pensamiento excesivo sería como catapultarse a tu meta porque, si la superas, si aprendes a controlarla sin lugar a dudas mermará tu necesidad de darle vueltas a las cosas, algo que haces por sentirte preocupado. Si esa preocupación merma no tendrás que darle vueltas. Superar la ansiedad es, de cierta forma, vencer el hábito de pensar demasiado en sí mismo.

Los problemas de ansiedad se han extendido tanto que existen muchos métodos avalados por la psicología que te pueden ayudar a controlarla. Se describirán ellos a continuación:

Formas de superar la ansiedad

Acepta la ansiedad

Reconoce que tienes un problema de ansiedad y que necesitas afrontarlo, reconoce que la ansiedad forma parte de tu vida para que puedas alejarla.

No es inusual que las personas intenten hacerse ciegas a su problema, que intentan ignorarlo, pero, eso no funciona con la ansiedad.

¿Tienes problemas de ansiedad?

Los signos propios de la ansiedad son los siguientes:

- Preocupación recurrente por el futuro o, intranquilidad constante

- Sensación de nerviosismo o agitación

- Dificultad para mantenerse en el presente por pensamientos obsesivos recurrentes sobre situaciones futuras que se temen afrontar

- Dificultades para dormir

- Cansancio

- Irritabilidad

- Ataques de pánico

Los ataques de pánico suceden cuando el cuerpo no puede soportar tanta ansiedad. Y, de ellos surgen signos como los siguientes:

- Miedo intenso

- Dolor o presión en el pecho (Debido a la presencia de este signo, muchos piensan que están por sufrir un ataque cardíaco mientras experimentan un ataque de pánico, lo que acrecentar la angustia y sus síntomas)

- Ritmo cardíaco acelerado

- Respiración acelerada o, dificultades para respirar

- Temblores

- Sudoración excesiva

- Desmayos (No se da en todos los casos, pero puede ocurrir en caso de no lograr calmar la ansiedad).

La explicación del ataque de pánico es que el cerebro activa erróneamente los mecanismos defensivos del organismo ante un peligro irreal, puede desencadenar un pensamiento por lo que, por tu problema de pensamiento excesivo probablemente hayas experimentado esta terrorífica experiencia. Una vez se activan estos mecanismos la adrenalina se dispara en el cuerpo para que podamos huir más deprisa o, defendernos mejor con el extra de energía que ello le proporciona al cuerpo. Tu cerebro estará intentando ayudarte a defenderte de un peligro irreal con esa proporción extra de adrenalina. Es esto lo que acelera el ritmo del corazón, lo que agita el cuerpo tanto como para acelerar la respiración... Todo esto estará motivado por la ansiedad, el miedo...

¿Te identificas con los síntomas anteriores?

Si lo haces la ansiedad es un inconveniente a superar en tu vida. Existe el llamado trastorno de ansiedad, padecerlo implica sufrir niveles de ansiedad tan intensos que, lo necesario es recurrir a un profesional, pero, vivir en la ansiedad no necesariamente conlleva a que se trate del trastorno de ansiedad por lo que, puedes probar las siguientes técnicas para afrontar tu ansiedad y, para el caso de encontrar que no te es posible vencerla, lo mejor sería recurrir a un profesional pues existe psicoterapia y medicamentos que solo un profesional podría recetar y que mucho podrían ayudarte.

Si crees necesitar ayuda profesional no dudes en buscarla, tu salud siempre debe ser primero.

De cualquier forma, las siguientes son las formas más eficientes de superar la ansiedad:

Desvincula cualquier pensamiento negativo de ti

Sentirte culpable por cualquier pensamiento negativo que invada tu mente solo acrecentará tu ansiedad, no traerá consigo ningún beneficio, es algo que debes procurar evitar y, una de las formas de hacerlo, que te ayudará además a combatir la ansiedad si lo conviertes en un hábito es desvincular los pensamientos negativos que lleguen a tu mente, de ti mismo. Esta será también una forma de desacreditar los pensamientos negativos automáticos de tu mente y, restarles credibilidad. Cuando les restan credibilidad ya no tienen poder sobre ti, sobre cómo te sientes, habrás tomado el control si lo logras.

¿Y cómo puedes desvincular tus pensamientos negativos de ti?

Sencillamente tomándote el tiempo para, una vez que aparezca un pensamiento negativo automático en tu mente que te esté poniendo ansioso, decir en voz alta o en tu mente: "Este pensamiento no soy yo, es un pensamiento automático, pero no tiene que ver conmigo, yo no soy este pensamiento". Repítelo varias veces, hazlo con convicción. Estarás alejando la culpa de ti a la vez que aminoran la fuerza del pensamiento angustiante en cuestión.

Para poder llevar a cabo este ejercicio debes proponerte identificar cada pensamiento negativo que llegue a tu mente porque solo así podrás desvincularlo de tu persona, tú puedes...

Vive el presente: Mindfulness

Quienes viven en la ansiedad difícilmente viven en su presente, ya que la ansiedad los mantiene enfocados en el futuro, en escenarios imaginarios, en pensar en las consecuencias, preguntándose ¿Qué pasaría sí?... Como una persona a la que, pensar en exceso le está suponiendo un problema y, que vive en la ansiedad te identificarás con eso.

¿Te cuesta concentrarte en lo que estás haciendo porque tu mente se llena de repente con pensamientos negativos y preocupantes? Tal vez te ha pasado que estás en tu salón de clases escuchando al profesor de turno hablar de un tema interesante, pero, de repente te habló tu voz interna recordándote que ha habido hurtos en tu vereda y te empiezas a preguntar si cerraste bien la entrada de tu casa, o, qué pasaría si llegas y descubres que te han entrado a tu residencia y se han llevado tus cosas...

En ese caso físicamente estarías en clase, tu presente, pero, en tu mente te hallarás viajando al futuro.

Si vives en la ansiedad con seguridad muchas acciones las haces en automático mientras tu mente está en otro lado, enfocada en todo menos en tu momento presente. Es por esto que lograr mantener tu atención en el presente supone un gran paso para controlar la ansiedad.

Mantenerte en tu momento presente prevendrá que la ansiedad te invada, o, te ayudará a mermar si ya está haciendo de las suyas en tu mente y, preocupándose en exceso sin razón.

Te conviene conocer el Mindfulness, una disciplina cuyo objetivo es mantener el enfoque en el presente que es tan efectiva que muchos adoptan como un estilo de vida ya que es muy beneficioso vivir en el presente no solo para calmar la ansiedad sino para disfrutar los momentos, porque la vida es valiosa por ellos, por pequeños momentos que muchas veces nos perdemos por culpa de estar enfocados en el pasado o en el futuro dentro de nuestro mundo interno.

El Mindfulness está repleto de técnicas que ayudan a mantener la mente enfocada en el presente. Claro que lo primero será que tú lo quieras así y, que te comprometas a mantener tu mente más en el presente y no, todo el tiempo enfocado en el pasado o en el futuro.

Técnicas de Mindfulness

Adrede, concentrarte plenamente en la actividad que estás realizando, varias veces en el día

Cuando te invada la ansiedad o un pensamiento repetitivo negativo o, sencillamente cuando así lo quieras porque, centrarte adrede en el presente continuamente te ayudará a convertir esa acción en un hábito, céntrate en lo que estés haciendo en un momento dado como si no importara más nada en ese instante. Presta atención a todo lo que estés sintiendo en ese momento dado.

Supongamos que estás tomando una ducha. Para centrarse plenamente en ese momento presente y en cómo te hace sentir podrías cerrar los ojos y concentrarte en la sensación del agua corriendo sobre tu piel, en la calidez o el frío... Luego puedes empezar a pasar una esponja jabonosa sobre tu piel y concentrarte también en esa sensación, en el tacto de la esponja y el jabón, en el aroma, en lo que puedes oír: El agua golpeando el piso, una conversación lejana...

La idea es abstraerse de lo que estés haciendo plenamente.

Otro ejemplo: Si tomas tu desayuno a solas puedes recurrir a esta técnica también, centrándote plenamente en ese momento presente. Cada vez que te lleves un bocado a la boca te puedes centrar en el sabor, saborear despacio ¿Qué sensación despierta en tu paladar ese bocado? ¿Es frío, caliente, suave, agradable?, también puedes centrarte en el aroma de tu comida, en sus colores, en lo que escuches alrededor... Cierra los ojos mientras masticas.

Esta es una técnica que funciona con cualquier actividad, puedes centrar tu atención en cualquier cosa que estés haciendo, lavar los trastes, dar un paseo, dibujar... Lo que sea mientras te concentres en esa actividad y nada más, en lo que sientes mientras haces lo que haces, en todo lo que puedes percibir: Ver, oler, sentir, escuchar...

Claro que puede pasar que a tu mente llegue un pensamiento a interrumpir, posiblemente no puedas evitarlo y, no conviene en el momento de practicar este ejercicio luchar contra eso. Luchar contra un pensamiento que te invada mientras practicas este ejercicio te alejará de tu presente por completo y arruinará la esencia del ejercicio en sí, te desconcentra.

¿Qué pasa si te invade un pensamiento mientras prácticas esta técnica entonces?

¿Qué hacer?

Ni te juzgues, ni te preocupes, ni te sientas culpable. Solo vuelve adrede a centrar tu atención en lo que estabas haciendo antes de que el pensamiento en cuestión hiciese acto de aparición, cierra los ojos y céntrate en las sensaciones.

Ante un momento de angustia cuando no puedas acallar tu mente de pensamientos perjudiciales este ejercicio te ayudará a encontrar paz. Practicándolo a diario en las ocasiones que así desees, podrás entrenar tu mente a que se centre más en las actividades que haces, evitando actuar tanto en piloto automático. Esto progresivamente te ayudará a concentrarte cada vez más en el presente y menos en tus pensamientos, te ayudará a superar la ansiedad...

Las 3 primeras cosas que puedas ver, 2 que puedas escuchar, 1 que puedas sentir, 1 que puedas degustar

En momentos de especial angustia cuando un pensamiento negativo repetido haga que despierten en tu organismo los molestos síntomas de la ansiedad sin razón de ser, incluso durante un ataque de pánico puedes recurrir a este sencillo ejercicio que te ayudará a volver a tu momento presente y hallar la paz. Gracias a él podrás controlar la ansiedad, aunque se haga fuerte su presencia en ti.

¿De qué se trata este ejercicio?

Como todo ejercicio de Mindfullness su objetivo será que puedas centrarte en el presente y así, calmarte.

Cuando sepas que estás por sentir un ataque de pánico o, cuando no puedas acallar el pensamiento angustiante mira a tu alrededor, busca con la vista las 3 primeras cosas que puedas ver y que llamen tu atención y, analízalas una a una. Supongamos que una de esas cosas es una pintura en la pared, céntrate en ella, en sus colores, en sus formas, supongamos que se trata de una avecilla, céntrate en el color de sus plumas, en su forma de volar... Luego haz esto mismo con otros dos objetos que puedas mirar. A continuación, cierra los ojos y céntrate en dos cosas que puedas escuchar, puede tratarse de lo que sea, el canto de las aves, conversaciones lejanas, el ruido del tráfico ¿Qué puedes escuchar? Hazte consciente de al menos dos sonidos a tu alrededor. Aún con los ojos cerrados aspira y trata de encontrar un olor, tan siquiera el aroma de tu propio perfume ¿A qué huele en ese momento? Para finalizar lo ideal sería que pudieras hallar algo qué saborear. A falta de una goma de mascar o dulce en tu bolsillo saborea la manga de tu camisa, no es importante lo que saborees en sí, solo que puedas centrarte en tus sentidos en ese momento...

Al terminar, te darás cuenta que la ansiedad o ha desaparecido, o bien, ha disminuido, habrás logrado controlarla centrándome en tu presente e impidiendo que siguiera trasladando tu mente hacia un futuro catastrófico que aún no se ha ni materializado. Ese es el objetivo de este ejercicio, regresarte a tu presente cuando la ansiedad te esté trasladando a otro lugar y creas no poder evitarlo.

Controla tu respiración

La respiración profunda es una técnica que puede ayudarte a controlar la ansiedad trayendo paz a tu mente mientras también relaja tu cuerpo.

Como se ha explicado en líneas anteriores, entre los signos de la ansiedad destacan la aceleración del ritmo cardíaco, la respiración acelerada y los temblores como respuesta del organismo ante un pensamiento preocupante que considera una inminente amenaza. Estos signos agravan más la ansiedad y, si no se controlan pueden desencadenar en un ataque de pánico. Para quienes los han vivido saben por qué es importante evitar llegar al extremo de un ataque de pánico pues estos resultan bastante agotadores, los que no han vivido esa experiencia harán bien en evitarla.

Precisamente en mermar la rigidez de los signos físicos de la ansiedad hasta normalizar el ritmo cardíaco, mermar los temblores y calmar el ritmo de la respiración colabora la respiración profunda. Cuando se calman esos signos físicos de la ansiedad el miedo o la ansiedad disminuyen de la mente también, logras calmarte.

Ante la ansiedad necesitarás relajarte y la respiración profunda es una técnica eficaz para relajarse.

Recurre a la técnica de la respiración profunda o bien, cuando un pensamiento excesivo o repetitivo te preocupe mucho y esté haciendo surgir tu ansiedad, o bien, a diario, antes de levantarte, de ir a dormir o a cualquier hora de tu preferencia solo con el fin de traer paz a tu cuerpo y mente.

¿Cómo llevar a cabo la respiración profunda?

Se trata de una técnica muy sencilla, tendrás que controlar tu respiración. Ante un fuerte ataque de ansiedad puede que te cueste un poco lograr controlar tu respiración, sin embargo, pero, tú no dejes que eso te frustre, solo sigue intentándolo.

Pasos para llevar a cabo eficazmente la respiración profunda.

- ☐ Deja salir todo el aire de tus pulmones

- ☐ Inspira profundamente por la nariz, deja entrar el aire a tus pulmones, deja que oxigene tu mente y cuerpo

- ☐ Retén el aire, cuenta mentalmente hasta 5

- ☐ Exhala, deja salir el aire de tus pulmones lentamente y por la boca.

- ☐ Cuenta mentalmente 5 segundos

- ☐ Repite.

Haz tantas repeticiones como necesites hasta lograr calmar tu nerviosismo. La respiración profunda es capaz de llevarnos a un estado de relajación tan intenso como para acallar pensamientos preocupantes, lo irá haciendo gradualmente, tú solo céntrate en respirar. Cierra los ojos y no te preocupes ni te centres en ese momento en nada más que respirar.

Recuerda, contra tu ansiedad, respira profundamente.

Trata de llevar a cabo esta técnica en un ambiente y lugar tranquilo, aunque, practícala siempre que lo necesites, que el lugar no sea un impedimento.

A veces no dispondrás de tiempo para acudir a la respiración profunda si tu ansiedad está creciendo en un momento como, por ejemplo, durante un discurso. En ese caso al menos retén el aire 5 segundos y luego déjalo salir lentamente por la boca. Té permitirá de momento calmar tus nervios.

Técnica de relajación progresiva

Esta es otra técnica para suprimir la ansiedad que trabaja sobre los síntomas físicos de la misma. Con su ayuda todas las tensiones y los signos de ansiedad como los temblores, el ritmo acelerado del corazón, la respiración acelerada... Se van relajando y calmando y con ello, se relaja cuerpo y mente. Se trata de una técnica cuyos efectos han sido avalados por la ciencia, una técnica que actúa sobre el sistema nervioso autónomo del organismo, mismo que se compone anatómicamente de dos partes: Sistema simpático y parasimpático. Para entender de forma sencilla de qué se encarga cada uno digamos que el sistema simpático es el que se activa cuando estamos asustados o ansiosos ante un peligro real o imaginario, el que tensa nuestro cuerpo en procura de que nos defendamos de un peligro o huyamos, el que nos pone en estado de alarma (El que está activado siempre que sientes ansiedad), mientras que, el sistema parasimpático se activa en nuestros estados de reposo o descanso, relaja el cuerpo para recuperar la energía perdida por los estímulos activadores cuando estamos a la defensiva, entre otras funciones.

Las tensiones propias de la ansiedad se relajan con esta técnica que activa el sistema parasimpático. Es conveniente que apliques esta técnica cuando sientas que la preocupación te invade, cuerpo y mente se relajará con su ayuda.

Induce un estado de relajación deshaciendo la tensión muscular de tu cuerpo de manera progresiva siguiendo los siguientes pasos:

- Adquirir una posición cómoda: Sentado o acostado, pero, que la posición sea cómoda. Si eliges una silla lo ideal es que cuente con reposabrazos porque necesitarás una superficie donde apoyar los brazos mientras llevas a cabo los ejercicios propios de esta técnica.

- Respirar profundamente: Cierra los ojos, aspira aire por la nariz y retenlo unos segundos antes de expulsarlo por la boca, espera unos segundos y repite.

- Relájate tanto como puedas controlando tu respiración antes de empezar el ejercicio en sí.

- Tensar y destensar músculos para relajarlos: El siguiente paso de la relajación progresiva consistirá en tensar y destensar una serie de músculos hasta relajar todo el cuerpo.

☐ Estira el brazo derecho y aprieta tus puños. Inspira mientras estiras el brazo y mantén la respiración. Mantén la presión unos segundos, así como el aire en tus pulmones, luego baja el brazo lentamente y destensa los puños mientras dejas escapar el aire de tus pulmones.

☐ Repite el mismo procedimiento con el brazo izquierdo.

☐ Tienes que procurar hacerte consciente de las sensaciones mientras tensas y relajas tus puños. Al estirar el brazo y tensar los puños deberías sentir tensión en el antebrazo, los bíceps, tu muñeca y tus dedos. Al destensar los puños y bajar el brazo deberías sentir cómo los músculos están más flojos y relajados.

☐ Contén el aire y tensa el pecho. Deberías sentir cierta presión en el área del tórax. Después de unos segundos relaja el pecho y deja salir el aire de tus pulmones gradualmente. Sé consciente de cómo esta acción relaja tu cuerpo.

☐ Tira de tus hombros hacia atrás para mantener cierta tensión en esa área y luego relajarlos. Luego inclina tu cuerpo hacia adelante, levanta tus brazos con los codos hacia atrás y hacia arriba hasta llegar a la espalda, arquea tu espalda hacia adelante. Esta posición te hará sentir presión desde los hombros hasta la espalda baja, hazte consciente de tal tensión. Mantén la postura y la presión para luego relajarte gradualmente hasta regresar a la postura inicial. Sé consciente después de ello de cómo se sienten tus músculos al liberarlos de la tensión.

☐ Baja el mentón para llevarlo hacia tu pecho y mantén la postura y la presión unos segundos. Luego relaja el área, así relajarás todo el cuello.

☐ Arquea tu pie derecho en dirección a tu rodilla. Esto tensa toda tu pierna derecha y hará presión en tu pie, rodilla, muslo y glúteos. Siente dicha presión, retén la postura y luego relájate lentamente regresando el pie y la pierna a su postura inicial. Repite con tu pierna izquierda.

☐ Sin elevar tus piernas aprieta los dedos de tus pies. Mantén la presión y luego relájate.

☐ Abre la boca grande, tanto como te sea posible. Mantén la presión unos segundos (Puedes contar hasta 10 mentalmente), y luego relaja.

☐ Con la boca abierta extiende la lengua hacia atrás tanto como se pueda hasta dejarla reposar en la parte de abajo de la boca. Mantener la postura y luego relajar.

☐ Cierra los ojos haciendo fuerza. Deberías sentir tensión en toda la zona alrededor de los ojos, el área de las patas de gallo, párpados... Relaja luego los músculos y vuelve a la posición inicial.

Al terminar todo tu cuerpo y mente deberían estar relajados.

No tienes que seguir esta técnica a la perfección, lo ideal es que la practiques en todos los músculos, pero si se te olvida uno no pasa nada, aunque, para memorizar cómo hacerla sí procura practicarla en el mismo orden cada vez.

Jerarquiza tu tiempo y evita la procrastinación

Disponer de poco tiempo para cumplir responsabilidades o, el cúmulo de responsabilidades producto de la procrastinación usualmente desencadena ansiedad, así como pensamiento excesivo. Si tienes muchas responsabilidades por cumplir te costará calmar a tu mente y probablemente vengan a ella constantemente pensamientos ansiosos cómo "¿Qué pasará si no termino a tiempo?", "Me verán como un irresponsable y me despedirán", o, pensamientos similares... En ese sentido te beneficiará mucho administrar tu tiempo, dejar atrás la procrastinación y el hábito de dejar para último momento la realización de tus tareas, si esa es tu costumbre.

¿Cuántas veces te has dicho que no tienes tiempo para hacer algo? ¿Cuántas veces has escuchado a alguien decir que el día no le alcanza?

Si el tiempo no se administra entonces las 24 horas en el día no alcanzarán, pero, cuando hay una administración responsable del tiempo el día es productivo, alcanza para trabajar, cumplir todo tipo de responsabilidades y hasta para un poco de ocio y relajación y actividades de superación y desarrollo personal.

El día no tiene más horas para aquellos que cumplen sus responsabilidades, van al gimnasio y tienen luego tiempo para sí mismos, no. Todos tenemos las mismas 24 horas al día, los mismos 7 días a la semana... Si tus días no son de provecho será porque no los administras bien con total seguridad, y, lo que es peor, pierdes tiempo en cosas sin importancia probablemente.

Actividades como revisar las redes sociales pueden significar la pérdida de valiosos minutos y hasta horas que podrían ayudarte a cumplir actividades que debes hacer y que, te produce preocupación no hacer. Cuando no hay jerarquización del tiempo el tiempo puede malgastarse en actividades como la mencionada anteriormente.

Administra entonces tu día a día y verás que podrás realizar todas tus actividades con el tiempo suficiente y con calma. Le dirás adiós a la preocupación por el cúmulo de responsabilidades y a la ansiedad que te suele causar.

¿Cómo jerarquizar tu tiempo?

Lo primero será proponerte hacerlo. Compra un cuaderno o agenda para este fin.

La mejor hora del día para administrar el tiempo es en la noche. Dispón de un tiempo antes de ir a dormir para hacer un listado de todas las actividades que tendrías que realizar al día siguiente. Luego analiza todas las actividades del listado y sincérate respecto a las que necesitas hacer con mayor prioridad. Si hay actividades que puedes posponer, hazlo para darles máxima prioridad a aquellas que lo necesitan, si hay actividades que puedes delegar, delégalas.

A muchos les cuesta delegar, pero, muchas actividades pueden delegarse y te conviene hacerlo, te conviene aprender a soltar. Hazlo con una actividad al menos al principio, y así, dando ese primer paso te será más sencillo la próxima vez. Nadie puede con todo, hay actividades que puedes dejar a manos de otros en pro de disponer de tiempo suficiente para realizar actividades de mayor importancia. Descubre cuáles son.

Analiza bien tu listado. Tal vez puedes dejarle la mitad de ese informe a tu compañero de grupo en la universidad, o, la redacción de ese correo a uno de tus compañeros de trabajo para dar prioridad al informe que tu jefe te pidió para el medio día...

Elimina de tu listado para el día siguiente las actividades que puedas posponer y delegar. Lo siguiente que tendrás que hacer es disponer un horario para cada una. En este paso es muy importante que tomes en cuenta que eres un ser humano que necesita descansar y que, seas sincero y compasivo contigo mismo.

Uno de los errores más comunes que suelen cometer las personas al intentar jerarquizar su tiempo es disponer de demasiadas horas para realizar una actividad cuál máquina, y, el resultado de ello es no poder cumplir con el horario creado y mucha frustración.

No eres una máquina. No esperes poder estar sentado frente a tu ordenador redactando un informe por 5 horas seguidas sin descansar. No importa que te propongas hacerlo, difícilmente podrás. En tu planificación debes incluir descansos y también un poco de ocio, porque, no considerar algo de tiempo para ti te hará procrastinar.

También es recomendable que dividas las grandes tareas en tareas pequeñas. Así, por ejemplo, en lugar de proponerte redactar ese informe en 5 horas seguidas frente al ordenador, podrías disponer para esa actividad una hora en la mañana, luego podrías descansar de ello, realizar otra actividad y retomar una hora más, a media mañana y así sucesivamente hasta culminar.

Toda gran actividad te convendrá dividirla en actividades pequeñas que te conduzcan al resultado final.

Finalmente, cuando termines de planificar tu día, proponte al día siguiente cumplir con tu planificación tan acertadamente como puedas. Claro que a veces te encontrarás con imprevistos, no puedes ver el futuro, habrá situaciones que te impidan a veces cumplir con tu horario al pie de la letra, pero, aun así, el hábito de planificar tu día a día hará más sencillos tus días la mayor parte del tiempo y favorecerá tu proceso de vencer la ansiedad.

Ocúpate

Los pensamientos excesivos negativos y la ansiedad hacen de las suyas en nuestra mente normalmente cuando estamos desocupados, como antes de ir a dormir. Si ese no es el caso y sencillamente estás desocupado y, adviertes que empiezan a invadirte pensamientos que te llenan de tensión y preocupación, ocúpate. Haz algo, cualquier cosa, ponte a limpiar la casa, a ordenar tu habitación, pinta, busca una receta en internet y trata de preparar un nuevo platillo que no hayas preparado antes, sal de paseo... Ocúpate.

Por supuesto la idea no es que te sobrecargues de tantas ocupaciones que no puedas ni pensar, eso no hará desaparecer mágicamente tu ansiedad ni el pensamiento excesivo, pero, te será útil para cuando tus pensamientos estén por desencadenar en ti la ansiedad, pues, te ayudará a evitarlo, a enfocar tu atención en otra cosa y no permitir que la ansiedad te invada.

No es una forma propiamente de superar la ansiedad, pero sí te ayudará a controlarla.

Higiene del sueño

No descansar lo suficiente agrava la ansiedad porque la falta de sueño hace que se active la alarma protectora de nuestro organismo y, que este reaccione como lo haría si estuviésemos ante un peligro. La falta de sueño especialmente desencadena la liberación de cortisol, la hormona del estrés.

Es difícil dormir cuando hay ansiedad y pensamientos excesivos, pero, se debe hacer todo lo posible para tener un descanso reparador porque eso ayudará a disminuir la ansiedad y alejar el pensamiento excesivo.

Procura una buena higiene del sueño.

¿Cómo? A continuación, algunos consejos:

☐ Establece un horario fijo para dormir:

☐ Que tu lugar de descanso sea apropiado para el descanso:

☐ Anota en un cuaderno tus pendientes del día siguiente:

☐ Evita las sustancias excitantes a partir de la media tarde:

No permanezcas en la cama si te despiertas a mitad de la noche

Si te despiertas de madrugada lo mejor que puedes hacer es levantarte, caminar un poco por la habitación o la casa, ir a por un poco de agua, sentarte y esperar a que el sueño regrese. Sucede que, si te quedas en la cama la probabilidad de que te pongas nervioso por no poder dormir y, de que te invadan pensamientos negativos será alta. De ese modo conciliar el sueño te resultará más difícil y lo que es peor, estarás dejando que la ansiedad te invada.

Mantén la calma, no permanezcas en la cama y verás que el sueño regresa.

No enciendas tu celular, la televisión ni ningún aparato electrónico cuando te levantes, tan solo camina o siéntate y espera.

Ejercicio

Cuando hacemos ejercicio o practicamos algún deporte alejamos del cuerpo la tensión y relajamos la mente pues, al hacer ejercicio o deporte el cerebro segrega sustancias anti estrés, serotonina, la hormona de la felicidad, mantiene alejada la ansiedad... Es por eso que hacer ejercicio o practicar algún deporte resulta efectivo en el proceso de superar la ansiedad.

No tiene que tratarse de algo intenso, puede tratarse sencillamente de ejercicio moderado: Caminar al aire libre, andar en bicicleta, nadar, inscribirte en el gimnasio...

Si el ejercicio se practica al aire libre el poder relajante del mismo se potencia. Tómalo en cuenta.

Relajación

Justo lo opuesto a la ansiedad, ese estado de alerta y rigidez que activa mente y cuerpo para que podamos defendernos o huir del peligro, es la calma, la relajación... Por eso en el proceso de superar la ansiedad, practicar ejercicios o hacer actividades relajantes resulta efectivo.

¿Qué actividades puedes hacer para relajar mente y cuerpo?

- Meditación

- Disciplinas como el yoga o el pilates

- Contacto con la naturaleza

- Día de spa

- Ejercicio

- Cualquier actividad que te guste y te proporcione calma: Pintar, hacer manualidades, caminar al aire libre, etc.

Exposición a la causa de la ansiedad: Cuando la ansiedad deriva de una causa específica, por ejemplo, ante el hecho de tener que hablar en clase frente a todos, posponer la situación no tiene razón de ser y, solo agrava la ansiedad.

Una actitud común ante algo que provoca ansiedad es sencillamente evitarlo. Si te dan ansiedad los lugares con mucha gente probablemente salgas muy poco o evites entrar a lugares conglomerados, si te produce ansiedad socializar evitarás ir a esa fiesta a la que te han invitado... Pero, eso no ayuda a superar la ansiedad, y, cuando se trata de actividades que no puedes evitar como la del ejemplo anterior de hablar en clase porque, podría suponer que no apruebes tu curso, entonces no hay posibilidad de escapar sin consecuencias negativas. Es decir, podrías negarte a hablar frente a tus compañeros de salón de clases, pero, si eso conlleva a que tus calificaciones bajen o te traiga problemas en tu curso entenderás que no es algo que puedas evitar sin más. No te conviene vivir escapando.

En ese sentido una de las formas de superar la ansiedad es exponerse a la razón de ser de la ansiedad, hacer aquello que te produce ansiedad lo mejor que puedas, y, preferiblemente de manera gradual. Lo que quiere decir que si te produce mucha ansiedad socializar no te convendría ir a una fiesta de 300 personas de una vez y ver como sale todo pues, probablemente te de una crisis de pánico. Lo mejor y, lo más efectivo sería exponerte gradualmente a tu miedo y detonante de tu ansiedad: Atreverte a hablarle a un desconocido, ir a una reunión de pocas personas y a las que no conozcas demasiado, proponerte socializar en un lugar público, pero no tan conglomerado, y así sucesivamente.

Paso a paso, exposición por exposición, socializar te iría dando menos miedo porque, cada vez que te expongas a la causa de tu ansiedad de forma gradual irás descubriendo por experiencia que lo que temías no era tan terrible como lo que estaba en tu imaginación. Al final, de exposición a exposición, enfrentándote a tu miedo de manera gradual, podrías asistir a esa reunión social de 300 personas sin ansiedad, habrás superado la ansiedad al menos en cuanto a la razón específica que la detonaba, y, que trabajaste exponiéndote y enfrentando tu miedo.

Se busca precisamente con la exposición a la causa de la ansiedad, convencer a la mente de que la situación no es tan terrible como la imaginación lo concibe viviendo la experiencia.

En terapia psicocognitiva a hacer esto se le llama terapia de exposición, una terapia efectiva para vencer fobias, ansiedad y hasta trastornos de estrés postraumático. Por supuesto, para causas muy graves, el acompañamiento de un psicólogo o profesional para la exposición gradual es necesario.

Si adviertes que se te es demasiado complicado exponerte a tu miedo, lo mejor sería acudir a un profesional que determine la mejor forma de que te expongas a tu detonante de ansiedad sin que sea contraproducente.

No siempre podemos solos y para eso los profesionales están para ayudarnos.

EJERCICIOS DE MENTALIDAD Y MEDITA-CIÓN

Entrenamiento autógeno de Schultz

Ejercitar la mente de forma voluntaria puede influir en el estado del resto del organismo. En eso se basa este, que es un ejercicio de relajación mente-cuerpo, que ha demostrado científicamente ser capaz de reducir los niveles de estrés y ansiedad y, por ende, de calmar los signos físicos tanto del estrés como de la ansiedad, lo que puede ayudar también a controlar el pensamiento excesivo que, suele ser producto de niveles altos de ansiedad.

Se le conoce también como autohipnosis de Schultz, y, consiste en una técnica que suele ser aplicada por los psicólogos en sus pacientes y que, se basa en ejercicios que, por medio de sensaciones como el peso, el calor, los latidos del corazón, la respiración calmada y el frescor, alentadas por el lenguaje y el poder de la imaginación, inducen un estado de máxima relajación.

La premisa de esta técnica se basa en la conexión mente-cuerpo, en el hecho de que el estado mental puede influir en el organismo y por eso, con la imaginación, también se puede hallar paz mental.

Esta es una técnica que se basa en 6 ejercicios que deben irse aprendiendo progresivamente. Puede aprenderse de forma autónoma, practícala varias veces al día y con seguridad, antes de lo que piensas podrás llevarla a cabo al menos en lo que a los primeros ejercicios respecta ya que, los 3 últimos suelen requerir necesariamente un guía profesional para obtener los resultados deseados. De cualquier forma, se explicará la técnica o el entrenamiento completo a continuación:

El pasó a paso del entrenamiento autógeno de Schultz

Se explicarán a continuación todos los ejercicios, pero, debes aprender los ejercicios por orden. Solo cuando tengas dominado el anterior, práctica el siguiente. Avanza progresivamente.

El ambiente

Lo principal será que encuentres un lugar cómodo y tranquilo para llevar a cabo estos ejercicios. Reduce también al mínimo, los distractores en el lugar que elijas porque deberás concentrarte al máximo. Si no logras concentrarte los ejercicios no darán buenos resultados: Apaga el teléfono celular, cierra la puerta, pide que no te interrumpan, procura hacer de la habitación escogida, un lugar muy silencioso y apto para la relajación: Cierra las cortinas o persianas, cierra la puerta, apaga la luz...

También escoge una silla cómoda con reposabrazos para practicar esta técnica o, en su defecto, túmbate en la cama cómodamente, aunque esto último no es tan recomendable porque posiblemente te duermas y no puedas terminar la técnica de relajación de Schultz.

Los ejercicios

☐ *Pesadez*

L a primera sensación que se busca despertar y con la que se busca relajar mente y cuerpo con el entrenamiento de Schultz es el peso. Con la aplicación de fórmulas cortas y repetitivas y la ayuda de tu imaginación deberás procurar sentir peso en tus extremidades.

Empieza respirando profundamente. Inhala el aire por la nariz, retenlo 5 segundos y luego exhala lentamente de forma tal que la exhalación sea el doble que la inhalación. Repite hasta sentirte lo más relajado posible. Entonces, cierra los ojos y concentra toda tu atención en tu brazo derecho. Trata de imaginar que tu brazo (O la extremidad que sea que estés trabajando), es de plomo, trata de crear justo esa imagen mental en tu mente, que tu brazo es de plomo y que, por tanto, pesa. Luego repite 6 veces mentalmente *"Siento mi brazo derecho cada vez más pesado"*. Trata de concentrarte en esa sensación, de imaginar tu brazo pesado. Si te concentras lo suficiente podrás sentir cómo tu brazo comienza a pesar, eso es lo que experimentarás. La mayoría de los iniciados en el entrenamiento de Schultz logran rápidamente sentir la pesadez en sus extremidades, cuando lo logres será momento de que, sin romper tu concentración repitas 6 veces mentalmente o en voz baja: *"Estoy muy tranquilo"*. Las repeticiones deben ser lentas y calmadas.

Repite el mismo proceso con tu brazo izquierdo, tu mano derecha, tu mano izquierda, tu pierna derecha y tu pierna izquierda, sin embargo, no pases de una extremidad a otra si no has sentido verdaderamente la sensación de pesadez, solo avanza con otra extremidad si logras sentir pesada la extremidad anterior.

Para finalizar el ejercicio inspira lentamente y abre los ojos. Es importante que la conclusión del ejercicio la hagas calmadamente.

Si ya has aprendido este ejercicio será momento de pasar al siguiente:

A tomar en cuenta: Mientras estés aprendiendo puedes solo realizar este ejercicio a una de tus extremidades, por ejemplo, el brazo derecho solamente. A medida que avances lo ideal es que procedas con varias extremidades.

☐ *Calor*

Después del peso con el entrenamiento de Schultz se trabaja la sensación de calor. En este caso se comienza de igual forma que con el ejercicio anterior, con una respiración profunda que te induzca a la relajación y que te ayude a concentrarte. Una vez relajado cierra los ojos y concéntrate en tu brazo derecho de nuevo, imagina esa extremidad caliente, trata de recordar la sensación del calor del sol sobre tu piel e imagina que el calor de verano está calentando tu brazo derecho o, la extremidad que estés trabajando. Repite mentalmente: "Mi brazo (O cualquier extremidad que estés trabajando) se siente cada vez más caliente".

Para nadie es un secreto que el calor hace maravillas con la tensión y el dolor muscular. Esa sensación agradable es la que deberás intentar sentir cuando realices este ejercicio. Concéntrate. Haz las repeticiones mentales lentamente. Deberías en cualquier momento empezar a sentir calor en tu brazo y, cómo este se extiende por otras partes de tu cuerpo, será momento para que repitas: "Estoy muy tranquilo", lentamente y, al menos unas 6 veces.

Ideal es que repitas el proceso con tu brazo izquierdo y ambas piernas, pero, solo cambia de extremidad si verdaderamente lograste percibir calor en la extremidad anterior. No avances si no has podido sentirlo.

☐ *Pulsaciones*

Dominado el ejercicio anterior, el siguiente se relacionará con las pulsaciones de tu corazón. Empieza con una respiración profunda sin prisa. Deja que el aire oxigene tu organismo y calme tu cuerpo y mente, entonces cierra los ojos y concéntrate en los latidos de tu corazón. Puedes crear en tu mente una imagen mental de tu corazón latiendo con calma para mayor efectividad. Repite luego 6 veces al menos, de forma lenta y calmada: "Mi corazón late tranquilo". Si llevas a cabo bien este ejercicio los latidos de tu corazón efectivamente se calmarán porque eso lo han demostrado estudios.

Cuando sientas mucha calma entonces repite mentalmente: "Estoy tranquilo".

Para finalizar da una respiración profunda y abre los ojos.

☐ *La respiración*

A partir de este ejercicio no suelen haber buenos avances sin el acompañamiento de un profesional, sin embargo, si es tu deseo puedes intentarlo. Después de todo tu empeño y concentración podrían ayudarte a llevar a cabo el ejercicio a feliz término.

Dominado el ejercicio anterior el siguiente tendrá que ver con tu respiración. Comienza como con todos los ejercicios anteriores, controlando tu respiración, inspirando a consciencia aire por la nariz, expulsando por la boca lentamente y repitiendo hasta que te sientas muy tranquilo. En ese momento repite con la mente unas 6 veces: "Mi respiración cada vez es más calmada y tranquila". Mantén tu foco de atención siempre en tu respiración y notarás que efectivamente se aminora. Para mayor efectividad puedes imaginar que flotas junto con tu lenta respiración. Cuando te notes en calma y sientas que tu respiración es bastante tranquila repite mentalmente: "Estoy muy calmado" al menos 6 veces antes de estirar luego tus extremidades y abrir los ojos lentamente.

El abdomen

Dominado el ejercicio anterior seguirá dominando la relajación en el área del estómago o abdomen.

Respira profundamente y relájate, cierra los ojos y trata de imaginar que el área de tu abdomen es una fuente de calor capaz de irradiar calidez por todo tu cuerpo. Luego repite mentalmente al menos 6 veces: "Mi abdomen irradia calor". Una vez que sientas la calidez en esa área repite mentalmente: "Estoy muy tranquilo", antes de finalizar el ejercicio.

La mente

El último ejercicio se relaciona con la mente. Controla tu respiración y cierra los ojos. Trata de concentrarte en tu mente, trata de localizarla en algún punto de tu frente. Entonces, con tu foco de atención puesto en ese lugar repite mentalmente al menos 6 veces: "Mi mente está fresca". Trata de imaginar que una brisa fresca y agradable recorre tu mente y la tranquiliza, deberías sentir un poco de frío en esa área de tu cuerpo. Cuando sientas cierta sensación de bienestar y frescor mental repite mentalmente unas 6 veces: "Estoy muy tranquilo", antes de finalizar el ejercicio.

Repite este entrenamiento varias veces al día y a diario hasta el ejercicio que hayas podido dominar. No te apresures ni te frustres si tardas en dominar uno de los ejercicios para pasar al siguiente, este es un proceso que puede durar mucho tiempo y que nunca conviene apresurar. Lo que necesitas es ser constante e ir a tu ritmo.

Visualización o imaginación guiada

Crear conscientemente imágenes mentales, como se ha comentado en líneas anteriores, tiene un poder fuerte de convencimiento mental debido a la neutralidad de la mente, a su funcionamiento, al hecho de que la mente no separa lo real de la imaginación y, concibe como real, cualquier cosa que te imagines.

La técnica de la visualización guiada consiste en conscientemente crear imágenes mentales que conduzcan a crear impresiones sensoriales. Guiando tu imaginación podrás experimentar distintas sensaciones, experimentar emociones... Lo imaginario, pasará a ser algo físico porque, como la mente concibe real lo que imaginas, entonces con tu mente puedes crear situaciones que te hagan experimentar emociones de todo tipo. Lo más común es que se utilice la visualización guiada para fines relajantes. De hecho, la técnica de la visualización guiada es usada por profesionales de la salud mental para reforzar tratamientos contra la ansiedad, superación de miedos y más.

Con ayuda de la visualización guiada podrás mermar tus miedos, adquirir seguridad en ti mismo, acallar cualquier pensamiento preocupante y negativo, te puede ayudar a adquirir un nuevo hábito... Esta es una técnica muy versátil.

Cuando la mente se convence, eres capaz de cualquier cosa, y en ello radica el poder de esta técnica.

Entender de qué se trata y cómo puede resultar tan efectiva será tal vez, más sencillo con ejemplos:

Supongamos que has estado dándole vueltas al hecho de que tienes una reunión social próxima a la que te conviene asistir, pero, tienes mucho miedo, no confías en tu capacidad para socializar, temes ser rechazado, hacer algo torpe o, que en líneas generales te vaya realmente mal... Definitivamente darle muchas vueltas al asunto despertará en ti miedo y ansiedad, pero, si utilizas la visualización guiada para crear imágenes mentales en donde puedas visualizarte socializando increíblemente en dicha reunión social, riendo con personas desconocidas, siendo aceptado y pasándola bien mermará el miedo y la ansiedad porque tu mente creerá real aquello que te estés imaginado, entonces, habrás convencido a tu mente de que puedes socializar y por eso te sentirás más seguro de asistir al evento social.

Así, de esta sencilla forma podrás acallar cualquier pensamiento negativo que te estuviese torturando con un evento catastrófico imaginario en tu próxima reunión social.

Supongamos por otro lado que estás terriblemente nervioso porque se aproxima tu examen para obtener tu licencia de conducir y no te sientes preparado. Usando la visualización guiada para imaginarte conduciendo a la perfección y aprobando tu examen te hará sentirte más seguro el día que tengas que rendir dicho examen y, esa seguridad te hará actuar mejor y, por ende, muy probablemente te conduzca a verdaderamente aprobar el examen.

Definitivamente te resultará más sencillo aprobarlo sintiéndote capaz que dudando de ti mismo hasta para encender las luces intermitentes del auto.

En cuanto al tema de la relajación, si te sientes verdaderamente estresado y no dispones de tiempo para salir a dar un paseo por la naturaleza o realizar alguna actividad relajante puedes recurrir a la imaginación guiada para visualizarte en un lugar tranquilo, sereno... Que te aporte también serenidad...

Es tan efectivo relajarse en la imaginación como lo es relajarse por realizar cualquier actividad.

Solo con imágenes guiadas serás capaz de llegar a un nivel de relajación importante.

Visualización guiada paso a paso

Se explicará a continuación el paso a paso para llevar a cabo la técnica de la visualización guiada con fines de relajación, para liberarte del estrés y la ansiedad que cualquier pensamiento negativo haya despertado en ti, pero, no existe una fórmula para llevar a cabo la visualización guiada, puedes imaginar lo que sea, y, puedes emplearla para fines muy diversos, como los mencionados en líneas previas.

   ☐   El lugar que escojas para practicar la visualización guiada debe ser apto para una concentración plena en la técnica a llevar a cabo: Debe ser tranquilo, lo más silencioso posible, agradable...

- No te será posible aplicar esta técnica de forma efectiva si no puedes crear imágenes mentales, y, no podrás si te distraes, si hay mucho ruido, si te interrumpen.

- Ponte cómodo: Preferiblemente sentado pues, acostado podrías quedarte dormido.

- Como con prácticamente cualquier técnica de relajación, empieza por una respiración profunda. Solo centra tu atención en tu respiración, procura en la medida de lo posible, acallar tu mente.

- Puedes imaginar cualquier escenario que te favorezca. Si tu objetivo es relajarte con ayuda de la visualización guiada puedes imaginar cualquier lugar que te relaje, o, puedes imaginarte haciendo algo que te relaje. Sin embargo, como lo más efectivo suele ser un lugar sereno de la naturaleza, entonces puedes imaginar un bosque.

Lo siguiente será solo un ejemplo de cómo puedes llevar a cabo la visualización guiada:

Imagina que estás caminando descalzo en un espeso bosque, a tu alrededor percibes árboles frondosos y hermosos, cubiertos de flores de todos los colores, el cielo azul está precioso y despejado, un sol brillante ilumina el lugar, vas descalzo, entonces puedes sentir la hierba fresca bajo tus pies, si cierras los ojos percibes el agradable sonido de aves cantarinas arrullándote, a lo lejos oyes también agua corriendo, caminas siguiendo el sonido y llegas a un cristalino arroyo, entras en él, sientes el agua fresca en tu piel. El agua es tan cristalina que puedes ver peces nadando, cierras los ojos y el sonido del arroyo y aves cantando se siguen percibiendo, ahora puedes oler yerba húmeda, el olor te agrada.

Posiblemente muchos con solo leer la descripción anterior puedan imaginar lo que se describe y darse una idea de lo relajante que puede ser la situación, pues bien, si logras imaginar voluntariamente todo eso, convencer a tu mente de que te hayas rodeado de la naturaleza, libre de toda negatividad, sin lugar a dudas podrás relajarte sin importar cuán estresado te encontrarás antes de comenzar el ejercicio.

De forma autodidacta puedes recurrir a esta técnica siempre que lo quieras. También puedes encontrar en plataformas como, por ejemplo:

Youtube.com, todo tipo de videos con visualizaciones guiadas relajantes específicas, que traen incluidos sonidos de la naturaleza y música relajante para acompañar el proceso.

Lo importante es que logres tu propósito de imaginar un escenario totalmente relajante que te ayude a relajar también tu mente, por ende, puedes recurrir también a esos videos guiados si así lo prefieres.

Lo que rara vez se explica sobre la visualización guiada

En este punto sabes lo poderosa que es esta técnica, lo mucho que te puede ayudar a alcanzar cualquier propósito que te propongas lograr, mermar miedos, decirle adiós al pensamiento excesivo y a la ansiedad... Y, que se trata de una técnica no solo poderosa, sino sencilla. No obstante, no a todo el mundo se le hace sencillo crear imágenes mentales y eso es lo que muy pocos explican en lo que respecta a la técnica de la visualización guiada.

No te será efectiva si no puedes crear las imágenes mentales que te ayuden a convencer a tu mente de lo que quieras. Afortunadamente se puede entrenar la imaginación ¿Lo sabías?

En ese caso, si, al intentar llevar a cabo la técnica de la visualización guiada notas que no te es posible imaginar nada, o crear imágenes mentales tendrías que primero, entrenar tu imaginación, ir poco a poco, procurar primero crear pequeñas imágenes en tu mente en lugar de intentar crear todo un escenario, procurar experimentar pequeñas sensaciones con la visualización guiada en lugar de esperar experimentar un conjunto de sensaciones más complejas.

Tendrías que ir poco a poco, gradualmente...

Una vez dominado, una vez que puedas crear imágenes mentales, entonces sí podrás recurrir de lleno a la técnica de la visualización guiada para el logro de tus objetivos.

Paso a paso para entrenar tu mente y lograr crear imágenes mentales

Sigue los mismos pasos explicados anteriormente para llevar a cabo la técnica de la visualización guiada, logra llegar a un estado óptimo de relajación, practica la respiración profunda.

☐ *Practicando con el sentido de la vista*

Los primeros ejercicios para practicar y desarrollar visualizaciones mentales deben relacionarse con el sentido de la vista, ya que será el que más de forma más sencilla podrás recrear en tu mente.

Trata de imaginar por al menos 20 segundos, lo siguiente:

- o Una naranja

- o Una pelota

- o Un auto

- o Un algodón de azúcar

- o Un ave

No te sobre esfuerces, sencillamente, trata de recrear en tu mente cada uno de estos objetos, piensa en ellos, piensa en cómo es una naranja, su forma, su color, su textura...

Concentrado al máximo deberías poder ir visualizando cada objeto.

Será más sencillo solo visualizar un objeto que todo un escenario o paisaje, por esto este ejercicio te ayudará a estimular tu imaginación.

☐ *Practicando con el sentido del oído*

Dominada la técnica anterior, una vez que logres crear imágenes mentales de elementos sencillos en tu mente practica poder oír lo que imaginas también, ya que, con la técnica de la visualización guiada se deben procurar estimular todos los sentidos.

Al respecto imagina:

☐ Trata de escuchar a diferentes personas llamándote por tu nombre: Piensa en el sonido de la voz de tu madre cuando te llama, en el de tu padre, tu hermano, un amigo entrañable... Recuerda el tono y timbre de voz y concéntrate plenamente en ese recuerdo, seguramente lograrás oír cómo si te estuvieran llamando.

Imagina luego:

☐ El sonido del agua cayendo desde una cascada

- El sonido de un gato al maullar

- El sonido del tráfico

- El sonido de una ventisca

Este mismo procedimiento deberás seguir estimulando el resto de tus sentidos, para el sentido del tacto podrías imaginarte:

- Acariciando la lana de una oveja

- Tocando una camisa de algodón

- Caminando por yerba fresca...

En sí no importa lo que intentes imaginar siempre que se trate de elementos sencillos, porque, sería empezar de lo más sencillo para poder avanzar y crear imágenes mentales más complejas.

Dispón de al menos unos 3 minutos de tu tiempo diarios en entrenar tu imaginación en caso de que te cueste crear imágenes mentales, que te ayuden a llevar a cabo efectivamente la técnica de la visualización vale totalmente la pena, mucho te puede beneficiar.

- *Meditación*

Una de las técnicas de relajación por excelencia y, quizás la más conocida, es precisamente la meditación. Por intermedio de ella es posible llegar a un estado de relajación profundo, que reduce niveles de ansiedad y estrés, tranquiliza la mente de cualquier pensamiento negativo recurrente y hasta mejora el sueño.

Meditando es posible acallar la mente racional y consciente y, conectarse con el mundo interno y la mente inconsciente, tranquilizarla...

Hacer de la meditación un hábito trae consigo mucho bienestar y, contribuirá a tu proceso de transformación para dejar atrás el pensamiento excesivo perjudicial.

Meditar atrae paz interna y mental.

¿Cómo meditar?

Toma en cuenta primeramente tu vestimenta y el lugar donde practicarás la meditación:

- ☐ **Vestimenta:** Para practicar la meditación debes estar lo más cómodo posible o, se te dificultará concentrarte. En tal sentido usa ropa holgada preferiblemente y, quítate los zapatos.

- ☐ **Lugar:** Lo importante es que en el lugar donde decidas meditar puedas concentrarte y relajarte. Una habitación tranquila, tu jardín...

El lugar debe ser lo menos ruidoso posible y, la temperatura no debe ser ni muy fría ni muy caliente.

Como con cualquier ejercicio de meditación o relajación que quieras practicar debes mermar distractores: Apaga el teléfono celular, pide que no te interrumpan... Procura que tu meditación sea efectiva preocupándote por preparativos que puedan ayudarte a meditar eficazmente, preparativos que te ayuden a mantener focalizada tu atención solo en tu proceso de meditación.

Si eliges una habitación puedes recurrir a música relajante o a alguna grabación de sonidos de la naturaleza. Sonidos calmantes... También podrías encender algunos inciensos ya que el olor agradable te ayudará a relajar la mente.

El paso a paso de la meditación:

Elige una postura sentada cómoda para meditar. La postura de loto es la más conocida, la postura universal de la meditación, pero, no es obligatorio adoptarla. Lo importante es que te sientas con la espalda recta.

Cierra los ojos e inicia la respiración profunda.

La respiración profunda siempre es útil antes de iniciar cualquier ejercicio de relajación porque mejora la concentración.

Mantén tu mente enfocada en tu respiración. Pon la mano sobre tu estómago cuando aspires el aire y lo sueltes para que puedas sentir cómo el aire entra y sale de dentro de ti. Aspira por la nariz, cuenta hasta 5 mentalmente, deja salir luego el aire por tu boca lentamente, siente como tu estómago se desinfla. Embriágate con la sensación. Repite durante todo el proceso.

Algunos recomiendan dejar la mente en blanco, pero lo cierto es que posiblemente no puedas. Es mientras mantienes enfocada tu mente en tu respiración que encontrarás resistencia. Vendrán a ti pensamientos que no quieres que interrumpan el momento y lo que tienes que hacer cuando eso pase es volver tu atención a tu respiración. Sencillamente no dejes que esos pensamientos te desconcentren, ni te juzgues por no poder dejar la mente en blanco. Muy pocas personas pueden hacerlo y no es necesario para que la meditación sea efectiva.

Elige una frase como mantra y repítela mentalmente mientras controlas tu respiración. El mantra más utilizado es "Ohm" pues, dentro de la disciplina de la meditación se conoce su sonido como una forma de colmarse de energía pura y renovadora, pero, puedes elegir cualquier frase positiva como tu mantra.

Como tu objetivo será vencer los pensamientos excesivos que dominan tu mente podrías escoger algunos como los siguientes: *"Soy paz"*, *"Estoy en paz"*, *"La paz está conmigo"*, *"La paz reina en mí"*, *"Me siento tan tranquilo"*. Repite tu mantra mentalmente con mucha fe mientras sigues con la respiración profunda. Deja que esas bonitas palabras convenzan a tu mente inconsciente de que todo está bien, de que solo hay serenidad a tu alrededor...

Añadir a tu rutina de meditación el sonido de un cuenco tibetano será favorable pues la vibración de su sonido es muy relajante.

En sí la meditación es solo esto si hablamos de un paso a paso, quizás es sencillo pero su efecto es poderosísimo. Comienza apenas con unos minutos y gradualmente aumenta tu tiempo de meditación. Para ver resultados se debe meditar a diario.

Una vez que comiences seguro no querrás dejar esta efectiva práctica.

EL PAPEL DEL SUBCONSCIENTE EN LA MENTE

L legado a este punto ya sabes que a lo que te tienes que enfrentar para vencer el pensamiento excesivo es a tu propia mente, a tu mapa interior de la realidad, que te hace ver de manera subjetiva y negativa la realidad, lo que te rodea... A miedos que te causan angustia, a creencias limitantes, exigencias que solo te causan daño. Y, básicamente todo eso se halla guardado en tu subconsciente.

Muy a menudo se usa el ejemplo de un iceberg para hablar sobre la mente subconsciente, y es que no hay mejor manera de representarlo, siendo la punta del iceberg, lo visible, la mente consciente, y, todo lo que está en el fondo del mar, escondido, que no se percibe a simple vista, es el subconsciente.

Creemos que olvidamos cosas, pero, lo cierto es que no lo hacemos, toda información que adquirimos se almacena en el cerebro, pero, no en la punta del iceberg, sino en lo profundo. Tienes muchísima información almacenada en el subconsciente, prácticamente información sobre toda la base de experiencias que has vivido a lo largo de tu vida.

El funcionamiento del cerebro es bastante complejo y aún hay mucho sin explicación científica, pero, cierto es que, lo que hacemos, la forma en la que actuamos, las decisiones que tomamos, las hacemos en gran medida influenciados por nuestra mente subconsciente. No nos damos cuenta, pero es lo que sucede.

En la mente subconsciente es donde terminan guardados los miedos, fobias, creencias limitantes negativas, traumas...

Si le das el control, si dejas que tu mente subconsciente tome el control automático de tu mente entonces te estarás condenando a que tus miedos y pensamientos negativos se agranden y controlen tu vida. Es por esto que tú debes de tomar el control. Lo usual es dejar a la mente subconsciente tomar el control automático, pero no es lo que te conviene.

Puedes tener acceso a tu mente subconsciente, los profesionales logran la conexión a través de técnicas como la hipnosis, pero tú podrías conectar con tu subconsciente por medio de la meditación.

Te puede beneficiar tratar de cambiar tus creencias negativas más arraigadas en tu subconsciente combinando meditación con la repetición de afirmaciones positivas que contradigan tus pensamientos negativos más arraigados, que lleven a tu subconsciente a un reaprendizaje positivo, a una reestructuración.

También básicamente toda técnica y recomendación a lo largo de este escrito te ayudará con el objetivo de reeducar a tu mente, de transformar tus pensamientos no favorables por unos favorables, positivos, beneficiosos, por los pensamientos que te liberen del pensamiento excesivo.

Si quieres dejar tu opinión y obtener un bonus, abre este QR Code o entra directamente en este enlace:

WWW.FABIANGARCIAINFO.COM

Síqueme en Instagram/tik tok

Fabian Garcia (@fabiangarcia)

INTELIGENCIA

EMOCIONAL

21 días para un cambio positivo en tu vida. Fortalece tu mente, descubre tu potencial, domina tus emociones, y alcanza relaciones personales y profesionales exitosas.

Dedicado

"Dedico este libro a todos aquellos que piensan que la inteligencia emocional es sólo una excusa para justificar sus debilidades o que alguna vez han dicho 'las emociones no sirven para nada': este libro les demostrará que, por el contrario, son esenciales para una vida plena y satisfactoria.

Si quieres dejar tu opinión y obtener un bonus, abre este QR Code o entra directamente en este enlace:

WWW.FABIANGARCIAINFO.COM

Sígueme en Instagram/tik tok

Fabian Garcia (@fabiangarcia)

¿QUÉ ESPERAR DE ESTE ESCRITO?

Potenciar nuestra inteligencia es sumamente beneficioso para nuestra vida, pues esto nos conduce a lograr el éxito personal y profesional. Creo que cualquier adulto conoce que es bastante positivo tener un coeficiente intelectual elevado, pero,

¿Sabías que una persona con inteligencia emocional puede superar a una con un elevado índice de coeficiente intelectual, pero, sin inteligencia emocional desarrollada?

Es una realidad porque, por más inteligencia general que posea una persona, sin inteligencia emocional no podrá automotivarse para seguir adelante cuando los obstáculos aparezcan y entorpezcan su camino, sin inteligencia emocional probablemente el autoestima resulte perjudicada y, sin autoestima, las limitaciones para alcanzar metas crecen ya que las personas con baja autoestima no se creen suficientes o capaces, y, al no creerse suficientes o capaces se autosabotearán su camino al éxito con miedo y dudas, sin inteligencia emocional a las personas les resulta difícil relacionarse sanamente o, hacerse con buenas relaciones que las ayuden o contribuyan con su aprendizaje y crecimiento. Y muchas veces las buenas relaciones resultan motivadoras, inspiradoras y de provecho general para alcanzar metas, sin ellas, se está en desventaja en el camino hacia el éxito.

Además de que una persona que no consiga relacionarse adecuadamente con los demás, será una persona llena de negatividad tomando en cuenta que los seres humanos somos seres sociales y necesitamos de relaciones sanas en nuestras vidas.

Tal vez te hayas preguntado alguna vez porqué algunos son más capaces de afrontar situaciones difíciles, superar obstáculos, seguir adelante después de alguna adversidad... Mientras que otros se derrumban y se rinden, porqué algunos son capaces de ver las dificultades con un tinte optimista, y a otros, les resulta tan complicado e incluso, imposible, porqué algunos logran vivir en la calma cuando al resto del mundo (A la mayoría de las personas), les ahoga el estrés ... O, tal vez te hayas preguntado porque a algunas personas les resulta más sencillo relacionarse o socializar, y a otras les cuesta tanto...

Esto está relacionado con el nivel de inteligencia emocional. <u>A mayor nivel de inteligencia emocional, mayor resiliencia y mayor capacidad para socializar.</u>

¿Qué decir del control de las emociones en general? Hay personas capaces de dominar sus emociones y otras a las que las emociones dominan. Esto también depende del nivel de inteligencia emocional.

Por otro lado, están las personas que expresan adecuadamente sus emociones y otra a las que les cuesta muchísimo. También esta capacidad de expresar emociones depende del nivel de inteligencia emocional.

Si te has interesado en la lectura de este escrito probablemente ya conozcas un poco sobre la inteligencia emocional y lo mucho que esta puede contribuir a que alcances una vida de bienestar, fortaleciendo tu mente, ayudándote a descubrir tu potencial y a alcanzar relaciones más sanas en lo personal, y, exitosas en lo profesional. Tal vez no entiendas del todo sobre el tema, pero, te interesa desarrollar inteligencia emocional porque de algún modo conoces lo ventajoso que te será o, que puede resolver algún problema con el que estés lidiando:

¿Tu autoestima es baja? ¿Tienes un nivel pobre de autoconfianza? ¿Te dejas dominar por miedos y emociones negativas en general? ¿El estrés domina tu vida? ¿Estás sumergido/a en relaciones poco sanas o, te cuesta relacionarte?

Una respuesta positiva a alguna o algunas de las preguntas anteriores indica que necesitas trabajar tu inteligencia emocional.

¿Cómo te sientes respecto a tus relacione? ¿Sientes que no te comprenden? Si la respuesta es positiva muy probablemente no estés expresando adecuadamente tus emociones y por eso solo puedes sentir incomprensión por parte de las personas que te rodean. En ese caso necesitas trabajar tu inteligencia emocional. Y, este escrito estará enfocado a guiarte por ese proceso de forma práctica y sencilla.

Básicamente lo que puedes esperar de este escrito es: APRENDER A PROFUNDIDAD DE TUS EMOCIONES, cómo entenderlas, cómo gestionarlas, o controlarlas para que no te cieguen a la hora de tomar decisiones, para que puedas tomar decisiones de forma más prudente, para que no te paralicen, para que no te hagan reaccionar de forma violenta o, cegado/a por el miedo, el estrés y la negatividad... Para que no entorpezcan tus relaciones y, para poder expresarlas de forma elocuente, de forma que otros puedan entender cómo te sientes y tú, comprender cómo se sienten los demás. Esto potencia las relaciones de forma desmedida.

¿Es lo que buscas de esta escritura cierto?

En lo que a todo el aprendizaje previamente mencionado respecta, tendrás que seguir un camino, un paso a paso hacia tu inteligencia emocional y, como he mencionado anteriormente, todas estas líneas estarán destinadas a guiarte ¿Por qué digo guiarte?

Porque no puedo seguir este proceso por ti, eres el o la dueña de tu mente, por lo cual, al final solo tú podrás desarrollar inteligencia emocional. En este escrito encontrarás las herramientas y la información necesarias, pero deberás aplicarlas, ponerlas en práctica, no guardar lo que aprendas a continuación en tu memoria y luego no utilizarlo.

Para esto necesario será un nivel serio de compromiso de tu parte, comprometerte con tu propia persona, en: descubrir tu potencial, dominar tus emociones, fortalecer tu mente, autoestima y autoconfianza para alcanzar relaciones personales y profesionales más exitosas.

¿Es eso lo que quieres?

En este, mi segundo libro de autoayuda, en ese sentido recomendaré el mismo inicio que en el primero, pronunciar importantes palabras destinadas a sellar un compromiso serio con los 21 días de ejercicios que te presentaré, en procura del desarrollo de tu inteligencia emocional. Si eres constante, lograrás lo que has venido a buscar a través de estas líneas. Solo así, porque, ni lo que yo pueda decir, ni la acción de nadie te puede ayudar a desarrollar inteligencia emocional cuando es algo que debes hacer por tu cuenta siendo dueño o dueña de tu mente y decisiones.

"Me comprometo a poner en práctica toda información y conocimientos que adquiera en este escrito porque merezco desarrollar inteligencia emocional y todo lo que la misma tiene por ofrecerme: Merezco relacione personales y profesionales sanas y provechosas, merezco conocer mi potencial, merezco dominar mi mente y acciones en lugar de dejar que ellas me dominen a mí. Merezco todo el bienestar que la inteligencia emocional puede traer a mi vida".

Precisado esto y sin más preámbulos, comenzaré con el contenido a continuación. Iniciemos este viaje, será un honor acompañarte: amigo/a lector.

INTRODUCCIÓN

Es de conocimiento general que los seres humanos nos distinguimos de otros seres vivos porque pensamos o somos seres racionales, pero también, por la complejidad de cómo sentimos. Compartimos emociones básicas con los animales, por ejemplo, el miedo, la sorpresa, la alegría... Pero, la culpa, el orgullo, la vergüenza, la curiosidad, el rencor y muchas otras emociones y sentimientos son solo nuestros, devienen de nuestro más complejo cerebro.

Las emociones en general producen reacciones en nosotros, pueden influir en nuestro estado de ánimo y en nuestras reacciones ante las situaciones que enfrentamos, así como en nuestras decisiones. Entenderlas y gestionarlas correctamente puede traernos bienestar, todo lo contrario que sucede al dejarnos dominar por ellas. Este es otro aspecto respecto al cual nos distinguimos de los animales, aún en las emociones básicas que compartimos con los mismos: PODEMOS DECIDIR CÓMO ACTUAR A PESAR DE NUESTRAS EMOCIONES Y NO GUIADOS POR ELLAS.

Lo que no se puede lograr es no sentir, pero, sí podemos decidir qué hacer, a pesar de sentirnos de tal o cual forma. Claro, no es sencillo porque las emociones tratarán de dominar, pero, con fuerza de voluntad y desarrollando inteligencia emocional somos nosotros los que dominamos al final si nos lo proponemos. Y es lo que necesitamos que todo el mundo haga porque la inteligencia emocional no solo mejora nuestra realidad, sino que, de poseerla mayor cantidad de personas, el mundo indudablemente sería un lugar mejor sin tanto conflicto, sin tanta violencia, sin tanta falta de autoestima y autoconfianza, sin tanta gente opacando su propia luz con inseguridades...

Al experimentar miedo lo usual es o, paralizarse, o, buscar alternativas para huir o bien, defenderse del peligro, esa es la reacción natural al miedo. Sin dudas la has experimentado a lo largo de tu vida. Ante un peligro real, es beneficioso actuar en base al miedo, huir o defenderse en pro de la supervivencia, pero, si reaccionas con miedo ante un peligro inexistente, o, si dejas que el miedo te impida realizar algo que quieres hacer: perseguir una meta, por ejemplo, no puede considerarse positivo, te perjudicaría no ser capaz de controlar tu miedo, y, no es posible controlar el miedo sin inteligencia emocional, que es la que nos brinda las herramientas adecuadas para que podamos dominar nuestras emociones.

Al experimentar ira, la reacción natural es arrugar las facciones, levantar el tono de voz hasta incluso gritar, puede haber una reacción violenta de nuestra parte... Por supuesto que, no poder controlar la ira puede desencadenar una tragedia, una lesión física, o hasta en tragedias de mayores dimensiones... Algo que querrías evitar y es posible en todo momento, con inteligencia emocional, desarrollando la capacidad de sosegarte sin importar la intensidad de la ira que experimentes.

Ante una mala crítica puedes decidir si dejar que te embargue la negatividad hasta afectar tu autoestima, o, decidir seguir adelante, sin dejar que te afecte. Por supuesto, solo te será posible una buena gestión de las críticas, con inteligencia emocional.

Si experimentamos alegría se nos hace más sencillo concebir el mundo de forma positiva y esperanzadora, lo cual puede mejorar mucho nuestra actitud ante lo que nos sucede y con ello, muy probablemente mejoraría nuestra realidad en muchos sentidos, lo contrario si experimentamos tristeza y nos dejamos dominar por ella, dañando nuestra autoestima, permitiéndonos concebir al mundo de forma fatalista, conduciéndonos a la depresión...

De más está decir que tomamos mejores decisiones tranquilos y optimistas, que, cegados por el miedo, la ira o cualquier emoción con un tinte más negativo. Por eso, necesitamos el poder de la inteligencia emocional. Un poder que está en nuestro interior, que forma parte anatómicamente de la forma en que funciona nuestro cerebro, pero al que, no accedemos a menos que trabajemos en desarrollarlo.

¿Estás dispuesto/a a trabajar por tu inteligencia emocional? Ya que estás leyendo estas líneas y que, te comprometiste en líneas previas con esta meta, creo que sí.

Si desarrollas inteligencia emocional nunca serás dominado/a por ninguna emoción porque podrás tomar siempre el control de ti mismo/a en pro de tomar mejores decisiones o de reaccionar de forma más acertada.

Por otro lado, he de decir que los seres humanos somos seres sociales. No hay una sola duda al respecto, NECESITAMOS RELACIONARNOS CON OTROS SERES HUMANOS, convivir... En completa soledad, peligra la salud mental de cualquier persona. La convivencia es necesaria para una vida plena y feliz. Solo imagina alcanzar el éxito y no tener ni a una persona a quien agradecer, ni a nadie con quien celebrarlo, ni nadie que lo sepa porque estás solo/a, porque eres el único ser humano... No le verías sentido a lograr ninguna meta. Ni siquiera intentarías lograr nada. Imagina no tener a nadie con quien hablar, nadie a quien amar, a quien comprender... No sería soportable. Creo que nada tendría sentido sin personas en nuestra vida y a nuestro alrededor. Incluso las personas que disfrutan de pocas relaciones, necesitan a alguien.

Estarás de acuerdo entonces con el hecho de que la convivencia es necesaria. Y, de todas formas, es algo que hacemos en nuestra vida diaria queramos o no.

No se trata de socializar solamente, aunque socializar forma parte inherente de convivir, se trata de cualquier contacto y relación humana: Si te dedicas a la enseñanza estás conviviendo con tus aprendices, vivir en un lugar residencial es convivir con vecinos, abordar un medio de transporte es convivir con los demás que también lo aborden, convives a diario con tu familia, con compañeros de trabajo o de clases, con otros ciudadanos como tú...

Creo que también estarás de acuerdo si afirmo que las características de nuestra convivencia en cualquier ámbito, se relacionan mucho con nuestro bienestar o con su ausencia. Por ejemplo, si la convivencia en tu entorno familiar es desastrosa, no puedes tener bienestar. De hecho, una convivencia tóxica o desastrosa en el hogar suele afectar de distintas formas a las personas.

Las discusiones recurrentes en el hogar afectan el estado de ánimo, auto-estima, motivación... De esa forma pueden repercutir de forma negativa en estudios, trabajo y bienestar de vida en general.

Una mala convivencia en el lugar de trabajo hace insoportable, trabajar. El mejor rendimiento lo obtienen los trabajadores que se sienten a gusto en sus lugares de trabajo y, eso no es posible en un ambiente donde reinen las discusiones, la mala convivencia.

Supongamos que la convivencia en un país X es terrible. Eso solo podría llevar a discusiones, peleas, asesinatos... No puede haber bienestar en un entorno así.

Si desarrollas inteligencia emocional, tus habilidades sociales mejorarán, y con ello, podrás convivir más sanamente y, desarrollar relaciones más sanas. En ambientes donde reina la inteligencia emocional reina la paz, el entendimiento, la reconciliación.

Como terapeuta enfocado en ayudar a las personas a alcanzar el máximo bienestar he de decir que he sido testigo de numerosos casos donde el ma-lestar de mis pacientes recaía directamente en el hecho de que, o bien, no eran capaces de entender lo que sentían, de entender porque se sentían como se sentían... Lo que les impedía poder hacer algo al respecto por mejorar, o bien, del hecho de no poder dominar las emociones que les embargaban o bien, de falta de autoestima y autoconfianza y pobre habilidad para relacionarse con los demás. En pocas palabras: Poco nivel de inteligencia emocional. En ese sentido consideré que este, mi segundo libro de autoayuda y superación personal debería enfocarse en la inteligencia emocional, cuya ausencia es igual a negatividad.

Parte de la negatividad del mundo recae en que no se le da el adecuado y necesario enfoque a la inteligencia emocional en las escuelas, por ejemplo, ni se fomenta como parte de la necesaria salud mental en la ciudadanía y pocos lugares de trabajo la pregonan entre sus empleados.

En el ámbito escolar, en los salones de clase... El foco de atención suele recaer en que los alumnos logren obtener notas excelentes, se le da más importancia a ello que a la inteligencia emocional, a los conocimientos, a las habilidades, por sobre la inteligencia emocional cuando la realidad es que, incluso los más inteligentes encuentran por obstáculo en su camino al éxito precisamente la falta de inteligencia emocional, como lo he mencionado antes, misma que puede perjudicarlos de formas diversas como afectar su autoconfianza e impedirles luchar por lo que quieren, o, derivar en falta de motivación que les conduzca a abandonar sus empeños, o bien, que no les permita gestionar bien la frustración, lo que suele llevar hasta a los más inteligentes o habilidosos, a rendirse. Entonces la inteligencia emocional SÍ QUE IMPORTA Y SÍ QUE NECESITA QUE SE LE DÉ RELEVANCIA.

En los ambientes laborales se le da plena importancia al rendimiento, y, la inteligencia emocional suele dejarse de lado, desperdiciando una gran ventaja porque la ciencia ha demostrado que los empleados con inteligencia emocional son los que más rinden y, los que carecen de ella, los que menos, temas a profundizar en líneas subsiguientes.

Tú crecimiento personal dependerá de tu nivel de inteligencia emocional pues, cualquier cualidad que quieras desarrollar, o defecto que desees trabajar en mejorar requerirá que puedas entender cómo te sientes, motivarte cuando lo necesites, gestionar tu miedo, tu rabia, tu frustración, sin dejar que te carcoman o dominen a ti.

Tu bienestar dependerá de tu nivel de inteligencia emocional porque solo esta te ayudará a entender cuando te sientas mal el porqué, y así te brindará una base para que puedas trabajar en sentirte mejor.

El que puedas comunicarte acertadamente con los demás dependerá de tu nivel de inteligencia emocional porque a falta de la misma no sabrás cómo expresarte correctamente. He conocido a muchas personas frustradas por sentirse incomprendidas por los demás que luego comprenden que tal incomprensión devenía era de su incapacidad para comunicarse efectivamente.

El que logres tus metas, todo lo que te propongas dependerá en gran medida de tu nivel de inteligencia emocional porque a falta de la misma, rendirte será una opción cuando las cosas se tornen difíciles en tu camino al éxito, pero, en su presencia serás como Thomas Edison, el que no se rindió inventando la bombilla incandescente a pesar de haber fallado 999 veces en su intento.

El que goces de relaciones sanas dependerá en gran medida de tu nivel de inteligencia emocional porque podrás ser más cordial con los demás al entender sus emociones. Tus habilidades sociales serán mejores con inteligencia emocional porque la habilidad para socializar precisamente forma parte de la inteligencia emocional.

Si tu profesión u oficio requiere de la persuasión, te beneficiarás de poseer un nivel elevado de inteligencia emocional, misma que ayuda a las personas a ser más persuasivas al poder ponerse en los zapatos de los demás, poder entenderlos.

Sin dudas, siendo que la inteligencia emocional es tan beneficiosa no querrás esperar más para desarrollarla. A partid de las líneas siguientes comenzarás tu aprendizaje, de corazón espero que te sea de real provecho.

EL PODER DE LA INTELIGENCIA EMOCIONAL:

Responde con total sinceridad:

-¿Conoces plenamente la forma en que tus emociones o sentimientos te hacen reaccionar?

-¿Reaccionas adecuadamente a las situaciones que se te presentan o, te paralizas, o, te dejas influenciar por tus emociones al reaccionar? A esto se le llama ser reactivo ¿Lo eres? ¿Eres capaz de controlar tu enojo y tranquilizarte, a pesar de sentir el impulso de reaccionar con agresividad, o, reaccionas violentamente a las provocaciones porque te es muy complejo controlarte? ¿Eres capaz de controlar tu miedo o, te dejas dominar por él y, reaccionas o decides en base a él? ¿Dejas que la tristeza te impida ver todo lo bueno que tiene tu vida?

Si prácticamente podría decirse que eres esclavo/a de tus emociones porque no las puedes dominar y en cambio, estas te dominan a ti, entonces necesitas desarrollar inteligencia emocional porque con ella podrás dominar tus emociones y elegir:

-La paz por sobre el estrés o la ansiedad: La era moderna es una era ajetreada donde suele reinar el estrés, mismo que suele desencadenar también ansiedad. Hoy en día muchísima gente vive en la ansiedad, todo el tiempo preocupada, incapaz de centrarse en el presente y hallar la calma.

Una de las últimas cifras que manejó la Organización Mundial de la salud en torno al tema, estimaba que 264 millones de adultos alrededor del mundo padecían de ansiedad. Solo en mi consulta he tratado a muchísimas personas, donde la ansiedad afecto notablemente en su salud mental.

El poder de la inteligencia emocional en ese sentido radica en darle a la persona la posibilidad de controlar su ansiedad o de gestionar mejor el estrés, a modo que no afecten la calidad de vida.

Si te haces con el poder de la inteligencia emocional podrás vivir en paz mental, lo que muchos anhelan y se les dificulta enormemente lograr.

-El sosiego por sobre una reacción violenta: Una de las emociones más difíciles de controlar es la ira y, lo negativo de ello es que precisamente la ira conduce a reacciones o acciones lamentables. Cegados por la ira podemos herir con las palabras a nuestros seres queridos. Una palabra dicha con rabia a veces destruye relaciones, cegados por la ira hasta podemos lastimar físicamente; todo esto lo único que trae son enormes consecuencias negativas para nuestra vida. NADA, ABSOLUTA-MENTE NADA BUENO VIENE DE ACTUAR CEGADOS POR LA IRA JA-MÁS. Afortunadamente parte del poder de la inteligencia emocional es poder controlar la ira para poder actuar de forma racional ante su presencia.

- La calma y la valentía ante el temor: No hay mayor limitante que el miedo. El miedo es el mayor obstáculo para alcanzar el éxito porque paraliza, porque hace a las personas, creer que no podrán alcanzar sus metas y sueños o temer no alcanzarlos y por ese temor muchos ni siquiera lo intentan. Además de que existen miedos que afectan la calidad de vida de las personas: Hay personas que no pueden ir a sitios concurridos porque les vence el miedo, o, que padecen otro tipo de miedos irracionales o fobias que les restan calidad de vida, que les impiden disfrutar de un día en el parque, de socializar y mucho más. Poder controlar el miedo en ese sentido, favorece la consecución de metas y mejora la calidad de vida y es algo que con inteligencia emocional se puede lograr.

- Motivación por sobre frustración: El camino a la consecución de una meta difícilmente es recto, al contrario, está lleno normalmente de obstáculos, por lo que solo los que son capaces de tolerar la frustración ante esos obstáculos o fallos logran lo que se proponen. En ese sentido el poder de la inteligencia emocional permite tolerar la frustración y, obtener la determinación de seguir adelante hasta alcanzar lo que uno se haya propuesto alcanzar.

Cualquier famoso al que admires, o cualquier exitoso que conozcas, con seguridad necesitó de inteligencia emocional para seguir adelante en momentos en que sintió frustración y pensó que rendirse era lo mejor. Este es otro de los poderes de la inteligencia emocional, una determinación de acero capaz de conducirte al logro de lo que te propongas, una determinación inquebrantable.

- Perdón por sobre el rencor: La gente que carga con odio y rencor, se pierde la oportunidad de vivir un presente positivo y hasta empaña con tales emociones, su futuro. El perdón libera. He sido testigo de ello, tanto en mi vida y como en la vida de algunos pacientes que, me han comentado que tras liberarse del rencor sintieron como si un peso se hubiese desvanecido de sus espaldas y, se abrieron a nuevas oportunidades gracias a ello o, se liberaron de tristezas y miedos.

El poder de la inteligencia emocional permite esta liberación, gestionar mejor el enojo, odio y rencor de forma de poder perdonar y liberarse de esa carga.

- ¿Entiendes cómo te sientes constantemente?

Muchas veces actuamos o tomamos decisiones por el impulso de una emoción que estamos experimentando, y, si no somos conscientes de tal emoción entonces, no podemos comprender nuestro actuar o la decisión tomada. A veces eso puede afectar la autoestima porque, por el impulso de una emoción lo más probable es que tomes decisiones que al final, no te convengan o que no te gusten. Y, eso lo más probable es que te conduzca a juzgarte duramente. Al menos si no logras comprender por qué actuaste y decidiste de esa forma o qué te llevó a ello... Entendiendo porqué lo hiciste será más sencillo para ti lidiar con ello sin juzgarte con dureza. Por otro lado, si entiendes cómo te sientes, puedes descubrir que hay emociones que necesitas trabajar para superarte y, ponerte en marcha por tu superación personal, pero, si no entiendes cómo te sientes nada podrás hacer.

Esta es otra de las razones por las que la inteligencia emocional es tan importante y de inmenso provecho, pues puede conducirte a conocerte y entenderte mejor, a tener una autoestima más fuerte y mejor, colaborando notablemente en tu desarrollo y crecimiento.

¿Eres capaz de demostrar lo que sientes o cómo te sientes a otras personas?

Muchas personas van por el mundo sintiéndose incomprendidas y eso les puede hacer sentir algo desubicadas, lo que muy seguramente puede afectar el autoestima y la autoconfianza. Y, lo que sucede muchas veces o en la mayoría de los casos es que estas personas no saben comunicarse y por eso los otros no son capaces de entenderlas.

Las relaciones mejoran cuando todos los implicados son capaces de comunicar lo que sienten.

Por otro lado, entender cómo las otras personas se sienten es útil para evitar lastimar innecesariamente y sin querer a los demás, potenciar relaciones, ejercer liderazgo, empatía y actividades de persuasión.

En ese sentido si activas el poder de la inteligencia emocional en tu vida, podrás darte a entender mejor con las personas, fortalecer tus relaciones o tus capacidades para socializar, y, si lo deseas podrás persuadir y liderar sin problemas.

Si diste respuesta a las preguntas anteriores y consideras que realmente deseas trabajar la inteligencia emocional continúa leyendo:

¿QUÉ ES LA INTELIGENCIA EMOCIONAL? DEFINICIONES BÁSICAS

Indagar en definiciones de inteligencia emocional es remitirse a autores como por ejemplo Goleman, de los pioneros en plasmar las características de este tipo de inteligencia en su libro "Inteligencia emocional ¿Por qué es más importante que el coeficiente intelectual?, y, quien la definió como *"La capacidad de una persona para manejar una serie de habilidades emocionales y actitudes. Entre las habilidades emocionales se incluyen la conciencia de uno mismo; la capacidad para identificar, expresar y controlar los sentimientos; la habilidad de controlar los impulsos y posponer la gratificación, así como la capacidad de manejar la tensión y la ansiedad,* o, Mayer y Salovey, quienes la definieron como *"La capacidad para supervisar los sentimientos y las emociones de uno mismo y de los demás, de discriminar entre ellos y de usar esta información para la orientación de la acción y del pensamiento propio" (...) relaciona la habilidad para percibir con precisión, valorar y expresar emociones, y, relaciona también la habilidad para (...) regular emociones que promuevan el crecimiento emocional e intelectual"*...

Otro autor llamado Shapiro, aludido por Dueñas Buey en un trabajo de investigación titulado "Importancia de la inteligencia emocional, un nuevo reto para la orientación educativa", definió inteligencia emocional como aquel tipo de inteligencia que se relaciona con cualidades emocionales necesarias para alcanzar el éxito, entre ellas, la expresión y comprensión de sentimientos, la capacidad de adaptación, la determinación, el control del genio, la empatía, respeto y cordialidad.

Se trata de concepciones válidas pues precisamente IE o, inteligencia emocional engloba:

- La capacidad de un individuo de entender emociones propias o ajenas de forma efectiva: A veces experimentamos una emoción que, esconde otra, por eso es tan importante entender y darle nombre a las emociones propias, por ejemplo, podemos experimentar ira e, indagando en la emoción podríamos descubrir que tras esa ira solo se oculta la tristeza o la frustración. Sería en ese caso, distinto el trabajo de mejora a realizar. No sería lo mismo que trabajes en mermar tu ira a que lo hagas en disminuir o eliminar lo que ha ocasionado esa ira, tu tristeza o tu frustración...

Por otro lado, entender las emociones de los demás nos ayuda a ser más empáticos y comprender mejor las reacciones de los demás, lo que es preludio de mejores relaciones.

- La capacidad de un individuo de entender las emociones que desencadenan en otros, sus acciones: Como la inteligencia emocional es la que nos permite tener empatía, por intermedio de ella las personas podemos entender las emociones que nuestras acciones causan en los otros. De esa forma la gente puede reflexionar para evitar actuar causando daño en el otro. Con inteligencia emocional puedes entender, por ejemplo, que una crítica, dicha sin intención de ayudar a crecer a la otra persona sino solo por hacer sentir mal (Crítica destructiva), puede causar mucho daño, por lo que, las personas con inteligencia emocional desarrollada suelen evitar este tipo de críticas o comportamiento hacia los demás.

- La capacidad de un individuo de gestionar sus emociones de modo que estás no lo controlen y así poder decidir cómo reaccionar ante una situación dada. Por ejemplo, decidir reaccionar con calma ante la ira, en lugar de ejercer violencia, decidir reaccionar con calma ante un evento estresante, o, poder reaccionar de forma efectiva a pesar de tener temor o sentir nervios. Eso es lo que permite esta capacidad. Evitar actuar por impulso o dominado por las emociones, lo cual, rara vez lleva a tomar buenas decisiones o, a reaccionar adecuadamente o, de forma que nos beneficie.

Dejándose dominar por la ira o por el temor, algunas personas han arruinado su vida hasta el punto de hoy en día estar en la cárcel; actuando dominadas por el miedo muchas personas se niegan grandes oportunidades, presas de la frustración algunas personas abandonan sus metas y así, se privan de la posibilidad de alcanzarlas.

En mi opinión lo mejor de la inteligencia emocional es precisamente esto, ser capaz de convertirse en el dueño de las reacciones que se tienen, evitando que las emociones y los impulsos, dominen, ser capaces de tomar decisiones racionales a pesar de las emociones que se estén experimentando o sintiendo, no dejando que ellas dominen.

- La capacidad de un individuo de gestionar críticas de manera eficaz: A algunas personas las críticas les resultan más difíciles de gestionar que a otras. Esto se relaciona con el nivel de inteligencia emocional. Las personas con un nivel de inteligencia emocional alto son capaces de dominar sus emociones ante las críticas, gracias a su fuerte y desarrollada autoestima y autoconfianza, logran gestionar de manera más eficiente que quienes se dejan perjudicar por ellas.

- La capacidad de un individuo de expresar sus emociones o sentimientos efectivamente: Al reconocer lo que se está sintiendo y entender a más profundidad las emociones, los individuos se vuelven más asertivos a la hora de expresarlas.

Muchos habrán conocido personas a las que expresar cómo se sienten les resulta demasiado complicado. Tal vez eres tú esa persona a la que le cuesta reconocer ante los demás, sus sentimientos. A la que le cuesta decirle a los que quiere, que los quiere, a la que le cuesta decir. "Lo siento", cuando ha cometido un error, a la que le cuesta reconocer sus debilidades... Cuando se desarrolla inteligencia emocional ese obstáculo para expresar emociones y sentimientos, merma, haciendo que la persona sencillamente se vuelve más expresiva.

- La capacidad de un individuo de sobreponerse a frustraciones o fracasos y mantener fuerte su motivación: Es la inteligencia emocional la que permite a un individuo, la automotivación, poder motivarse a seguir adelante cuando las cosas no salgan según lo esperado o, ante los obstáculos, ser determinado... Es la inteligencia emocional la que permite la resiliencia, la capacidad de adaptación y superación cuando suceden eventos desafortunados.

Sobreponerse a frustraciones o fracasos y mantener fuerte la motivación para alcanzar metas en su presencia es algo que solo una persona con inteligencia emocional desarrollada puede lograr.

- La capacidad de un individuo de entenderse capaz de lograr lo que se proponga: La autoestima y autoconfianza están relacionadas con la inteligencia emocional. Una persona que se siente capaz de lograr cualquier cosa en base a su potencial real, consciente de sus fortalezas y debilidades, es una persona que goza de inteligencia emocional. Los que son determinados hasta lograr sus propósitos, sin dejarse desanimar, sin rendirse tras cualquier fallo son personas que gozan de inteligencia emocional.

- La capacidad de un individuo para ser disciplinado o emplear la fuerza de voluntad a su favor: Para el logro de la mayoría de los propósitos, la disciplina es indispensable. Por mencionar ejemplos, un deportista de alto rendimiento, llega a serlo solo tras un continuo entrenamiento. De hecho, los deportistas de alto rendimiento son deportistas que entrenan mucho más que otros profesionales en el medio. Para que sea posible su meta necesitan ser constantes en sus rutinas, tener una disciplina inquebrantable... Alcanzar metas como convertirse en un gran bailarín de ballet u otro género, aprender un idioma y muchas más, solo es posible mediante la constancia y disciplina porque, a falta de ellas no es posible adquirir ese tipo de conocimientos o habilidades.

El hecho es que, no todo el que se propone metas que requieran disciplina, logra alcanzarlas porque hay personas a las que les resulta difícil automotivarse y seguir adelante, dejar de lado una satisfacción presente, por una futura. Pero, las personas que gozan de un nivel de inteligencia emocional alto sí son capaces de postergar su placer, en pro de alcanzar metas, son personas capaces de autoimponerse disciplina.

- La capacidad de un individuo de crear y cultivar relaciones: Ya lo he comentado en líneas previas, el ser humano necesita socializar. Socializar es inherente a nuestra naturaleza, nos sentimos bien socializando y, de esa forma podemos crear lazos con los demás, que nos produzcan bienestar o incluso, que nos resulten de ayuda o inspiración para lograr metas o convertirnos en quien deseemos ser.

Seguro has escuchado la famosa frase: "Dime con quién andas y te diré quién eres". Esta es una frase acertada en el sentido de que, solemos dejarnos influenciar por las personas de quienes nos rodeamos, de modo que, si nos relacionamos solo con personas pesimistas, ser optimistas nos resultará muy difícil, pero, si nos relacionamos con personas optimistas su optimismo se nos contagiará. Está plenamente demostrado y es aceptado por la psicología que, quienes nos rodean, influyen en nosotros de forma positiva o negativa, en nuestro estado de ánimo e incluso en nuestra forma de pensar.

Por supuesto que lo que nos conviene es relacionarnos con personas que nos sumen, que nos inspiren, que nos motiven, de quienes aprendamos y por influencia o ayuda de quienes nos permitan avanzar... Un nivel alto de inteligencia emocional no solo contribuye a que una persona pueda socializar mejor, porque, una característica de la inteligencia emocional es tener buenas habilidades sociales, sino que, contribuye a que la persona cree relaciones más sanas.

Un nivel bajo de inteligencia emocional, conlleva dificultades para socializar o crear buenas relaciones, trayendo aspectos negativos como los siguientes:

- Necesidad de aprobación

- Dependencia emocional

- Relaciones tóxicas

- Intolerancia a las críticas

- La capacidad de un individuo de influir en los demás: Convencer a otras personas no resulta sencillo para muchos y esto se debe a que la persuasión es otra capacidad que depende directamente del nivel de inteligencia emocional que se posea. Las personas que gozan de un nivel alto de inteligencia emocional, desarrollan la habilidad de persuadir con mayor facilidad. Lo cual es excelente para ejercer el liderazgo y algunas profesiones como las que se relacionan con ventas o la oratoria. Y esto se debe a que, para persuadir es necesario entender cómo se sienten las otras personas, tener empatía.

CARACTERÍSTICAS FUNDAMENTALES

DE LA INTELIGENCIA EMOCIONAL

Desglosando la inteligencia emocional se puede hablar de que la misma está compuesta por las siguientes características o elementos:

-Autoconciencia emocional: Se denomina de esta forma a la capacidad de producir resultados mediante el reconocimiento de las emociones. En otras palabras, tiene que ver con entender lo que sentimos y, lo que sienten los demás, con la habilidad de poder darle nombre a las emociones y sentimientos, y, determinar qué relación tiene lo que se siente, con lo que se hace y con lo que experimentan los demás. Cuando se trata de emociones propias tiene que ver con entender cómo lo que sentimos, repercute en cómo actuamos y nos expresamos, y, la forma en que ello es vivido por quienes nos rodean.

Se trata del primer paso para gestionar emociones porque nadie puede gestionar algo que no detecta o no entiende. Pero, cuando se tiene consciencia de las emociones se pueden usar a favor o bien, si existe algún problema se puede empezar el proceso adecuado de sanación.

Ilustraré este tema con casos de pacientes que he tenido el gusto de conocer y ayudar. Por motivo de respetar su identidad, los nombres que usaré serán ficticios:

Alberto no podía controlar sus celos con su pareja. A diario le hacía una escena de celos, explotaba sin más, aunque ella no le diera motivos, a diario eso les hacía discutir y Dora, su pareja, ya no lo soportaba más. Ante la amenaza de ella de dejarlo si no cambiaba él aceptó ir a terapia de pareja donde, tras un largo proceso en el que Alberto al principio culpaba a Dora de su actuar, terminó descubriendo que lo que sucedía era que tenía una nula autoconfianza en sí mismo. Sus celos solo escondían su enorme inseguridad. Fue ese descubrimiento lo que ayudó a Alberto a irse deshaciendo de sus perennes celos destructivos.

Otro caso como el de Margarita, que toda su vida fue amable, la que siempre tenía una palabra de apoyo para las demás, la que nunca decía que no, la que hacía favores a todos sus familiares, vecinos, amigos... Dónde había un enfermo allí estaba Margarita, nunca pensando en ella misma, siempre pensando en los demás. Hasta la llegada de sus 65, donde comenzó a tener frecuentes episodios de ira que dejaban impresionados a sus conocidos.

Cuando le preguntaban qué sucedía ni siquiera la misma Margarita entendía la naturaleza de su ira. Fue después de una cena familiar en la que terminó hasta quebrando su vajilla favorita a propósito en medio de una discusión que ella inició, que decidió ir a terapia y, en el proceso descubrió por fin la naturaleza de su ira: Frustración. Pasó su vida ocupándose de los demás y nunca de lo que quería, entonces a su edad sentía que era tarde para soñar, para intentar aprender lo que siempre quiso aprender y a lo que nunca se dedicó. Pude convencerla de que nunca es tarde y, apenas comenzó a establecer límites y ocuparse de lo que quería para sí, empezó a mermar su ira.

Otro caso, el de Adriana que estaba feliz, le dieron el cargo que quería en una de las empresas más reconocidas de la ciudad donde vivía, comenzó a trabajar con la mejor de las actitudes y con la mente enfocada en escalar y obtener en algún momento un ascenso. Después de un tiempo, aunque sentía que amaba su trabajo comenzó a sentirse hastiada, se le dificultaba ir a trabajar porque sencillamente, su motivación era escasa para hacerlo y no podía entenderlo. Sabía que a mucha gente le sucedía esto con trabajos que no le gustaban, pero a ella sí que le gustaba su trabajo. La tristeza la invadió y decidió ir a terapia, donde descubrió en su momento, lo que escondía su hastío o tristeza: Envidia. Poco tiempo después de empezar a trabajar comenzó también una vecina, respecto a quien ella siempre se había sentido inferior, la vecina con la que se comparaba negativamente a menudo. La presencia de esa persona en la empresa donde trabajaba la desanimó, al punto de que comenzó a dudar de que alguna vez pudiera conseguir un ascenso. Ella ignoraba la envidia que sentía, de hecho, nunca se había considerado una persona envidiosa, pero, al por fin reconocerlo, pudo comenzar a trabajar en dejar esa emoción negativa atrás y, en ganar la necesitada autoconfianza que le estaba haciendo mucha falta.

Otro caso, el del pequeño Ronaldo de tan solo 7 años, no entendía porque estaba mal burlarse de su nuevo compañero de clases por ser más lento y, hacerle comentarios para que le pusiera más empeño. Hasta caminaba lento y aunque le habían hablado de la condición especial de ese nuevo compañero, él solo pensaba que se trataba de un niño algo perezoso, de hecho, estaba convencido de que, burlarse y decirle palabras despectivas le motivaría a mejorar. Como cuando su papá le dijo que era muy perezoso y él se esforzó más en clases para obtener mejores notas. No entendía porque le llamaron a la dirección y le hablaron de bullying. Le habían enseñado sobre el acoso escolar y él no estaba siendo violento con ese niño, solo le decía la verdad, era lento, retardaba a todos los demás en sus actividades en la escuela... Entonces sus padres lo llevaron a terapia y él pudo al tiempo comprender. Pudo ponerse en el lugar de su compañero y entender que sus palabras y acciones le dolían porque él no quería ser lento, su condición así lo hacía ser. En su lugar, a él no le gustaría que lo trataran así, incluso recordó lo mucho que le dolió cuando su padre le había reclamado ser perezoso. Ronaldo y su nuevo compañero de clases pudieron volverse amigos a partir de ese descubrimiento.

Cada caso de los mencionados es una prueba real de lo importante que es comprender cómo nos sentimos, porqué nos sentimos de esa forma y cómo nos afecta o afecta a los demás. En base a esa comprensión, a esa autoconciencia adquirida, podemos trabajar lo que nos está afectando, o, decidir cómo actuar de forma que nos beneficie, que nos proporcione bienestar, y, con la empatía que nos puede permitir, una mejor convivencia.

Lo que también permite la conciencia emocional es la congruencia entre nuestros valores fundamentales y nuestro actuar, porque permite que comprendamos cuáles son esos valores importantes para nosotros, al permitirnos comprender la forma en que nos hace sentir ser congruentes o incongruentes con los mismos.

Como especialista puedo asegurar que es enorme el conflicto interno que se crea cuando uno actúa en contra de los valores fundamentales que uno tiene.

¿Cuáles son esos valores?

A los que les damos la máxima prioridad, los que verdaderamente nos importan. Nuestros valores fundamentales son personales, es decir, mis valores fundamentales personales no tienen por qué ser los tuyos.

Sabrás que existen una gran variedad de valores: El amor, la esperanza, la justicia, la honestidad, la determinación, la familia, el trabajo, la responsabilidad, el orden, la libertad...

Lo que sucede es que cada quien le da prioridad a valores distintos, a sus valores fundamentales personales...

Lo que ningún ser humano debería hacer es vivir en contra de sus valores fundamentales personales porque eso hace experimentar malestar, repercute en la autoestima, porque las personas que actúan de forma incongruente con sus valores personales fundamentales se sienten por ello, insatisfechas consigo mismas, es normal el autosaboteo cuando se vive ignorando o en contra de los valores personales fundamentales, es normal la negatividad en ese caso.

Mucha gente vive ignorando sus valores personales fundamentales, muchos adoptan los valores fundamentales de su familia o de alguien que admiran cuando, se trata de algo personalísimo como lo he mencionado antes y es personalísimo porque nadie puede sentir por ti y como nadie puede sentir por ti el único o la única que puede descubrir cuáles son tus valores personales fundamentales eres tú.

Adquiriendo autoconsciencia emocional serás capaz de descubrir esos valores y cuando lo hagas lo que deberás procurar es vivir en base a ellos. Eso mejorará tu autoestima, te proporcionará bienestar general... Mejorará tu vida porque te traerá paz mental y satisfacción con tu propia persona.

Consejos para el desarrollo de la autoconciencia emocional:

-Autorreflexión. El diario de las emociones:

Desarrollar autoconsciencia emocional e inteligencia emocional en general requiere introspección para adquirir autoconocimiento. En otras palabras, necesitarás analizar constantemente tu mundo interno, en el caso de la autoconsciencia analizar constantemente (Preferiblemente a diario) cómo te sientes, y, cómo reaccionas ante lo que sientes.

Primero deberás identificar los sucesos o el suceso que te produjo alguna emoción, luego enfocarte en identificar qué emoción experimentaste para luego reflexionar sobre la conducta en consecuencia que esa emoción te provocó tener.

Una herramienta muy efectiva para poder llevar un registro de tus emociones, los sucesos desencadenantes de las mismas y tus reacciones se conoce como: El diario de las emociones.

¿Qué es el diario de las emociones?

Una libreta cualquiera que deberás destinar al único propósito de llevar un registro de tus emociones y reacciones.

Llevar un registro al que puedas recurrir, el que puedas revisar, es importante para que adquieras autoconsciencia emocional eficaz porque, no será suficiente solo analizar cómo te sentiste y reaccionaste en un momento dado. El verdadero autoconocimiento podrás adquirirlo al notar tus patrones repetitivos, al tener consciencia sobre qué normalmente te hace sentir de X o Y forma y tus reacciones ante ello.

Al conocer cómo reaccionas y actúas debido a las emociones que experimentas en momentos específicos, podrás empezar a trabajar cómo mejorar.

Es conveniente que cada vez que realices un registro en tu diario de emociones reflexiones sobre lo que pudiste haber hecho mejor para que, la próxima vez que ocurra y reacciones, puedas procurar actuar mejor.

Con el diario de las emociones podrás también medir tus progresos porque cada vez que, por un suceso igual o similar, experimentes una emoción y reacciones, podrás dirigirte a otros registros para verificar cómo actuaste esa vez y si, tuviste mejorías en tu reacción presente.

De cualquier forma, lo importante en este punto específico que es la autoconsciencia, es que puedas descubrir tus emociones recurrentes, qué las desencadenan y cómo influyen en ti.

Para que se entienda mejor cómo puedes usar el diario de las emociones a tu favor daré a continuación un ejemplo de un caso hipotético:

Supongamos que uno de los sucesos que desencadenó en ti una emoción en tu día fue una discusión con tu pareja. Supongamos que perdiste el control en medio de la discusión y que arrojaste una copa contra la pared la cual estalló en cientos de fragmentos. Entonces a la hora de llevar tu registro en tu diario de emociones te conviene dividir tu cuaderno o libreta en un cuadro de 3 fracciones. En el primero anotarás la situación desencadenante que, en este caso hipotético, claramente fue una discusión en pareja, en el siguiente deberás responder a la pregunta: "Cómo me sentí". En el caso de este ejemplo hipotético se trataría de ira, frustración, tristeza incluso.

Finalmente deberás describir tu reacción. En el caso del ejemplo hipotético se trataría de una pérdida de control de genio que te llevó a romper una copa contra la pared.

Al final del ejercicio conviene reflexionar qué tan positiva fue tu actitud o reacción, o, si esta ayudó en algo. En el caso del ejemplo dado obviamente no hubo nada positivo, ni ayudó en nada, al contrario, romper una copa contra la pared en un momento de ira puede provocar un accidente, un herido... Es algo que conviene evitar.

Siempre que detectes que tu reacción no ayudó en nada, y más aún si llevando un registro constante notas que se trata de un comportamiento repetitivo que te está perjudicando deberás idear cómo actuar mejor la siguiente vez, y procurarlo por tu bienestar y desarrollo personal y también en pro de desarrollar un alto nivel de inteligencia emocional.

-La meditación:

La meditación es tan efectiva y poderosa, que, suele estar presente en la mayoría de los procesos de superación personal. Es una herramienta clave en lo que a la salud mental respecta y, para desarrollar autoconsciencia emocional te será de gran utilidad.

¿Cómo puede ayudarte la meditación a detectar y entender tus emociones?

Meditar ayuda a conectar con nuestro mundo interior, por eso se dice que la meditación ayuda a que uno se conecte con uno mismo, porque, mientras meditas puedes enfocarte en tu mundo interior, en lo que piensas y sientes, y así analizar qué es lo que pasa dentro de ti.

A través de la meditación se logra una concentración máxima. Algo que te permitirá poner tu foco de atención solo en lo que sientes.

Normalmente a lo largo del día solemos estar tan ocupados que, centrarnos en lo que sentimos no nos es posible, pero, un momento de meditación sería suficiente para detectar lo que estaba allí, pero, estábamos ignorando.

Mientras meditas pueden venir a tu mente pensamientos que te ayuden a descubrir miedos o debilidades por combatir y erradicar, pueden sobrevenir en tu cuerpo emociones presentes en ti que, de otro modo quizás no notarías, pero, meditando podrás identificarlas y esto será de los primeros pasos para entenderlas.

Si quieres adquirir autoconsciencia emocional sin lugar a dudas sería beneficioso que hagas de la meditación, parte de tu rutina y estilo de vida.

Sobre cómo meditar estaré explicando en el apartado de los 21 ejercicios para el desarrollo de tu inteligencia emocional.

-Consultar con personas cercanas y de confianza:

Como un apoyo para que entiendas de tus emociones, de cómo estas influyen en ti y sobre cómo te hacen reaccionar están tus seres cercanos...

Muchas veces nuestros seres cercanos son más conscientes de nuestras reacciones que nosotros mismos, tal vez no del todo sobre cómo te sientes, pero, pueden darte pistas para que aprendas o descubras sobre ti, hablándote de tus reacciones frecuentes ante determinadas situaciones: Cuando estás triste, cuándo estás alegre, cuándo te molestas, cuando sientes entusiasmo... Por lo que consultarles podría ser de ayuda para desarrollar tu consciencia emocional, hacerte consciente de tu mismo o de ti misma.

Debes elegir personas cercanas que sepas que te conocen desde hace mucho tiempo y respecto a las cuales te sientas a gusto y, hablarles sobre tu deseo de adquirir autoconocimiento. Aprende lo que puedas de ellos. La próxima vez que reacciones ante una emoción determinada reflexiona si actuaste como tus seres queridos te comentaron, comprueba lo que te dijeron y aprende cada vez más de ti.

-Pregúntate cómo se siente otra persona y ¿Por qué esa persona se siente como se siente?

Entender cómo se sienten los demás, identificar las emociones en los otros puede ayudarte a entender emociones propias. Por eso te conviene convertirte en un observador u observadora de emociones, ya que te ayudará a adquirir autoconsciencia emocional, e, inteligencia emocional en general.

Elige un sitio donde puedas observar a otras personas, como por ejemplo un café, la biblioteca, siéntate al aire libre en un parque... Y, dedícate a observar.

Elige a una persona, observa sus gestos, si está conversando trata de escuchar lo que dice... Trata de conectar, los gestos, las acciones y las palabras de esa persona con alguna emoción.

¿Está enfadada esa persona? ¿Está preocupada? ¿Parece desanimada o cansada? Pregúntate qué te hace pensar que está experimentando X o Y emoción. Sería interesante que para complementar este ejercicio aprendieras sobre el lenguaje corporal, podrías descargar un libro o ver tutoriales al respecto. Sucede que sin necesidad de decir una palabra las personas revelan mucho con su cuerpo, sobre todo como se sienten, por lo que aprender de lenguaje corporal contribuirá mucho a que aprendas a reconocer las emociones en otra persona y así, entender las propias.

Para complementar un poco este tema a continuación haré mención de algunos signos de lenguaje corporal útiles para identificar emociones:

-Caminar arrastrando los pies y con la cabeza inclinada hacia la tierra, suele denotar tristeza y desgana.

-La mandíbula apretada y la frente arrugada suelen indicar que se experimenta ira.

-Gestos como morderse las uñas, rascarse mucho el cuello, jugar con los accesorios de la vestimenta, limpiarse pelusas inexistentes de la camisa, moverse de forma inquieta en una silla suelen denotar que una persona está experimentando nerviosismo o angustia.

-Arrugar la nariz mientras se eleva el labio superior es un signo facial característico del asco.

-Cuando una persona ríe y aparecen en la parte exterior de sus ojos unas arruguitas denota felicidad verdadera. En lenguaje corporal la falta de esas arruguitas junto a una sonrisa se interpreta como que no se está experimentando verdadera alegría, es decir, la persona está fingiendo alegría.

-Descubriendo tus valores personales fundamentales:

Para conocerte más a profundidad y poder evitar que, ir en contra de tus valores fundamentales te colme de emociones negativas o negatividad en general, afectando tu calidad de vida es importante que descubras tus valores personales fundamentales. Si vives de forma incongruente con ellos te sentirás insatisfecho/a, frustrado/a y te embargarán otras emociones negativas. Si vives de forma incongruente con ellos sin siquiera saber cuáles son, esas emociones igual te embargarán, aunque no las entiendas.

Ya he comentado sobre los valores personales fundamentales en líneas previas, se trata de los valores más importantes para ti, aquellos que, de ignorar, te sentirías culpable, aquellos a los que realmente les das prioridad, porque, son importantes para TI, estés consciente de ello o no. No tiene que tratarse de los valores que te inculcaron, de los valores que alguien te haya dicho, son los más importantes, NO, se trata de lo que tú, concibes como más importante. Algo que en tu vida no puede faltar. Usualmente tenemos al menos 5 valores personales fundamentales.

Por mencionar un ejemplo de lo distintos que pueden ser los valores fundamentales entre una persona u otra hablaré de la realización profesional y de la familia. Hay personas que le dan más prioridad a su realización profesional que a su familia, no quiere decir que no amen a su familia, no concibas esto como algo negativo. Si priorizas más a tu familia que tu realización profesional probablemente te resulte difícil entender la forma de pensar de alguien más desapegado, pero, como precisamente este escrito trata en parte de comprender a los demás, entonces trata de ponerte en el lugar de alguien cuya cosa más importante en la vida sea realizar X o Y sueño, como, por ejemplo, ser astronauta.

Supongamos que ese es el sueño que te carcome el alma querer alcanzar y que, naciste en un país en donde ser astronauta es imposible por lo que la única opción para alcanzar tal sueño es mudarte a otro país, y sí, alejarte de tu familia.

Ante esta situación una persona que le dé más prioridad a su realización profesional por ser ese uno de sus valores personales fundamentales, podrá sobreponerse a la separación, mejor que alguien cuyo valor personal fundamental prioritario sea su familia.

Una persona cuyo valor principal sea su familia difícilmente pueda lidiar con una separación de esta forma, porque implicaría no ser congruente con lo que para ella es más importante, y ya he mencionado que eso produce en las personas mucho malestar.

He tratado a algunos pacientes con problemas de negatividad, depresión, ansiedad, que, escondían en esos problemas el hecho de que estaban viviendo de forma incongruente con sus valores.

La incongruencia con nuestros valores fundamentales afecta nuestra autoestima porque no podemos sentirnos bien con nosotros mismos dándole la espalda a nuestros valores más importantes y por eso quisiera que descubrieras los tuyos porque, si lo logras y procuras vivir con congruencia con ellos, en tu vida reinará el bienestar, evitarás que te embarguen emociones negativas...

La lista de valores existentes es bastante extensa: Amor, amistad, familia, honor, humildad, igualdad, justicia, ambición, innovación, integridad, perseverancia, logro, responsabilidad, libertad, puntualidad...

Mi recomendación para que descubras tus valores personales fundamentales es que te hagas con una lista de valores, que, podrías encontrar fácilmente en internet. Hecho esto tendrías que tomarte un tiempo en analizar qué significa para ti cada valor que existe y, cuán importante es para tu vida cada valor particular.

Supongamos que estás evaluando el nivel de importancia que tiene para ti la puntualidad y, descubres que en realidad no te afecta llegar tarde a tus citas, o entregar tarde tus labores. En ese caso ese indudablemente no sería un valor fundamental para ti como sí puede ser importante para otra persona, pero, supongamos que estás evaluando el valor de la preservación del medio ambiente. Te convendría plantearte situaciones en las que actúas en contra de ese valor. En el caso de la preservación del medio ambiente podrías plantearte estar trabajando en una empresa que tala bosques ilegalmente ¿Cuánto te afectaría? ¿Podrías vivir con ello?

Si la respuesta es que se trata de algo que no podrías tolerar entonces habrás hallado uno de tus valores fundamentales.

Esto requerirá tiempo e introspección, pero, sin lugar a dudas te ayudará a descubrir tus valores personales fundamentales.

-Autocontrol emocional: Otra de las características fundamentales de la inteligencia emocional es el autocontrol emocional, o, la capacidad de utilizar las emociones o los sentimientos con un propósito, en lugar de dejarse llevar o dominar por ellos. La capacidad de voluntariamente controlar las emociones o los sentimientos para poder decidir cómo expresarlos o manifestarlos adecuadamente o cumpliendo un propósito. A falta de esta capacidad, o de la gestión de emociones y sentimientos, la gente actúa por impulso, lo que puede llevarlos a accionar de forma violenta o que lamentarán luego, y, de forma poco provechosa, por un lado, porque impulsivamente no podemos pensar racionalmente y, por tanto, podemos tomar muy malas decisiones y también porque de los impulsos, no podemos aprender nada, por lo tanto, de ellos no podemos ayudarnos para mejorar en ningún sentido. Por otro lado, de la falta de autocontrol emocional suelen surgir manías o fobias.

La falta de autocontrol emocional también lleva a una pobre gestión de estrés, miedos, ansiedad... Y, a vivir presos de toda la negatividad que estas emociones pueden traer consigo.

Como el caso de Genaro, que apostó en las carreras de caballos una vez, y, ese mismo día ganó algo de dinero a pesar de ser novato en el ámbito, lo que lo animó a seguir apostando. Comenzó a apostar cada vez más al punto de preocupar a su esposa, a quién calmó diciéndole que todo estaba bajo control, que él podía dejar de apostar cuando quisiera, algo que no pudo controlar. Genaro desarrolló Ludopatía, una adicción, caracterizada por la incapacidad de controlar los impulsos cuando de apostar dinero se trata. Su ludopatía lo llevó a él y a su familia, al borde de la quiebra, punto en el que aceptó que necesitaba ayuda.

Otro caso el de Omar, que se jactaba orgulloso de tener un carácter demasiado impulsivo al punto de ser conocido como agresivo, algo que no le molestaba pues, su familia siempre le inculco que era así que se comportaba un verdadero "macho". Omar usualmente discutía y, se había llegado a los golpes con sus vecinos y personas desconocidas en más de una ocasión, algunas de las cuales le ocasionaron problemas legales, pero, nada tan grave como la cárcel y, él seguía orgulloso de sí mismo. Siguió así hasta que en un arranque de ira casi golpea a su mujer, lo cual le horrorizó. Nunca había lastimado a una mujer y, no quería hacerlo, menos a su mujer. Sabía que no estaba bien, pero, de no ser por un poco de razonamiento a último segundo que le hizo desviar el golpe dirigido hacia ella contra la pared, la habría lastimado. Tanto le afectó que inició terapia. No controlar su ira comenzó al fin a parecerle, lo que siempre fue: Un peligro.

Otro caso, el de Flor, que quería ser más responsable, era consciente de que no lo era, de que siempre estaba postergando. Cuando por fin podía iniciar alguna de sus responsabilidades o pendientes, no los terminaba. No podía recordar la última vez que había terminado algo que había empezado. Flor ya se había frustrado, y, su nivel de autoestima era muy bajo. No había logrado nada importante, ni estaba cerca, no podía cambiar su comportamiento por más que lo intentaba... Lo que descubrió en terapia fue una falta de control emocional que la llevaba a procrastinar sus responsabilidades, en pro de satisfacciones temporales o, en otras palabras: Placer temporal.

Otro caso como el de Gladys, una compradora compulsiva. Lo que veía en oferta, lo compraba, aunque no lo necesitara, su casa estaba repleta de paquetes de papel higiénico suficiente como para tres años, y, de montones de accesorios que almacenaba. Gladys se propuso a ahorrar, y, no lo logró. No notó que tenía un problema hasta que quiso parar y se le hizo imposible dejar de comprar compulsivamente, entonces comenzó su terapia, descubriendo al tiempo que lo que necesitaba era aprender a controlar sus impulsos.

Y por último el caso de Josefa, que el estrés la dominaba al punto de que, en situaciones donde experimentaba demasiado estrés se desmayaba. Aún está aprendiendo como canalizar lo que siente para lograr tener dominio sobre sí misma en lugar de no seguir dejando que sus emociones la controlen.

Sin lugar a dudas, de las referencias anteriores entenderás lo importante que es que aprendas a gestionar tus emociones. A continuación, algunos tips al respecto:

Herramientas para el control de las emociones:

-Distracción: Al experimentar una emoción muy fuerte lo mejor es enfocar la atención en algún distractor. Alejarse del desencadenante de dicha emoción y, centrarse al menos unos minutos, en, otra cosa o actividad. El mejor distractor es elegir cualquier actividad y enfocarse en ella, en ese momento presente, como si esa actividad fuese lo más importante... Podrías elegir cualquier cosa, pero, supongamos que eliges cocinar. Para poder centrarte plenamente en tu presente y poder distraerte de la emoción que te puede dominar deberás enfocar tus 5 sentidos en la actividad elegida, en este caso cocinar: por ejemplo si vas a cortar una cebolla, entonces céntrate en eso y solo en eso, en el aroma, en el movimiento de tu mano en cada corte, hasta podrías llevarte un trocito de algún alimento a la boca y degustarlo, no tiene que ser una cebolla claro, puede tratarse de algo dulce y agradable, lo importante es que tu atención plena se centre en lo que haces. Enfoca tu atención en lo que puedas ver, sentir, oler, escuchar y degustar mientras realizas la actividad en la que te estés enfocando. Si llega a tu mente algún pensamiento capaz de alentar la emoción que tratas de mermar, no luches contra él, solo, dirige de nuevo la atención a tu presente, a lo que estés haciendo.

Pasados unos minutos la emoción habrá mermado y tú serás capaz de pensar y actuar con moderación, habrás controlado tu emoción.

-Controlar la respiración: Controlar la respiración es una técnica eficaz para controlar las emociones en general, porque, se trata de una acción que calma, que relaja... Y la relajación es contraria precisamente, al impulso, o al dominio de alguna emoción.

Sucede que varias emociones pueden hacernos respirar de forma más superficial o rápida, por ejemplo, cuando sentimos temor o angustia se activa el mecanismo de defensa de nuestro cerebro, un mecanismo que alerta a todo el organismo para que se prepare para luchar o huir, lo que sea necesario con tal de sobrevivir...

Al activarse tal mecanismo de defensa ocurren cambios en nuestro cuerpo que nos permiten precisamente o, luchar con mayor probabilidad de ganar, o huir con menor probabilidad de ser atrapados. Estos cambios se dan porque segregamos más adrenalina, y entonces nuestro corazón trabaja más a prisa, nuestra respiración allí se acelera... Por eso, calmar la respiración, merma el miedo, merma la angustia y las emociones intensas en general.

Aprende a controlar tu respiración, para, mermar la intensidad de una emoción que esté por dominarte.

Inspira por la nariz, retén el aire 5 segundos (Cuenta hasta 5 mentalmente o en voz alta), exhala por la boca y repite.

¿Qué número de repeticiones deberás hacer? El que sea necesario para que puedas calmarte.

Lo ideal es que practiques este ejercicio en un lugar tranquilo y a solas, pero, si no te es posible hazlo en el momento en que lo necesites, lo importante es no dejarte llevar por tu emoción y cometer un error que puedas lamentar ¿Cierto?

-PIENSA EN ALGO QUE EVOQUE EN TI UNA EMOCIÓN CONTRARIA A LA QUE ESTÉS EXPERIMENTANDO:

Debo hacer mención al hecho de que en el cerebro dos procesos opuestos no pueden llevarse a cabo a la vez, por lo que, si piensas en algo positivo, si evocas algo positivo en tu memoria, en ese mismo momento no podrás evocar nada negativo.

Determinados estudios, como por ejemplo uno realizado por los autores Josephson, Sin ger y Salovey, han concluido que es efectivo recuperar determinados recuerdos para combatir estados emocionales negativos. Así, por ejemplo, si te sientes muy enojado con una persona, para mermar esa ira podrías recordar buenos momentos vividos con la misma, momentos en donde esa persona te haya hecho reír o que atesores mucho y, donde esa persona te haya acompañado. O, en el caso de esa o cualquier otra emoción muy intensa que necesites calmar, puedes pensar en algo que evoque en ti justo la emoción contraria, una emoción positiva. Se trataría de contradecir el desencadenante de tu emoción negativa, con, pensamientos que te recuerden o, capaces de hacer despertar en ti, emociones positivas.

Si puedes emplear la técnica de la visualización para esto, mejor.

¿Qué es la técnica de la visualización?

Se trata de una técnica útil para propósitos de superación personal, que, normalmente contribuye a condicionar a la mente, es decir, a, convencerla de lo contrario que ella suela evocar cuando se trate de negatividad.

Con la técnica de la visualización, por ejemplo, podrías convencer a tu mente de que eres bueno o buena socializando, aunque, en realidad hayas creído lo contrario al principio, de que puedes lograr X o Y cosa.

¿Y ese efecto tan poderoso a qué se debe?

A que la parte inconsciente de la mente, no contradice nada de lo que imaginas, así que, concibe lo que imaginas como real, y por eso es capaz de despertar en ti emociones.

Seguramente has tenido alguna pesadilla alguna vez y has despertado agitado/a, con el corazón acelerado y con miedo. Es prueba de que, lo que imagines, despierta en ti emociones.

En este caso tendrías que guiar tu imaginación hacia el estado de ánimo o emoción que desees evocar. Por ejemplo, si la emoción intensa que deseas mermar es la ansiedad que te provoca tener que hablar frente a un público por razones de trabajo, visualízate, imagínate dando el mejor de los discursos, como todo un orador u oradora profesional, siendo ovacionado/a, felicitado/a al final por tan buen desempeño, si la emoción intensa que deseas mermar es la tristeza pues, algo te hizo sentir particularmente triste o desanimada/a, entonces podrías visualizar rememorando momentos de tu vida plenamente felices, o bien, imaginar una situación ideal que despierte en ti mucha felicidad, como por ejemplo la visita de un viejo amigo a quien hace mucho tiempo no ves, o, un viaje de ensueño...

Lo que visualices dependerá de la emoción que desees mermar.

Haz la prueba con este ejercicio, tengo la seguridad de que querrás convertirlo en un hábito después, cuando lo culmines tu emoción habrá mermado si te enfocas plenamente en este ejercicio.

Para llevarlo a cabo tendrías que elegir un lugar tranquilo donde puedas concentrarte, cerrar los ojos y centrarte primero en tu respiración. Inspirar por la nariz, retener el aire, exhalar por la boca y repetir hasta que sientas que la tensión abandona tu cuerpo y posees un cierto estado de relajación. Será momento entonces de dar rienda suelta a tu imaginación.

-Ensaya tu mejor reacción ante una emoción negativa que te cueste controlar: Este ejercicio para controlar emociones es parecido al anterior, pero en este caso se tratará de prevenir la emoción antes de que te invada, a sabiendas de que se halla próximo un evento o situación que, suele despertar en ti emociones muy negativas o donde puedes perder el control.

Ideal sería que imaginaras una reacción muy positiva de tu parte ante esa situación o evento que usualmente te hace sentir mal, asustado/a, ansioso/a, irascible, o, que despierte en ti cualquier otra emoción negativa y, que convenzas a tu mente de que puede ir bien esa situación, de que no hay nada que temer o por lo que sentir angustia, de que puedes lidiar con esa persona que te irrita o, con esa situación particular que, crees usualmente no poder manejar.

Recuerda que lo que imaginas, tu cerebro subconsciente lo creerá real, como he explicado antes, entonces si imaginas una buena reacción de tu parte ante esa situación o persona, o, el mejor escenario ante esa situación o persona que suela despertar en ti ira o malestar, estarás preparado/a para afrontar la situación de mejor forma, que seguramente será una forma más controlada y racional. Podrás o bien, actuar más confiado/a ante esa situación, con una mejor actitud, lo que mermará el miedo o la angustia que pudieses haber experimentado, o, actuar de forma tal que, la situación no se salga de control pudiendo mantenerte calmado, pues, te habrás preparado de antemano y eso ayudará a que tengas una mejor reacción, al menos en la mayoría de los casos, a que tus emociones no te estén dominando, sino que domines tú, de la forma en que te habías preparado.

Supongamos que te angustia un evento social porque no confías en tus habilidades para socializar, o, es algo que te da miedo. Imaginando el mejor escenario ante esa situación, usando la técnica de la visualización para convencer a tu cerebro de que puedes socializar, de que todo irá bien en ese evento al que acudirás, si te imaginas y logras visualizarte socializando, hablando fluidamente con otras personas, sonriendo, pasándola bien, mermará tu miedo y ansiedad, y, podrás asistir a ese evento más confiado/a porque tu mente estará convencida de que puedes hacerlo bien, entonces con una mejor actitud, aumentarán tus probabilidades de lograr interactuar con otros de manera eficaz en ese evento particular.

Supongamos que, estás por ser visitado por tu suegro o suegra, con quien no te llevas nada bien, y, con quien siempre terminas discutiendo. Si te visualizas en una situación amena con esa persona al menos no estarás a la defensiva cuando estés frente a ella y eso contribuirá a que no te controlen las emociones y puedas responder mejor a la situación.

Ensayando también una mejor reacción de tu parte estarás más preparado/a para afrontar si esa persona trata de provocarte, o si sucede X situación que temías que pasara.

No podrás controlar lo que suceda, ni, cómo una persona actúa, pero sí puedes controlar cómo reacciones tú y eso es lo que importa.

-El ejercicio:

Cuando practicamos ejercicio moderado y sin intensión de competir, esa actividad nos relaja y, precisamente la relajación es lo opuesto a los impulsos, a ser dominados por las emociones... Por eso, practicar ejercicio moderado con frecuencia, nos ayuda a dominar nuestra mente y evitar ser dominados por las emociones negativas. Es una forma de prevenir que las emociones negativas nos dominen y, de mermar emociones negativas que ya nos embargan.

Si te sientes demasiado estresado/a, triste, enojado/a, angustiado/a, o, invadido/a por cualquier emoción negativa, el ejercicio te ayudará a mermar toda esa negatividad, toda esa carga...

Lo que se sabe hasta ahora del ejercicio es que aumenta las endorfinas en el organismo. Siendo que las mismas son hormonas que producen bienestar, se puede decir que, tras el ejercicio, se activan en nosotros emociones positivas, impidiendo a las negativas hacer de las suyas y perjudicarnos.

Las endorfinas se conocen como las hormonas de la felicidad porque las segregamos cuando experimentamos placer, por eso, el ejercicio es clave para alejar toda negatividad y dominar cualquier emoción negativa intensa. Cuando se activan las endorfinas, solo podemos sentirnos bien y relajados, incluso el dolor físico merma con su ayuda.

-Si lo demás falla busca un espejo:

En psicología se conoce que, cuando una persona se ve reflejada en el espejo puede pensar de manera más objetiva, por eso, si estás preso/a de una emoción intensa y, adviertes que no puedes distraerte de ella o, mermarla de otra forma, o, simplemente si tienes un espejo cerca y así lo prefieres, recurre a la siguiente técnica.

Observa tu reflejo, mírate directamente a los ojos y entonces di en voz alta: Libero todo/a X emoción. Me libero de toda la tensión y negatividad que me está embargando. Estoy tranquilo/a, me siento tranquilo/a. Merezco vivir libre de X emoción (La que estés experimentando en ese momento y desees mermar), y por eso, me libero de ella aquí y ahora. Estoy relajado/a...

Supongamos que lo que estás experimentando es una inmensa angustia. En ese caso tus palabras habrían de ser: "Me libero de toda esta angustia que estoy sintiendo. Me libero de toda la tensión y negatividad que me está embargando. Estoy tranquilo/a, me siento tranquilo/a. Merezco vivir libre de la angustia y la ansiedad y por eso me libero de ella aquí y ahora"

Acompaña este ejercicio con el control de tu respiración, sigue repitiendo las palabras calmantes en tu mente, pero inspira por la nariz, retén el aire unos segundos y luego déjalo lentamente salir.

Este ejercicio combina el hecho de que podemos liberarnos de la emocionalidad y, razonar mejor si nos miramos frente a un espejo, las afirmaciones positivas, palabras poderosas que si repites con convicción te ayudarán a convencer a tu mente de lo que sea, siendo que tu cerebro subconsciente no separa lo que dices con convicción, de la realidad y, todo cuanto afirmas se lo concibe real, y, el poder calmante de la respiración controlada. En lo que a regular emociones respecta es, por ende, muy efectiva.

-Meditación:

La meditación no es solo una técnica eficaz para adquirir autoconsciencia emocional. También puede ayudar a regular las emociones intensas, principalmente por su poder relajante.

La técnica de la meditación no solo puede ayudarte a calmar una emoción intensa que te esté embargando en un momento dado, puede ayudarte a regular tus emociones a largo plazo, pero, solo si la practicas constantemente, es decir, si la conviertes en uno de tus hábitos saludables.

Interesante me pareció un estudio publicado en la revista Neuroscience, efectuado en la Universidad de la Laguna (España), en el que, tras evaluar con resonancia magnética el cerebro de diversos sujetos de prueba mientras meditaban y, tras la evaluación cerebral de otro grupo que no meditaba, se determinó que la meditación se relaciona con mayor cantidad de sustancia gris cerebral en un área del cerebro conocida como corteza cingulada anterior rostral. El hecho es que las personas más felices y con mayor autocontrol emocional, según la ciencia, poseen mayor cantidad de sustancia gris en esa zona cerebral mientras que los que sufren de trastornos como la ansiedad, depresión e incluso algunos trastornos psicológicos graves como la esquizofrenia, poseen menos cantidad de sustancia gris en esa zona cerebral.

Al relacionarse la meditación con mayor sustancia gris en esa zona cerebral, se traduce la práctica de la meditación en menos emociones negativos, más bienestar, autocontrol y felicidad. Poderosísimo es el poder de la meditación si se practica de forma continuada especialmente.

-Expresa tu emoción:

El neurocientífico y profesor del departamento de psicología de la UCLA, Matthew Lieberman, quien ha realizado importantes hallazgos en el área en la que se desempeña descubrió y plasmó en un estudio titulado: "Putting feelings into words: affect labeling disrupts amygdala activity in response to affective stimuli", que la actividad de la parte del cerebro asociada a la respuesta emocional y toma de decisiones: La amígdala, se reduce cuando expresamos nuestros sentimientos en palabras.

Expresar tus sentimientos en palabras implica en primer lugar, practicar la autoconsciencia emocional, preguntarte ¿Qué estoy sintiendo? Y descubrirlo. Etiquetar tu emoción, qué te produce la misma, qué te dan ganas de hacer debido a esa emoción.

Al entender esa emoción podrás entonces, verbalizarla efectivamente. Lo más idóneo es que escribas sobre tu emoción, así dejarás salir el enojo, la tensión, la ansiedad y hasta el resentimiento... Cualquier emoción negativa.

Deja salir todo lo que perturba tu mundo interno escribiendo sobre ello. Ni siquiera intentes que se trate de un escrito perfecto y olvídate de reglas gramaticales o cualquier acto que te haga razonar de más en este proceso, solo deja salir tu emoción con palabras, de eso se trata.

-Afronta el desencadenante de tu emoción y trata de hallar una solución:

Con las emociones sucede lo mismo que con los problemas, no puedes huir de ellos, no puedes evadirlos por siempre porque mientras más los evades, más crecen. Por ende, aunque esta no es una técnica propiamente para regular emociones, es importante que afrontes los desencadenantes de tus emociones intensas y negativas (Cuando no estés siendo dominado/a por una emoción intensa y negativa claro está), a fin de buscar solución a eso que te está afectando.

Evadir los desencadenantes de tus emociones intensas y negativas puede servirte por un tiempo, pero, en algún momento estallarás. Eso les ha sucedido a muchas personas, sobre todo a parejas que han preferido esconder las cosas que les molestan del otro para al final estallar en cólera por algo que parece una tontería, como que la persona haya olvidado cerrar el refrigerador, pero que realmente esconde mucho enojo detrás, muchas otras acciones que molestaban y no se dijeron.

Si es una persona la que suele sacarte de tus casillas por X o Y actitud, cuando no estés siendo dominado/a por una emoción intensa busca conversar con esta persona, aclararle cómo te sientes puede ser liberador, y, puede que halles esa solución que necesitas, que esa persona deje de hacer eso que tanto te molesta... Si te hace presa de la angustia que tu hijo no te llame para avisarte que llegará tarde a casa convérsalo, hazle saber lo mal que esa situación te hace sentir... Trata de conciliar una solución.

Intenta idear cómo solucionar cualquier desencadenante de una emoción negativa en tu vida.

Ante el rencor, decide perdonar a esa o esas personas que te hacen sentir así por tu bien, por tu salud mental... No necesariamente debes volver a relacionarte con esa o esas personas, sencillamente puedes decidir perdonar de corazón y, escribir una carta perdonando lo que te hicieron, aunque nunca se las entregues a los remitentes, o, imaginar que, al hablar frente al espejo, con tu reflejo, en realidad estás hablando con esa persona y la estás perdonando.

Si te angustia demasiado el carácter de tu jefe, háblalo, y, si no es algo que puedas solucionar, tal vez mejor sea renunciar...

No puedo decirte qué solución aplicar ante el desencadenante de tu emoción fuerte porque no podría saber qué desencadena en ti tu emoción, solo estoy dando ideas, pero, es clave que afrontes la situación y busques posibles soluciones: Conversar, alejarte, emplear otro método, lo que sea, con tal de procurar tu paz mental, con tal de que esa emoción que quieres mermar, ya no sea evocada por esa situación a solucionar.

¿Qué no funciona al

intentar regular las emociones?

-Intentar no pensar en lo que te ocurre: Cuando intentas acallar tus pensamientos les estás prestando atención y es contraproducente porque los alientas.

NO VAS A GANAR UNA LUCHA POR ACALLAR TUS PENSAMIENTOS, NO LO INTENTES.

-Romper algo, golpear la pared o acciones similares tratando de "Liberar la tensión": Algunas personas creen que es una buena idea deshacerse de la ira con acciones violentas. Esa es una reacción a evitar porque, solo alentará más violencia. Hay formas más sanas de gestionar una emoción sin hacer daño a nada ni a nadie.

-Motivación: Otro de los componentes o características de la inteligencia emocional es la motivación, o, la capacidad de dirigir nuestros estados emocionales (Automotivarnos), hacia el cumplimiento de acciones que deseemos lograr, o, de metas específicas, cuando, se trata de nosotros mismos, o, de impulsar acciones en los demás por medio de una motivación efectiva, porque sí, hay ámbitos donde nos resulta conveniente saber cómo motivar a los demás, en profesiones como el coaching o de la rama psicológica, si somos líderes en cualquier contexto, etc...

Sobre la automotivación:

Cuando nos proponemos una meta u objetivo, no todo saldrá como deseamos, bien ya lo has de saber porque así es la vida. El éxito requiere de superar obstáculos, de sacrificios y disciplina incluso. De determinación... Solo las personas que son determinadas, que no se rinden, que si fallan lo siguen intentando, logran el éxito, sus metas personales, sus sueños...

Está Thomas Edison, imposible no mencionarlo porque fracasó 999 veces, y continuó en su esmero hasta por fin inventar la bombilla incandescente en el intento 1000, pero, la vida está repleta de personas con el mismo espíritu de determinación, que viene marcado por esta característica de la inteligencia emocional, la habilidad de ser capaces de impulsarnos, de seguir adelante, hacia el propósito deseado, a pesar de cualquier obstáculo, del fracaso, de las críticas negativas, de todo...

Robert o Rocky Balboa, seguramente has visto alguna de las películas de este gran personaje, mismas que ganaron óscar y que llevaron a Sylvester Stallon, el actor que le dio vida a Rocky, al éxito, al estrellato, a cumplir su sueño de ser un actor de renombre... Este sería otro interesante ejemplo de esta capacidad de inteligencia emocional llamada motivación. Stallon escribió el guion de su película, inspirado, pero, estaba pasando por grandes dificultades económicas, al punto de hasta tener que vender a su adorado perro por no poder alimentarlo y necesitar qué comer él también, al punto de vivir en las calles... Una y otra vez le rechazaron su guion o algunos rechazaron su deseo de ser él quien interpretara el personaje principal de la historia. A pesar de su carencia, de sus enormes problemas, se mantuvo firme en su propósito de dar vida a "Rocky", y, cuando por fin alguien le dio el visto bueno, toda su vida dio un giro gracias al personaje tan increíble e icónico al que le dio vida.

Stallon lo logró porque siguió insistiendo, se siguió automotivando hasta haber logrado su propósito. Cualquier otro sin un nivel elevado de inteligencia emocional, en situación de calle, sin estabilidad, habría vendido su guion por cualquier precio, habría aceptado no ser el actor de su película con tal de recibir dinero, no él porque su motivación era grande, sabía cuál meta quería alcanzar y, se propuso a alcanzarla contra todo pronóstico. Su automotivación lo ayudó a mantenerse firme. Fue capaz de dirigir su estado emocional hacia lo que deseaba lograr, sin permitirse rendirse ante las dificultades.

¿Sabías que a Walt Disney lo despidieron por falta de creatividad? Si no se hubiera automotivado para seguir adelante y cumplir sus metas, hoy no existiría su imperio.

Aquella persona a la que admires: Empresario, profesional, deportista, artista, etc, por haber llegado lejos, sin dudas, tuvo que hacer lo mismo, automotivarse en su camino al éxito porque, sin esta capacidad la gente se rinde ante los obstáculos, con los que por supuesto, no es fácil lidiar. Y, como mencioné antes el camino al éxito está repleto de obstáculos, de gente que juzga y critica, de errores, de dolor...

Lo que mereces de esta vida es lograr todo cuanto te propongas y créeme. No habrá imposibles para ti si usas la automotivación como aliada.

Esta característica de la inteligencia emocional, la motivación, también se relaciona con poder superarse tras eventos difíciles. Ante eventos trágicos hay personas que se sobreponen y otras que se hunden en depresión y hasta algunas que se quitan la vida. Aquellos que siguen adelante y se superan son personas capaces de automotivarse, de apelar a la determinación hasta superarse.

No debes olvidar que automotivarse, es posible solo en los que desarrollan inteligencia emocional, por lo que, si es algo que siempre te ha costado, si eres de los que no terminan lo que empiezan, de los que se rinden, de los que se hunden ante las injusticias de la vida, eso solo significará que te falta desarrollar esta capacidad y podrás hacerlo de proponértelo. Así que no te preocupes.

Sobre la motivación externa:

La habilidad de descubrir la razón verdadera y profunda que impulsa la acción en los demás y, ser capaces de motivar a otros a mejorar, a rendir mejor en sus labores, u obtener mejor desempeño, de persuadirlos para que colaboren en alguna causa... Eso también es posible solo con inteligencia emocional, porque, a falta de ella en cambio, son usuales comportamientos que, por el contrario, desmotivan: Prejuicios, críticas, egocentrismo y similares...

Un buen líder debe saber motivar a sus seguidores, en el ámbito empresarial, motivar a los trabajadores es esencial para un mejor rendimiento porque, los trabajadores desmotivados no dan el 100% de sí en sus tareas, profesionales como educadores, coachs, en psicología, etc, deben saber cómo motivar a otros. Y, esta también es una capacidad que se puede desarrollar.

¿Cómo desarrollar la capacidad de automotivación?

Las claves para la automotivación son:

-Claridad en los objetivos

-Tener claro porqué deseamos alcanzar nuestros objetivos

-La pasión

No podemos avanzar en el logro de un objetivo que no tenemos claro del todo, de un objetivo muy general. Algunas personas se trazan objetivos demasiado genéricos, como, por ejemplo, ser millonarios, y, esos no son objetivos alcanzables porque no hay forma de medirlos y, al no ser objetivos alcanzables no hay forma de que la búsqueda de su realización no termine en frustración.

¿Qué es ser millonario? Si no hay claridad, difícil será trazar un plan eficaz y sencillamente se volverá imposible alcanzar esa meta muy genérica. Ningún esfuerzo acercará a la persona a esa meta que no se puede medir y eso llevará a la frustración.

Si quieres alcanzar una meta, sea cual sea entonces sé lo más específico/a posible a la hora de definirla. Por ejemplo: Quiero emprender, crear una empresa de publicidad y, en X años haber reunido una fortuna de X cantidad.

Mientras más específica la meta, más alcanzable será porque más eficaz será trazar planes hacia su consecución y, hacer cambios efectivos para hacerla posible a través de métricas evaluativas cuando se estén cometiendo fallos, entonces, más fácil será motivarnos para seguir adelante porque no dejaremos de ver esa meta como alcanzable en algún punto ya que sí será alcanzable si no nos rendimos y seguimos avanzando.

Por otro lado, nunca hay que perder de vista porqué queremos lograr X meta. Útil sería escribirlo pues así, cuando te sientas desanimado/a podrás recordarte porqué te estás esforzando.

Todo camino al éxito requiere de algunas tareas que no nos son agradables del todo, esas son las más difíciles de no abandonar, las más fáciles para procrastinar, pero, si te recuerdas hacia dónde te está llevando eso que estás haciendo, hacia eso que deseas lograr, ese futuro que deseas hacer realidad... La motivación no te fallará.

Por otro lado, la motivación y la pasión son casi sinónimos en el sentido de que, es prácticamente inagotable la motivación, cuando, se trata de hacer cosas que nos apasionan, o, de lograr una meta que se relacione con una gran pasión.

Seguro conoces lo que te apasiona. Los seres humanos podemos hablar horas sin cansarnos de algo que nos apasione: Libros, un deporte, una disciplina, arte, política, lo que sea. Los minutos no parecen correr cuando estamos hablando de algo que nos apasiona y, cuando estamos haciendo algo por pasión ocurre igual. No hay pensamientos negativos rondando por la mente de alguien que hace algo porque le apasiona, o, enfocado en alcanzar algo relacionado con su pasión.

¿Qué te apasiona?

No es fácil describir el sentimiento, pero, aquello que te haga vibrar, que te guste más que nada, que harías aún sin que te pagaran, a lo que te dedicarías si el dinero no fuera un problema en tu vida, eso es tu pasión. Sino has descubierto tu pasión te recomiendo que lo hagas porque, siempre he asegurado que lo que la gente merece en esta vida es poder alcanzar una meta de vida relacionada con su pasión (PORQUE LO QUE NOS APASIONA LE DA SENTIDO A NUESTRA VIDA). No hay mayor satisfacción que hacer o lograr lo que nos apasiona, y repito: INAGOTABLE SERÁ TU MOTIVACIÓN SI POR LO QUE LUCHAS, ES ALGO POR LO QUE TE APASIONA: Un sueño que añores con todo el corazón cumplir...

Si la meta hacia la que te diriges, no te emociona, y, te falta la motivación, con seguridad no se trata de algo que te apasiona. Tal vez estás en ese caso siguiendo el camino que alguien te recomendó, pero, lo que mereces en esta vida por tu bienestar y felicidad es seguir tu meta personal, esa que se relacione con tu pasión.

¿Y si no sé qué me apasiona?

Algunas personas llegan a su adultez sin conocer su pasión y piensan que no les apasiona nada, pero, a todos les apasiona algo. Sucederá si es tu caso, que no habrás experimentado mucho por eso tengo que recomendarte que hagas precisamente eso: EXPERIMENTA, ábrete a cosas nuevas, haz cosas nuevas, descubre tu pasión...

Por otro lado, ante las situaciones difíciles, no hay mejor motivación que plantearte un mejor futuro, más allá de tu tristeza y dolor mantén viva la esperanza de un futuro mejor, analiza ese futuro y proponte luchar por él, eso te dará la fuerza necesaria para continuar mientras atraviesas tus procesos de duelo o, tras eventos desafortunados en general.

Bases para motivar a otros:

Hay incentivos infalibles a la hora de motivar a otras personas:

-Los halagos, reconocer el esfuerzo, ser capaces de reconocer virtudes y logros en los otros y hacérselos ver, la cordialidad y cooperación, sobre todo en el ambiente laboral, ser un ejemplo a seguir para los demás y así, motivo de su inspiración, la comprensión (La que solo es posible si desarrollamos empatía, o, lo que es lo mismo, inteligencia emocional)...

-Empatía: Joan empezó terapia porque no era capaz de mostrar afecto ante los demás, lo que le dificultaba establecer vínculos afectivos duraderos, aunque él no entendía lo que estaba mal. Le dolió muchísimo perder a su anterior pareja, a quien, aseguró que amaba profundamente, pero, ella terminó alejándose convencida de que él no la quería porque jamás le mostraba cariño, no era capaz de decirle que la amaba y era ella siempre la que entregaba afecto, pero no lo recibía. Joan no fue capaz de comprender las necesidades de afecto de su pareja. Había crecido en un entorno carente de afecto, dentro del sistema de adopciones. Vivió en diferentes casas de acogida, nunca fue adoptado. El carecía, por ende, de inteligencia emocional, principalmente de empatía y esa era la raíz de los problemas en sus relaciones.

Otro caso el de Anita, que era una pequeña que todos catalogaban de egoísta ya que lo único que importaba para ella eran sus deseos, sus necesidades. En casa, en la escuela, si no se le prestaba la atención que quería, estallaba en berrinches enormes. Intentaron solucionarlo con diálogo y reflexiones hasta que agredió a mordiscos y golpes a varios compañeros de clase porque no quisieron jugar lo que ella quería, entonces la llevaron a terapia. En Anita, no se había trabajado la inteligencia emocional y, por ende, estaba creciendo sin ser capaz de mostrarse comprensiva ante los demás y de entender que existían otras opiniones distintas a las de ella, otras necesidades distintas a las de ella. No tenía un entorno familiar estable y siempre se le complacía con todo lo que quería debido a que sus padres se sentían culpables por viajar tanto por trabajo y no pasar mucho tiempo con ella. Esto estaba afectando la forma en que Anita se relacionaba con los demás.

También está el caso de Pietro, que aunque no es o ha sido mi paciente, es una persona que conozco, que en tantas ocasionas ha dejado al borde de la depresión a las parejas que ha tenido porque, solo ha jugado con los sentimientos de las mismas fingiendo afecto cuando no es real o no tiene una intensión seria con ellas, aunque les haga creer que sí. No parece darse cuenta del daño que hace así que, aunque no es mi paciente, sé que su nivel de empatía no es el más elevado.

Otra característica de la inteligencia emocional es la empatía, o, la capacidad de sentir a los demás entrando en flujo de contacto, de, ponerse en la situación de los demás (No literalmente sino siendo capaces de entenderlos) y de esa manera, comprender su sentir, su actuar, cuánto podría afectarles que actuáramos de cierta forma, su dolor, sus necesidades...

La empatía es la base de la convivencia respetuosa, de la tolerancia, de las relaciones sanas, de la resolución efectiva de conflictos, sin violencia, del perdón en muchos casos.

No podemos sentir por los demás, pero si, comprender cómo se sienten o sentirían, cómo les podemos afectar, cómo podemos ayudarles si lo necesitan... Incluso en entornos donde necesitemos motivar necesaria es la empatía, o, cualquier esfuerzo en ese sentido no será suficiente. EMPATÍA ES ENTENDER CÓMO SE SIENTEN O SENTIRÍAN LOS DEMÁS. Lo que puede ser de mucho provecho en entornos profesionales. Un líder, por ejemplo, que sea empático será capaz de conectar mejor con sus seguidores y de esa forma contribuir a que el trabajo individual y grupal de cada uno, dé mejores rendimientos por intermedio de la motivación. Nadie puede motivar a otro si no lo entiende, si no es empático. Un profesional en áreas como la psicología, los coachs, y afines, necesitan de empatía para poder colaborar con sus pacientes o clientes...

En el entorno personal la clave de las buenas relaciones, de las relaciones sanas, de los ambientes, amenos, radica precisamente en el nivel de empatía.

Para que los líderes puedan efectuar bien su papel, para que en determinadas situaciones se pueda trabajar correctamente: Atención al público, área psicológica, educación, etc, necesaria es la empatía.

Puedes desarrollar empatía, algunas claves para que lo logres son:

-La escucha activa:

¿Has vivido la experiencia de hablar con una persona que te interrumpe antes de que puedas expresar tus ideas? ¿De una persona que hace menos la experiencia que estás contando porque te interrumpe para contar una situación similar: "mejor o peor", que le ocurrió, personas con las que no se puede tener un diálogo porque una conversación con ellas pareciera unilateral?

Tal vez eres tú una de estas personas y no lo has notado.

Tomar esa actitud impide comprender a los demás. Incluso crear buenos vínculos con las personas o socializar en general porque, resulta bastante molesto para los demás, no ser escuchados, no sentirse comprendidos... La falta de empatía se nota y, las personas no se sienten bien cerca de alguien poco empático.

Entender a los demás, desarrollar empatía requiere saber escuchar. Por ello, parte de desarrollar empatía requerirá que, escuches atentamente al otro, prestándole toda tu atención, y, sin interrumpir. Esa es la escucha activa, a eso es a lo que se le conoce como escucha activa. Y, si la practicas podrás con seguridad entender mejor a las personas que te hablan, su sentir, ponerte en su lugar.

Tu foco de atención habrá de ser en ese caso, lo que dice esta persona, sus palabras y las expresiones y gestos con las que las acompaña (El lenguaje no verbal del cual te recomiendo, aprendas tanto como puedas).

A veces las personas solo necesitan que las comprendas, no te esfuerces por qué decir, solo escucha atentamente, practica feedback luego, hazle ver a esta persona que la has comprendido haciéndole preguntas. Verás cuanto mejora tu comprensión emocional y tus relaciones con esta técnica.

-Practica entender las emociones en general: La autoconsciencia emocional te ayudará a tener más empatía, entender tus propias emociones te ayudará a entender las emociones de los demás, pero, procura practicar entender emociones ajenas, tanto como la autoconsciencia emocional. Existen formas fáciles de estudiar las emociones ajenas:

-Estudiando sobre el lenguaje no verbal para, por intermedio del mismo ser capaz de entender mejor lo que siente la otra persona, sin necesidad siquiera de que diga una palabra.

-Asistir a obras de teatro es una forma de aprender de las emociones porque suelen hacer muchos gestos y ademanes que acompañan emociones diversas. Lo mismo con series televisivas o programas de T.V. Podrías asistir a obras o ver series y programas de T.V con la intensión de estudiar las emociones de los distintos personajes.

-Discretamente puedes observar a otras personas en lugares concurridos: Restaurantes, centros comerciales, parques, y, tratar de comprender qué expresan con su lenguaje corporal, cómo se sienten.

-Ejercicio para comprender a las personas

que suelan despertar en ti emociones negativas:

Si no hacemos un esfuerzo consciente para lograrlo, nos resultará realmente difícil comprender a las personas que nos molestan de alguna forma. Son estas, las personas con quienes más debemos practicar la empatía. Este ejercicio puede ayudarte en ese caso:

Piensa en una persona que usualmente te haga sentir incómodo/a, ofendido/a o que despierte en ti cualquier emoción negativa.

Respóndete: ¿Por qué me hace sentir así esta persona? Analiza en qué situaciones o, qué actitudes toma esa persona que te molestan, o hacen sentir mal y, detalladamente descríbete cómo te sientes al respecto.

Hecho lo anterior tómate unos momentos para reflexionar porqué esa persona puede estar actuando como lo hace. Ayúdate en este paso, pensando en situaciones donde tú, tal vez hayas actuado de forma parecida o, ideando situaciones que tal vez te llevarían a actuar de forma similar a esta persona.

Al finalizar, aunque sean suposiciones, estarás más cerca de entender a la otra persona y, te sentirás menos negativo/a con respecto a ella, lo que contribuirá a su vez, enormemente a que desarrolles empatía.

Ejemplo para que este ejercicio se comprenda mejor:

Supongamos que Juanita, es la persona con la que te cuesta tener empatía porque despierta en ti, emociones negativas en general.

Al preguntarte porqué esta persona te hace sentir usualmente mal o molesto/a, supongamos que adviertes que, es alguien que no parece respetar tu tiempo, una amiga que ha comenzado a irritarte de verdad porque quiere hablar contigo a todas horas, que le respondas rápido los mensajes, acompañarte a todos los lugares... No parece tener intensiones de respetar tu espacio, aunque, lo hayas hablado con ella, hayas intentado hacerle ver que necesitas tiempo para ti, sin, ella.

Al preguntarte cómo te hace sentir esa actitud puedes describir cualquier emoción negativa que se despierte en ti: Impaciencia, rabia, frustración...

Al momento de preguntarte el porqué, piensa posibles motivos por los que Juanita o, alguien podría actuar de la forma en que Juanita lo está haciendo contigo:

-Miedo a la soledad. Tal vez a Juanita le cuesta hacer amigos y teme que le dejes de lado.

-Tal vez Juanita no tiene a nadie más que a ti en quien confiar y se siente insegura al respecto, te cela y trata de que no te alejes.

-Problemas de dependencia emocional

¿Alguna vez has actuado como Juanita? Es importante que te lo preguntes.

Tal vez actuaste exactamente igual con aquella pareja con quien sufriste de dependencia emocional.

Si nunca has actuado como esa persona pregúntate ¿Qué te podría conducir a actuar así? Tal vez haya una persona que quieras cerca con todas tus fuerzas, y, podrías actuar así con ella si sientes que se aleja.

Al finalizar este ejercicio, podrás comprender un poco más los motivos que pueden estar conduciendo a esta persona a actuar como actúa y, te será más comprensible. Podrás afrontar la situación entonces con mayor tolerancia.

-Esfuérzate por entender la perspectiva de los demás sin juzgar: Para desarrollar empatía también es importante que

te liberes de prejuicios en general, como por ejemplo: X tipo de personas son intolerantes, X tipo de personas solo quieren engañar y hacer daño, son odiosas, creídas... Desde la crítica, desde los prejuicios, no serás capaz de entender a nadie y, a falta de esa comprensión no habrá una buena comunicación ni una buena convivencia, que son siempre tan necesaria.

¿Cómo comprender a los demás si no eres capaz de verlos salvo con un tinte negativo? Esa actitud te impedirá desarrollar empatía.

Cuando hables con otra persona, o, convivas con otra persona deja por fuera prejuicios, no juzgues. Juzgar es contrario a la empatía. Lo que necesitas es tratar de comprender. Eso no significará adoptar la perspectiva de la otra persona, no se trata de eso, tampoco justificar si es que la otra persona hace algo mal, lo importante es ser capaz de entender a la otra persona, cómo se siente en realidad, por qué piensa de tal forma o actúa de tal forma, lo que mejorará mucho la convivencia.

Aprende a no juzgar, proponte a dejar de hacerlo si es algo que normalmente haces. Libera a la gente de etiquetas negativas, libérate tú también de estar etiquetando a otros y mejora así, tus relaciones con los demás en todos los ámbitos donde te desenvuelvas.

-Competencia social: Arcadio se definía como alguien asocial, como alguien que disfrutaba de la soledad, pero, no era el caso. Él se refería a sí mismo de esa forma solo porque no era nada bueno socializando y, un evento en específico, donde se sintió en ridículo tratando de socializar lo llevó a aislarse. Temía socializar y esto le estaba afectando anímicamente, él en realidad quería ser más extrovertido, hacer amigos... Afortunadamente trabajando su autoestima y autoconfianza, y, siguiendo algunas recomendaciones que en breve describiré, ha mejorado mucho.

La capacidad de estar con los demás, intentando comprender los movimientos que se producen entre las personas, esas son las habilidades sociales, otra de las características de la inteligencia emocional.

Sí, las habilidades para socializar, para agradar a otros, para conocer personas y crear vínculos también forman parte de la inteligencia emocional por lo que, si te cuesta socializar, o, las buenas relaciones con los demás, no te preocupes, puedes desarrollarlas y mejorar:

Estrategias para mejorar tus habilidades sociales

-Detecta tus miedos sociales y trabaja tus creencias limitantes al respecto: Adquiere confianza.

Tras las dificultades para socializar suele haber miedo, miedo a no ser aceptados, miedo al rechazo... o, poca confianza en uno mismo (Autoestima baja).

¿Sabes a qué le temes o cuáles son tus inseguridades a la hora de socializar? Descubrirlo será importante para que puedas trabajar en esa limitante y así, abrirte camino respecto al tema de la socialización.

Tanto tus miedos como, inseguridades, podrías trabajarlos con la técnica de la visualización o, a través de afirmaciones positivas o, de la técnica de condicionamiento directo mental.

Explicaré un poco la técnica de condicionamiento mental. Esta es una técnica muy útil en psicología, una técnica que permite, contrarrestar pensamientos negativos o creencias limitantes; CONVENCIENDO A LA MENTE DE LO CONTRARIO a esos pensamientos o creencias.

En este punto, si has leído los apartados anteriores sabrás que es posible convencer a nuestra mente de lo que sea si uno se lo propone (Condicionarla). En este caso tendrías que contrarrestar cualquier creencia limitante que te dificulte socializar, para, convencer a tu mente de que eres capaz o bueno/a socializando. Eso aumentará tu nivel de confianza, y, a mayor confianza, más fácil te resultará socializar porque al final, socializar efectivamente requiere de confianza, la confianza para que seas tú mismo/a ante los demás.

Nadie es moneda de oro para caer bien a todo el mundo, lo importante es saber convivir y, crear vínculos con las personas correctas: A los que les agrades por ser la persona maravillosa que eres. Pero, difícil te será conocer a esas personas si no te lo permites por miedos o creencias.

¿Qué miedo o creencia limitante esconde tu dificultad para socializar?

"Soy muy malo/a o torpe socializando", "A las personas no les agrada como soy", "No soy capaz", "Los demás me rechazarán".

Descubre tus pensamientos al respecto y trabaja en erradicarlos de tu mente, en dejar de creer de esa forma, condicionando tu mente.

La técnica de condicionamiento directo requerirá que, cada vez que a tu mente llegue un pensamiento que, te haga creer o sentirte incapaz de socializar, lo contradigas con otros pensamientos, pensamientos positivos que contrarresten esa forma de pensar. Ejemplos:

"Soy bueno/a socializando", "Les resulto agradable a los demás", "Soy capaz de socializar", "Hago amigos con facilidad".

Tendrías que repetir esa clase de pensamientos positivos contra restantes y, en principio, ayudará a que disminuya tu miedo o dudas, pero, con el paso del tiempo si eres constante, si siempre contradices tus pensamientos negativos o creencias limitantes en lugar de alentarlos, entonces, terminarás por convencer a tu mente que realmente puedes socializar, que le puedes resultar agradable a los demás, y, con la confianza adquirida gracias a esto, socializar dejará de ser una misión imposible para ti.

Lo principal es descubrir los pensamientos negativos o creencias limitantes que te dificulten socializar. Ya sabes qué hacer a continuación. Proponte descubrirlos. Analiza tus pensamientos recurrentes.

La técnica de la visualización y las afirmaciones, te servirán como apoyo para condicionar tu mente y vencer tus creencias limitantes entorno a tu dificultad para socializar también.

En cuanto a la visualización, sería recomendable que crearas imágenes mentales diarias o constantes, donde puedas visualizarte socializando efectivamente, comunicándote acertadamente, conociendo personas, riendo mientras socializas... Este tipo de imágenes mentales convencerán a tu mente de que puedes socializar, y, te llenarán de confianza al igual que con la técnica de condicionamiento mental directo.

También servirá de apoyo que repitas constantemente afirmaciones como:

"Puedo socializar", "Me irá bien hoy socializando", "Soy agradable", "Soy amistoso/a, "Soy amado".

Si llenas tu mente de pensamientos e imágenes positivas y contradictorias con tus creencias limitantes sobre la socialización, antes de lo que crees, habrás vencido tus miedos y dudas, antes de lo que crees, estarás socializando con éxito.

-Saludo cordial y sonrisa sincera: Grandes aliados.

La cordialidad siempre es efectiva para una agradable convivencia y, también para socializar.

La sonrisa es la base de la cordialidad, y, una gran aliada para agradar a los demás. Incluso puedes verla, en este sentido, como una herramienta. Sí, la sonrisa no es solo una reacción natural a la felicidad, podemos usarla en nuestro beneficio.

Si recurres a la sonrisa, tus habilidades sociales pueden sin dudas, mejorar.

Con miedo y falta de confianza ante los demás, es normal olvidar sonreír, pero, no debes hacerlo más porque la misma ciencia avala lo eficaz de la sonrisa para mejorar las relaciones sociales.

Lo que ha descubierto la ciencia al respecto es que:

-Cuando sonreímos, somos concebidos como más agradables ante los demás.

-Las personas que sonríen son concebidas como más confiables, o, de mayor credibilidad ante los demás.

-La sonrisa hace más atractivas a las personas ante los demás.

-Las personas son más propensas a involucrarse socialmente con personas que sonríen.

Si haces la prueba de sonreír a la gente en la calle (Cualquier persona con la que te cruces) descubrirás que la mayoría de la gente te sonreirá de regreso. La sonrisa se contagia y por intermedio de ella, puedes sencillamente, agradar a los demás, inspirarles confianza...

Recurre siempre a la sonrisa.

En los ambientes en donde te desenvuelvas, tu trabajo, tu salón de clases, tu vecindario... SONRÍE. Saluda y sonríe cordialmente. Te ayudará mucho a desarrollar la habilidad de relacionarte de mejor forma con los demás. Tu sonrisa y saludo cordial serán preludio de una conversación, porque, te harán parecer más accesible, conocerás a más personas si las utilizas, agradarás más a las personas con quienes convives si las utilizas.

Si es posible trata de recordar los nombres de las personas a quienes saludes con tu sonrisa. Les resultarás de ese modo aún más agradable.

-La escucha activa:

La escucha activa no solo te ayudará a desarrollar más la empatía, mejorará tus habilidades sociales.

Al ayudarte a comprender mejor a los demás te permitirá comunicarte de manera más efectiva, lo que mejorará tus relaciones. Las personas se sentirán escuchadas por ti, por lo que te concebirán como alguien más de fiar y agradable. Sin dudas, será una base para que puedas crear vínculos con los demás. Practica la escucha activa, mantente en el presente mientras los demás te hablan.

-Has preguntas a tus interlocutores, para dejarles ver que les estás comprendiendo o, usa el parafraseo:

La mayor parte de la escucha activa requerirá que enfoques tu atención en lo que el otro dice, en que escuches, pero, harás sentir a los demás como que realmente los estás escuchando, lo que les resultará agradable, si parafraseas lo que dicen, o, haces preguntas de vez en cuando que te permitan comprender aún más la situación de tu o tus interlocutores, les harás ver a estos que de verdad prestas atención.

-Muestra genuino interés en los demás: Nunca falla

En líneas generales bastará con que te intereses más en los demás para que les resultes agradable y que de esa forma puedas crear vínculos más fuertes o, convivir con otros más sanamente.

¿Cómo mostrar interés en los demás?

-Recordando sus nombres y fechas importantes como cumpleaños.

-Apoyándolos si lo necesitan (Ofrecer ayuda, ser servicial).

-Interesándote en lo que tienen que decir.

-LAS NEURONAS ESPEJO:

Imita sutilmente a tu interlocutor y le serás más agradable:

Las neuronas espejo también son conocidas como las neuronas sociales y, algunos las han llamado neuronas de la empatía. Aprender sobre ellas te ayudará a mejorar de forma importante tus habilidades sociales, te ayudarán a ser concebido/a de forma más agradable y resultar más persuasivo/a ante los demás ¿Qué mejor forma que esa para mejorar tus habilidades para socializar? Y, la forma en que las neuronas espejo podrán ayudarte en este sentido es muy, muy sencilla, solo mediante la imitación.

Además, las neuronas espejo ayudan a entender a los demás más fácilmente, lo cual implica parte de su función y, al entender mejor a los otros, podemos tener más empatía y, la empatía también mejora las relaciones y convivencia con los demás. Aunque, voluntariamente podrás valerte de ellas para agradar a los demás, siempre estarán trabajando para que comprendas a los otros si observas con atención. En este sentido ellas trabajarán incluso si no estás siendo consciente de ello.

¿Qué son estas neuronas espejo?

Se trata de un tipo de neuronas que se activan cuando vemos a otra u otras personas realizar una actividad y durante las interacciones sociales.

El funcionamiento anatómico del cerebro incluye las neuronas espejo por ser los humanos, seres sociales, por eso es que estas son neuronas que permiten entender a los demás, y por ende, relacionarse de forma más cordial o bien, aprender de los otros. De hecho, son las neuronas espejo las que nos permiten aprender por imitación, facilitan nuestro aprendizaje de ese modo, algo que la neurociencia ha demostrado a través de estudios numerosos.

En lo que al aspecto social respecta, que es el asunto de interés en el tema de este escrito tal vez no lo hayas notado hasta ahora, pero, cuando interactúas con alguien que te agrada, tiendes de forma natural, sin darte cuenta, a imitar el lenguaje corporal de tu interlocutor. Lo mismo las personas con quienes estés conversando y a quienes les estés resultando agradable, ellas imitarán tu lenguaje corporal.

Fíjate durante tus siguientes conversaciones cara a cara, en el lenguaje corporal de tus interlocutores y te darás cuenta de que muchas veces adoptan tu postura, o, realizan un gesto que tú también has realizado previamente.

A propósito, colócate en una postura determinada (Sutilmente), y, en la mayoría de las veces notarás cómo tu interlocutor o interlocutores te imitarán, o, procura hacerte consciente de las veces en que imitas a tu o tus interlocutores durante una conversación. SON TUS NEURONAS ESPEJO TRABAJANDO.

Ellas despiertan la empatía y, con ello, contribuyen a sentir más confianza y bienestar ante las personas con las que estemos socializando.

Puedes valerte voluntariamente de las neuronas espejo para ser concebido/a de forma más agradable por las personas con las que estés interactuando. Tu solo: Imita sutilmente un gesto o la postura de tu interlocutor.

Todo debe ser muy sutil, ya que, si la otra persona nota que lo estás imitando a propósito, no resultará efectiva esta técnica.

CARACTERÍSTICAS ADICIONALES DE UNA

PERSONA CON INTELIGENCIA EMOCIONAL

Precisadas las características fundamentales de la inteligencia emocional, mencionaré a continuación, características adicionales que definen a una persona que goza de inteligencia emocional. A saber, las siguientes:

Sabes que estás en presencia de una persona que ha desarrollado inteligencia emocional cuando estás ante la presencia de una persona que:

-Goza de autoestima sana.

-Es segura de sí misma.

-Sabe exteriorizar sus emociones: Es asertiva.

-No teme o no le incomoda fijar límites claros: Puede decir "NO", si es lo que quiere o necesita.

-Tiene gran motivación en la vida, por lo que tiene metas definidas qué seguir, se encamina hacia lo que desea, termina lo que empieza...

-Puede poner su foco de atención en algo positivo y esperanzador, incluso en las adversidades.

-Es disciplinada.

-Se adapta fácilmente y no le teme al cambio.

-Sabe relacionarse con los demás.

-Conoce sus fortalezas y límites, y los acepta.

-Es productiva.

Si quieres beneficiarte de todas estas características, te aconsejo que sigas leyendo para que aprendas a desarrollar tu inteligencia emocional.

Apoyo científico de la Inteligencia

emocional en distintos ámbitos

A continuación, traeré a colación parte del aval científico de la inteligencia emocional. Evidentemente los estudios al respecto, avalan su importancia en numerosos ámbitos de la vida del ser humano.

Desarrollo personal:

-Inteligencia emocional e inteligencia racional: Conceptos complementarios. Estudio de autoría de: Zenteno Duran María cuya conclusión fue la siguiente:

> *"Como conclusión, los conocimientos por sí solos no son suficientes para desenvolverse en la vida exitosamente, Es importante aplicarlos y encauzarlos de manera más adecuada con la inteligencia emocional (...)*
>
> *Gracias a esta inteligencia podemos tomar mejor conciencia de nuestras emociones, ser comprensivos con los demás es decir ser empáticos, pacientes y tolerar las presiones, frustraciones con las que lidiamos en nuestra sociedad dentro del trabajo y vida personal, ya sea con nuestra familia o con nuestros amigos, tener un auto-control de los impulsos e instintos, ver las cosas desde otra perspectiva. En síntesis, la inteligencia emocional nos ayuda a tener un mejor desarrollo personal nos permite interpretar y enfrentar los sentimientos de los demás, y lo que es más importante sentirnos satisfechos y ser eficaces en la vida a la vez crear hábitos mentales que favorezcan nuestra propia productividad"*

La inteligencia emocional es tan importante como la racional porque permite el control de las emociones, con lo que podemos ser más productivos. A veces la inteligencia general, un coeficiente intelectual alto, no influye en un buen rendimiento porque, sin inteligencia emocional, incluso alguien muy inteligente con un coeficiente intelectual alto, podría carecer de motivación e impulso, o, tomar malas decisiones basadas solo en las emociones... Lo que puede afectar su productividad.

 La inteligencia emocional también promueve un buen desenvolvimiento de nuestra parte en sociedad, mejoras a nivel personal y, por tanto, desarrollo personal. Sin ella no seríamos capaces de crecer como seres humanos hasta alcanzar la mejor versión de nosotros que podemos ser tanto en lo personal como en lo profesional. Siendo controlados por nuestras emociones, no podríamos avanzar, no podríamos tomar buenas decisiones... Pero, tomando el control de nuestras emociones podemos lograr lo que deseemos a través de la tolerancia, la empatía, mejores habilidades de adaptación, motivación y más.

-Relación entre la inteligencia emocional y el bienestar psicológico (2003). Estudio de autoría de Bermúdez María Paz, para la Universidad Psychol, de Bogotá.

Parte de las conclusiones de este estudio fueron las siguientes:

> *"En función de los resultados obtenidos se concluye que, a más inteligencia emocional, mayor bienestar psicológico posee la persona. Si nos centramos en algunos aspectos citados en la definición de inteligencia emocional propuesta por Goleman (1995), es decir, el conjunto de habilidades que implica el autocontrol, la persistencia, la capacidad para motivarse a sí mismo y para retrasar la gratificación, y consideramos el bienestar psicológico como satisfacción personal, laboral, material y de pareja, podemos afirmar que aquellas personas que presentan un mayor autocontrol emocional y conductual perciben que poseen mayor control sobre las demandas del medio y, por tanto, una mayor autoestima"*

Si a mayor nivel de inteligencia emocional, mayor bienestar psicológico. Eso implica que las personas necesitamos de inteligencia emocional para una mejor calidad de vida, para adaptarnos de mejor forma a nuestro medio y así, poder lograr lo que nos propongamos en cualquier ámbito: Personal, profesional, familiar, educativo, etc.

-Inteligencia emocional asociada a niveles de ansiedad y depresión en estudiantes de medicina de una Universidad pública. Estudio publicado en la revista científica Anales de la Facultad de Ciencias Médicas de la Universidad Nacional de Asunción (FCM – UNA).

Los resultados de esta investigación evidenciaron que 61,4 % de los participantes presentó síntomas de depresión y 67,7 % de ansiedad, por lo que se sugirió continuar la investigación a modo de buscar alternativas para el desarrollo de destrezas emocionales como forma de prevención y diagnóstico precoz ante trastornos depresivos o de ansiedad, tomando en cuenta que la falta de inteligencia emocional afecta la salud mental y puede desencadenar precisamente, depresión.

.-La Inteligencia Emocional en Brasil: un estudio de la producción académica de los cursos de postgrado. Nair Floresta Andrade Neta y otros: Universidad Estadual de Santa Cruz, Ilheus-Ba-Brasil.

En este estudio podemos hallar el siguiente aporte:

> *"Los investigadores Bechara, Tranel y Damasio (2002) prestan una inestimable contribución a la comprensión de las evidencias neurológicas de la IE, partiendo de los resultados de*

investigaciones de pacientes con lesiones en la corteza prefrontal ventromediana, que demuestran la influencia de las emociones en las funciones cognitivas y comportamentales del individuo, incluyendo la toma de decisiones. Ratifican que un Q.I. elevado no es suficiente para que las decisiones tomadas por la persona representen elecciones ventajosas para su vida personal y social. Esta dificultad resulta de un déficit en el procesamiento de las señales emocionales, lo que "proporciona amplias evidencias para la noción de que las emociones son los ingredientes de una forma distinta de capacidad, que es crítica para la inteligencia global en la vida social"

Otro estudio que corrobora que la inteligencia emocional es tan necesaria como la inteligencia racional y global, para el bienestar del individuo, traducido en la toma de decisiones más asertivas o ventajosas que le beneficien personal, profesionalmente y en todo ámbito.

Ámbito laboral y empresarial:

-Inteligencia Emocional y su Influencia en el Ámbito Laboral (2022), Magallanes Correa:

En este estudio se puede leer lo siguiente:

"El desarrollo de habilidades emocionales le dan al individuo herramientas para mejorar el desempeño y el manejo inteligente de las emociones garantiza el éxito ya que es lo que le va a facilitar la creatividad, motivación, seguridad e identificación en el puesto de trabajo".

-La inteligencia emocional como habilidad directiva. Estudio aplicado en los municipios de la provincia de Córdoba (España). Autor: Pereda Pérez y otros.

Las conclusiones de este estudio fueron las siguientes:

"La inteligencia emocional como habilidad directiva recibe de forma progresiva mayor importancia como lo corroboran las investigaciones realizadas y la apuesta por su desarrollo en muchas empresas y organizaciones. Las personas necesitan de esta habilidad para el desempeño eficiente de sus tareas y responsabilidades, por lo que su relevancia en la Administración Local en la Provincia de Córdoba es bastante clara. Efectivamente, la inteligencia emocional se consolida como una habilidad directiva de gran trascendencia en empresas y administraciones públicas"

De estos estudios se evidencia que la inteligencia emocional aplicada al ámbito laboral mejora el rendimiento laboral y es útil en el desarrollo del ámbito empresarial, y, para el correcto ejercicio de competencias directivas.

Ámbito educativo:

-La inteligencia emocional en alumnos de educación escolar básica de la ciudad de Pilar, en el desarrollo de sus habilidades en contexto educativo. Autor: Ferrer González.

Sobre la inteligencia emocional y el rendimiento académico este estudio concluye lo siguiente:

> *"Se pudo verificar que, a medida en que se registran niveles altos de inteligencia emocional en los alumnos seleccionados, estos presentan niveles altos de calificaciones finales. Esta misma situación se presenta, de manera proporcional para aquellos estudiantes con niveles medios de inteligencia emocional"*

La inteligencia emocional contribuye a que los jóvenes en edad escolar, obtengan un mejor rendimiento académico, siendo que la falta de la misma, traducida en pobre gestión de las emociones negativas, repercute negativamente en dicho rendimiento.

Educación e inteligencia emocional

Extremedera Natalio fue el autor de un estudio realizado sobre una comunidad escolar que se tituló para su publicación: "Inteligencia emocional en el contexto educativo, hallazgos científicos de sus efectos en el aula". En dicho estudio se determinó que los estudiantes con mayores niveles de inteligencia emocional obtenían mejores calificaciones y, menor sintomatología ansiosa, depresiva o pensamientos intrusivos. Por su parte detectaron que alumnos clasificados como depresivos tenían un rendimiento académico muy bajo.

Gracias a los conocimientos que se manejan sobre la inteligencia emocional, se conoce hoy en día que, el coeficiente intelectual no necesariamente es referente del éxito académico. El éxito académico depende no solo de la inteligencia general y de la forma en que son impartidas las lecciones, sino también de la inteligencia emocional.

¿Por qué?

-Un estudiante que no sea capaz de regular sus emociones negativas, no tendrá la misma motivación para aprender y estudiar que uno que sí sea capaz de hacerlo y, de mantener sus emociones positivas.

-Los estudiantes con un nivel bajo de inteligencia emocional son propensos al desarrollo de conductas antisociales o de problemas de conducta en general. Tienen más dificultades para adaptarse, para relacionarse con sus compañeros... Eso repercute en su bienestar, les impide adaptarse a los programas en el aula y a las clases en general...

-Los adolescentes tienen tendencia a dejarse llevar por sus impulsos, algunos pueden convertirse en personas muy violentas, pero, no todos los adolescentes llegan a ese punto porque algunos sí logran desarrollar inteligencia emocional.

Por supuesto, un adolescente muy reactivo tendrá problemas en el aula.

-Un estudiante capaz de regular sus emociones negativas y potenciar las positivas será más tolerante ante la frustración, por ende, es menos probable que deje los estudios o, que, pierda el interés en sus calificaciones por creer que no es capaz de mejorar.

-Un estudiante capaz de regular sus emociones negativas y mantener las positivas será capaz de aceptar las críticas constructivas de sus docentes y con ello encaminarse al aprendizaje y la mejora, lo contrario, uno que no sea capaz de gestionar sus emociones, que, se tome las críticas constructivas a mal, y que por ende, se niegue la posibilidad de crecer o aprender de estas críticas.

-Hay una preocupante tendencia a dejarse abrumar por emociones negativas en edad escolar. Muchos adolescentes desarrollan depresión y, bajo este padecimiento, toda su vida, incluyendo su rendimiento académico, se perjudica.

Cada vez hay más escuelas o colegios comprometidos con la educación en inteligencia emocional. Anteriormente solo se prestaba atención al coeficiente intelectual de los alumnos, a impartirles conocimientos, pero, se sabe que no es suficiente, que, para ayudar verdaderamente a los jóvenes a encaminarse a un futuro brillante es necesario ayudarles, brindarles las herramientas básicas al menos, sobre el manejo de sus emociones.

Los maestros o profesores influyen en sus estudiantes, es por eso que con su ejemplo pueden ayudarles a desarrollar inteligencia emocional, también no solo deben centrarse en la enseñanza teórica, o en modelos de conducta correctas sino también, interesarse en cómo se sienten sus alumnos, y encaminarlos a comprender ese sentir y a gestionar mejor lo que sienten.

Por supuesto que falta mucho camino por recorrer para que las escuelas sean lugares donde prevalezca la educación emocional, pero de que la inteligencia emocional es imprescindible en el ámbito educativo, lo es sin dudas.

La inteligencia emocional en la pareja

Bermúdez, María Paz, en su estudio titulado: Análisis de la relación entre inteligencia emocional, estabilidad emocional y bienestar psicológico, citó a otro autor, Fitness (2001), el cual, por medio de estudios realizados concluyó que las personas que saben percibir, identificar y expresar emociones tienen unas relaciones de pareja más felices.

Nadie que haya vivido una relación de pareja, o, que tenga una pareja estable o esté casado puede decir que se vive siempre un sueño de armonía y paz... Tal vez en las películas románticas suela mostrarse el matrimonio, o, que los personajes queden juntos como un final feliz, pero, no lo será en la vida real a menos que la pareja en sí, goce de inteligencia emocional.

La convivencia en pareja no es fácil, los conflictos están a la orden del día y si no se gestionan ni los conflictos, ni las emociones que estos producen, de forma eficaz, la relación puede convertirse en un tormento, o volverse tóxica y, peligrará en ese caso por supuesto.

En las relaciones de pareja ideales, las sanas, existe inteligencia emocional. Todo lo contrario, en las parejas donde hay carencia de ella, esas en donde reinan:

-Los celos irracionales.

-El control o la manipulación.

-La dependencia emocional.

-Los gritos o la violencia...

Leí en cierta ocasión que se estima que 8 de cada 10 parejas formadas, terminan o se divorcian, siendo tan solo 2 de cada 10 que mantienen su relación a lo largo de su vida.

Por supuesto no se trata de mantener la relación y ya, sin ser felices, importante es gozar de bienestar y felicidad con la relación de pareja, pero ello solo es posible si desarrollan inteligencia emocional, si la practican ambos participantes de la relación. Esas 2 de cada 10 parejas que permanecen juntas, lo más probable es que, son parejas donde se ha desarrollado inteligencia emocional.

Una pareja sana, se entiende mutuamente, resuelve conflictos de forma que en ella no prevalecen las discusiones ni la violencia. Ambos miembros de la misma se tratan con respeto, se motivan incluso, a crecer. Dentro de una relación sana los miembros de la misma, pueden inspirarse y motivarse. Hay comprensión en una relación de pareja sana y donde existe inteligencia emocional.

La ciencia avala la importancia de la inteligencia emocional en las relaciones de pareja, esta es indiscutiblemente NECESARIA en las relaciones de pareja:

María Dolores Alarcón Soriano (2017), publicó un estudio donde se analizó la relación entre inteligencia emocional y la satisfacción en la pareja. Para este estudio 36 parejas en edades comprendidas entre los 22 y los 87 años, participaron. Los resultados revelaron que, los niveles de satisfacción en pareja eran mucho mayores cuando existía manejo de la inteligencia emocional en la relación.

Seguirán existiendo conflictos, las parejas con inteligencia emocional también tienen conflictos, pero, son capaces de gestionarlos de forma efectiva, y sin lastimarse, lo que es preludio de una relación duradera.

¿Cómo fomentar o desarrollar la inteligencia emocional en pareja?

-Conócete: El escritor Rojas (1999), en su obra: "La conquista de la voluntad. Claves para alcanzar el éxito en la vida y hacer realidad tus sueños", habla sobre la importancia de conocerse a uno mismo, para poder sentir satisfacción y bienestar en una relación en pareja. Piensa en la lógica de esto. Por un lado, si ni te comprendes a ti, si ni sabes cómo te sientes, cómo reaccionas, etc, no gozas de inteligencia emocional. Así, no podrás comprender las emociones de tu pareja, o, la forma en que tus reacciones o comportamiento le hacen sentir, la forma en que puedes afectarle... Así, será muy probable que la lastimes, o, que le hagas sentir incomprendida (Realmente no le comprenderás en realidad).

Por otro lado, si, tienes problemas que no has asumido, o, tus defectos, todo de ti se puede reflejar en la relación, sobre todo lo negativo. Si por ejemplo no has aceptado que tu autoestima no es buena, serás vulnerable a relaciones de dependencia o tóxicas, si tienes problemas de ira y ni te has puesto a analizar eso, tu relación puede tornarse violenta.

Entenderte a ti te brindará la habilidad de entender a tu pareja, conocerte te ayudará a saber cómo puedes afectar a tu pareja o cómo puede esta afectarte a ti. Créelo porque es la realidad de muchos que permanecen en relaciones donde los desvalorizan, los maltratan, los desprecian, hasta los golpean, solo por no entenderse, no ser capaces de identificar que tienen un defecto que deberían trabajar y mejorar antes de tener una relación, porque de lo contrario lo más probable es que esa relación no sea sana. Es la realidad de las parejas que se terminan separando por no poder comprenderse... Solo les faltaba trabajar la inteligencia emocional. Era clave.

Recorre el camino del autoconocimiento en pro de una relación de pareja colmada de bienestar.

-Esfuérzate por comprender: En el estudio al que he hecho referencia antes en este apartado, el estudio de María Dolores Alarcón Soriano (2017) también se descubrió que, a mayor comprensión entre las parejas, mayor inteligencia emocional.

En ese sentido he de resaltar que, cuando ambos miembros en la pareja se sienten comprendidos, el bienestar en la relación suele reinar.

Sin lugar a dudas quisieras comprensión por parte de tu pareja. No puedes hacer que otro te comprenda, pero puedes trabajar tú, en convertirte en alguien comprensivo y eso seguramente inspirará a tu pareja también a serlo, o al menos hará que reine la empatía ante los conflictos y así, probablemente evitará muchas discusiones.

Ante un conflicto con tu pareja, si tú te mantienes en control gracias a la empatía, es probable que logres detener una discusión, pero si tu pareja perdió el control de sus emociones y lo haces tú también, discutirán.

Pero, no solo se trata de conflictos y su resolución pacífica. Es importante entender las emociones de tu pareja, entender cómo lo que haces, afecta al otro ya sea de forma positiva o negativa, o, comprender su sentir general.

Todos esperamos en nuestra pareja, alguien que pueda comprendernos más que los demás.

La convivencia ayuda a la comprensión emocional, pero, ambos en la relación deberían de trabajar en entender las emociones en general: Propias y ajenas, y eso ayudará mucho a que se comprendan mutuamente y, desarrollen inteligencia emocional en pareja.

Por tu parte, en lugar de asumir en la relación: CONVERSA. Practica la escucha activa para ayudarte a comprender a tu pareja mejor. Mucha gente "asume" entender a la pareja, pero asumir no siempre es igual a entender de verdad. Tenlo en cuenta.

-Aceptación: Cada quien entró a la relación teniendo una vida pasada, antecedentes familiares, gustos, amistades, miedos o inseguridades, virtudes, defectos, aspiraciones... Por eso, la aceptación debería reinar en la relación y, si lo hace, es muestra de una relación en la que predomina la inteligencia emocional.

En las relaciones sanas ambos miembros se aceptan.

EVITA DESCALIFICACIONES EN TODO MOMENTO. Tómate un tiempo para reflexionar si, a veces descalificas a tu pareja con tus palabras, proponte no hacerlo más. Si sientes que tu pareja te descalifica, convérsalo. No por nada es de conocimiento general que la comunicación es la base de una relación.

-La comunicación siempre será vital: Hablen de sentimientos o emociones, sobre cómo tal comportamiento o reacción les hizo sentir, sobre sus necesidades (HAY QUE EXPRESARLAS SIEMPRE), de sexualidad, busquen resolver conflictos con el diálogo.

Fomenta la comunicación con tu pareja.

La mayoría de las relaciones no funcionan por falta de comunicación. No asuman, hablen, explíquense, comuníquense. Eso hacen las parejas en donde reina la inteligencia emoción.

-Fijación y respeto mutuo de límites: Que no haya temor dentro de la relación a la hora de fijarse límites personales. En las relaciones de pareja, como, en las relaciones generales debe haber claridad respecto a los límites.

Si no lo han hecho antes conversen sobre sus límites, propón a tu pareja esta conversación. El respeto hacia ellos será vital para una relación sana.

-Control de las emociones: Cualquiera de las técnicas de control de emociones explicada previamente en este escrito, serán útiles durante la relación de pareja.

Trabaja el control de tus emociones junto a tu pareja, propónselo: Hagan ejercicio para mermar el estrés, mediten, lleven un diario de emociones personal (Cada uno el suyo, pero ambos adhiéranse a la práctica).

Si el desborde de emociones es usual en la pareja, habrá demasiados conflictos, y, no será una relación sana. Faltará inteligencia emocional.

-Amistad: Procura que tu relación de pareja sea también de amistad. Que tu pareja y tú sean tanto pareja como amigos. Eso trae consigo gran bienestar dentro de la relación, emociones positivas...

Fomenta convertirse en cómplices, el apoyo mutuo, cuéntense cualquier cosa, compartan...

-Cuidado con la monotonía: Estudios sugieren que, mientras más años juntos tenga una pareja, menos inteligencia emocional suele haber en ella. Esto se debe en parte a que no se trabaja la inteligencia emocional dentro de la relación y, a la monotonía, que deriva en hastío...

Si tú y tu pareja realmente están comprometidos con la relación no dejarán que la monotonía les perjudique, a pesar del paso de los años seguirán trabajando su inteligencia emocional:

-Fomentando la comunicación en pareja: Siendo sinceros sobre sentimientos, necesidades, etc.

-Fijando límites claros dentro de la relación y, respetándolos.

-Procurando siempre entenderse de forma individual para poder entender a la pareja

-Trabajando el control de sus emociones.

-Haciendo actividades juntos que fomenten la complicidad y el cariño... Y, que les libren de la monotonía: DENLE CABIDA A LO NUEVO DENTRO DE LA RELACIÓN, EXPERIMENTEN.

Mi pareja no tiene inteligencia emocional:

Si todo indica que tu pareja no tiene inteligencia emocional desarrollada:

-No le gusta hablar de sus sentimientos.

-No parece comprender cómo te sientes.

-Te invalida.

-No controla sus emociones y por ende, se deja llevar por la ira, los celos, etc.

Y otros signos generales de no poseer inteligencia emocional, no será indicio necesario de que salgas corriendo de allí, pero, sin lugar a dudas será necesario trabajar la inteligencia emocional de la pareja.

Ambos deben querer la mejora de la pareja, has de conversarlo, has de explicarle...

Si tu pareja se niega a reconocer qué está mal, en ese caso, lo más probable es que sí, lo mejor sea que salgas de esa relación que solo te causará dolor porque, realmente no podrás obligar a tu pareja a desarrollar inteligencia emocional. Deberá proponerse a hacerlo, estar dispuesto/a.

La inteligencia emocional en los adultos mayores

Desde una perspectiva general, se conoce que los adultos mayores suelen tener más control sobre sus emociones y resiliencia, porque con el paso de los años, las experiencias adquiridas les van enseñando que no vale la pena sufrir demás, por no dejar que sean las emociones las que dominen... Los adultos mayores suelen ser mucho más tranquilos que los jóvenes, que se caracterizan por más ímpetu, menos dominio...

Si le pides a un niño que describa a un abuelito o abuelita, es normal que te describan a alguien tranquilo y tierno.

La experiencia, los años vividos, les han enseñado normalmente a los adultos mayores a entender las emociones de los demás con mayor claridad también... En síntesis. Suelen tener recursos emocionales más desarrollados que los jóvenes, tal como lo señala el estudio titulado: "Emotional intelligence: summary of two empirical studies" (2015), de autoría de Giuliani, que, hace referencia a que por lo general los adultos mayores disponen, según estudios: *De más recursos y capacidades para comprender y expresar sus emociones, así como para reconocer las de los otros. Además, perciben mayor autoeficacia para la reparación de sus estados de ánimo, así como para regular sus emociones en contextos de conflicto interpersonal*.

Luque-Reca (2016), aludido por Delhom Peris (2019) en su tesis doctoral, hace mención también a ello evocando que con el envejecimiento las emociones negativas se experimentan con menos frecuencia y se controlan de forma más eficaz.

No obstante, lo anterior no es una regla infalible pues, sucede que los adultos mayores, han de enfrentarse a una gran variedad de desafíos con su edad: Mayor propensión a enfermedades y dolencias, menos energía, el deterioro de sus capacidades cognitivas, aislamiento social (No es extraño que algunos adultos mayores se nieguen a salir de casa o socializar en general o, que vivan solos y sean visitados con poca frecuencia por sus familiares), frecuente pérdida de sus personas conocidas con los años, la jubilación y con ello, muchas veces disminución de su patrimonio... A veces se pueden presentar pensamientos sobre la cercanía de la muerte que pueden estresarles... Otros, experimentan frustración si es que, sienten que no aprovecharon sus años de juventud para vivir como deseaban.

Por ejemplo, el caso de Tomás, que siempre fue tranquilo. Él lo admite. Desde joven fue capaz de controlarse al punto de que rara vez se enojaba, y, nunca tuvo un ataque de cólera hasta cierto punto de su edad adulta (Durante su envejecimiento) donde se volvió usual su mal humor. Empezó a irritarse por la mínima cosa y ya su familia no disfrutaba en calma de las reuniones familiares debido a ello. Al final resultó precisamente que lo que estaba mal era que se sentía frustrado con su vida porque, tuvo un sueño que jamás persiguió por decidir mejor concentrarse en criar a sus 5 hijos. Con 78 años, se dio cuenta de que su sueño jamás se haría realidad y, la frustración hizo añicos su estado de ánimo. Le sigue constando trabajo, sigue en proceso de mejorar, pero, es afortunado de tener una familia preocupada que se ha estado involucrando en ayudarle a mejorar su salud emocional.

También está el caso de Margarita, que comenzó a tener crisis de pánico desde que, con el envejecimiento su salud desmejoró. La creencia de que está muy mayor para soportar un tratamiento si, le sobreviene una enfermedad grave ha afectado su salud emocional enormemente.

Lo más oportuno es ayudar a los adultos mayores a mantener una salud emocional sana para una mejor calidad de vida a su edad, para ayudarles a afrontar de mejor manera los retos del envejecimiento...

Las herramientas que los seres queridos de los adultos mayores pueden emplear para ayudarlos con su inteligencia emocional son:

-Propiciar que los adultos mayores participen en actividades sociales: Muchas veces los adultos mayores se aíslan, y, se muestran entonces renuentes a participar en actividades sociales. En ese caso lo idóneo sería animarlos porque eso propiciará en ellos emociones positivas y, les ayudará con su inteligencia emocional, alejando las emociones negativas.

Invítalos, hazles propuestas agradables, acompáñalos a eventos sociales, convence a la familia para reunirse en pro de su bienestar. Nada motiva más usualmente a un adulto mayor que las reuniones familiares, verse rodeado de personas amadas.

-**La escucha activa:** Cuando adviertas que algún adulto mayor de tu familia tiene dificultades para gestionar emociones negativas: Se deja llevar por la ira, le ves muy desanimado, etc. Proponte descubrir por qué y, ayúdale también, así podrán hallar una solución ante lo que sea que a esta persona le esté afectando. Lo mejor será platicar. En esa plática asegúrate de practicar la escucha activa.

Como todo ser humano los adultos mayores necesitan sentirse comprendidos y escuchados. Ayudará mucho que los escuches atentamente con total seguridad.

-**Proponerles plasmar sus emociones negativas o malestar, por escrito:.**- Excelente idea es hacer saber a los adultos mayores lo provechoso de escribir las emociones negativos o algún malestar con el objeto de descargar la emoción de esa forma y hasta de entenderla mejor.

-**Motivarles:** Mantén viva la motivación de los adultos mayores con los que te relaciones: Alágalos, háblales de porqué los admiras, pídeles ayuda con algo que se les dé muy bien.

Si eres tú, amigo/a lector, el adulto mayor interesado en mejorar su nivel de inteligencia emocional, más aún ahora que sabes que será clave para mejorar tu calidad de vida, entonces, para hacerlo te sirven todas las recomendaciones previamente descritas en este libro, y, las que se describirán en líneas subsiguientes.

En síntesis:

-Conoce cómo te sientes, procura identificar las emociones negativas que te embargan para descubrir la raíz de porqué te sientes como te sientes, y, poder hacer algo al respecto: Lleva un libro de emociones.

-Gestiona tus emociones negativas, no les des cabida, realiza actividades relajantes: Meditación, contacto con la naturaleza, yoga...

-Socializa: No te prives de compartir con otras personas, di sí a esas invitaciones que te hagan, invita tú, sal de casa.

-Conversa con tus seres queridos, el vecino, desconocidos en la calle. Trata de entender las emociones de los demás en cada conversación.

-Procura para tu vida, emociones positivas: Haz lo que te guste, lo que disfrutes... MOTÍVATE. Vive tu envejecimiento motivado/a y feliz.

El cultivo de la inteligencia emocional en los jóvenes

Los más jóvenes, sobre todo los adolescentes NECESITAN inteligencia emocional ya que esa es una etapa en donde la transición de niño a adulto, la importancia que se le da a la apariencia y a socializar, puede afectar de manera negativa, si, no se tienen desarrollada inteligencia emocional.

Para nadie es un secreto que en la adolescencia pueden desarrollarse trastornos como la ansiedad, la depresión o, problemas de conducta, mismos que pueden prevenirse con inteligencia emocional.

Si bien los docentes deberían estar capacitados para comprender las emociones de los jóvenes, su responsabilidad no necesariamente ha de ir más allá que la de enseñar con mayor eficacia, por lo que los padres o representantes no deberían delegar la tarea de, cultivar inteligencia emocional en los jóvenes.

Se puede hacer mediante el ejemplo, créeme, es mala idea tratar de inculcar una buena forma o conducta a un joven, si, no somos capaces de hacer lo mismo.

Otras formas de cultivar la inteligencia emocional en los jóvenes son:

-Dejándolos expresarse.

-Escucharlos atentamente cuando se expresan.

-Preguntar por sus sentimientos y emociones.

-Alentarles a que reflexionen sobre sus reacciones emocionales *"¿Por qué reaccionaste cómo lo hiciste? ¿Cómo te sentiste?*

-Instarlos a llevar registro de sus emociones en el diario de las emociones.

-Recurrir a elogios para ayudarles a desarrollar autoestima y autoconfianza.

-Informar y educar sobre formas de control de emociones.

-Alentar a reflexionar sobre mejores reacciones ante estados emocionales.

-Enseñarles sobre la comunicación pacífica.

IMPORTANCIA DE LA INTELIGENCIA

EMOCIONAL EN LAS EMPRESAS

En el ámbito empresarial es conocido que la inteligencia emocional en líderes y trabajadores resulta de gran utilidad para el éxito en un entorno tan competitivo. De hecho, precisamente porque el sector empresarial es tan competitivo, la inteligencia emocional es necesaria.

Importantes empresas han apostado por el desarrollo de la inteligencia emocional en líderes y trabajadores, tales como Google, Microsoft, IKEA... Se trata de empresas en donde la educación emocional y los incentivos a los trabajadores, son de relevancia, se les presta real atención, pero, cada vez más empresas apuestan por la educación en inteligencia emocional, no solo las grandes empresas. Ya no se trata solo del cliente, hoy en día se conoce que es muy importante para el éxito de cualquier empresa centrarse también en motivar a los trabajadores y, en mejorar sus respuestas emocionales ante el estrés, los conflictos... La educación en habilidades sociales... LA INTELIGENCIA EMOCIONAL.

¿Qué implica la inteligencia emocional en las empresas y porqué es tan importante entonces?

Los autores Cartwright & Pappas (2008), sostienen que el rendimiento efectivo en las organizaciones es directamente proporcional con la inteligencia emocional en su talento humano, en su personal... *"Las organizaciones (..) mejoran su rendimiento debido a la influencia que ejerce la actitud de sus miembros como son trabajadores y directivos".* Y, la mejor actitud la muestran los trabajadores que gozan de inteligencia emocional porque son estos los que reaccionan mejor ante las situaciones que se les presentan, los que son capaces de dominarse ante emociones negativas, de automotivarse y motivar a los demás, de tener empatía, etc.

Por otro lado, una investigación relativamente reciente, de George et al (2021), titulada: "La relación entre la inteligencia emocional y el desempeño", concluyo qué, a mayor nivel de inteligencia emocional, mayor compromiso laboral. Esta sería, en mi opinión, una de las causas por las cuales la inteligencia emocional trae consigo también mayor rendimiento laboral: El compromiso.

Otro estudio que vincula la inteligencia emocional con el rendimiento laboral es el del autor Leal Paredes, titulado: "Inteligencia emocional y compromiso laboral en las Mipynes en Ecuador". Estudio cuya conclusión textual determinó lo siguiente: *"La evidencia provista en este estudio indica que la inteligencia emocional y el compromiso laboral se correlacionan positivamente. Los hallazgos sugieren que la percepción, la comprensión y la regulación de las emociones como dimensiones de la inteligencia emocional ayudan a mejorar el vigor, la dedicación y la absorción como componentes del compromiso laboral en los empleados de estas organizaciones. Este estudio brinda apoyo y comprueba su consistencia con otros resultados empíricos que confirman la relación positiva entre la inteligencia emocional y compromiso laboral en diferentes contextos (Butakor et al., 2020; Burić y Macuka, 2017; George et al., 2021; Levitats y Vigoda-Gadot, 2020; Liébana et al., 2012). Queda demostrado que a mayores niveles de inteligencia emocional mayores serán los niveles de compromiso laboral en los empleados.*

<u>Un trabajador motivado, ejercerá una labor de mayor calidad, porque, pondrá más empeño en ella, incluso puede aportar ideas de mejora. Un directivo o líder motivado, y, con inteligencia emocional desarrollada será capaz de motivar a los demás trabajadores y así, mejorar los resultados de la empresa en general.</u>

Por un lado, la inteligencia emocional en el ambiente organizacional mejora la comunicación entre el mundo interno de una empresa, los trabajadores y líderes... Mientras mejor sea la comunicación entre líderes y trabajadores, el ambiente laboral será más ameno, y, eso de por sí será un incentivo, un motivador... Pero también, los conflictos, que siempre se presentan en una empresa, se gestionan de mejor manera cuando existe una comunicación efectiva, persuasiva y no violenta, un tipo de comunicación posible solo con inteligencia emocional.

Lo estudios en este tema arrojan, además, que, mientras más compleja sea la labor que se realiza en una empresa, más necesidad de inteligencia emocional habrá en ella, porque a falta de inteligencia emocional, habrá problemas para gestionar el estrés, los conflictos, falta de motivación y, todo eso se traducirá en prejuicios para el rendimiento de la empresa porque habrá problemas con el desempeño del personal.

No importa cuán avanzado está este mundo tecnológico actual, nada puede reemplazar el talento humano en su totalidad, y, para que ese talento dé lo máximo de sí, es necesaria la inteligencia emocional.

<u>Lo adecuado es que las empresas inviertan en educación emocional para sus trabajadores en pro del éxito que, con seguridad, están siempre buscando.</u>

Los empleados con inteligencia emocional son los más demandados

En la página web oficial de la Universidad del CNCI se hace alusión a una encuesta realizada en EE.UU en la que más de 2600 técnicos de selección aseguraron que a la hora de contratar personal, valoraban más la inteligencia emocional que el coeficiente intelectual, donde también un 59% de los encuestados aseguró que no contrataría empleados con un nivel de coeficiente intelectual alto si, su nivel de inteligencia emocional era muy bajo.

Como es de conocimiento general que, la inteligencia emocional se relaciona con un mejor rendimiento laboral debido a que más empresas se interesan hoy en día por la inteligencia emocional de sus empleados, y, a los variados estudios que existen sobre ese tema, en la actualidad para, conseguir mejores empleos es importante el desarrollo de la inteligencia emocional. LA INTELIGENCIA EMOCIONAL SE RELACIONA CON EL ÉXITO PROFESIONAL.

Muchísimas empresas estimulan y fomentan la inteligencia emocional, pero también, buscan empleados con inteligencia emocional desarrollada, especialmente en cargos de dirección o liderazgo. Si tu aspiración es encontrar un trabajo donde el liderazgo sea necesario, debes trabajar tu nivel de inteligencia emocional, aunque, de cualquier forma, la inteligencia emocional contribuirá a que te desempeñes mejor en cualquier trabajo que realices, así que, te beneficiará, aunque tus aspiraciones no apunten a liderar.

Lo que se puede esperar de un trabajador con inteligencia emocional desarrollada es:

-Autocontrol: La capacidad de resolver conflictos de manera pacífica y, de mejor manera. Buen manejo del estrés, comunicación asertiva, sin violencia.

-Autoconsciencia: Un trabajador consciente de su alcance, de sus límites y fortalezas trabajará de forma más acertada. Podrá explotar su verdadero potencial en el desempeño de sus funciones.

-Motivación: Un trabajador motivado podrá canalizar sus emociones voluntariamente a fin de lograr sus metas laborales, hará un trabajo de mejor calidad porque tendrá la motivación de hacerlo, a la vez que será capaz de inspirar y motivar a los demás, lo cual un trabajador desmotivado no podría hacer.

-Empatía: Un trabajador con inteligencia emocional desarrollada será más empático y eso contribuirá a que tenga mejor relación con compañeros de trabajo y clientes, preludio de un ambiente laboral sano donde se trabaja con más motivación.

-Habilidades sociales: Un trabajador con inteligencia emocional desarrollada será la mejor opción para trabajar con el público.

Ahora ya lo sabes, si deseas encontrar trabajo o el éxito profesional, TRABAJA EN EL DESARROLLO DE TU INTELIGENCIA EMOCIONAL.

La inteligencia emocional
como un componente del liderazgo

Un verdadero líder, aquella persona que es concebida como líder por los demás, es alguien que goza de inteligencia emocional, por el contrario, un superior, gerente, etc, que, no goza de inteligencia emocional es concebido por quienes le deben obediencia por jerarquía, o, sus subalternos, como, alguien con una posición más elevada dentro de la empresa, institución o en el ámbito que sea, pero no como un líder, en consecuencia, no es una persona que verdaderamente pueda inspirar y motivar a sus seguidores como, si pueden hacerlo los líderes.

¿Y qué es liderazgo?

La capacidad de influir en los otros, a fin del logro de objetivos en conjunto de la mejor forma posible. La persona que tiene la responsabilidad de guiar a otros hacia la consecución de un propósito de la forma más eficiente posible debería ser un líder. En épocas arcaicas, ser líder era sinónimo de guiar a los soldados en la lucha o por la conquista, el líder moderno no tiene que estar relacionado con la violencia, prevalece la necesidad de liderazgo, sobre todo en el ámbito empresarial, profesional o contextos políticos. Desarrollar capacidades de liderazgo puede sin dudas, conducirte a un cargo gerencial o a escalar en tu profesión. Se trata de habilidades para el logro de propósitos generales en los que sea necesario, guiar a un grupo hacia la consecución de una meta, porque, el trabajo de un líder siempre será para con un grupo o equipo.

¿Por qué es tan importante la inteligencia emocional en el liderazgo? ¿Por qué solo alguien con inteligencia emocional puede ser concebido como un verdadero líder?

Barbosa Ramírez, Lucía Carolina (2013), en su estudio titulado: "Liderazgo e inteligencia emocional en personas que desempeñan jefaturas en empresas de Bogotá", concluyeron lo siguiente: "*En cuanto a la relación entre el liderazgo y la inteligencia emocional los resultados ratifican otras investigaciones. Efectivamente los líderes que se perciben y son percibidos como líderes, que utilizan una mayor cantidad de conductas de liderazgo transformacional, consiguen niveles más altos de satisfacción y esfuerzo extra en sus seguidores"*. Y esto es algo que aplica en cualquier contexto donde se desarrolle el liderazgo. En ese sentido, la presencia de un buen líder, puede conducir al éxito entorno a cualquier contexto porque, inspira a otros a trabajar con más esmero.

La presencia de un líder es necesaria para guiar a grupos, pero, solo las personas con inteligencia emocional desarrollada pueden ejercer verdaderas funciones de liderazgo, un liderazgo verdaderamente productivo, uno que inspire, que motive, que garantice compromiso...

No basta con alguien que ejerza el papel de líder, necesario es que esto lo haga alguien que goce de inteligencia emocional pues, la inteligencia emocional es componente imprescindible del liderazgo, sin ella, no existe algo como liderazgo, porque, sin ella es imposible ejercerlo apropiadamente, persuadir, motivar, inspirar... Creo que lo he dejado claro.

En síntesis, de un liderazgo ejercido con inteligencia emocional se puede esperar:

-Mayor compromiso de los seguidores, mayor calidad en el trabajo por, mayor motivación. Y es que un verdadero líder, uno que ejerce el liderazgo desde la inteligencia emocional actúa como estimulante intelectual de sus seguidores, les inspira a ser mejores, fomenta el crecimiento personal, el trabajo en equipo, la resolución de problemas...

¿Qué caracteriza a un líder con inteligencia emocional?

-Autoconocimiento: Los líderes que gozan de inteligencia emocional se conocen a profundidad.

Es indispensable el autoconocimiento para guiar a otros pues, a falta de conocimiento propio es difícil tanto relacionarse con otros, como, comprenderlos. Y tanto las buenas relaciones como la comprensión, son base para crear una buena relación líder-seguidores.

A nadie podrá persuadir y motivar un líder, si, no se lleva bien con su equipo o subalternos, si, la relación con ellos no goza de empatía... Si no hay entendimiento.

Un líder que goza de inteligencia emocional entiende, además, sus reacciones porque, sabe que debe gestionarlas correctamente para un mejor desenvolvimiento en su papel de líder.

-Autogestión de emociones: Si el líder mantiene el control en momentos clave, o, ante situaciones estresantes, los demás podrán seguir su ejemplo, pero, si es el líder el que pierde el control, el equipo se verá desamparado.

Un líder que goza de inteligencia emocional gestiona bien el estrés, la ira, o, cualquier emoción negativa que pueda alejarlo de ejercer una correcta función.

-Automotivación, y, la capacidad de motivar a otros: Un líder que goza de inteligencia emocional es capaz de tener disciplina, o, automotivarse, ser determinado a pesar de los obstáculos. En consecuencia, es capaz de inspirar a otros, de motivarlos con su ejemplo. A su vez, es una persona persuasiva a la hora de inspirar y motivar a sus seguidores.

-Empatía: Un líder que goza de inteligencia emocional es capaz de ser empático y así, ganarse la confianza de su equipo y motivarlo.

Nadie ve como un verdadero líder a esos "jefes" poco empáticos que desvalorizan, que humillan, los que todo lo resuelven a gritos... Es importante la empatía para gestionar correctamente a un grupo o equipo.

-Habilidades sociales: Un líder que goza de inteligencia emocional es hábil socialmente.

SE PUEDE COMUNICAR ASERTIVAMENTE.

Un líder no podría liderar si no se da a entender con su equipo, si no ejerce una comunicación asertiva capaz de mermar conflictos de forma pacífica, una comunicación persuasiva capaz de motivar a sus seguidores o equipo.

La mayoría de los grandes líderes reconocidos mundialmente son personas que tienen gran capacidad para comunicarse, una oratoria persuasiva y tienen bien desarrolladas sus habilidades sociales.

¿Cómo gestionan sus emociones y pensamientos los líderes eficaces?

Parte esencial de lo que un líder deberá procurar para, ser concebido como líder y poder ejercer su papel de manera eficaz requerirá del autocontrol, el dominio constante de sus emociones a fin de evitar que sean estas las que les controlen y les hagan actuar de forma diferente a como deberían: En calma, con raciocinio y siempre apelando a la empatía.

Los líderes se ven abordados por emociones negativas todo el tiempo, no dejan de ser seres humanos por ser líderes, pero, son líderes porque aprenden a gestionar sus emociones y es algo que procuran en todo momento, aún en las circunstancias más estresantes.

Sobre las formas en que los líderes eficaces gestionan sus emociones explicaré, por ende, a continuación:

-La filosofía de un buen líder debe ser la aceptación: Ni siquiera como líder tendrás siempre todo el control de todo lo que ocurre a tu alrededor, o, de lo que te ocurre. Ningún ser humano lo tiene. Sabes que hay muchas circunstancias en la vida que no se pueden controlar. A veces nos planificamos y, sucede un imprevisto que daña nuestros planes... Tratar de tener el control de todo cuando, no es posible, solo conduce a una gran frustración y a que las emociones negativas se desborden.

NO HAY ALGO MÁS CIERTO QUE EL HECHO DE QUE LA VIDA ES INCIERTA.

Recuerdo a cierta paciente a la que su cuerpo y mente le gritaban que necesitaba un descanso. El estrés estaba en ella haciendo estragos, pero, ni aún, así era capaz de delegar, se sentía imprescindible en casa y en su empresa, trabajaba demasiado y no se daba ni un momento para sí misma. Hacía muchísimos años que no disfrutaba de unas merecidas vacaciones. Varios ataques de pánico en una sola semana la condujeron a terapia y la terapia la condujo a descubrir su problema, su necesidad de control y perfección en un mundo en el que no todo se puede controlar y en el que NO HAY PERSONA PERFECTA. Aún está aprendiendo a soltar, pero ya no se niega a delegar y va en camino a su mejora. Está aceptando que sencillamente en la vida hay mucho, que no podemos controlar.

La filosofía a la que se adhieren los buenos líderes, una de las formas en la que los líderes gestionan sus emociones es entendiendo y, teniendo siempre presente que solo pueden controlar algunas cosas. Así que, en base a ello se centran en eso que sí pueden controlar en lugar de amargarse o preocuparse por lo que no.

Enojarte porque el semáforo se puso en rojo sería una pérdida de tiempo. Ese es el funcionamiento de un semáforo, lo encontrarás en rojo muchas veces en tu vida y no lo puedes controlar... Lo mismo sería, por ejemplo, enojarte porque una persona no cambia, ya que tú no puedes obligar a alguien a cambiar.

Los líderes eficaces entienden y practican la aceptación. Se esfuerzan solo en lo que sí pueden controlar o cambiar, y, no pierden el tiempo dándole atención y, enojándose, o, dejando que los dominen emociones negativas respecto a situaciones en las que no pueden influir, ajenas a lo que pueden hacer. Esas situaciones las aceptan.

Si quieres ser un líder eficaz comienza por la aceptación. Siempre analiza las situaciones que se te presenten y, cuando adviertas que se trata de situaciones que no puedes controlar, céntrate solo en aquello que puedas solventar solamente.

-Un líder eficaz se enoja con las acciones, no con las personas:
Otra forma en la que los líderes eficaces gestionan sus emociones es, canalizando su frustración, enojo, o, emociones negativas en general, en, la situación o, acciones, pero nunca en las personas.

A toda costa un buen líder ha de evitar desvalorizar, o, decir palabras hirientes a los demás, especialmente a sus seguidores. Para ello, acuden a la empatía, se ponen en lugar de la otra persona, se hacen conscientes del daño que puede provocar en estas, si se dejan llevar por la ira, y, evitan responder con ira.

Por supuesto que es humano no siempre poder mermar la ira por lo que en esos casos lo mejor es darse un momento, y, tratar con la situación estresante, después, cuando, la ira, o, la emoción se haya mermado.

-Los líderes eficaces buscan soluciones en lugar de culpables:
Los líderes eficaces también gestionan sus emociones poniendo su foco de atención en buscar soluciones en lugar de culpables. Entienden que es una pérdida de tiempo buscar culpables, que hacerlo, no mermará ningún problema, por ende, se concentran en la búsqueda de soluciones en lugar de preferir descargar su rabia o frustración sobre los demás.

Recomendaciones para la adquisición de competencias de liderazgo

En este punto seguramente estarás interesado/a en las habilidades de liderazgo. Afortunadamente los líderes se hacen, no nacen, por lo que si te lo propones y sigues los consejos siguientes podrás desarrollar las habilidades de un líder eficaz (No olvides que un líder eficaz es una persona que ha desarrollado inteligencia emocional por lo que, desarrollar eficientes competencias de liderazgo dependerá en gran parte que trabajes tu inteligencia emocional general)

-Los líderes eficaces practican el autoliderazgo:

¿Has escuchado hablar de autoliderazgo? Ese es el nombre que recibe en psicología la capacidad de liderarse a sí mismo. Practicar autoliderazgo implica tomar la responsabilidad de la vida, la dirección de nuestra vida, la responsabilidad de nuestros actos, de los resultados obtenidos...

Muchas personas van por la vida cediendo la responsabilidad de la misma a algo externo: Destino, suerte, etc, poniendo la responsabilidad de sus circunstancias en un culpable: Porque no me dieron X educación, porque mi padre me abandonó es que soy de este modo, por la situación de la economía es que no he podido hacer X cosa, etc... Eso es exactamente lo contrario al autoliderazgo.

Es importante para alguien que ejerza o vaya a ejercer la función de líder, poder liderarse a sí mismo, dirigirse hacia donde quiere llegar, elegir como ser o sentirse... Eso es autoliderazgo.

Si no puedes liderarte tú mismo/a, dirigir a otros no te será posible.

¿Cómo practicar autoliderazgo?

HAZTE RESPONSABLE DE TU VIDA.

Lo principal será hacerte responsable de tu vida y actos, dejar de echar la culpa a otros o a las circunstancias... Por lo demás requerirá que te fijes objetivos a alcanzar porque, hacia ningún lugar te dirigirás si no tienes objetivos bien planteados (Esta es la más importante decisión que habrás de tomar). Planificarte en el cumplimiento de esos objetivos, y, en el proceso, gestionar tus emociones a fin de mantenerte motivado/a, de tener la disciplina suficiente para cumplir con tus planes, gestionar tus emociones negativas en general. DECIDIR SOBRE TI, hacia donde quieres ir, cómo, actuar, cómo sentirte, no permitirte abrumarte de emociones negativas a sabiendas de que, si te lo propones, tienes el control de tus emociones...

Esta práctica te ayudará a ser un buen líder ante los demás también.

-Siempre la congruencia:

Un líder eficaz, uno capaz de generar confianza en los demás es alguien congruente. Una persona que practica congruencia entre lo que dice y hace.

Los mejores líderes dirigen con su ejemplo, y, para ello necesitan ser congruentes.

¿Cómo podrías exigirles a otros, por mencionar un ejemplo, llegar temprano si tú eres impuntual? Un buen líder exige, y, con su ejemplo, dirige las acciones de los otros. En el caso del ejemplo utilizado un buen líder si exige puntualidad, practica también la puntualidad.

Cumple tus promesas, no exijas a los otros lo que tú no puedas dar, practica dirigir con el ejemplo y serás un líder ejemplar.

-Disciplina:

Un líder eficaz debe poder resistirse a sus deseos o placer inmediato en pro de lograr un objetivo. En síntesis, DEBE SER ALGUIEN DISCIPLINADO, CONSTANTE EN SUS EMPEÑOS POR LOGRAR LO QUE SE PROPONGA O POR MEJORAR.

Aplica en este sentido, lo mismo que en el caso de la congruencia. Un líder no podría exigir disciplina de su grupo, careciendo de la misma. El ejemplo siempre debe prevalecer.

-Confianza ante todo:

Una personalidad insegura, dificultad para creer en sí mismo y para tomar decisiones... Todo eso es contrario a lo que un líder eficaz debe ser.

¿Cómo podría lograr un líder la confianza de su grupo o seguidores si no confía en sí mismo? ¿Cómo podría dirigir a otros, inseguro del camino a tomar? Un líder debe tomar decisiones, y debe estar seguro de ellas, de sí mismo... Debe ser alguien con buena autoestima y autoconfianza. TODO EL QUE DESEE SER UN BUEN LÍDER DEBE TRABAJAR SU AUTOESTIMA Y AUTOCONFIANZA SI CARECE DE ELLAS.

A una persona segura de sí, liderar le puede resultar natural porque su seguridad le valdrá la confianza de otros, de los inseguros, de su equipo...

Si reconoces que tu autoestima o nivel de autoconfianza no son los idóneos, trabajar en ello debe convertirse en uno de tus objetivos de prioridad. Aprende a valorarte y a confiar en ti, y los demás, incluso los que necesites liderar te valorarán y confiarán en ti sin dudas. Así, guiarlos será más sencillo.

-La comunicación empática y no violenta:

Un líder eficaz practica la comunicación empática, persuasiva y no violenta.

La base para ser un buen líder es una buena comunicación con el equipo, grupo o seguidores para guiar. No basta con dar órdenes o instrucciones. Un buen líder debe darse a entender, pero también debe saber motivar con sus palabras, persuadir, llegar a sus seguidores para aumentar su nivel de compromiso, rendimiento y calidad de trabajo.

Si deseas desarrollar las competencias de un buen líder practica la comunicación asertiva:

-No hables solo tú sin dar oportunidad a tu equipo de expresarse. Practica la escucha activa, procura siempre entender a tus interlocutores, a tus seguidores.

-NO ASUMAS, BUSCA EN TODO MOMENTO COMPRENDER.

-Si es necesario muérdete la lengua antes de hablar con ira, y, descalificar o usar palabras negativas hacia tus seguidores o grupo. Eso no lo hace nunca un líder eficaz.

-Cuida el tono de voz con el que te diriges a tu grupo, equipo o seguidores. Siempre ameno. Acompáñalo con una sonrisa.

-Habla con argumentos, con bases, infórmate.

-No creas tener siempre la razón. Para esto importante es escuchar sugerencias.

-La toma de riesgos asumiendo la responsabilidad:

¿Quieres ser un buen líder? SAL DE LA LLAMADA ZONA DE CONFORT, ATRÉVETE A TOMAR RIESGOS.

Los buenos líderes no les temen a los riesgos y asumen la responsabilidad de tomarlos para darle confianza a su grupo, equipo o seguidores y, resolver conflictos o procurar cambios o mejoras beneficiosas.

Muchas veces arriesgarse es ganar. Claro que siempre debes analizar bien los pro y contras de tomar riesgos y decidir razonablemente, pero, no te cierres a tomar riesgos.

LA INTELIGENCIA EMOCIONAL COMO "ZEIT-GEIST"

Antes de explicar el tema considero necesario explicar un poco sobre el término: "Zeigeist", para, los no entendidos en la materia. "Zeitgeist" es un término alemán y, un significado literal del mismo, al español sería: *"Espíritu de los tiempos"*. Se suele hacer referencia a este término como el clima intelectual o cultural de una época. A efectos de este apartado, puede entenderse como una recopilación de los cambios en la concepción y de mentalidad referentes a la inteligencia emocional desde otras épocas a la actualidad.

Seré breve al respecto, pero, intentaré aludir lo más importante de este tema. He de hacer mención sin embargo al hecho de que, al menos en lo que a concepción respecta, no han existido cambios demasiado significativos desde la época en la que la inteligencia emocional empezó a recibir más protagonismo con la publicación y gran repercusión y aceptación que tuvo el libro "Inteligencia emocional", de Daniel Goleman en el año 1995. Aunque, el verdadero antecedente de la inteligencia emocional fue el libro publicado por el autor Howard Gardner "La teoría de las inteligencias múltiples", en 1983, donde se hizo alusión a que la inteligencia no es solo una capacidad mental racional, caracterizada por el coeficiente intelectual, sino a que existen muchos tipos de inteligencia y, se habló de la inteligencia social, que, ya tenía que ver con lo que hoy en día conocemos como inteligencia emocional: La capacidad de entender a los demás, mostrar empatía y relacionarnos... Pero, respecto a la inteligencia emocional en la cultura, lo que dicen muchos autores es que, a partir de la última mitad de los años 90 se dio inicio a una revolución emocional que, hoy en día se traduce en la aplicación de la inteligencia emocional más allá del contexto personal o profesional. Se aplica a la educación, a las empresas, a las relaciones de pareja... A los diferentes contextos en donde un humano se desenvuelve.

Evidencia de esta revolución emocional, de lo muy arraigada que se encuentra la inteligencia emocional hoy en día en la sociedad son los numerosos estudios que se han realizado respecto a la inteligencia emocional en distintos contextos a lo largo de los años. He traído a colación algunos a lo largo de este escrito, pero sin dudas, no tantos como existen porque entonces este libro no tendría fin y podría volverse tedioso, pero, una mera revisión en un buscador digital dejará al descubierto numerosos estudios empíricos y teóricos sobre inteligencia emocional, desarrollados por todo el mundo. El tema de la inteligencia emocional es tan relevante que no ha dejado de ser estudiado.

Numerosos autores también, eligen la inteligencia emocional como tema para sus escritos a sabiendas del profundo interés que las personas hoy en día tienen por la inteligencia emocional: Se imparten cursos, webimars, al respecto, se ofrecen servicios de educación en inteligencia emocional para empresas o dentro de otros contextos.

En redes sociales, se aborda mucho contenido sobre la inteligencia emocional, y las personas lo consumen, interesadas en el tema porque en esta época moderna, la importancia de la inteligencia emocional es de conocimiento general. Hasta entre quienes no entienden bien el concepto, muchos conocen lo importante de la inteligencia emocional porque lo han leído en alguna parte, se les ha hablado de ello en la escuela, en el trabajo, se ha tratado el tema en algún artículo, etc.

Cada vez más empresas se interesan por la educación emocional de sus empleados, porque desarrollen inteligencia emocional, tal y como he hecho referencia en líneas anteriores, los empleados más demandados para trabajar en distintos oficios o profesiones, son los que ya gozan de inteligencia emocional, tal y como he hecho referencia también en apartados superiores, no puedo afirmar que en todas las escuelas aplica, pero, cada vez se le da más importancia a la inteligencia emocional en la educación.

En algunos países hasta funcionan organizaciones que promueven el aprendizaje social y emocional. Un ejemplo sería la organización CASEL, en los Estados Unidos, que pregona la inteligencia emocional y el desarrollo de habilidades sociales y emocionales como solución a muchos problemas de la sociedad.

Falta mucho camino por recorrer en el sentido de que toda persona desarrolle inteligencia emocional. Esa puede ser solo una utopía, pero, el que la gente se interese cada vez más sobre el tema, el que se pregone cada vez más sobre el mismo, es un buen camino hacia un mundo donde abunde la inteligencia emocional.

La importancia de las emociones

En este punto bien sabes que la inteligencia emocional existe porque somos capaces de sentir, sin emociones o sentimientos, careceríamos de inteligencia emocional.

Nuestro espectro de emociones es numeroso y complejo, lo que nos distingue de otras especies que pueden sentir, pero solo, emociones más básicas como el miedo o la felicidad. Es un tema tratado con anterioridad, pero ¿En qué nos beneficia esto? ¿Es tan importante que sintamos de la forma en que lo hacemos?

Como la inteligencia emocional se relaciona con las emociones, es importante que conozcas sobre las emociones en general y, por ende, ahondaré sobre este tema a partir de este apartado.

¿Te has preguntado alguna vez qué tan importantes son las emociones? Sé que sabes que son importantes, pero, tal vez no conoces el alcance de cuán fundamentales son en nuestras vidas. En mi opinión, algo por lo que debemos sentirnos plenamente agradecidos es porque podemos sentir como lo hacemos. Las emociones nos brindan información que nos conduce a actuar o decidir de X manera, y, adaptarnos al medio en el que nos desenvolvemos, al menos cuando las sabemos entender y controlar. También gracias a ellas podemos entendernos con los demás y, crear relaciones o vínculos afectivos o de cualquier clase.

En líneas generales:

-Las emociones nos permiten conocernos mejor: Por intermedio de tus emociones puedes entender tus reacciones, pensamientos, conocer tu potencial y, tomar decisiones más acertadas sobre cómo actuar en determinado momento.

-Las emociones nos ayudan a entender a los demás: Si no fuéramos capaces de entender cómo se sienten los demás, no podríamos comunicarnos asertivamente y, como la comunicación es la base de toda relación entonces, no podríamos relacionarnos con los demás.

Necesitamos de relaciones afectivas para nuestro bienestar y felicidad, hay relaciones que nos convienen en el ámbito profesional, académico... Saber trabajar en equipo es esencial para el logro de muchos propósitos... Y básicamente el que podamos relacionarnos con otros, trabajar en equipo, vivir en sociedad... Se lo debemos a nuestras emociones.

-Las emociones nos ayudan a ser entendidos por los demás: Nuestra naturaleza sociable nos hace sentirnos desbordados de emociones negativas si no somos comprendidos por los demás, además de que resulta muy importante podernos dar a entender y, gracias a las emociones otros pueden entendernos y nosotros podemos darnos a entender.

-Gracias a las emociones es que podemos sentir curiosidad: Creo que estarás de acuerdo con el hecho de que, el mundo tal y como lo conocemos se lo debemos a la curiosidad.

El ser humano es curioso por naturaleza y esa curiosidad lo ha llevado a descubrimientos e innovaciones a lo largo del tiempo.

Todo cuanto conocemos hoy en día del mundo se lo debemos a la curiosidad, e, innovaciones como: El descubrimiento del fuego, trabajar la piedra para hacer armas de caza y en adelante comprender que con las manos podíamos construir cosas maravillosas: Nuestras casas, edificios, carreteras, autos, aviones... La medicina, la psicología... LA TECNOLOGÍA... Toda rama del saber humano.

¿Qué sería de nosotros sin los descubrimientos que le debemos a nuestros antecesores, si nuestros antecesores no se hubiesen motivado a hacer esos descubrimientos, sin curiosidad?

He de aclarar que de por sí, la curiosidad es una emoción. Pues bien, se me ocurren dos escenarios de, una vida sin curiosidad, o bien, viviríamos en cavernas cuáles animales, sin saber del fuego, de la medicina, de nada más que la supervivencia, por lo que en realidad seríamos más animales que personas, o bien, no habríamos sobrevivido a la edad de piedra porque ya el hombre primitivo era curioso, lo que le permitió crear armas, aprender a cazar, desplazarse en la búsqueda de otros territorios por comida... Lo que le ayudó a sobrevivir.

Sin curiosidad o, interés por conocer algo nuevo, no podríamos aprender, crear, innovar, y, la vida como la conocemos no existiría o no existiéramos.

Por otro lado, sin irnos tan lejos, pensando en la actualidad, gracias a que sentimos, a nuestra curiosidad, tenemos motivación para seguir aprendiendo y creciendo. Así que, a sentir le debes tú crecimiento como persona, tu desarrollo personal, profesional y en todo ámbito.

-Las emociones despiertan nuestros sistemas de supervivencia, así que les debemos, el hecho de sobrevivir: El hombre primitivo sobrevivió a una época en la que tenía que lidiar con los peores peligros, gracias a las emociones sin lugar a dudas, a su instinto de supervivencia ¿Y de dónde viene nuestro llamado instinto de supervivencia? De que sentimos.

Emociones específicas como el miedo despiertan las alarmas de nuestro cerebro y nos informan que hay un peligro que debemos evitar, o, al que debemos enfrentar si no queremos sufrir daños o en pro de nuestra supervivencia.

Ante peligros reales, como el ataque de una persona o de un animal, sentir es clave para que podamos hacer algo al respecto y procurar nuestro bien: Huir, luchar, sobrevivir...

-Las emociones nos defienden de estímulos negativos: Si una persona te traiciona, será la emoción de decepción, rabia, tristeza o como te haya hecho sentir su actuar, la que te conducirá a no confiar ciegamente en esa misma persona para no volver a experimentar lo mismo. Como las emociones nos ayudan a entender cómo se sienten los demás, gracias a ellas puedes decidir actuar de forma que no lastimes a otros.

En síntesis, las emociones nos defienden de estímulos negativos porque nos ayudan a evitarlos. Tendemos a tratar de evitar sentirnos mal o hacer sentir mal y eso solo nos es posible porque sentimos y porque somos capaces de entender lo que sentimos y cómo se sienten otros.

-Las emociones pueden estimularnos a buscar beneficios: Cuando experimentamos una emoción positiva como la alegría, buscamos volverla a experimentar ¿O no? Esto gracias a que podemos sentir.

A sabiendas de que sentiremos orgullo, satisfacción o felicidad podemos motivarnos a cumplir metas...

Creo que no quedan dudas de que nuestra capacidad de sentir nos es IMPRESCINDIBLE.

EMOCIONES: MIEDO, IRA, AMOR, ALEGRÍA, SORPRESA, ASCO, TRISTEZA, INTERÉS, CULPA-BILIDAD. USO DE LAS EMOCIONES

¿Qué son las emociones? La definición más básica de emoción sería: "Reacciones o respuestas psicofisiológicas ante estímulos".

¿Por qué ante estímulos?

Porque las emociones siempre tienen un desencadenante. Por ejemplo, si miras un insecto en tu sopa, eso desencadenará en ti una respuesta psicofisiológica, traducida en una emoción: Asco, que te hará rechazar ese platillo, no comerlo... Si alguien viene a atacarte, eso desencadenará otro tipo de respuesta psicofisiológica como es el miedo: Te prepararás para huir o para pelear. Si te reencuentras con un amigo al que aprecias muchísimo y hace mucho no veías, tendrás un tipo de respuesta psicofisiológica en consecuencia: La alegría: Reirás, te animarás... No será una respuesta que podrás elegir, será automática. Ante las emociones, nosotros respondemos de manera automática: La alegría nos hace reír y, sentirnos con un ánimo muy positivo, ante la tristeza viene el desánimo. Esta es una emoción que puede ir acompañada de lágrimas o llanto... Ante la curiosidad nos animamos por explorar, por aprender o indagar... Ante la sorpresa es normal que nuestros ojos se ensanchen, que saltemos, que nuestra boca se abra en "o", que gritemos, que nos llevemos una mano a la boca...

Sientes, has experimentado variedad de emociones y reaccionado en consecuencia así que entiendes el mecanismo.

Ahora bien, ¿Cuál es el significado de cada emoción? ¿Qué uso les damos de forma inconsciente?

Lo primero que quiero aclarar al respecto es que no existen emociones buenas o malas, cada emoción tiene una razón positiva de existencia, sucede que, las emociones pueden llegar a ser negativas cuando no son adaptativas.

Hablaré de cada emoción por separado. Comenzaré con el miedo.

Ya le he hecho referencia antes al uso que le damos a esta básica emoción y, es muy sencillo de comprender.

Supongamos que vas caminando por una calle oscura y solitaria y que, al final de la misma adviertes que está de pie un hombre de mal aspecto con una mano en sus bolsillos y mirándote.

¿Qué experimentarías en consecuencia?

Miedo ¿Verdad? Para nadie es un secreto que, a los maleantes les encanta atacar a sus víctimas en calles oscuras y poco transitadas.

¿Y qué haría el miedo en ese caso por ti? Primero ponerte en alerta: *"Ese hombre parece sospechoso, tal vez tenga un cuchillo"*. Gritarán tus pensamientos. Se encenderán las alarmas de tu organismo: Tu corazón empezará a palpitar más fuerte, y, tu respiración se acelerará, signos característicos de un aumento de adrenalina en tu cuerpo, mismo que te ayudará a tener momentáneamente más energía y a ser más veloz... Sentirás deseos de huir...

Es casos como estos, el miedo es beneficioso porque, procura nuestra supervivencia, nos prepara para luchar o huir, y así, sobrevivir...

Sucede que, el miedo se desencadena muchas veces ante peligros inexistentes. Es allí cuando no es adaptativo, cuando pierde su función que es la de ayudarnos a sobrevivir.

Cuando el miedo no es adaptativo, es que es negativo, porque puede afectar la calidad de vida, como por ejemplo una persona que tema socializar. En realidad, no estará en un peligro real e inminente por socializar, pero, si se convence de ello, si su mente lo concibe como peligroso, por creencias limitantes. Esta persona evitará socializar por miedo, aunque no haya razón para temer porque no peligra la vida, la supervivencia...

Por otro lado, tenemos la ira. A la ira, al igual que el miedo se le suele concebir con una connotación negativa, pero, podemos beneficiarnos de la ira. Es decir, existe la ira adaptativa, la ira positiva, aquella que no tiene porqué ser negativa ni perjudicarnos de forma alguna.

Cuando alguien piensa en una persona enfadada lo normal es pensar en alguien alzando la voz, gritando, actuando de forma impulsiva, hasta incluso violenta... Una persona preparándose para pelear, o, peleando incluso, pero, no necesariamente la ira llega a un nivel muy violento.

La ira desproporcionada con la situación que la desencadenó, llevada al extremo, la ira descontrolada, es la ira no adaptativa...

¿Cuándo la ira es ventajosa?

Si la ira es proporcional a la situación que la desencadenó, y, puede controlarse sin llegar a la violencia, puede ser muy ventajosa para defendernos si alguien sobrepasa nuestros límites o derechos, o, para defender una causa en la que creemos, cuando se ha cometido una injusticia, o para defendernos de algo que concibamos dañino para nuestra salud psicológica, de una crítica malintencionada, por ejemplo.

Ante alguien que sobrepase nuestros límites o derechos, que cometa una injusticia que no podamos tolerar, que intente hacernos daño psicológico, físico, etc, la ira nos impulsa a la defensa. Es el uso racional de la ira, su buen uso. Actúa como un amortiguador ante malos tratos, injusticias, ataques, etc.

¿Y el amor?

Mientras que las emociones son reacciones o respuestas psicofisiológicas ante estímulos, como he comentado antes, los sentimientos surgen de la interpretación de las emociones. SON MÁS COMPLEJOS QUE UNA EMOCIÓN Y SE DIFERENCIAN DE ELLAS PORQUE NO IMPLICAN NECESARIAMENTE UNA REACCIÓN AUTOMÁTICA INMEDIATA ANTE UN ESTÍMULO. Los sentimientos pueden perdurar en el tiempo, las emociones se van desvaneciendo mientras más tiempo transcurra desde el estímulo que las causó.

SUELE USARSE LA PALABRA EMOCIÓN Y SENTIMIENTO COMO UN SINÓNIMO, PERO NO SON SINÓNIMOS.

Respecto al amor, he de decir que puede ser tanto una emoción como un sentimiento.

El amor como emoción no es el amor propiamente. En un contexto general el amor es un sentimiento, uno que nos hace experimentar afecto a personas, animales y hasta objetos, sentir gran afecto hacia alguien, una mascota o hacia algo. Por otro lado, como emoción se puede hablar es de enamoramiento, la atracción que sienten dos personas que se gustan y que puede conducirlas a formar una relación.

La connotación positiva del amor pienso que es que le da sentido a nuestra vida, nos da un tesoro importante, a quien, quienes o qué amar, qué querer, qué valorar... EL AMOR MOTIVA. Y en cuanto al enamoramiento puede conllevar a que dos personas se unan, establezcan una relación, a que perpetúen la especie, etc.

¿Hay connotación negativa del amor?

Cuando se confunde con mera obsesión.

En cuanto a la alegría, creo que es la emoción MÁS POSITIVA QUE EXISTE.

El ideal de cualquier persona es experimentar alegría de forma constante ya que la alegría permite a quien la experimenta: Un estado de ánimo optimista, motivación, autoestima elevada... Bienestar... La alegría y el bienestar van de la mano. La alegría aleja las emociones negativas en general.

Su razón de ser es que nos conduce a buscar repetir la sensación para siempre experimentar el bienestar que esta emoción trae consigo.

En cuanto a la sorpresa ¿Alguna vez fuiste sorprendido/a en tu cumpleaños, llegaste a casa, todo estaba en silencio, encendiste la luz y de repente saltó un montón de gente a gritarte: ¿FELICIDADES? Si no te ha pasado imagina tu reacción si te sucediera, sin duda, de sorpresa, la emoción más breve que existe, una emoción que nos altera por unos instantes mientras un hecho inesperado ocurre, y, que después suele desencadenar rápidamente en otra emoción dependiendo del estímulo que la provocó.

Si tu sorpresa se debió a una fiesta sorpresa de cumpleaños, probablemente experimentes, después de la sorpresa, felicidad, pero, si te sorprendió un atacante, la emoción que desencadenará será muy distinta: Miedo o angustia...

Una persona sorprendida es fácil de identificar porque sus ojos se abren muchísimo, y, suele reaccionar saltando o gritando...

La función que los expertos señalan que tiene la sorpresa, es la de prepararnos para afrontar los acontecimientos novedosos o inesperados que nos sorprendieron.

En cuanto al asco, la emoción que nos hace experimentar repulsión hacia algo, ya comenté antes su beneficio: HA AYUDADO AL SER HUMANO A LO LARGO DE LA HISTORIA A NO PROBAR SUSTANCIAS PELIGROSAS QUE PODRÍAN MATARLO. Pero, su verdadera razón de ser es que nos alerta de que algo (El estímulo que la provocó), puede ser dañino para nuestra salud o bienestar corporal.

Sentir asco de tocar un líquido gelatinoso nos conducirá a evitarlo. Y, resulta que ese líquido realmente podría ponernos en peligro.

El mejor beneficio del asco es que nos impulsa a ser higiénicos y con ello, garantiza nuestra salud.

Puede ser negativo el asco cuando se experimenta hacia algo que no representa un verdadero atentado a nuestra higiene y bienestar, como el asco al brócoli que muchos experimentan, siendo que esta es una hortaliza saludable.

Por otro lado, está la tristeza. Algo negativo está experimentando alguien que está triste, es verdad, pero, ni siquiera la tristeza es una emoción negativa. Experimentamos tristeza ante situaciones que nos afectan: Una pérdida material, la pérdida de un ser querido, una ruptura amorosa... Pero, es precisamente esa tristeza la que nos conduce poco a poco, a volver a sentirnos mejor.

La razón de ser de la tristeza es que nos ayuda a adaptarnos a la situación que ocurrió o que experimentamos (Su desencadenante) siendo que normalmente, cuando experimentamos tristeza, además, siempre procuramos buscar formas de no estar tristes más, de volver a estar felices...

El que no expresa la tristeza no la sana y, por ende, no importa el tiempo que pase desde su desencadenante, no la superará, pero el que la expresa, se libera de la presión y, comienza un proceso de adaptación que con el tiempo le conducirá a recuperar su bienestar.

Otra de las emociones es el interés. La razón de ser del interés es motivarnos a lograr algo, por lo que, gracias a su existencia, a su manifestación, podemos aprender algo nuevo, lograr una meta, mejorar, avanzar...

Por último, hablaré de la culpabilidad. Si bien la culpabilidad se suele desencadenar por un error o, por algo que hicimos mal, esta tiene una razón de ser muy positiva, la experimentamos a sabiendas de que algo hemos hecho mal y ella nos conduce a rectificarnos, a enmendarnos.

Existe la culpa no adaptativa, sin embargo, aquella que se experimenta, aunque no se haya cometido ningún error o, de no haberse roto ninguna normal moral... LA QUE NO TIENE RAZÓN DE SER.

Si las emociones no existieran

Precisado todo lo del apartado de la importancia de las emociones y ahora que conoces las funciones de algunas emociones ¿Qué crees que pasaría entonces si las emociones no existieran?

Me parece interesante en este punto, hacer mención a que existen personas cuyo estado afectivo se caracteriza por falta de emoción, son personas nada entusiastas, a las que nada les motiva... Un estado que se conoce como apatía, que, puede devenir de una depresión o tristeza profunda, o, de un trastorno neurológico, de estrés postraumático...

¿Estás personas tienen buena calidad de vida? Como profesional en la rama de la psicología aseguro que NO.

La apatía trae consigo una desmotivación general y, esa falta de motivación les impide a las personas que la padecen, procurar algún tipo de mejora o crecimiento:

-No hay productividad por parte de estas personas desde ningún aspecto, su apatía les impulsa a no esforzarse por nada, a no querer plantearse metas... Así que no hay crecimiento personal o profesional. Si es que estas personas trabajan o estudian, su rendimiento será muy pobre.

Tampoco disfrutan nada estas personas, no hay dedicación a actividades de interés, no hay alegría ni salud mental...

Pero, incluso bajo la apatía las personas pueden experimentar emociones básicas como el miedo, por ejemplo, así que no hay ausencia total de emociones.

Lo que me planteo en este apartado es una ausencia total y absoluta de emociones ¿Podríamos vivir así?

Reflexionando sobre ello, necesariamente hay que trasladarse a la edad de piedra y a todos esos depredadores que los seres humanos tenían que enfrentar en su día a día: Sin miedo, no habrían procurado cazar en grupo, armarse contra estas bestias ni huir de ellas o defenderse, por lo que habrían sido devorados, y, si todos los hombres primitivos hubiesen muerto en aquella arcaica era ¿Qué habría sido de nosotros? No habría un nosotros, nos habríamos extinguido como los dientes de sable o los dodos...

A falta de ansiedad no habría existido ningún tipo de precaución por parte del hombre primitivo tampoco, ni siquiera se habrían planteado ocultarse de los peligros un poco en las cuevas, lo que también los hubiese llevado a su extinción.

¿Qué decir del asco? ¿Cuántas cosas peligrosas podríamos llevarnos a la boca sin asco? Seguro también, eso nos habría conducido a todos a la muerte por envenenamiento o intoxicación en algún momento.

Al no sentir no habría nada que nos motivara y por ende, nunca buscaríamos mejoras de ninguna clase, no nos interesaría relacionarnos e iríamos por nuestra cuenta (Claro, de lograr sobrevivir sin miedo, asco o ansiedad) ... Y, creo que estarás de acuerdo con el hecho de que nuestras relaciones no solo mejoran nuestra calidad de vida sino con el hecho de que no tendría sentido la vida misma sin relacionarnos.

La vida perdería sentido si nadie nos importara.

Sin emociones probablemente actuaríamos cual psicópatas frente a los demás, sin remordimientos por matar o cometer actos atroces.

La ausencia total de emociones sería incompatible entonces, con la vida y el bienestar... No habría sociedad con una ausencia total de emociones, no habría humanidad...

Emociones y asertividad

¿Alguien sobrepasó uno de tus límites y quieres expresarlo ¿Debes usar gritos o malos modos para hacerte comprender?

¿No verdad?

El que puedas comunicar a alguien que ha sobrepasado tus límites pacíficamente, sin miedo, sin incomodidad, con empatía y sin recurrir a la violencia, <u>eso es asertividad</u>.

¿No te sientes cómodo/a con algo que alguien hizo o, quieres decir que no? Si puedes expresar cómo te sientes pacíficamente, si puedes expresar tus emociones sin dejarte llevar por la ira, sin culpabilidad, sin incomodidad. Eso es asertividad.

He tratado numerosos pacientes, y, conocido muchas personas, a las que se les hace casi imposible decir que no. Y así terminan asistiendo a eventos que les incomodan, aunque no querían asistir o, así necesitaran dedicar su tiempo a otra cosa. Y así a veces también terminan dejando que otros sobrepasen sus límites por no ser capaces de defenderlos hasta no poder más... (Quien nunca dice que no, estalla en cualquier momento con frustración). Todo esto es prueba evidente de falta de asertividad.

Siempre que haya dificultad para comunicar una emoción, o, que se comunique una emoción, pero con violencia, recurriendo a gritos, a insultos... Hay falta de asertividad.

Las emociones deben comunicarse con asertividad porque de esa forma se evitan muchos conflictos, y, los vínculos, las relaciones con los demás no se ven perjudicadas.

El miedo que muchas personas tienen de expresar sus límites es temor al enojo de la otra persona porque a veces expresar emociones, exponer límites, lleva a discusiones, pero, solo se llega a eso cuando no hay asertividad. Por supuesto que si planteas tus límites gritando la otra persona te gritará y habrá conflicto. La asertividad por su parte, conduce al entendimiento.

Ser asertivo significa que no eres ni pasivo ni agresivo dentro de una comunicación que implique expresarte, sobre todo expresar cómo te sientes.

Has de sentirte cómodo/a con expresar cómo te sientes y por eso la asertividad requerirá de autoestima pero también de inteligencia emocional.

Para ser una persona asertiva necesitas controlar lo que sientes, no dejar que sea tu emoción la que domine la conversación.

La autoestima será necesaria también porque sin autoestima, no te creerás merecedor o merecedora de expresar tus emociones cuando lo eres y con creces.

¿Cómo puedes practicar la asertividad?

-Comunica cómo te sientes, si algo te disgusta dilo.

-Sé empático/a en tu forma de expresarte: Hay gente que dice "no tener pelos en la lengua", que expresa todo lo que siente o piensa sin importar cómo lo dice. Esto no es asertividad porque estarás recurriendo a una forma agresiva. Hay que tener empatía, pensar en qué palabras usar, y evitar herir con las palabras.

-No levantar el tono de voz, respirar o usar cualquier técnica de control emocional para evitar darle el control de tus reacciones al enojo o cualquier emoción negativa.

Practicando la asertividad también puedes desarrollar inteligencia emocional.

Aprendizaje y emociones

¿Influyen de alguna forma nuestras emociones en nuestro aprendizaje? Gracias a los conocimientos que se tienen sobre el funcionamiento del cerebro la respuesta es un certero: SÍ.

Siempre estamos aprendiendo cosas nuevas, todos los días, nuestro cerebro recibe mucha información a cada momento, y, todo lo almacenamos en nuestra memoria, aunque, no a toda la información que aprendemos o recibimos podemos acceder en cualquier momento.

Lo que se almacena en nuestra memoria a corto plazo, se almacena en nuestro subconsciente. La parte consciente de nuestro cerebro lo olvida. Existe un intermedio que se llama la memoria operativa, esa donde almacenamos conocimientos que utilizamos, pero, estos son conocimientos que, si no repasamos o usamos con constancia, olvidamos también.

Por otra parte, está la memoria a largo plazo. Esos son conocimientos que perduran con nosotros, en el tiempo.

Esas situaciones donde hemos experimentado emociones o sentimientos intensos, se guardan en nuestra memoria a largo plazo y, cuando estamos en una situación similar a la vivida, a un recuerdo almacenado en esa memoria a largo plazo esta evoca esos recuerdos, las emociones o sentimientos experimentados, y, eso influye en nuestra toma de decisiones.

Las emociones intensas o los sentimientos intensos son importantes en nuestro aprendizaje porque nos crean recuerdos perdurables. Y, según ellos podemos interpretar una situación como positiva o negativa.

Así, por ejemplo, si alguien aplicó X tipo de estafa contigo, lo que sin lugar a dudas habrá devenido en una gran frustración de tu parte, en un momento en que alguien intente algo similar, recordarás la situación, la asociarás con la emoción vivida y querrás evitar a la persona que te esté tratando de estafar a toda costa. Lección aprendida.

Por otro lado, existen emociones que fomentan el aprendizaje, como por ejemplo la curiosidad. Ante ella existe interés por aprender y a mayor interés, mejor será el proceso de aprendizaje.

Aprendemos más fácilmente sobre aquello respecto a lo que tenemos interés, por eso hay gente que no puede aprenderse el concepto de la fotosíntesis, pero si los nombres de todos los jugadores de futbol profesionales del mundo.

También existen emociones que dificultan el aprendizaje como, por ejemplo, el miedo. Asimismo, la inseguridad porque afecta la concentración y si no puedes concentrarte en eso que estás aprendiendo, realmente no lo entenderás o no aprenderás.

De todas estas formas el aprendizaje y las emociones están ligados.

Emociones y enfermedades. Modificaciones del organismo provocadas por las emociones

Las emociones negativas pueden desencadenar enfermedades. La ciencia lo avala y ha sido algo tan difundido que probablemente se trate de una información de conocimiento general.

La Organización Mundial de la Salud (OMS) sostuvo en uno de sus informes que, cerca del 90% de las enfermedades tienen origen psicosomático ¿Qué significa esto? Que están asociadas a factores psicológicos.

Son las emociones negativas: Estrés, ansiedades no adaptativas, tristeza extrema, resentimientos y hasta asco... Las que pueden causar estragos en la salud, incluso, algunas emociones pueden desencadenar enfermedades y otras, agravarlas.

La sociedad Española de Medicina en su sitio web oficial, publicó un artículo que revela porqué las emociones traen consecuencias negativas para la salud. Por un lado, lo hacen por la desmotivación que provocan. El estado de ánimo de una persona que experimenta emociones negativas es muy bajo, desmotivado... Por ende, alguien que experimenta emociones negativas recurrentes carece de motivación en general y, eso se suele traducir en malos hábitos alimenticios (Algunas personas por exceso de estrés, ansiedad o tristeza comen de manera compulsiva, otras, pierden el apetito, ambas acciones, perjudiciales para la salud). Experimentar emociones negativas recurrentes también puede traer consigo hastío y eso produce sedentarismo, lo que suele traer consigo, además, enfermedades cardiovasculares, también son personas que, se suelen aislar socialmente debido a la propia desmotivación que experimentan... Lo que agrava el malestar que se esté experimentando y puede traer consigo depresión o trastornos de ansiedad, que, deterioran mucho la salud del cuerpo tanto como la de la mente.

Por otro lado, las personas que experimentan emociones negativas recurrentes suelen buscar escapes, y, a veces los escapes que eligen, solo son hábitos perjudiciales para la salud: Fumar, droga y alcohol... Sustancias que, les hacen olvidar su malestar emocional un rato, pero que terminan agravando la situación, enfermándolos...

El cigarrillo en exceso puede traer consigo cáncer de pulmón, el alcohol en exceso cirrosis, las drogas cáncer, hepatitis y más...

Por otro lado, la Sociedad Española de Medicina hace alusión a que: "*Las reacciones emocionales prolongadas en el tiempo mantienen niveles de activación fisiológica intensos que pueden deteriorar nuestra salud si se cronifican*".

Al respecto explicaré de forma sencilla, algo de nuestra anatomía. Nuestro sistema nervioso central está formado por el sistema nervioso simpático y el parasimpático.

En líneas previas en, variedad de oportunidades he hecho mención a que en nuestro organismo se activan ciertas alarmas ante el peligro, que nos hacen experimentar miedo o ansiedad y, que liberan adrenalina para contribuir a nuestra supervivencia, a que podamos luchar o huir con mayor posibilidad de escapar o ganar.

Cuando se activan estas alarmas el cerebro envía señales al cuerpo que liberan adrenalina y aparecen debido a ello, signos característicos del miedo o la ansiedad: Ritmo cardíaco acelerado, aceleración de la respiración, energía extra, ojos ensanchados para que podamos mirar mejor la amenaza...

Sucede que todas esas reacciones se activan porque se activa el sistema nervioso simpático. Este es el responsable de que sintamos miedo o ansiedad... Nos pone a la defensiva, en alerta...

La medicina revela que cuando se activa el sistema nervioso simpático hay aumento de la frecuencia cardíaca, de la tensión arterial, mayores niveles de cortisol (La llamada hormona del estrés), se segregan...

Cuando se trata de algo temporal, si experimentamos la activación de nuestras alarmas ante un peligro real o inminente, tan pronto el peligro cede, el miedo o ansiedad cederán y así, las alarmas se desactivarán, donde antes había tensión empezará un proceso de relajación. Es lo que debería pasar, pero ¿Qué ocurre cuando se está en presencia de miedo o ansiedad sin razón de ser y recurrentes?

El sistema simpático se mantiene activado o, se activa con demasiada frecuencia y eso nos hace estar en tensión constante, los niveles de estrés son elevados, y, el estrés propiamente, es conocido por muchos como el mal moderno porque se conoce que, puede desencadenar variadas enfermedades, como: las cardiovasculares, las enfermedades dermatológicas, la presión arterial alta, la obesidad...

Los estudios revelan además que, el que el sistema nervioso simpático se active con frecuencia puede volver más vulnerable el sistema inmunológico, ese que nos protege ante infecciones, por lo cual, enfermar será más probable.

El sistema nervioso parasimpático es el responsable de volver todo a la calma, de apagar las alarmas que el sistema simpático activó, de relajarnos... Pero, no se pueden desactivar las alarmas del sistema nervioso simpático, sumergidos en emociones negativas y, esto nos enferma el cuerpo.

En cuanto a la ira, esta ha sido asociada con muerte cardiovascular, algo ampliamente estudiado por la ciencia. No se conoce a ciencia cierta, sin embargo, se relaciona a la ira como una emoción que puede afectar el sistema cardiovascular. Las hipótesis al respecto giran entorno, a las mismas razones por las cuales, la ansiedad y el miedo derivan en enfermedades: La activación del sistema simpático y con ello, elevación de las hormonas del estrés en el organismo...

Por otro lado, un estado de tristeza constante nos mantiene en tensión, en estrés, en ansiedad. Los estudios arrojan que, está ligado a enfermedades coronarias, Alzheimer y mortalidad cardiovascular.

Identificando el estado de mi inteligencia emocional

¿Cuál es el estado de tu inteligencia emocional?

En este punto es probable que ya tengas certeza respecto a si gozas o no de inteligencia emocional. No obstante, la respuesta a las siguientes preguntas, alejará cualquier duda en caso de que la tengas:

-¿Me intereso por lo que siento e indago y reflexiono sobre ello?

-¿Reflexiono sobre mi estado de ánimo con regularidad?

-¿Si indago en lo que siento puedo poner nombre a mis emociones o sentimientos?

-¿Aunque a veces me siento triste puedo pensar en positivo?

-¿Si siento enfado intento cambiar mi estado de ánimo?

-¿Sé qué cosas, situaciones o personas me hacen enojar?

-¿Puedo pedir la ayuda de otras personas?

-¿Si algo me molesta de una persona puedo comunicárselo sin agredirle o gritarle?

-¿A menudo comprendo cómo se sienten los demás?

-¿Suelo tomar en cuenta cómo se sienten los demás?

-¿Soy hábil socializando?

-¿Me siento motivado/a?

-¿Puedo decir que gozo de autoestima?

La respuesta a todas estas preguntas debería ser positiva si has desarrollado inteligencia emocional.

COMUNICAR DE MANERA

EFECTIVA Y SIN VIOLENCIA

La base de la sana convivencia, es la comunicación asertiva dando como resultado, buenas relaciones, efectivas habilidades sociales; misma que no da lugar a la violencia: La comunicación no violenta.

Cuando discutimos con una persona sobre algo que nos afecta, cuando queremos hacer ver un punto de vista diferente u otra perspectiva, y, no se tienen las herramientas adecuadas ni un nivel suficiente de inteligencia emocional lo usual son los gritos, los reproches, las palabras hirientes, juzgar... La comunicación violenta, misma que no suele traer soluciones, sino dolor porque, cuánto duelen las palabras.

¿Cuántas veces no te han herido durante una discusión con una palabra hiriente? ¿Cuántas veces no lo habrás hecho tú? Es lo usual cuando una persona se deja llevar por sus emociones durante una conversación y la comunicación no resulta efectiva.

Solucionar un inconveniente, o conflicto, dejar en claro un punto de vista distinto no tiene que conllevar una discusión a gritos, palabras hirientes y demás, la forma pacífica es la que siempre debemos elegir.

Por todos los medios trata de ser empático/a con la otra persona. A mayor empatía, menos probabilidad de que la comunicación se torne en una discusión y mayor probabilidad de una resolución pacífica de cualquier discordia o conflicto.

De cualquier forma, se habla de pasos para la comunicación no violenta. Sigue los siguientes pasos para practicar la misma:

-Hablar del problema: ¿Qué pasa?

-Comunicar los sentimientos o emociones derivadas del problema: ¿Cómo me siento?

-Hacer ver la necesidad: ¿Qué necesito?

-Hacer una petición: Resolución del conflicto

-Primer paso: Hablar del problema: ¿Qué pasa? El primer paso de la comunicación no violenta es hacer ver o conocer a la otra persona que, existe un problema a resolver, algo que te molesta que haga, algo en lo que no estás de acuerdo con ella, en lo que te afecta...

Deberás contestar la pregunta: ¿Qué pasa?

Muchas veces la otra u otras personas no se dan cuenta de que algo que hacen o dicen nos está afectando y lo idóneo es comunicarlo, porque, sin comunicación el conflicto no se resolverá por sí mismo. La otra persona probablemente seguirá comportándose igual y tú estarás cada vez más cerca de estallar, de dejarte dominar por tus emociones, porque, mientras más repetitiva sea la sensación negativa o molesta menos podrás controlarla.

El error que cometen muchas personas es callar sus molestias, o cuanto algo que hace otra persona les molesta, y, así van acumulando la molestia hasta estallar por lo mínimo. Debes evitar esto.

Describe la naturaleza del conflicto a la otra persona, hazle conocer el problema. Eso sí, plantéate antes de este paso, cómo abordarlo, qué palabras decir. Ten en cuenta que muchas veces lo que decimos se malinterpreta por la forma en la que lo decimos.

En líneas generales al comunicar el problema o conflicto tienes que procurar no hacer juicios o ser crítico. Solo brinda luz hacia la otra persona sobre lo que pasa, no le reproches en nada.

Trabaja en liberarte de cualquier prejuicio antes de abordar a alguien sobre un problema.

-Segundo paso: Comunicar los sentimientos o emociones derivadas del problema: ¿Cómo me siento? Después de comunicar o describir el problema, el segundo paso de la comunicación no violenta será hacer saber a la otra persona, cómo te ha hecho o te hace sentir ¿Qué emociones han surgido en ti a partir de esa situación o conflicto que has planteado?, a partir del problema planteado... ¿Por qué provoca un conflicto en ti la situación que planteaste? ¿De qué forma te afecta?

Este paso será clave para que la otra persona entienda porqué es necesario buscar una solución al conflicto o problema planteado.

-Tercer paso: Hacer conocer tu necesidad o tus necesidades: ¿Qué necesito? Expresados tus sentimientos, el siguiente paso de la comunicación no violenta será que comentes sobre tu necesidad de resolver el conflicto ¿Qué necesitas para sentirte mejor o disminuir lo que ha provocado la situación conflictiva? ¿Cómo te gustaría que la persona actuara en futuras ocasiones en las que se diera una situación similar?

Házselo saber a tu interlocutor.

-Cuarto paso: Hacer una petición: Resolución del conflicto: El último paso de la comunicación no violenta será una petición concreta, tu opinión sobre cómo resolver el conflicto.

Será importante en este punto que escuches a la otra persona y, que estés abierto/a a cualquier otra sugerencia sobre la resolución del problema o conflicto que esta persona te haga.

Realmente escucha lo que la otra persona tiene para decir, y ten la mente abierta. Una petición tiene que ser negociable. Tal vez la persona tiene una mejor solución que la que tú le planteaste, ESCUCHA.

Consideraciones generales:

-Cuando sigas cualquiera de los pasos descritos para la resolución de conflictos por intermedio de la comunicación no violenta asegúrate de expresarte en forma clara, la otra persona debe poder entenderte claramente.

-Siempre apela a la empatía. Antes de hablar con la persona con quien sientes que existe un problema o conflicto trata de entenderla. Piensa en por qué pudo haber actuado de esa forma. Así podrás alejar el enfado o cualquier otra emoción negativa antes de conversar con esa persona en particular.

-Elige un lugar tranquilo para llevar a cabo la comunicación no violenta.

-Preferiblemente que solo sean tú y la persona con quien tengas conflicto los que conversen, sin terceros involucrados.

-Pospón este proceso lo que sea necesario hasta poder llevarlo a cabo cuando te sientas en calma.

Este será un método que te permitirá resolver conflictos pacíficamente con tu familia, amigos, compañeros de trabajo, pareja, con cualquier persona en cualquier situación... Te encantará lo efectivo que es. Personalmente he sido testigo de lo efectivo de estos pasos en la resolución de conflictos de pareja.

Para mayor entendimiento del tema lo ilustraré con un ejemplo:

Isabel se sentía realmente mal porque su esposo Ricardo se negaba a acompañarla a visitar a sus padres. Las últimas 5 reuniones familiares él no asistió y sus padres no dejaban de hacerle preguntas. Ricardo solo le decía que le daba fastidio y nada más, se enojaba si insistía. Entonces le di estas claves que te he dado antes para que abordara el conflicto.

Las siguientes no serán las palabras literales que usó Isabel con su esposo, porque, estoy apelando a la memoria al escribir estas líneas, pero, probablemente se acercan bastante.

"Necesito hablar contigo ¿Podemos hacerlo ahora? Es importante". Paso 1 (Comunicar el problema): *"Sucede que me está afectando mucho que no consideres acompañarme a visitar a mis padres más a menudo. Son mis padres después de todo"*, Paso 2 (Comunicar sentimientos): *"Realmente me siento muy triste de que no me acompañes más seguido. Mis padres me hacen preguntas y no sé qué responder, entenderás que no puedo decirles que no te agradan"*. Paso 3: (Hablar de la necesidad): *"Seguiré visitando a mis padres porque son mi familia, y tú también, por lo que realmente necesito que hallemos una solución porque no quiero sentirme más triste"*. Paso 4 (Proponer solución): *"No es necesario que me acompañes a todas las reuniones familiares, pero al menos, a las más importantes, ¿Te parece en navidad y el día de acción de gracias"*

Isabel abordó bien el conflicto de esta forma, de manera empática, sin juzgar, sin usar violencia. Y desde entonces es la forma en la que aborda con cualquier persona, cualquier problema. La forma más efectiva de abordar las situaciones conflictivas con los demás.

¿Cómo conocer a otras personas

y crear relaciones más saludables?

No podrás poner en práctica tus habilidades sociales, tu inteligencia emocional... si no te permites conocer personas, si no te permites socializar, en soledad... Por otro lado, es seguro que deseas que tanto las relaciones que ya tienes, como, posibles relaciones a concretar sean saludables.

¿Quién querría verse inmerso en una relación tóxica del tipo que sea? Nada bueno sale de una relación tóxica ya sea con un familiar, amigo, jefe, pareja, con quien sea... ¿Quién querría verse envuelto en la dependencia emocional? ¿En una relación o vínculo donde no se respeten los límites, donde haya violencia, donde la autoestima se vea perjudicada u otros tipos de negatividad?

Por ende, dedicaré este apartado para darte tips para conocer a otras personas, en caso de que no sea fácil para ti, o, de que necesites ampliar tu círculo social, y, sobre cómo crear o vivir relaciones más saludables, porque, en parte, aunque las relaciones no son unilaterales, dependerá mucho de ti que tus relaciones sean saludables como ya lo descubrirás.

¿Cómo conocer a otras personas?

Lo principal será proponértelo.

Ideas al respecto:

-Si no eres amigo/a de tus vecinos, trata de darte la oportunidad de conocerlos mejor: Darte la oportunidad de conocer a tus vecinos es una buena forma de aumentar tu círculo social. Si tienes éxito, tendrás amigos que vivan cerca de ti, lo cual puede ser muy ventajoso ¿No crees?

Opta por siempre saludar a tus vecinos con una sonrisa y de forma cordial y, comienza a mostrar interés por ellos, hazles preguntas más allá de cómo están o sobre el clima. Puede que se terminen convirtiendo en tus grandes amigos.

-Inscríbete en algún curso: Inscribirte en un curso sobre un tema de tu genuino interés es una forma de conocer personas interesadas en actividades que también te gustan. Suele resultar más sencillo socializar con personas con quienes compartimos algo en común.

-Asiste a eventos sociales: Si eres de los que se quejan de no conocer personas nuevas pero, no asistes a eventos sociales es momento de que al próximo evento social del que te enteres, asistas. Seguro habrá muchas personas con quienes puedas practicar habilidades sociales.

-Haz trabajo social: Inscribiéndote en programas de trabajo o ayuda social podrías conocer gente nueva y agradable.

-SAL DE CASA: Como te habrás dado cuenta mi principal recomendación respecto a: Conocer a otras personas radica en que SALGAS DE CASA. Y es que, las probabilidades de que lleguen personas nuevas a conocerte directo a tu puerta no son muy altas. Para conocer nuevas personas necesitas ir hacia donde haya nuevas personas, personas desconocidas para ti. Entenderás que no puede ser en casa que conozcas gente nueva salvo que organices un evento social en la misma, o de lo contrario será allanamiento de morada y tendrás que llamar a la policía.

-<u>Aplicaciones</u>: Como bien sabrás existen aplicaciones destinadas a hacer nuevos a amigos o conocer a otras personas. También en redes sociales podrías suscribirte a grupos donde se traten temas de tu interés: Música, arte, motocicletas, lo que te guste... Y así, conocer y compartir con otros que también estén unidos a ese grupo. No obstante, he de hacer la salvedad de que, las relaciones más agradables y valiosas, se dan entre personas que puedan verse cara a cara así que, sin negarte a conocer personas por medios digitales, igual te recomiendo encarecidamente que salgas de casa con la intensión de socializar.

¿Asusta?

Conocer personas cara a cara asusta más que por medios digitales ¿no? No hay problema, TRABAJA TU AUTOESTIMA Y AUTOCONFIANZA. Y, serás capaz de librarte de tus miedos sociales.

Si sigues leyendo en apartados siguientes encontrarás recomendaciones útiles para aumentar tu autoestima y autoconfianza.

¿Cómo crear o vivir relaciones más saludables?

La cantidad de personas que conozcas no es nada frente a la calidad. Necesitas relacionarte con los demás, pero si esas relaciones no son sanas solo te perjudicarán.

En ese sentido los elementos a los que debes prestar atención para vivir relaciones sanas son:

-Tu autoestima: En el tema de las relaciones saludables un nivel alto de autoestima es vital, esencial... La ciencia lo ha comprobado numerosas veces, la psicología lo avala. No hay dudas al respecto.

Para traer a colación al menos uno de esos estudios que ha comprobado la importancia de la autoestima en las relaciones sociales mencionaré el estudio realizado por Alfonso, Murcia G y otros, titulado: Autoestima y relaciones interpersonales en jóvenes estudiantes de primer semestre de la División Salud de la Universidad del Norte, Barranquilla. En dicho estudio se pretendía analizar la influencia de la autoestima en las relaciones personales. Los sujetos de prueba fueron al menos 100 jóvenes en edad universitaria, y, las conclusiones del estudio revelaron que los que presentaron altos niveles de autoestima presentaron relaciones positivas y significativas o bien en su entorno familiar, o con sus compañeros en la universidad, o en ambos.

Las personas con problemas de autoestima tienen problemas para decir que "no" y establecer límites claros ante los demás, por lo que es usual que las rodeen personas poco respetuosas o tóxicas que, merman más su autoestima. Las personas con problemas de autoestima no se valoran y, por ende, dependen mucho de la aprobación social, la cual suelen buscar desesperadamente. No se puede llamar una relación sana si está basada en tratar de encajar y la persona no puede ser genuinamente ella dentro de esa relación por miedo al rechazo...

Lo más importante, en lo que te debes centrar, si, deseas que tus relaciones sean más sanas es entonces, en ti, en trabajar tu autoestima para que así puedes establecer límites claros con los demás, respetarte porque así no permitirás que te irrespeten de ninguna forma, lo cual sería un signo claro de una relación tóxica, para que así puedas vivir tus relaciones siendo genuinamente tú, sin buscar solo aprobación, otro signo claro de una relación no sana... Para que puedas percibir el valor que te den los demás porque si no te valoras tú, no podrás apreciar que los otros lo hagan y todo lo verás con un tinte negativo...

En apartados siguientes daré recomendaciones para trabajar la autoestima, trataré este tema con mayor profundidad, tú, continúa la lectura.

-Expresar emociones, sentimientos, necesidades: La buena comunicación: Seguramente no será la primera vez que te toparás con este argumento: La base de toda buena relación es la comunicación... Y es que es indispensable una comunicación efectiva para gozar de buenas relaciones.

En una relación sana del tipo que sea, se han de poder expresar emociones, sentimientos, necesidades... Sin miedo al rechazo, como un derecho natural...

Si no eres capaz de expresar nada de esto, tu autoestima ha de ser muy baja, pero, será algo que estará siempre perjudicando la relación, colmándola de conflictos.

Cuando hay falta de comunicación asertiva los conflictos devienen a menudo en reproches, reclamos de que la otra persona no entiende, negatividad hacia el hecho de que la otra persona no se da cuenta de nuestras necesidades. Se le suele poner la carga al otro de entender lo que a veces solo uno puede comprender porque otra persona no puede percibir como percibimos, acceder a nuestro mundo interno.

Es posible entender cómo se sienten los demás por intermedio de la empatía, pero ¿Hasta qué punto puede ser responsabilidad del otro no entendernos del todo si no decimos nada? ¿Por qué no comunicarse?

Reitero: La base de toda buena relación sana es la comunicación.

Para que puedas vivir relaciones más sanas fomenta esa comunicación, una comunicación no violenta. Que la base de tus relaciones sea siempre el entendimiento por medio de la comunicación clara.

-Saber escuchar: Ya he comentado previamente sobre la escucha activa pero es porque es una herramienta vital entorno a las relaciones, especialmente a las relaciones sanas.

No podrías llamar a una relación sana si solo se trata de ti, si exiges ser escuchado/a o entendido/a, pero, no haces el esfuerzo de entender a la otra persona. Esto ha de ser mutuo. Y, ese esfuerzo devendrá de la escucha activa, no solo de que oigas a la otra persona, sino que te esfuerces por entender cómo se siente. Y, la otra persona ha de hacer lo mismo. Saberte escuchar.

En las relaciones más saludables se practica la escucha activa.

-Establecer límites: Ninguna relación será sana si no se tienen límites bien establecidos, que, sean respetados por ambas partes.

Dentro de una relación sana no debe haber ni miedo a establecer límites, a decir que no si algo no se quiere hacer o no gusta, ni enfado porque la otra persona fije sus propios límites personales.

No tengas miedo a fijar límites en tu relación con los demás, y, si la otra persona no lo acepta, se enfada... Deberías replantearte su lugar en tu vida porque definitivamente es tóxico enfadarse porque alguien ejerza su derecho natural de establecer límites personales.

-Respeto mutuo: El respeto ha de ser mutuo en las relaciones saludables. Se han de respetar opiniones, aunque sean distintas, gustos, decisiones... A falta de ese respeto mutuo una relación es definitivamente tóxica.

-Cumplir las promesas hechas: La confianza es otra base para las relaciones saludables. Sé confiable dentro de tus relaciones, cumple tus promesas. Y, confía en las otras personas.

No podrás disfrutar de tus relaciones si siempre estás desconfiando.

Plantéate sacar personas de tu vida si adviertes que tu relación con ellas no es sana y, tratas de convertir esa relación en una más sana siguiendo estos consejos y la otra persona se niega o enfada.

Definitivamente hay personas que están mejor fuera de nuestra vida. Si es por tu paz mental, aleja de tu vida a las personas que tengas que alejar. Necesitas relaciones en tu vida sí, pero solo relaciones sanas, que sumen, que te proporcionen bienestar...

¿CÓMO SER UNA PERSONA PERSUASIVA?

L a persuasión forma parte de las habilidades sociales y es muy importante en diferentes ámbitos.

La persuasión es la capacidad de convencer a otros, o bien para que realicen una acción determinada, por ejemplo: Comprar un producto, o bien, para que piensen de determinada forma, por ejemplo, convencer a personas para que sigan tal ideología política o X causa. NO DEBE CONFUNDIRSE CON MANIPULAR. La persuasión siempre tiene fines éticos, se busca convencer empleando argumentos, comunicación no violenta, y siendo ayudados por algunos principios psicológicos inherentes a la forma en que el ser humano se comporta.

Si solo con ofrecer un producto fuese sencillo que lo compraran, si solo con ofrecer un producto bastara para vender, no existiría el marketing, las empresas no se preocuparían por gastar fortunas en publicidad, pero, resulta que no es tan sencillo. Aunque una persona necesite X producto, en esta sociedad donde las marcas y productos abundan su decisión de compra dependerá de que les convenzan, de que ese producto en específico será su mejor opción.

La persuasión es una forma de influir en las decisiones de los demás.

La persuasión se emplea en muchos ámbitos aunque, el más conocido es el de las ventas, pero, se utiliza para todo tipo de situaciones donde se pretenda convencer: Un médico puede valerse de la persuasión para convencer a un cliente reacio a seguir X tipo de tratamiento, para convencerle de que es su mejor opción entorno a su salud, los psicólogos, coachs o profesionales afines, se valen de la comunicación persuasiva para ayudar a sus pacientes o clientes, para convencerles de que hay una solución ante sus problemas, un líder debe poder convencer a sus seguidores, un político se vale de la persuasión en sus campañas políticas, hasta cuando le haces ojitos a tu pareja o, le insistes para ir a X lugar o hacer X cosa juntos, usas la persuasión.

Aprender a ser una persona persuasiva forma parte del desarrollo de la inteligencia emocional, es una habilidad social muy conveniente a desarrollar, no importa si no eres un vendedor o un profesional que necesite valerse de la persuasión para obtener ganancias o hacer bien su trabajo, como ya comenté en muchas situaciones te convendrá saber cómo persuadir, hasta para ligar la persuasión es de gran ayuda, te ayudará a convertirte en alguien capaz de resolver todo tipo de conflictos, de explotar oportunidades, y hasta a tratar con personas conflictivas.

Aclarado lo anterior si quieres aprender a ser más persuasivo/a entonces adopta los siguientes principios:

-Principio de simpatía: La ciencia ha descubierto que, los seres humanos percibimos como más confiables y por ende, nos dejamos convencer con mayor facilidad por personas que despiertan nuestra simpatía, personas que nos parecen agradables...

Si entras a una tienda a comprar X producto y, el dependiente injustificadamente te trata muy mal, o, no comprarás el producto en cuestión sin importar si lo necesitas muchísimo, o, muy probablemente no volverás a esa tienda. Habrá fallado allí el principio de simpatía, pero, todo, lo contrario si vas a una tienda donde te traten con mucha simpatía y te hagan sentir a gusto, probablemente elegirás comprar en esa tienda, aunque, los productos sean más costosos, te quede lejos o bajo cualquier circunstancia.

Le creemos con mayor facilidad a las personas que nos resultan simpáticas porque, nuestro cerebro no puede asociar con algo negativo, a alguien simpático. En este sentido para ser una persona más persuasiva en cualquier ámbito: APELA A LA SIMPATÍA.

Lo principal al respecto será tu sonrisa y un trato cordial. A nadie le parecerás simpático/a si no sonríes, al contrario, le parecerás a los demás, de poco fiar. Lo mismo respecto al trato. Mientras menos agradable les resultes a los demás, menos podrás convencerlos, aunque, creo que está demás la sugerencia porque <u>absolutamente cualquier persona, y, no solo una que desees convencer, merecen tu trato cordial.</u>

Apelar al humor, incluso en situaciones un poco serias, como, durante un discurso, o, una conferencia, también es una excelente forma de despertar en otros, simpatía.

Las semejanzas, los halagos, y, el atractivo físico, son, otros elementos que la ciencia ha avalado como, determinantes a la hora de despertar en otros, simpatía.

Si compartes similitudes o semejanzas con otra persona, le serás más simpático/a o te concebirá de esa forma.

La similitud puede ser de cualquier clase, e incluso, basta una semejanza pequeña para que el otro, sienta simpatía: Gustos similares en la forma de vestir, en música, en arte, en deporte, intereses similares, igual religión, igual ideología política...

Si quieres ser más persuasivo/a ante alguien, trata de hallar en esa persona, una semejanza o algo con lo que puedas apelar a la semejanza, por ejemplo, si la otra persona está usando una camiseta de un club deportivo al que asistes o de un equipo deportivo que te agrada, puedes hacérselo saber, o, decirle que usas su mismo perfume, etc. Si hallas una similitud entre tú y esa persona, y, haces consciente a esa otra persona de esa similitud, aumentarán tus probabilidades de lograr persuadirla porque le resultarás de más agrado.

El poder de los halagos para resultarle más simpáticos a los demás, es también un aspecto muy interesante sobre el principio de simpatía.

En la obra "Influencia social, Principios básicos y tácticas de influencia", la autora López Sáez Mercedes hace alusión a un estudio realizado a diversos sujetos de prueba divididos en 3 grupos, todos los cuales recibirían comentarios personales diversos. Un grupo recibiría solo elogios o comentarios positivos, otro recibiría críticas o comentarios negativos y el último grupo recibiría una mezcla de comentarios positivos y negativos.

¿El resultado del estudio?

Se les pidió a los participantes hacer una valoración de la persona encargada de hacerles los comentarios correspondientes. El mejor valorado siempre fue quien dijo elogios, aun cuando la mayoría de los sujetos de prueba eran conscientes de que lo que pretendía esta persona era ser agradable y nada más.

¿Conclusión?

Para convertirte en una persona más persuasiva no dudes en alagar o elogiar a tus interlocutores, a las personas que te rodeen y, especialmente, a quienes quieras convencer de algo.

Hablarle bonito a los demás de todas formas nos hace sentir muy bien así que ¿Por qué no?

He de advertirte como profesional, sin embargo, que no exageres con los halagos, pues, dejarás de resultarles simpático/a a las personas si notan que recurres a los elogios solo como una técnica para un interés y no con sinceridad. Mi mejor recomendación al respecto es que elogiar a otros con sinceridad se convierta en un hábito en tu vida y no sea algo a lo que recurres cuando deseas convencer solamente.

Por último, está el atractivo físico.

Seguro has notado que en las campañas publicitarias siempre eligen a personas atractivas, en algunos lugares de trabajo se escogen reclutas por su apariencia física.

La forma en la que puedes valerte de tu atractivo para resultar simpático/a ante los demás es siempre cuidar tu apariencia física. En un ambiente en el que desees especialmente persuadir, por ejemplo, a tu público durante un discurso que darás, has de hacer una buena elección de vestimenta y apariencia en general, para que, solo con tu apariencia, puedas ya tener más probabilidades de convencer.

-Principio de reciprocidad: Otro principio de la persuasión es el de la reciprocidad. Resulta que se ha comprobado que, las personas tienen gran tendencia a devolver favores (Algo inculcado por la sociedad), por lo que, si le regalas algo a alguien es bastante probable que te regalen en la siguiente ocasión, si le haces un favor a alguien, es bastante probable que te lo devuelvan, si invitas, aumentarán las probabilidades de que en otra ocasión seas invitado, si das, aumentan tus probabilidades de recibir de regreso.

Hoy en día estudios han revelado que incluso, somos propicios a contar intimidades a alguien que nos ha contado las suyas primero.

Debes haber experimentado los efectos de este principio alguna vez en tu vida. Si alguien te regaló algo para navidad, tú, sentiste como obligación moral, una necesidad de retribuírselo, y, le regalaste en su cumpleaños o en la siguiente ocasión especial, a aquel compañero de trabajo que te ayudó en X apuro, te esforzaste por ayudarlo cuando le viste en apuros, a aquel compañero de clases que te prestó sus apuntes, no tuviste ningún inconveniente, en prestarle tus apuntes la ocasión en que los necesitó. De hecho, te sentiste realmente bien con el hecho de poder retribuirle.

Cuando la neurociencia descubrió este principio comenzó a ser utilizado en los ámbitos donde se requiere de persuasión, como por ejemplo en ventas. No es poco usual que una empresa ofrezca regalos a sus posibles clientes: Descuentos, un bolígrafo, etc, como forma de promoción, y es que resulta bastante efectivo porque se activa en las personas el principio de reciprocidad y, como forma de retribución optan por comprar. Al menos la mayoría.

Cialdini, el psicólogo, estudioso y escritor a quien prácticamente le debemos hoy día conocer a tanta profundidad los principios de la persuasión, realizó un estudio relacionado con el principio de la reciprocidad, un curioso estudio en el que se observó un aumento significativo en el porcentaje de propina que recibían los trabajadores de un restaurante, si, colocaban caramelos, o, una galleta de la fortuna junto con la cuenta de los clientes, porcentaje que aumentó aún más significativamente cuando tras recibir dicha propina el trabajador beneficiado volvía a la mesa a agradecer a los comensales, elogiando la amabilidad de la propina dada.

Puedes valerte de este principio para convertirte en una persona más persuasiva. Por ejemplo, en un ambiente de trabajo, clases, o, incluso, en casa, podrías cooperar con quienes te rodean si deseas que los mismos se muestren más colaborativos, y, cooperen contigo en el futuro. Si eres empleador podrías ofrecer un día libre a tus trabajadores de forma que con bastante probabilidad se muestren cooperativos si necesitas que trabajen en fechas en donde no les corresponda...

En líneas generales tendrías que incentivar a alguien a mostrarse más colaborativo, ofreciendo colaboración, o incentivos en general con tu ejemplo, apoyo, favores, etc. Si deseas un favor de alguien sería prudente ofrecerle un favor primero y así sucesivamente.

Dependerá de la situación cómo uses este principio, pero, ahora que sabes de su existencia es seguro que no lo vas a desaprovechar en las ocasiones en las que puedas valerte del mismo.

-Principio de coherencia: A un grupo de vecinos en un barrio concurrido por automóviles en donde estaban ocurriendo muchos accidentes automovilísticos se les pidió que colocaran un cartel frente a sus casas incentivando a manejar con prudencia. El cartel era grande y, por estética, pocos aceptaron. Nadie quería un gran cartel, de, "cuidado al conducir", llamando la atención a la entrada de su casa.

Al siguiente grupo de vecinos se les pidió lo mismo, pero con un cartel muy pequeño. Un mayor número de personas se mostró colaborativa en esta ocasión. A la semana siguiente se hizo la misma petición a este segundo grupo, pero, respecto a un cartel más grande, y, casi todos los que habían accedido a colocar el cartel pequeño, accedieron.

Este es otro principio de la persuasión que, avala la neurociencia. Un principio que tiene que ver con la tendencia humana (Una tendencia psicológica) a ser coherentes o, congruentes con nuestros actos o decisiones pasadas.

Si decimos que vamos a hacer algo, lo normal es esforzarnos por cumplir, y esto se debe a este principio de coherencia de la persuasión. Si actuamos de determinada forma, lo más probable es que seamos consistentes con ese actuar en una ocasión posterior... Un principio al que nos adherimos básicamente como presión, porque, sabemos que no son confiables las personas que no son coherentes entre lo que dicen y lo que hacen, las que no cumplen sus promesas, etc. Ante la sociedad no son de fiar...

Normalmente este es un principio aplicado en marketing de formas diversas y hasta por políticos donde, por ejemplo, en el caso del marketing, por intermedio de un anuncio se incita a usuarios a responder un formulario preguntando si les gustaría recibir correos sobre tal temática. Los que responden afirmativamente en esos casos se muestran más receptivos cuando reciben la información aludida, porque, ya antes, han manifestado que están de acuerdo en recibir dicha información. En política suele aplicarse lo mismo por medio de encuestas.

Podrás valerte de este principio con estrategias, si, tu intensión es ser persuasivo/a como líder, en marketing, política, etc. Lo que tendrías que hacer es lograr que las personas en quienes desees influir se comprometan a cumplir determinado compromiso, uno pequeño al principio. Así, estarán más receptivas a cumplir con un compromiso mayor (Hacia el que queramos persuadirlas), en el futuro. Pero, en líneas generales para convertirte en una persona más persuasiva con ayuda de este principio te recomiendo: QUE SEAS COHERENTE, QUE HAYA CONGRUENCIA ENTRE LO QUE DICES Y LO QUE HACES.

Esa coherencia te hará ver más confiable entre las personas que te rodeen y solo por eso ya serás más capaz de persuadir a las personas a tu alrededor.

-Principio de aprobación social: Es de conocimiento general que los seres humanos solemos ser influenciados por nuestro entorno y, por las personas de las que nos rodeamos. También por aquellos a quienes admiramos.

No se puede vivir de la aprobación social, porque ello implica falta de autoestima, pero, incluso entre quienes tienen buena autoestima aplica muchas veces este principio de la persuasión, cierta necesidad de aprobación porque los seres humanos necesitamos tan siquiera una mínima dosis de ello.

El principio de aprobación social de la persuasión tiene que ver con la tendencia psicológica de confiar en lo que las personas que nos rodean, especialmente con quienes tenemos cierto tipo de similitudes, les gusta.

Si alguien con gustos similares, en edad similar a nosotros, a quien admiramos, etc, tiene X tipo de comportamiento, estaremos inclinados a seguir sus pasos.

Con seguridad has comprado algún producto, influenciado/a por este principio, aún si no lo conocías antes de leer este escrito. Probablemente en alguna ocasión decidiste ir a X restaurante, y no a otro porque un amigo o familiar te dijo que era excelente, probablemente en alguna ocasión escogiste X producto del mercado y no otro similar porque ese producto particular parecía preferirlo mayor número de personas.

Si tantos lo compran debe ser muy bueno ¿No?, esa es la premisa de este principio de persuasión.

Este es un principio que explica por qué hoy en día existen los llamados influencers. Esas personas con muchos seguidores en redes sociales, que, trabajan con publicidad porque, si recomiendan un producto es seguro que muchos de sus seguidores lo aceptarán. Y lo aceptan porque en ellos rige el principio de la aprobación social.

Para aplicar este principio y ser persuasivo en algo que desees puedes proponerte hacer ver a esa o esas personas a quienes desees persuadir que otras personas ya aceptaron tu petición o propuesta, o lo que plantees: "80% de los trabajadores de la empresa aceptaron participar", o "Mis amigos, mis socios, X personas me recomendaron ese lugar, ese evento, a X persona, X servicio, lo que sea, y dicen que es increíble", pueden ser palabras que utilices con intensión de valerte de este principio para persuadir.

-Principio de autoridad: No es coincidencia que en los anuncios de medicamentos aparezca un doctor recomendando X producto, o, que en los anuncios de pasta dental informen que X pasta dental es recomendada por odontólogos. Eso está sustentado en otro principio de la persuasión que es el principio de la autoridad.

El ser humano tiende a confiar en lo que dice una persona con autoridad en un medio porque, concibe a esas personas como personas de más conocimiento y experiencia y, por ende, sus opiniones las concibe como de validez. En síntesis: Estamos más dispuestos a ser influenciados por personas con alguna autoridad: Profesionales, líderes, científicos...

Para utilizar este principio a tu favor, ten un aval científico, habla de estadísticas, o, de opiniones de expertos, cuando trates sobre un tema respecto al que desees persuadir. Haz tus argumentos, más convincentes empleando el principio de la autoridad, haciendo alusión a alguna autoridad en tu discurso o propuestas.

-El poder de la confianza: Aunque este no es un principio de persuasión, has de saber que la confianza en ti mismo/a será TU MEJOR HERRAMIENTA para convencer. Por lo cual, más que apelar a cualquier principio de la persuasión de los antes mencionados, deberás trabajar tu confianza en ti, si quieres convertirte en una persona persuasiva.

Solo con ser una persona segura de ti misma ya tendrás cierta influencia en los demás, te será más sencillo convencer a otros.

TRABAJA TU CONFIANZA, aprende a creer en ti, a ser seguro/a de ti y, lograrás que otros crean en ti, motivados por la seguridad que les muestras.

En apartados subsiguientes se tratará ese tema con mayor profundidad. Daré recomendaciones sobre cómo puedes mejorar tu nivel de confianza.

Controla los nervios:

A nadie convencerás si pareces tú, poco convencido/a.

Cuando quieras persuadir, cuando quieras convencer, debes hablar con convicción, tu tono de voz debe ser seguro y claro, nada de hablar en un tono bajo e inseguro, tu postura ha de ser una postura de confianza, no encorvada, no cerrada (Brazos o piernas cruzadas en el lenguaje corporal indican que la persona quiere defenderse, y, solo los que se sienten inseguros tienen la necesidad de defenderse ¿No?), no debes hacer gestos nerviosos...

Si quieres persuadir, si quieres convencer, nada de ti puede delatar nerviosismo o inseguridad.

Si llega alguien a recomendarte un producto, pero, no parece creer en su propia recomendación, se muestra nervioso... Por obvias razones no le creerás, no le harás caso.

Trabaja entonces cómo proyectas confianza en los demás para poder convencer a otros:

-Usando un tono de voz firme y claro.

-Hablando sin trabarte.

-Recurriendo a una postura corporal propia de la gente segura de sí: Postura recta, sin cruzar brazos o piernas, hombros relajados, mirar a la cara a los interlocutores...

Todo eso te ayudará a lucir seguro/a y no nervioso/a.

Lo mejor será que logres controlar tus nervios, antes de tratar de persuadir a alguien sobre algo que desees:

-Respira.

-Haz actividades relajantes previas.

-Recurre a la técnica de la visualización explicada en líneas anteriores para recrear tu conversación o discurso persuasivo perfecto y así, convencer a tu mente de que todo saldrá bien y vencer tus nervios...

Vence tus nervios. Proponte a hacerlo.

.- Comunícate de forma persuasiva:

Además de todo lo aludido anteriormente SIEMPRE opta por la comunicación no violenta a la hora de persuadir.

Cierta vez leí una frase que decía algo como: Puedes convencer más con las palabras amables que con la punta de una espada. Y, es verdad. Nadie estará dispuesto a ser convencido con violencia, con argumentos ofensivos, reproches, etc.

No des órdenes, da opciones porque la realidad es que ordenar es contrario a persuadir, convencer... Aunque se trate de tus propios hijos, por mencionar un ejemplo, te resultará más sencillo lograr lo que te propongas, convencerles... Si, les das opciones, si los persuades a elegir ciertas alternativas y no tu voluntad.

Nunca le digas a alguien que se equivoca: Esto es algo que tampoco debes olvidar cuando quieras comunicarte persuasivamente.

Cuando le dices a alguien que se equivoca, estás activando sus alarmas, lo estás poniendo a la defensiva y eso es lo contrario a lo que debes hacer. Puedes convencer a alguien de que se equivoca, pero sin mencionarlo jamás, usando argumentos válidos, valiéndote de los principios de persuasión... Solo con persuasión, convenciendo...

Si practicas las estrategias que te he recomendado, poco a poco comenzarás a convertirte en una persona persuasiva. No olvides sin embargo que necesitarás principalmente trabajar en ti: DESARROLLAR CONFIANZA. Ya he comentado que es lo que más relevancia tendrá si te propones convertirte en una persona persuasiva.

CUALIDADES NECESARIAS PARA

UN BUEN FEEDBACK PROFESIONAL

La práctica del feedback es muy efectiva en entornos profesionales. Se sabe que puede mejorar el rendimiento de los trabajadores en una empresa o en todo ámbito profesional.

¿Qué es el feedback?

Una herramienta de comunicación, concretamente se realiza por intermedio del mismo una retroalimentación donde se puede motivar al otro, hacerle ver sus puntos débiles y fuertes con el fin de mejorar.

Un buen feedback profesional requerirá de:

-Comunicación asertiva. La única forma de llevarla a cabo es no realizando el feedback preso de ninguna emoción negativa. Primero controla tus emociones, piensa en lo que vas a decir, en cómo lo dirás. Asegúrate de poder tratar un punto positivo (Lo que esa persona hace bien), para poder tratar luego el negativo (Lo que hace mal). La intención del feedback ha de ser una mejora, misma que no obtendrás si haces sentir mal a la otra persona, incapaz, etc, en lugar de hacerle ver un punto sobre el que debe trabajar para potenciar sus cualidades y rendimiento.

RECUERDA QUE IMPORTA MÁS CÓMO SE DICE ALGO A QUÉ SE DICE. Cuida tus formas: Lo que dices, prepara tus palabras... Vigila tu tono de voz, habla con amabilidad, etc.

El feedback informa, no hay lugar para las críticas o para juzgar, en él. La empatía es clave.

-Se debe ser directo.

DIRÍA QUE LAS CUALIDADES DE UN BUEN FEEDBACK PROFESIONAL SE REDUCEN A POSEER INTELIGENCIA EMOCIONAL PARA ENTENDER CÓMO SE SIENTE O PUEDE SENTIR LA OTRA PERSONA, EMPATÍA, Y HABILIDADES SOCIALES PARA SABERSE COMUNICAR.

Equilibrio en las decisiones

¿Quieres tomar siempre las mejores decisiones no es así? ¿Quién no querría eso? Pero, la pura verdad es que, tomar decisiones siempre va a implicar riesgos, aunque, la forma de tomar las mejores decisiones suele ser con un equilibrio razón-emoción.

¿Por qué?

Las emociones pueden influir de forma negativa en nuestras decisiones, por lo que, tomar decisiones basándonos solo en lo que sentimos no suele ser lo mejor para nosotros o para nadie...

¿Dirías que una persona extra enamorada toma las mejores decisiones?

Solo dejándose llevar por el enamoramiento hay personas que toman decisiones muy importantes, como casarse a la semana de conocerse, algo que a 9 de cada 10 parejas, no les funciona y terminan por separarse.

¿Por qué la gente suele afirmar que el amor es ciego?

Precisamente porque la gente enamorada, hace locuras, toma decisiones alocadas, poco lógicas, desacertadas, en nombre del enamoramiento.

La tristeza puede conducir a las personas a tomar decisiones perjudiciales para sí mismas, como, por ejemplo, perder esa oportunidad de trabajo beneficiosa por mera desgana, por estar demasiado tristes y desmotivados para asistir a la entrevista. Por otro lado, la ira suele conducir a la gente a tomar decisiones precipitadas o demasiado impulsivas, sin medir pros y contras, riesgos, nada... Por ejemplo, renunciar al trabajo después de una discusión con un compañero sin tener un plan y, sin otras fuentes de ingresos ¿Mala idea cierto?

Más adecuado para la toma de cualquier decisión, es poder razonar sobre la decisión en cuestión, analizar pros y contras sin estar bajo la influencia o presa de una emoción negativa, dominados por ella, usar los conocimientos y la lógica, pero, usar solo la razón sin el corazón, dependiendo de la decisión a tomar, podría conducirnos a tomar una decisión sin empatía, que perjudique a alguien más, para peor, a nuestros seres queridos... Por otro lado, decidir solo por lógica o con la razón, sería decidir de forma egoísta, pensando solo en beneficios... Nuestro lado más humano y sensible puede sentir culpabilidad debido a ello.

¿Crees que pensar solo en los beneficios es una decisión acertada? Entonces piensa en esta lógica: "Matar a uno para salvar a varios" ¿Es cruel verdad? Y es una decisión basada solo en la lógica.

Dependiendo de la decisión a tomar no siempre una decisión meramente lógica será la más adecuada, y, la que nos haga sentir mejor.

No siempre una emoción perjudicará nuestra toma de decisiones, además. Hay emociones que nos motivan, que nos permiten automotivarnos, y con ello, tener la determinación de lograr lo que nos propongamos, además de ayudarnos a mantener nuestras decisiones por más tiempo y no fluctuar tanto en ello, como por ejemplo el interés... También basándonos en emociones propias o ajenas podemos tomar decisiones más empáticas, que nos beneficien sin perjudicar a otros, sin dañar nuestros vínculos...

Sin embargo, solo basándonos en una emoción erraremos, por lo que debe reinar el equilibrio: RAZÓN – EMOCIÓN, como he referido en un principio.

Lo ideal es aplicar conocimientos y lógica, poder evaluar pros y contras, entender el alcance de X decisión, y, consultar también con la emoción, pero, sin que esta domine, desde la serenidad de, entender la emoción, pero, controlando su nivel de influencia en nosotros (Lograr esto solo es posible si entiendes cómo una emoción te suele hacer reaccionar, con autoconsciencia emocional)

La figura del jinete y el caballo

En psicología la figura del jinete y el caballo tiene que ver con el equilibrio razón-emoción, necesario para la toma de decisiones más acertadas y el bienestar general. En realidad, las emociones, según los expertos son la base del raciocinio, y lo son porque entendiendo cómo nos sentimos podemos encontrar la respuesta a muchos por qué.

La relación entre un jinete y su caballo se asemeja a la que tiene nuestra mente racional y nuestra mente emocional. Siendo que el cerebro precisamente se divide en esas dos partes.

El jinete sería el racional del vínculo, y el caballo, el emocional, puro instinto donde el jinete proporciona la lógica.

Siendo que el caballo no puede razonar, lo lógico, el equilibrio, lo ideal, es que el jinete aprenda a dominar al caballo para que su impulsividad no lo conduzca a tomar decisiones desacertadas, el jinete debe guiar.

Ante tiempos favorables el jinete tendrá más fácilmente el control. El caballo usará su energía, su ímpetu, en los objetivos que el jinete quiera alcanzar mientras cabalga sobre él, pero, basta un tiempo desfavorable, el ruido intenso de un trueno, por ejemplo, para que el caballo se asuste, se angustie, se colme de emociones negativas y actúe por instinto, resistiéndose al jinete. Es allí donde el jinete debe actuar con inteligencia y, usar las herramientas a su alcance para mermar los impulsos del caballo y recuperar el control a sabiendas de que a nada bueno lo conducirá cabalgar sobre un caballo actuando por mero impulso y aterrado.

LA NEUROCIENCIA

Es la neurociencia una ciencia compleja que estudia el también complejo funcionamiento de nuestro sistema nervioso (Cómo funciona el cerebro).

Esta es una ciencia que ha estudiado la estructura, función, desarrollo y todo lo relacionado con nuestro cerebro, cómo pensamos, cómo sentimos, cómo memorizamos, cómo la actividad del cerebro nos genera cierta conducta, o, actuar de cierta forma, cómo funcionan nuestras neuronas...

Lo que se sabe de la inteligencia emocional en gran parte se lo debemos a la neurociencia, el arte de la persuasión es efectiva porque existe la neurociencia y, por ende, es posible entender cómo se puede convencer al cerebro... El aprendizaje puede hacerse más efectivo si se aplican las bases descubiertas por la neurociencia. Muchísimo le debemos a esta grandiosa rama de la ciencia.

Aprendizaje y neurociencia

El aprendizaje y la neurociencia se encuentran estrechamente ligados porque, los aportes de la neurociencia, el conocimiento que esta ha permitido tener sobre el funcionamiento cerebral, pueden usarse para diseñar métodos de enseñanza mucho más eficaces que, los métodos que se usaban antes de tener conocimientos profundos sobre el funcionamiento del cerebro y la forma en que aprendemos.

Concretamente la neurociencia ha aportado información sobre el proceso de enseñanza-aprendizaje. ¿Cómo el cerebro procesa la información, cómo se aprende? ¿Cómo recuerda el cerebro? ¿Cómo influyen las emociones en el aprendizaje?

En ese sentido, aplicando la neurociencia a estrategias o metodologías de aprendizaje, los docentes pueden entender cómo aprenden sus estudiantes y satisfacer sus variadas necesidades de aprendizaje, bajo la certeza que también le debemos a la neurociencia, de que, no todo el mundo aprende del mismo modo y de que hay que estimular distintas formas de aprendizaje, para que la enseñanza sea eficaz.

Aportaciones de la neurociencia

para mejorar el acto de pensar

Es interesante conocer los aportes de la neurociencia en el acto de pensar. Haré referencia a los más importantes a continuación:

-Es la motivación, la base de todo aprendizaje: Gracias a la neurociencia conocemos que sin motivación el proceso de aprendizaje se dificulta. Siendo la motivación en el aprendizaje, un combustible vital sin el cual básicamente no es posible aprender.

-La neuroplasticidad: Básicamente lo que implica, el aporte de la neuroplasticidad en el acto de pensar es que, nos volveremos cada vez más cerrados a pensar de forma diferente, más resistentes al cambio, sí, hacemos siempre las cosas de la misma forma y, no permitimos en nuestra vida la novedad. Ello debido a que, nuestro cerebro está compuesto por redes neuronales que guardan nuestros conocimientos y que interactúan entre sí. Cuando hacemos siempre lo mismo reforzamos nuestras redes neuronales existentes: Nuestra forma de pensar y conocimientos usuales, pero, si nos permitimos la novedad se van creando nuevas redes neuronales en el cerebro que, nos facilitan aceptar nuevas formas de pensar y los cambios.

-Casi la mitad del tiempo la mente se encuentra en piloto automático rumiando de un pensamiento a otro, pero, cuando se trata de pensamientos negativos se suele rumiar sobre ese mismo pensamiento constantemente, por lo que, vencer pensamientos negativos requiere en parte, que, los transformemos en pensamientos positivos para que nuestra mente automática pueda rumiar en ellos y mejorar nuestro estado de ánimo (Pensar más en positivo). Al proceso transformador al que me refiero es a la programación mental. Explicaré sobre ello en líneas subsiguientes.

-Surgen mejores ideas cuando escribimos a mano: Hoy en día la gente hace mucho uso del ordenador pero, la neurociencia ha descubierto que la conexión motora para escribir a mano fortalece elaborar mejores ideas.

Si deseas pensar en mejores ideas sobre un tema, coge papel y lápiz. Interesante forma de aplicar la neurociencia a la vida cotidiana...

¿CÓMO INFLUYE NUESTRO ENTORNO EN NUESTRA FORMA DE SER?

• Influye tu entorno en tu forma de ser?

¿

Sí

SOMOS SERES SOCIALES Y ESO IMPLICA TANTO QUE PODEMOS INFLUIR EN LOS DEMÁS COMO QUE, LA GENTE CON LA QUE NOS RELACIONAMOS INFLUYE EN NOSOTROS.

Si vives rodeado/a de personas perezosas e improductivas, lo más probable es que tiendas a la pereza también, si te rodean personas pesimistas te terminarán contagiando el pesimismo. Por el contrario, si te rodeas de personas motivadas, a ti también te motivarán o inspirarán, si te rodeas de personas alegres te colmarán de alegría.

LOS EXITOSOS SE RODEAN DE EXITOSOS. ES UNA REALIDAD. Cuidado con quien pases demasiado tiempo.

¿Son las personas que te rodean, personas que aportan o suman a tu vida? Es momento de que reflexiones sobre ello porque de lo contrario la inteligencia emocional no estará a tu alcance.

En tu proceso de desarrollar inteligencia emocional será importante que te rodees de personas positivas y que, te alejes de las negativas. Ya cuando aprendas a lidiar con la negatividad de otras personas, y, la propia, cuando aprendas a gestionar tus emociones y las críticas que recibas, podrás decidir si frecuentar a esas personas o no, por ahora, durante este proceso mantente alejado/a. Es mi mejor recomendación al respecto.

El cuerpo y el espacio

¿Es importante la relación que tienes con tu espacio? ¿Tienes una buena relación entre tu cuerpo y el espacio que te rodea?

He de mencionar al respecto que, muchas personas por un evento traumático, por haber crecido en el marco de una familia disfuncional o violenta, por haber sido lastimadas, se cierran en su interior, es como si se cerraran dentro de sí mismas, y por ello, no tienen una buena relación con el espacio que les rodea porque lo sienten y conciben hostil.

Este ensimismamiento es un mecanismo de defensa a forma de no sentir dolor o negatividad nuevamente, pero, es perjudicial porque si bien, no experimentas dolor porque no te permites relacionarte ni intervenir en tu entorno o espacio, te cierras a vivir experiencias maravillosas, a sentir lo positivo... DEMÁS ESTÁ DECIR QUE SI ESTA ES TU SITUACIÓN NO PODRÁS DESARROLLAR INTELIGENCIA EMOCIONAL HASTA SOLVENTARLA.

No hay bienestar alguno en vivir desde el ensimismamiento concibiendo el espacio como un lugar hostil.

Hay que comenzar a trabajar poco a poco la relación con el entorno si se quiere superar este aspecto desfavorable. La ayuda profesional suele ser requerida cuando hay demasiada dificultad, pero yo sugiero que trabajes en adquirir consciencia de tu espacio.

Cuando salgas fuera no salgas con audífonos y no te entretengas con el celular, en su lugar, presta atención a tus sentidos, a cómo tu cuerpo se relaciona con el espacio, a la información que recibes de él.

¿Qué puedes oler, sentir, ver? Trata de centrar tu atención en aromas y elementos agradables: El cantar de los pájaros, una conversación amena.

Descálzate y pisa la tierra, es una sensación agradable que nos brinda seguridad.

¿Por qué esto puede ayudarte?

Se tratará de que poco a poco vuelvas a sentirte seguro/a en tu entorno, y cuando lo logres, podrás estar abierto/a a más mejoras.

¿CÓMO DESCUBRIR, DESARROLLAR TUS TALENTOS Y CUALIDADES, Y COMO SACARLES EL MAYOR PROVECHO O POTENCIARLOS?

¿Conoces cuáles son tus talentos y cualidades? Hacerlo es importante para que conozcas tu potencial, de qué eres capaz, cómo podrías potenciar esos talentos para obtener el máximo beneficio y más...

En caso de trabajar en equipo, conociendo tus talentos y cualidades sabrás qué puedes aportar.

¿Cómo hacerte consciente de tus talentos y cualidades?

Responderte las siguientes preguntas ayudará:

-¿En qué soy bueno/a?

-¿En qué destaco?

-¿Qué sé hacer muy bien?

-¿Cuáles son mis cualidades más destacadas?

Este será un proceso de autoconocimiento. Podrías pedirles a personas cercanas, o con quienes hayas trabajado, que te describan lo que crean, son tus puntos fuertes o cualidades. Podrías descubrir muchas cosas de ti gracias a ello.

Cuando descubras tus puntos fuertes podrás potenciarlos si lo deseas: ¿Cómo? Fortaleciendo esa cualidad con entrenamiento, mediante cursos, capacitaciones, etc.

¿Cómo sacarle el máximo provecho a tu potencial o cualidades?

Pregúntate para qué puede servir eso que sabes hacer tan bien. Infórmate al respecto investigando. No olvides que por internet puedes acceder a la información que desees, pregunta a otras personas que trabajen o se dediquen a actividades relacionadas con tus talentos, infórmate, piensa y crea una lista de ideas con la técnica de lluvia de ideas.

Si puedes responder esa pregunta podrás beneficiarte de tus cualidades y talentos de forma importante.

Autoestima

¿La autoestima y la inteligencia emocional se relacionan? La respuesta es un SÍ porque, desarrollar inteligencia emocional puede potenciar nuestra autoestima de forma indirecta, contribuir a que podamos mejorarla...

¿Cómo?

Empezaré por explicar qué es autoestima. La autoestima tiene que ver con el autoconcepto que cada quien tiene de su propia persona o de sí mismo, cómo se percibe una persona: "Buena, bonita, capaz" (Autoestima sana), o "Poco parecida, insuficiente, incapaz" (Autoestima baja). Es básicamente la opinión que alguien tiene de sí mismo, misma que puede ser positiva o negativa.

Alguien que tiene autoestima negativa, es alguien que no puede confiar en sí mismo, que no se valora o estima y a quien le suelen abrumar emociones negativas por ese mismo hecho. Por ende, también es alguien que no posee inteligencia emocional. Si esa persona se vuelve capaz de controlar la negatividad que le producen sus emociones con inteligencia emocional, su autoestima mejorará.

La relación entre la autoestima y la inteligencia emocional tiene que ver con la forma en que desarrollamos la opinión o autoconcepto sobre nosotros. La vamos desarrollando de experiencias emocionales. Por ejemplo, si hiciste bien lo que te propusiste y lograste una meta que para ti era importante, si te rodean personas que te motivan, que te elogian por tus logros... Esas experiencias ayudarán a que tu autoconcepto sea positivo, pero, supongamos que fracasaste en la consecución del objetivo que deseabas lograr y, que te rodean personas negativas que solo te juzgan y critican duramente todo el tiempo. Sin inteligencia emocional, lo más probable es que esas experiencias afecten tu autoconcepto, tu autoestima: "No puedo, soy incapaz, soy un fracaso".

La forma en que gestionemos nuestras experiencias emocionales determina cómo desarrollamos autoestima, si nuestro autoconcepto es bueno o malo, lo que influye en el nivel de la autoestima en sí.

En el caso del ejemplo del fracaso y la crítica. No por vivir esas experiencias necesariamente tu autoconcepto será pobre y autoestima baja, dependerá de cómo dejes que te afecte. Con inteligencia emocional, se puede ser resiliente ante el fracaso, no verlo como un fracaso total, encontrar la motivación para seguirlo intentando, con inteligencia emocional se puede hacer un buen manejo de las críticas así que alguien en esa situación que no se deje abrumar por lo negativo, no verá afectada su autoestima.

Es entonces tan importante la inteligencia emocional para desarrollar una autoestima inquebrantable, que no fluctúe sin importar las circunstancias...

Es recomendable que tanto la autoestima como la inteligencia emocional se trabajen por separado, pero, ten por seguro que, mejorando tu inteligencia emocional, tu autoestima mejorará también.

Si quieres trabajar a profundidad tu autoestima te recomiendo mi primer libro: "El poder de creer en ti".

Aceptarte a ti mismo/a

¿Qué implica aceptarte y por qué es importante en general y, para la adquisición de inteligencia emocional?

Desde una concepción pobre de tu propia persona, bajo la creencia de que eres tus errores, eres ese/a que ha tomado malas decisiones reaccionando desde sus emociones negativas... Difícilmente logres adquirir inteligencia emocional y autoestima ¿Por qué? Porque la desmotivación estará presente en ti, actuando como un saboteador de tus intensiones.

DEBES ACEPTARTE PARA CONCEBIRTE MERECEDOR/A DEL BIENESTAR QUE LA INTELIGENCIA EMOCIONAL TE PUEDE APORTAR, DE LO CONTRARIO TU COMPROMISO NO SERÁ SUFICIENTE CON ESTE PROCESO QUE REQUIERE QUE LE PONGAS MUCHAS GANAS.

Tal vez porque menciono que es un proceso que puede implicar solo 21 días algunos puedan creer que se trata de algo fácil, y lo es, pero, solo en quienes estén lo suficientemente comprometidos ¿Cómo podrías comprometerte si no te aceptas? Difícilmente porque, no aceptarte es no valorarte, no creerte o merecedor/a o suficiente, ni capaz...

Es importante que te aceptes a ti mismo o a ti misma, incluso ahora, que aún no has desarrollado inteligencia emocional, A PESAR DE CADA DEFECTO, DEBILIDAD, ERROR COMETIDO... AUNQUE NO TENGAS INTELIGENCIA EMOCIONAL EN ESTE MOMENTO Y SEAS UN MAR DE TRISTEZA, RABIA, RESENTIMIENTO, CULPABILIDAD...

Nadie, ABSOLUTAMENTE NADIE EN EL MUNDO, es perfecto. La persona más aparentemente perfecta que conozcas, alguien a quien admires, también comete errores, también se equivoca, también se deja llevar a veces por sus emociones... Probablemente esté en este momento trabajando su inteligencia emocional porque, incluso las personas exitosas, necesitan trabajarla, desarrollarla...

Se sabe de muchos artistas sumidos en depresiones, ansiedad, drogas... Los mismos empresarios, deportistas... También las personas famosas padecen estos males, se dejan embargar por la negatividad.

El ser humano no es compatible con la perfección y es algo que agradecer ¿Por qué? Porque no ser perfectos nos conduce a aprender, a poder mejorar...

Sí, esta es una obra cuyo contenido ha sido creado con el objetivo de ayudarte, de contribuir con el desarrollo de tu inteligencia emocional, de que desarrolles autoconfianza, motivación, autoestima... De que te conviertas en una persona capaz de gestionar sus emociones, tomar buenas decisiones, comunicarte asertivamente... Pero, ni así serás perfecto/a porque no se trata de eso. Debes aceptar tu imperfección porque está bien, siempre que apuntes constantemente a tu mejora y bienestar.

Considero necesario aclarar que NO ERES TUS EMOCIONES porque las emociones como he explicado en líneas anteriores, son reacciones ante estímulos, reacciones automáticas, tú no decides cómo sentir, ni siquiera desarrollando inteligencie emocional, pero si puedes decidir cómo reaccionar, cómo te va a afectar... El alcance que esa emoción va a tener en ti...

Por eso es importante que no te definas como alguien iracundo, triste, culpable: NO ERES ESAS EMOCIONES. ERES TÚ, UN SER HUMANO MARAVILLOSO COMO CUALQUIER OTRO SER HUMANO QUE MERECE BIENESTAR POR EL MERO HECHO DE EXISTIR.

ACEPTATE. Tú, por quién eres, mereces la vida más colmada de bienestar que pueda existir.

No apuntes a la perfección, solo apunta a tener las herramientas adecuadas para siempre procurar tu máximo bienestar sin importar incluso cuando falles, o, te equivoques...

Autoconfianza

Tal y como sucede con la autoestima, la inteligencia emocional y la auto-confianza se relacionan porque ¿Cómo podrías gestionar bien tus emocio-nes preso de tu inseguridad? ¿Cargando con la negatividad de la inseguri-dad?

Por otro lado, he de decir que, desarrollando inteligencia emocional po-drás volverte alguien más confiado, alguien que no deje que sus inseguri-dades tomen el control. No obstante, la autoconfianza ha de trabajarse por separado de la inteligencia emocional.

Para los que tengan dudas al respecto, la autoconfianza implica el poder de creer en ti, sentirte competente y capaz, sin importar si te equivocas o fallas, saberte capaz de mejorar si lo sigues intentando, aprender de los errores, ver los errores como oportunidades de aprendizaje y no con un matiz de negatividad...

Básicamente la autoconfianza es la base de la productividad en la vida, la necesitarás para tomar decisiones acertadas, para el logro de tus propósitos, para mermar la negatividad.

¿Cómo aumento mi nivel de confianza?

Para trabajar tu nivel autoconfianza a mayor profundidad te recomiendo la lectura de mi primera obra: "El poder de creer en ti".

Básicamente trabajar tu confianza se tratará de que:

-Dejes de temerle a los desafíos, y, te retes, corre riesgos: Al principio puedes proponerte cumplir desafíos pequeños y aumentar progresivamente su intensidad. Cumplir riesgos pequeños te irá brindando la seguridad necesaria para retarte en acciones más grandes o importantes.

-Des el primer paso: Siempre que quieras hacer algo y que, tu inseguridad te detenga: HAZLO, da el primer paso. Ten el valor tan siquiera de dar ese primer paso y aumentará tu confianza para continuar avanzando.

El primer paso siempre es el más difícil. No pienses tanto y dalo si quieres aumentar tu nivel de confianza.

-El rodearse de personas positivas: En el proceso de adquirir autoconfianza es importante elegir de quién nos rodeamos. Si te rodeas de gente que te juzga, critica o merma tu confianza, nunca desarrollarás la misma. Elige rodearte de personas positivas, que te inspiren y motiven.

-Trabajar el autoestima: La autoestima y autoconfianza se relacionan por lo que a mayor autoestima que vayas adquiriendo, mayor será tu nivel de autoconfianza.

Reprogramando mi mentalidad

¿Frecuentemente piensas en negativo?

¿Has descubierto creencias limitantes que te impiden lograr lo que quieres o tu bienestar? Por ejemplo, no puedes convencerte de que puedes ser una persona sociable, te crees incapaz de ello...

¿Cómo pensar distinto?

Implicará compromiso y un proceso de reprogramación mental.

CUALQUIER PENSAMIENTO NEGATIVO O CREENCIA PUEDES DE-JARLA ATRÁS MEDIANTE LA REPROGRAMACIÓN MENTAL.

¿Y qué es la reprogramación mental?

Convencer a tu mente de lo que tú quieras, de que puedes socializar, de que no hay nada de qué preocuparse, de lo que te convenga.

Es más sencillo de lo que parece, solo tendrás que, cada vez que un pensamiento que desees cambiar venga a tu mente: CONTRADECIRLO.

¿Cómo lo contradices?

Con el pensamiento con el que quieras convencer a tu mente.

Por ejemplo, cada vez que estés pensando ·Soy pésimo/a en las relaciones sociales", Debes repetir mentalmente: "Soy hábil en las relaciones sociales", "Soy extrovertido/a", o cualquier pensamiento que contradiga el pensamiento que quieres cambiar. En un principio solo se acallará ese pensamiento o creencia, pero, al hacer esto de forma constante, con el tiempo (No puedo hablarte de un tiempo específico porque cada quien es distinto en sus procesos), cambiará tu forma de pensar, habrás tenido éxito reprogramando tu mente.

¿El porqué de esto?

Creo que he repetido suficientes veces que PUEDES CONVENCER A TU MENTE DE LO QUE QUIERAS PORQUE TU MENTE SUBCONSCIENTE JAMÁS CUESTIONA LA VERACIDAD DE LO QUE REPITES MENTAL-MENTE.

¿Quieres iniciar un proceso de reprogramación mental?

Detecta qué pensamientos quieres cambiar, elige con qué pensamiento quieres contradecirlo y comienza tu lucha.

Gestión de las críticas

Parte del desarrollo de tu inteligencia emocional devendrá de que aprendas a hacer una correcta gestión de las críticas que recibas ¿Por qué? Porque a falta de inteligencia emocional una crítica prácticamente podrá destruirte: Mermar tu autoestima y confianza, colmarte de ira o tristeza, hacerte perder el control...

A las personas las críticas no les suelen agradar, pero, ellas son importantes para el aprendizaje. Podemos aprender y mejorar gracias a una crítica, por eso recibe las críticas que te den con mente abierta, eso sí, gestionándolas de manera correcta a fin de poder decidir acertadamente si te conviene esa crítica recibida o no, y, cuánto te va a afectar, qué decidir al respecto...

NO PUEDES CONTROLAR QUÉ CRÍTICA RECIBES, PERO SÍ DECIDIR CÓMO SENTIRTE AL RESPECTO.

Recomendaciones para una adecuada gestión de críticas:

-Trabaja tu confianza para que se vuelva inquebrantable. Así evitarás que se derrumbe por una mera crítica.

Hasta los artistas famosos, los grandes deportistas, los grandes empresarios, reciben críticas. Imagina que perdieran la confianza y dejaran de actuar, jugar profesionalmente o emprender por las críticas que reciben. Tú no puedes permitirlo tampoco. Solo válete de las críticas si te impulsan hacia adelante. Si son destructivas, mejor es ignorarlas.

ANALIZA SIEMPRE LA NATURALEZA DE UNA CRÍTICA ¿Es constructiva o ha sido hecha con la mera voluntad de molestar? ¿Hay verdad en lo que están diciendo? ¿Solo son insultos?

Si una crítica no tiene ningún aporte, solo negatividad, ha de ser una crítica destructiva. Sin embargo, podrías no asumir, y, decidir hablar con esa persona para indagar más en sus razones. Si adviertes que no hay razones justificables, o, que esta persona no parece querer razonar, aportar, etc., sino solo ofender. IGNORA LA CRÍTICA REALMENTE, date cuenta de que solo fue hecha con mala intensión ¿Para qué prestar atención a una crítica hecha con mala intensión?

-No respondas al momento: Si pierdes el control por una crítica dejarás que te afecte. Además de que podrías tomar decisiones precipitadas al respecto. Tómate tu tiempo para responder (En caso de necesitar hacerlo porque, si no lo deseas, nada te obliga).

Distráete en otra cosa, respira, medita... Solo responde una crítica que te haya afectado cuando no te sientas abrumado por alguna emoción que te generó.

-NO TE HAGAS LA VÍCTIMA: ¿Te criticaron muy negativamente? No por eso debes renunciar a tus objetivos o perder la confianza en ti, si lo haces estarás asumiendo el papel de víctima. Descarta ese papel y, sé el o la protagonista de tu vida.

A Disney alguien le dijo que no tenía creatividad, a la cantante Shakira alguien alguna vez le dijo que no cantaba muy bien... La mayoría de los exitosos recibió duras críticas, pero, llegaron a donde llegaron porque siguieron adelante. Toma también esa actitud.

¿Cómo mantener un cerebro activo?

Para tu máximo bienestar es importante que mantengas siempre tu cerebro activo y joven a pesar del paso del tiempo. Por ende, me pareció importante mencionar cómo puede mantenerse el cerebro activo.

La neurociencia nos ha brindado claves para ello, a saber, las siguientes:

-Las buenas relaciones sociales: Entorno a las buenas relaciones nuestra mente se mantiene sana y nuestro cerebro puede mantenerse activo: Relacionarse implica todo tipo de procesos cerebrales para poder comunicarse, entender a los interlocutores... Es favorable para mantener el cerebro sano.

-Ejercitar la memoria: Ejercitar tu memoria es una de las mejores formas de mantener tu mente activa.

¿Cómo la ejercitas?

Tienes muchas opciones para elegir: Podrías responder crucigramas, jugar al ajedrez, memorizar una canción o poesía, un número de teléfono... Lo que quieras.

-Adquirir nuevos conocimientos: Favorecer la plasticidad cerebral, la creación de nuevas redes neuronales en el cerebro es saludable para el mismo y lo mantiene activo. Favorécela adquiriendo nuevos conocimientos o habilidades: Inscríbete en un curso, lee sobre un tema del que desconozcas, aprende un idioma nuevo, lo que prefieras.

-El ejercicio: Cuando nos ejercitamos nuestra frecuencia cardíaca aumenta, y, con ello el oxígeno llega a nuestro cerebro con mayor facilidad, lo cual lo beneficia. Además de que el ejercicio libera hormonas que bajan nuestro nivel de cortisol, la hormona del estrés y con ello, mantiene nuestra mente colmada de bienestar.

¿Cómo fijar y alcanzar objetivos?

Este es otro de los temas tratados en esta obra, que, profundizo en mi primer libro: El poder de creer en ti, por lo que, si quieres saber más al respecto te recomiendo su lectura:

¿Cómo puedes alcanzar tus objetivos? Primero debes fijártelos, tener claridad respecto a lo que quieres conseguir. Nunca conseguirás algo si no sabes lo que quieres. Saber lo que quieres, fijarte un objetivo general a conseguir te dará un rumbo para encaminarte a lograr lo que te propones.

Teniendo claridad de lo que deseas lograr podrás planificarte.

Lo primero será fijarte objetivos a corto, mediano y largo plazo que te conduzcan a tu objetivo principal. Con estos objetivos planteados podrás indagar sobre qué recursos necesitas para lograr cada objetivo.

Pregúntate y reflexiona si posees esos recursos necesarios ¿No es el caso?

Plantéate entonces formas de obtener esos recursos: Si es un conocimiento del que careces, podrías inscribirte en un curso, si es dinero podrías plantearte formas de conseguirlo: Pedir un crédito, ahorrar, encontrar socios... INVESTIGA, INFÓRMATE.

HAZTE CON TALES RECURSOS. Hecho esto ve cumpliendo cada objetivo a corto, mediano y largo plazo planteado hasta lograr lo que te hayas propuesto.

ESTE ES EL PROCESO A SEGUIR PARA LOGRAR TANTO PEQUEÑOS COMO GRANDES PROPÓSITOS CON ASERTIVIDAD.

21 DÍAS DE EJERCICIOS

¿ Estás listo/a para desarrollar inteligencia emocional?

En este punto cuentas con los conocimientos necesarios para pasar de lo teórico a la práctica, para empezar a descubrir tu potencial, dominar tus emociones, fortalecer tu mente, autoestima y autoconfianza para alcanzar relaciones personales y profesionales más exitosas

Los siguientes serán ejercicios que en 21 días te permitirán encaminarte hacia el desarrollo de tu inteligencia emocional: Ganar autoconsciencia, conocerte mejor, poder dominar tus emociones en lugar de dejar que te dominen, desarrollar empatía, mejorar tus relaciones sociales, ganar autoestima y autoconfianza. No obstante, recomiendo que este sea un proceso que lleves a cabo toda tu vida. Siempre te beneficiarás de la inteligencia emocional así que practícala siempre para gozar de máximo bienestar y aprovechar en todas las etapas de tu vida, las oportunidades que este tipo de inteligencia, te traerá.

Recomiendo además que adquieras una libreta porque algunos de los ejercicios supondrán, escribir o llevar un registro.

-Día 1:

Durante el transcurso del día:

Adquiriendo autoconsciencia emocional:

El primer día de ejercicios comenzará contigo entendiendo un poco más de tus emociones.

Para el desarrollo de la inteligencia emocional como he expresado durante el desarrollo de este escrito, necesitas entenderte. Si tú no entiendes cómo te sientes, no podrás entender a otros y tampoco dominar tus emociones.

¿Cómo podrías dominar emociones que no conoces que sientes?

Que tu día transcurra con normalidad, pero, al menos 5 veces en ese día detén lo que estés haciendo para centrarte en lo que estés sintiendo. Por ejemplo, supongamos que te encuentras realizando una labor en tu trabajo que sueles hacer de forma automática, por decir algo: Te encuentras sellando documentos. Para llevar a cabo este ejercicio tendrías que por un momento detener tu actividad y preguntarte ¿Cómo me siento?

En ese momento habrías de indagar en tus sentimientos o emociones: ¿Me siento bien? ¿Estoy cansado/a? ¿Me da hastío esta actividad? ¿Mientras hago esta actividad mi mente está ansiosa, o estoy preocupado/a por X situación futura?

Repite el proceso sin falta por lo menos 5 veces. Pon recordatorios en tu celular o, por escrito para recordarte cuántos análisis como el anterior te faltan por completar en tu día.

En la noche:

Antes de acostarte o, en cualquier momento al anochecer en el que ya no te preocupe ninguna obligación por cumplir, dispón de la libreta que te recomendé tener contigo, que será el diario de tus emociones. Escribe allí qué emociones detectaste tener en el transcurso de tu día, lo que te ayudará a identificar tus emociones recurrentes.

Indaga sobre los sucesos que te hicieron sentir de X o Y forma. Por ejemplo, si descubriste, con el ejercicio anterior que te sentías angustiado/a, escribe porqué: Por una reunión de trabajo futura, por un viaje ¿Por qué?

Anota también tu reacción ante las emociones que detectaste experimentar. Por ejemplo, en el caso de la angustia: No parabas de pensar todo el día en el futuro catastrófico que imaginabas, no podías disfrutar de la actividad que estabas haciendo, te impidió concentrarte en el trabajo, lo que sea que te haya provocado esa emoción.

Día 2:

El mismo ejercicio anterior lo aplicarás en el segundo día de tu proceso de adquirir autoconsciencia emocional, tanto detenerte al menos 5 veces al día para analizar cómo te estás sintiendo en ese momento como, el registro en el diario de las emociones al final del día.

Al ejercicio del diario de las emociones le sumarás una actividad más: Comparar las causales de tus emociones de ese día, los sucesos que te hicieron sentir de tal forma este segundo día, con, los que te hicieron sentir así el día anterior ¿Hubo algún cambio o la situación se repitió?

Si se repite, probablemente estarás detectando un patrón que te hace sentir de X modo. Respecto a las emociones negativas o sentimientos negativos piensa entonces qué podrías hacer para dejar de sentirte de ese modo, para liberarte de la angustia, del miedo, de lo que sea que estés sintiendo.

Detectada la situación que te hace sentir de X modo y lo que produce en ti podrías tomar medidas al respecto, por ejemplo, si te preocupa una conferencia de trabajo venidera podrías prepararte para dicha conferencia, investigar y estudiar sobre el tema a tratar, así ganarías más confianza al respecto, también podrías usar la técnica de la visualización para crear imágenes mentales de la conferencia en cuestión siendo llevada a cabo de maravilla, con una participación de tu parte, excelente.

Recuerda que la técnica de la visualización puede ayudarte a convencer a tu mente de lo que sea y así, mermar emociones negativas...

Las soluciones que te plantees dependerán de las emociones que hayas descubierto, sientes, y de las situaciones que te hagan sentir así, lo que debes plantearte es qué hacer para mermar las emociones o sentimientos negativos que te embargan. Haz un listado, escribe toda idea, toda posible solución para sentirte mejor.

Día 3:

Continúa tu proceso de adquirir autoconsciencia emocional deteniéndote al menos 5 veces al día para analizar cómo te estás sintiendo en ese momento y, al final del día lleva tu registro en el diario de las emociones como en los 2 días previos, pero:

-Durante el transcurso del día practica una de las soluciones para sentirte mejor que te planteaste en el ejercicio del día anterior: La técnica de la visualización, prepararte mejor para tu conferencia leyendo o estudiando el tema de que se tratará en la misma, lo que sea. Si elaboraste un listado de soluciones, elije una de ellas para llevar a cabo este día.

-Al final del día, después de llevar tu registro en tu diario de emociones, escribe cómo te sientes. No se trata de escribir tu emoción y porqué te sientes, así como con el diario de las emociones, se trata de que dejes plasmado en papel, todo lo que llevas por dentro debido a esa emoción que experimentas recurrentemente.

En al menos 6 líneas, plasma todo lo que sientes.

Si se trata de ansiedad, por ejemplo, podrías describir el malestar, las sensaciones que te hace experimentar, lo que te duele no centrarte en lo que haces por no poder dejar de indagar en el futuro que te preocupa.

Escribe sobre cómo te sientes como si tuvieras que describirle cómo te sientes, a alguien que no sabe nada al respecto.

Te estarás liberando de parte de tu carga, así que, escribe tanto como quieras (Se vale llorar).

Día 4:

Continúa tu proceso de adquirir autoconsciencia emocional deteniéndote al menos 5 veces al día para analizar cómo te estás sintiendo en ese momento y, al final del día lleva tu registro en el diario de las emociones como en los 3 días previos.

Compara si hay cambios en tu modo de sentir respecto a los días anteriores, o, si tuviste una reacción distinta ante X emoción. Estas comparaciones te ayudarán a detectar si hay mejoras y, te ayudarán a seguir procurando mejorar. Siempre pregúntate qué pudiste hacer mejor ante tus reacciones ante X emoción. Así, en la siguiente ocasión en que te sientas así estarás más preparado/a para actuar de mejor manera.

Ahora bien, también durante el transcurso de tu día pregunta a tus personas más cercanas: Familiares, amigos, compañeros de estudios o trabajo, que, compartan tiempo contigo, que consideres, te conocen y que, consideres, te respetan, sobre tus reacciones antes determinadas situaciones que sabes que te afectan, preferiblemente ante situaciones que despierten en ti, las emociones que el diario de las emociones que has ido llevando, te haya ayudado a detectar como recurrentes en ti.

Puedes hablarles de tu proceso de desarrollo de inteligencia emocional y pedirles que se tomen un momento para pensar en tus reacciones ante ciertas circunstancias o emociones y que te las describan. Cómo sueles actuar con enfado, miedo, angustia... Puede que descubras información relevante sobre ti y tus emociones que, por tu cuenta no hayas podido detectar antes.

Día 5:

Aparta a la hora del día de tu preferencia entre 15 a 20 minutos para meditar.

Escoge un lugar tranquilo, tu jardín o tu habitación, por ejemplo. Merma distractores. Apaga el teléfono celular. Te recomiendo que coloques música clásica y un incienso. Haz del ambiente, lo más agradable que puedas, que todo a tu alrededor, transmita calma.

Entonces ponte cómodo/a. No necesitas adoptar la conocida postura de la meditación, con que estés cómodo/a, bastará.

Cierra los ojos y céntrate en tu respiración. Contrólala. Aspira por la nariz, retén el aire, suelta el aire lentamente por tu boca, sin prisa, con calma... Repite este proceso durante todo el ejercicio, solo céntrate en tu respiración.

No trates de que tu mente quede en blanco durante la meditación, de hecho, no podrás dejarla en blanco probablemente y eso te ayudará en tu proceso de adquirir autoconsciencia ¿Por qué? Porque vendrán a tu mente con seguridad, pensamientos que suelen rondar tu cabeza durante el día, incluyendo aquellos cargados de las emociones que tanto necesitas entender para comprenderte a ti.

Siempre que llegue a tu mente un pensamiento, préstale atención solo para identificarlo y luego, vuelve a concentrarte en tu respiración porque el ideal de la meditación es que logres relajarte.

Exhala lentamente una última vez antes de acabar el ejercicio y permanece un instante gozando de la calma.

Ten a la mano donde escribir cuando termines de meditar para que puedas anotar cualquier pensamiento que haya llegado a ti mientras meditabas.

Con dos propósitos exactos te ayudará la meditación: Para entenderte un poco mejor y, para relajarte, lo que es muy efectivo para la adquisición de autocontrol.

Día 6:

Elige una película para ver este día cuando dispongas de tiempo para ello. Las mejores películas para trabajar la inteligencia emocional son los dramas, pero puede tratarse de cualquiera, preferiblemente no animada.

Durante el transcurso de toda la película trata de entender cómo se sienten los personajes antes de que se expresen. Asegúrate de prestar mucha atención al lenguaje corporal, gestos, ademanes y demás. Repite las escenas si lo consideras necesario.

Esta será una excelente forma de estudiar las emociones en general, te ayudará a entender las emociones y con ello, a otros.

Recuerda que las personas se comunican más con sus gestos, postura, ademanes, etc., que, con palabras, por eso mientras más aprendas sobre el lenguaje corporal y las emociones, mejor.

Día 7:

Practica entender emociones ajenas:

Tómate unos 10 minutos de tu día, en el momento en que puedas hacerlo, para ir a un lugar público donde puedas sentarte tranquilamente a observar: Una plaza, un parque, un centro comercial, un espacio en una zona concurrida... El lugar que prefieras, lo importante es que puedas observar a otras personas y que, trates de analizar cómo se sienten. Escoge una persona al azar y evalúa su lenguaje corporal, qué te transmite su postura, sus gestos ¿Está triste? ¿Parece estar confundida? ¿Parece estar emocionada?

Evalúa a varias personas a tu alrededor. Trata de entenderlas. Serán suposiciones por supuesto, las conclusiones a las que llegarás, pero, seguramente nunca has hecho esto antes y este es un ejercicio que te ayudará a entender mejor las emociones en los demás, con lo que también podrás entender cada vez más las propias.

Al final del día, hazte con tu diario de las emociones y, dispón unos minutos para analizar cómo te sentiste a lo largo del día, y, si tus emociones te hicieron reaccionar de cualquier manera. Lleva tu registro. Si adviertes que se repitió una emoción o un sentimiento del cual lleves un registro anterior, haz comparaciones.

Día 8:

Si has seguido los ejercicios al pie de la letra habrás creado una especie de listado de soluciones ante una situación que hayas detectado, que te hace sentir de cierto modo negativo (Ejercicio propuesto en el día 2 del proceso para desarrollar inteligencia emocional). En ese sentido, pon en práctica una de las soluciones que te planteaste a fin de mermar la emoción o sentimiento negativo que esa situación específica te hizo experimentar.

Por otro lado, dispón de unos 15 minutos de tu día, a la hora de tu preferencia para realizar una actividad que consideres relajante. Recuerda que la relajación es lo opuesto a cualquier emoción negativa por lo que relajarte te ayudará con el dominio de tus emociones en general.

¿Qué actividad relajante practicar? La de tu preferencia. Algunas opciones serían:

-Meditar.

-Practicar yoga (Si no te apuntas a algún curso siempre podrás encontrar tutoriales de esta disciplina por internet)

-El contacto con la naturaleza.

-Risoterapia: Hacer actividades que te hagan reír: Reunirte con las personas que sin falta, te sacan unas carcajadas, ver videos graciosos por internet, ver una película de comedia... Lo que desees, siempre que te haga reír.

Día 9:

Dispón de al menos media hora de tu día para analizar cuáles son tus valores personales fundamentales, aquellos que te definen, los valores que sí, contrarías, te hace sentir mal.

Lleva a cabo este ejercicio incluso si piensas que conoces cuáles son tus valores personales fundamentales porque, quizás, lo que crees que son tus valores, resulta que te los han inculcado y, los valores fundamentales de cada quien son personalísimos. Recuerda que he mencionado en el desarrollo de este escrito que es importante que conozcas tus valores fundamentales personales porque, si no vives de forma congruente con ellos, las emociones negativas te abordarán y es importante que entiendas de donde surgen esas emociones. Si devienen de que no estás siendo congruente con tus valores personales fundamentales la única forma de recuperar tu bienestar será precisamente, dejando de ser incongruente y respetando lo que es importante para ti.

¿Cómo analizar tus valores personales fundamentales?

Hazte con una lista de valores generales. Mencionaré algunos a continuación:

-Justicia.

-Honestidad.

-Sentido de pertenencia.

-Familia.

-Superación profesional.

-Autonomía.

-Libertad.

- Amistad.

-Responsabilidad.

-Servicio.

-Esfuerzo.

-Optimismo.

Puedes hacerte sin dudas con una lista más larga en internet. Lo que deberás hacer es analizar qué significa cada valor para ti y preguntarte si estarías bien con no cumplir X valor particular.

¿Te afecta demasiado no ser puntual? ¿Te sentirías bien contigo a pesar de no ser puntual en cierto compromiso? Si es así ese no podría considerarse uno de tus valores fundamentales, pero, aquellos valores que consideres, no podrías dejar de lado, aquellos que, de solo pensar dejar de lado te hace sentir mal, serán tus valores personales fundamentales.

Si no puedes dedicarle mucho tiempo a esta actividad hazte con una lista de valores y, durante el transcurso del día ve analizando los valores de la lista de 2 en 2. Lo importante es que descubras cuáles son tus valores personales fundamentales.

Día 10:

Practica la escucha activa.

Elige durante el transcurso de tu día a una persona con quien conversar y, practica la escucha activa durante la conversación. Recuerda que es una forma en que puedes entender a los otros mejor, desarrollar empatía y, mejorar tus habilidades sociales.

Invita a esa persona a por un café o lo que quieras, y, dile que deseas conversar. Escúchala atentamente cuando hable, presta atención a su lenguaje corporal, no asumas nada, no interrumpas a esa persona cuando te hable... Y sobre todo nada de distraerte. Que tu foco de atención sea esa persona particular, y, la conversación que estés teniendo con ella.

Al final del día tómate unos momentos para analizar qué aprendiste sobre esa persona durante esa conversación, qué te dijo sin palabras con el lenguaje de su cuerpo. Reflexiona cómo se puede sentir esa persona según la conversación que tuvieron, el lenguaje de su cuerpo, alguna situación que esté viviendo y de la que te hayas enterado, etc.

Día 11:

Este día 11 de tu proceso para desarrollar inteligencia emocional será un día para adquirir motivación.

Dispón de unos minutos de tu tiempo para analizar lo que estás haciendo con tu vida. Para responderte ¿Cuáles son las metas u objetivos que estoy persiguiendo? Y si esas metas u objetivos te están llevando al futuro que quieres para ti, a tu vida soñada...

Imagina tu vida soñada, describe tu vida soñada y plantéate ¿Qué puedes hacer para llegar allí? Esto te puede ayudar a definir un objetivo de vida.

¿Los objetivos que sigues te están encaminando a tu vida soñada? Perfecto. Entonces planifica cómo podrías llegar a tu meta de vida. Investiga, asesórate, haz una lista con una lluvia de ideas. Pídeles a personas cercanas y de confianza que te den ideas también. Dispón de todo el día para averiguar formas de alcanzar tu meta de vida, de cumplir tus objetivos con mayor prontitud, etc. Solo con planificarte alcanzar tu objetivo de vida, te sentirás motivado/a, has la prueba y lo comprobarás.

Si no tienes metas u objetivos será momento de planteártelos. Si los objetivos que te hayas planteado alcanzar hasta el momento, no te conducen a lo que verdaderamente deseas será momento de replantearte otros objetivos.

Al final del día debes procurar tener claro un objetivo de vida ¿Qué quieres lograr que te vaya a producir verdadera satisfacción y felicidad?

Definir tu objetivo de vida o plantearte como alcanzarlo te llenará de motivación.

Día 12:

Practica la empatía. Dispón de un momento de tu día para analizar a una persona que usualmente te produzca disgusto. Puede tratarse de quien sea, el vecino que te cae mal, el jefe que nunca deja de gritarle a los demás, aquel familiar que te parece hipócrita...

Entonces pregúntate y trata de responderte con total seguridad: ¿Por qué me hace sentir así esta persona? Reflexiona y detecta en qué situaciones o, qué actitudes toma esa persona que te molestan, o hacen sentir mal y, escribe cómo te hace sentir.

Ahora pregúntate ¿Por qué esta persona puede estar tomando esa actitud o actuando de esa forma?

¿Alguna vez has actuado como esa persona? ¿Qué te hizo reaccionar así?

¿Sabes de alguna situación difícil por la que haya estado atravesando esa persona? Tal vez por eso actúa como lo hace ¿Tu no lo harías?

¿Algún conocido o amigo ha tomado las actitudes de esa persona? ¿Por qué?...

Trata de identificar posibles razones de por qué esta persona se comporta o reacciona como lo hace. Proponte comprender, aunque se trate solo de suposiciones.

Día 13:

En este día 13 de tu proceso, trabaja tus habilidades sociales: Empieza saludando a personas que conoces de vista, pero, con quienes no sueles mantener una conversación.

Durante el transcurso del día, además, hazle conversación a un completo desconocido. Puede tratarse de tu compañero de asiento en el transporte público, de alguien que encuentres dentro de una tienda, quien sea, siempre y cuando tomes el valor para hablarle a esta persona sobre cualquier trivialidad. Intenta que se dé entre tú y esa persona, una conversación, no solo un mero intercambio de palabras rápido.

Día 14:

Durante el transcurso del día proponte practicar ser más agradable ante los demás por intermedio de las neuronas espejo, esas neuronas, que, contribuyen a que aprendamos de los demás y a resultarles más agradables ¿Recuerdas?

Hacer esto te ayudará a trabajar en mejorar tus habilidades sociales.

¿Qué hacer?

Elige variadas personas para conversar, una a la vez, y, trata de imitar sutilmente su postura, o, alguno de sus gestos (Que no sea tan evidente como para que seas descubierto/a).

También puedes, adrede, colocarte en cierta postura durante la conversación, si la otra persona te imita, será una buena señal de que le estás pareciendo una persona simpática a tu interlocutor, y, que está disfrutando de la conversación.

Por otra parte, al final del día, recurre a tu diario de las emociones para llevar un registro de cómo te sentiste durante el día. Recuerda las actividades de tu día, analiza cómo te sentiste, y, escribe en tu diario.

Día 15:

Practica la asertividad como una importante habilidad social. Recuerda que ser asertivo/a contribuirá a que puedas defender tus emociones sin recurrir a la violencia o agresividad, mejorando así tus relaciones y bienestar.

¿Qué hacer?

Usa una almohada para simular una persona que ha sobrepasado tus límites. Imagina que esa almohada es alguien que se refiere a ti con un apodo que te ofende, o, imagina que es X persona con quien estás molesto/a por que ha sobrepasado X de límite o por una actitud que no te agrada.

Proponte conversar con esa almohada tal y como si se tratara de la persona real respecto a la que deberías defender tu criterio y, expresar tus emociones, ese quien te molesta, o, imaginaste que te ofendió.

DEJA SALIR TODO CUANTO SIENTAS U OPINES DE FORMA PACÍ-
FICA: NO GRITOS, NO INSULTOS, CERO ALTERACIÓN. Entra en el papel, realmente imagina que esta persona te trató muy mal, o, piensa en la
situación que esa persona de la vida real hizo y, cómo te afectó.

Intenta expresar cómo te sientes, sentiste o sentirías ante la situación incómoda que esta persona representada por la almohada, te hizo experimentar (De manera real o hipotética). Elige las palabras correctas, haz
pausas si crees que puedes decir algo que lastime a esa persona (Ya sé que
es una almohada, pero debes hacer el tonto y fingir que es alguien frente a
ti).

Al finalizar el ejercicio, evalúa cómo lo hiciste:

-¿Qué piensas de tu elección de palabras para la explicación?

-¿Algo de lo que dijiste podría haber lastimado los sentimientos de una
persona real?

-¿Algo de lo que dijiste pudiera resultar ofensivo para una persona real?

-¿Cómo hubieses reaccionado tú o qué habrías pensado de alguien que vi-
niera a expresarte lo mismo que tú expresaste con este ejercicio?

-¿Cómo podrías hacerlo mejor en una situación real?

Responde todas estas preguntas y al final autoevalúate ¿Fuiste realmente
una persona asertiva durante este ejercicio? Plantéate un porqué, no solo
respondas sí o no.

Día 16:

Practica tu asertividad:

Piensa en una persona que haga frecuentemente algo que te incomoda,
aunque sea un poco, o, a la que usualmente te cuesta decirle que no, aunque así lo quieras o necesites. Dile a esta persona que necesitas conversar,
invítala un café o si no es posible verse ese día conversen por videollamada
o celular. Planifica con esta persona como pueden comunicarse y en qué
momento del día.

Antes de llevar a cabo la conversación piensa en lo que puedes decir y en
cómo.

Cuando sea el momento, háblale de tu incomodidad o dificultad. Como comenté antes, para comenzar, como será tu primera vez llevando a cabo este
ejercicio, puedes elegir un reclamo o defensa muy pequeño: Hacerle saber
a ese vecino que no te gusta que arroje basura en el suelo, por ejemplo.

Cuida que tu tono de voz sea tranquilo, exprésate con amabilidad, señala la ofensa y, cómo te sientes y una posible solución. En todo momento intenta que la comunicación sea pacífica.

En caso de sentir que te domina una emoción negativa trata de controlarla. Si adviertes que no puedes, solo discúlpate, cuelga o tómate un momento.

Pero precisamente para evitar que la situación se ponga tensa no elijas para tu primera vez practicando la asertividad, hablar con una persona que realmente despierte en ti mucho enfado u otra emoción negativa.

Día 17:

A cualquier hora del día:

Estimula tus habilidades sociales motivándote con el poder de la visualización. Trabaja en convencer a tu mente de que puedes socializar asertivamente, aunque en la vida real se te dificulte.

NO OLVIDES QUE PUEDES CONVENCER A TU MENTE DE CUALQUIER COSA CON IMÁGENES VISUALES: Visualízate en una fiesta, rodeado de personas, dominando la conversación, haciendo sentir cómodos a los demás, siendo simpático/a, el alma de la fiesta. Lleva a cabo este ejercicio en un lugar tranquilo, merma distractores y no te olvides de la respiración diafragmática.

Día 18:

Empieza tu día libre de negatividad, realizando la actividad relajante de tu preferencia: Yoga, meditación, un baño de burbujas, ejercicio al aire libre...

Durante el transcurso del día tómate 15 minutos para investigar los gestos y expresiones del lenguaje corporal. Elige el método de tu preferencia: Busca videos en plataformas como Youtube.com, descarga o adquiere un libro, investiga en blogs.

Día 19:

Elige este día para mostrar interés en alguien de tu entorno y practicar con esta persona la empatía: Apoya al vecino en algún quehacer, dirígete a un hogar de ancianos para hacerles compañía, asiste a un programa social o algo tan sencillo como: LLAMA A ESA PERSONA CON QUIEN HACE MUCHO NO CONVERSAS.

HAZ ALGO POR ALGUIEN QUE DENOTE INTERÉS HACIA ESA PERSONA. Si no se te ocurre otra cosa sirve que compres un regalo a un amigo que hace tiempo no ves y vayas a entregárselo.

Día 20:

Elige practicar cualquier actividad que te ayude a mermar emociones negativas, a relajarte: Medita, pídele a alguien que te realice un masaje, lee, pinta, haz ejercicio, escucha música clásica, lo que prefieras...

Día 21: Elige este día para fomentar tu autoestima tomando en cuenta que, la buena autoestima y la inteligencia emocional están relacionadas.

Mírate en un espejo y háblate bien de ti: "Soy perfecto/a, maravilloso/a, digno/a"

Di en voz alta a tu reflejo cuánto te gustas, cuánto te quieres.

Si practicas este ejercicio al principio del día te colmará de motivación durante el transcurso del mismo.

Consiéntete de alguna forma antes que finalice el día: Cómprate un regalo, prepárate algo rico, empieza a leer ese libro que tanto quieres leer.

Por otro lado, al finalizar el día hazte con tu diario de emociones, reflexiona sobre las situaciones qué viviste este día, sobre cómo te hicieron sentir, y, haz las anotaciones y reflexiones correspondientes.

CONCLUSIÓN

Felicitaciones por haber culminado esta obra, felicitaciones por haber buscado la ayuda que necesitabas pues, si te interesaste en el contenido de esta obra no hay dudas respecto a que querías resolver tu problema del pensamiento excesivo. Tu bienestar estaba dentro de tus objetivos y lo buscaste. Ese era el paso que tenías que en un principio dar, es un paso que muchos no se atreven a dar porque, a pesar del malestar que puede causar el pensamiento excesivo, del insomnio, de la ansiedad... A muchos les cuesta darse cuenta de que tienen un problema que afrontar y superar, ya que se han habituado al pensamiento excesivo y, lo empiezan a concebir como su normalidad, pero, no es justo que el pensamiento excesivo se convierte en normalidad, no es justo que limite, que desencadene tantas emociones negativas, baja autoestima... No es algo con lo que nadie debería de tener que lidiar para siempre. Y definitivamente no será tu caso si no te permites quedarte con los conocimientos adquiridos en este escrito sin más.

En tus manos está ahora llevar a la práctica lo que aquí has aprendido, actuar... Es lo que se requiere, que inicies el camino hacia la transformación de tus pensamientos y paz mental. Como todo camino a recorrer para el logro de objetivos te hallarás obstáculos y, en este escrito se te ha preparado para ellos, así que puedes vencerlos, puedes, aunque tengas miedo, aunque creas que eres débil en este momento. Definitivamente no lo eres.

Hay mucha fuerza dentro de ti, la llama de la fuerza de voluntad, una llama que forma parte inherente del ser humano y que todos podemos activar cuando deseamos algo, cuando tenemos suficiente motivación... Y, si leíste toda la obra hasta aquí ya sabes que hay mucho más, más allá de tanta incertidumbre, estrés y preocupación, más allá de darle vueltas y vueltas a las cosas una y otra vez ¿Cómo no tener motivación en ponerle fin a un hábito tan negativo como el del pensamiento excesivo?

Tu tiempo de vida está corriendo mientras rumias con tus pensamientos, te estás perdiendo tu presente por pensar tanto las cosas, por torturarte con tantos pensamientos preocupantes, estás dejando pasar oportunidades que tu hábito de pensar demasiado no te deja aprovechar, el miedo no está cumpliendo su rol positivo en ti, no te está protegiendo o ayudándote, si no perjudicando, pero, con determinación, aunque te asuste al principio, aunque no te creas capaz al principio, aunque algunas de las técnicas para vencer el pensamiento excesivo y la negatividad en principio, no te parezcan tan efectivas, si sigues el proceso y las recomendaciones aquí aprendidas, no mejorarás, te transformarás. Pasarás de ser ese ser inseguro, temeroso y ansioso, a ser tu mejor versión, adquirirás confianza, autoestima, serenidad... Cualidades que sin lugar a dudas te llevarán a la felicidad. Eso es lo importante, que conquistes tu mente en pro de la felicidad porque de eso se trata, de que logres ser feliz.

El pensamiento excesivo te ha estado alejando de la felicidad, pero, tú podrás volver a encaminarte a ella cuando lo veas.

De nuevo, felicitaciones pues sé que lo lograrás valiente lector.

Si quieres dejar tu opinión y obtener un bonus, abre este QR Code o entra directamente en este enlace:

WWW.FABIANGARCIAINFO.COM

Síqueme en Instagram/tik tok

Fabian Garcia (@fabiangarcia)

Made in the USA
Coppell, TX
07 February 2024

28731526R20203